2022年注册会计师执业准则培训用书

中国注册会计师执业准则

CPA

中华人民共和国财政部　制定

立信会计出版社
LIXIN ACCOUNTING PUBLISHING HOUSE

图书在版编目（CIP）数据

中国注册会计师执业准则 / 中华人民共和国财政部制定.
—上海：立信会计出版社，2020.1（2022.1 重印）
ISBN 978-7-5429-6369-7

Ⅰ.①中… Ⅱ.①中… Ⅲ.①注册会计师—会计准则
—中国 Ⅳ.① F233.2

中国版本图书馆 CIP 数据核字（2020）第 007190 号

责任编辑　　蔡伟莉

中国注册会计师执业准则

出版发行	立信会计出版社			
地　　址	上海市中山西路 2230 号	邮政编码	200235	
电　　话	（021）64411389	传　　真	（021）64411325	
网　　址	www.lixinaph.com	电子邮箱	lxaph@sh163.net	
网上书店	www.shlx.net	电　　话	（021）64411071	
经　　销	各地新华书店			

印　　刷	北京鑫海金澳胶印有限公司
开　　本	787 毫米 ×1092 毫米　1/16
印　　张	28
字　　数	564 千字
版　　次	2020 年 1 月第 1 版
印　　次	2022 年 1 月第 2 次
书　　号	ISBN 978-7-5429-6369-7 /F
定　　价	78.00 元

如有印订差错，请与本社联系调换

关于印发《中国注册会计师鉴证业务基本准则》等 11 项准则的通知

财会〔2022〕1 号

人民银行、审计署、国资委、海关总署、税务总局、市场监管总局、银保监会、证监会、外汇局，各省、自治区、直辖市财政厅（局）：

  为了贯彻落实《国务院办公厅关于进一步规范财务审计秩序 促进注册会计师行业健康发展的意见》（国办发〔2021〕30 号）中"持续提升审计质量"和"完善审计准则体系"的要求，保持准则体系的内在一致性，中国注册会计师协会对《中国注册会计师鉴证业务基本准则》等 11 项准则进行了一致性修订。本次修订对其他相关准则涉及会计师事务所质量管理准则、特殊目的审计准则以及中国注册会计师职业道德守则的相应条款作出文字调整，不涉及实质性修订。现予印发，于发布之日起施行。

  本批准则生效实施后，《财政部关于印发中国注册会计师执业准则的通知》（财会〔2006〕4 号）、《财政部关于印发〈中国注册会计师审计准则第 1101 号——注册会计师的总体目标和审计工作的基本要求〉等 38 项准则的通知》（财会〔2010〕21 号）、《财政部关于印发〈中国注册会计师审计准则第 1504 号——在审计报告中沟通关键审计事项〉等 12 项准则的通知》（财会〔2016〕24 号）以及《财政部关于印发〈中国注册会计师审计准则第 1101 号——注册会计师的总体目标和审计工作的基本要求〉等 18 项审计准则的通知》（财会〔2019〕5 号）中，相应的 11 项准则同时废止。

  执行中有何情况和问题，请及时反馈中国注册会计师协会。

  附件：
  1. 中国注册会计师鉴证业务基本准则
  2. 中国注册会计师审计准则第 1101 号——注册会计师的总体目标和审计工作的基本要求
  3. 中国注册会计师审计准则第 1111 号——就审计业务约定条款达成一致意见
  4. 中国注册会计师审计准则第 1131 号——审计工作底稿
  5. 中国注册会计师审计准则第 1151 号——与治理层的沟通
  6. 中国注册会计师审计准则第 1201 号——计划审计工作

7. 中国注册会计师审计准则第 1401 号——对集团财务报表审计的特殊考虑

8. 中国注册会计师审计准则第 1411 号——利用内部审计人员的工作

9. 中国注册会计师审计准则第 1421 号——利用专家的工作

10. 中国注册会计师审计准则第 1501 号——对财务报表形成审计意见和出具审计报告

11. 中国注册会计师审计准则第 1503 号——在审计报告中增加强调事项段和其他事项段

财政部
2022 年 1 月 5 日

目 录

基本准则

中国注册会计师鉴证业务基本准则（2022）……003

审计准则

中国注册会计师审计准则第 1101 号——注册会计师的总体目标和审计工作的基本要求（2022）……017

中国注册会计师审计准则第 1111 号——就审计业务约定条款达成一致意见（2022）……023

中国注册会计师审计准则第 1121 号——对财务报表审计实施的质量管理（2020）……027

中国注册会计师审计准则第 1131 号——审计工作底稿（2022）……035

中国注册会计师审计准则第 1141 号——财务报表审计中与舞弊相关的责任（2019）……040

中国注册会计师审计准则第 1142 号——财务报表审计中对法律法规的考虑（2019）……049

中国注册会计师审计准则第 1151 号——与治理层的沟通（2022）……055

中国注册会计师审计准则第 1152 号——向治理层和管理层通报内部控制缺陷（2010）……061

中国注册会计师审计准则第 1153 号——前任注册会计师和后任注册会计师的沟通（2010）………………………………………………064

中国注册会计师审计准则第 1201 号——计划审计工作（2022）…………067

中国注册会计师审计准则第 1211 号——通过了解被审计单位及其环境识别和评估重大错报风险（2019）……………………………………070

中国注册会计师审计准则第 1221 号——计划和执行审计工作时的重要性（2019）…………………………………………………………076

中国注册会计师审计准则第 1231 号——针对评估的重大错报风险采取的应对措施（2019）………………………………………………079

中国注册会计师审计准则第 1241 号——对被审计单位使用服务机构的考虑（2010）…………………………………………………084

中国注册会计师审计准则第 1251 号——评价审计过程中识别出的错报（2019）………………………………………………………………090

中国注册会计师审计准则第 1301 号——审计证据（2016）………………093

中国注册会计师审计准则第 1311 号——对存货、诉讼和索赔、分部信息等特定项目获取审计证据的具体考虑（2019）…………………096

中国注册会计师审计准则第 1312 号——函证（2010）……………………099

中国注册会计师审计准则第 1313 号——分析程序（2010）………………104

中国注册会计师审计准则第 1314 号——审计抽样（2010）………………106

中国注册会计师审计准则第 1321 号——审计会计估计（包括公允价值会计估计）和相关披露（2010）……………………………………110

中国注册会计师审计准则第 1323 号——关联方（2010）…………………116

中国注册会计师审计准则第 1324 号——持续经营（2016）………………122

中国注册会计师审计准则第 1331 号——首次审计业务涉及的期初余额（2019）………………………………………………………………128

中国注册会计师审计准则第 1332 号——期后事项（2016）………………131

中国注册会计师审计准则第 1341 号——书面声明（2016）………………135

中国注册会计师审计准则第 1401 号——对集团财务报表审计的
特殊考虑（2022）·················139

中国注册会计师审计准则第 1411 号——利用内部审计人员
的工作（2022）·················150

中国注册会计师审计准则第 1421 号——利用专家的工作（2022）·······157

中国注册会计师审计准则第 1501 号——对财务报表形成审计意见和出具
审计报告（2022）·················160

中国注册会计师审计准则第 1502 号——在审计报告中发表非无保留
意见（2019）··················168

中国注册会计师审计准则第 1503 号——在审计报告中增加强调事项段
和其他事项段（2022）···············174

中国注册会计师审计准则第 1504 号——在审计报告中沟通关键
审计事项（2016）·················178

中国注册会计师审计准则第 1511 号——比较信息：对应数据和比较
财务报表（2019）·················182

中国注册会计师审计准则第 1521 号——注册会计师对其他信息
的责任（2016）··················186

中国注册会计师审计准则第 1601 号——审计特殊目的财务报表的
特殊考虑（2021）·················191

中国注册会计师审计准则第 1602 号——验资（2006）···········194

中国注册会计师审计准则第 1603 号——审计单一财务报表和财务报表特定
要素的特殊考虑（2021）···············199

中国注册会计师审计准则第 1604 号——对简要财务报表出具
报告的业务（2021）················203

中国注册会计师审计准则第 1611 号——商业银行财务报表审计（2006）······210

中国注册会计师审计准则第 1612 号——银行间函证程序（2006）········220

中国注册会计师审计准则第 1613 号——与银行监管机构的关系（2006）······223

中国注册会计师审计准则第 1631 号——财务报表审计中对环境事项的考虑（2006）……229

中国注册会计师审计准则第 1632 号——衍生金融工具的审计（2006）……237

中国注册会计师审计准则第 1633 号——电子商务对财务报表审计的影响（2006）……250

审阅准则

中国注册会计师审阅准则第 2101 号——财务报表审阅（2006）……259

其他鉴证业务准则

中国注册会计师其他鉴证业务准则第 3101 号——历史财务信息审计或审阅以外的鉴证业务（2006）……269

中国注册会计师其他鉴证业务准则第 3111 号——预测性财务信息的审核（2006）……281

相关服务准则

中国注册会计师相关服务准则第 4101 号——对财务信息执行商定程序（2006）……291

中国注册会计师相关服务准则第 4111 号——代编财务信息（2006）……294

质量管理准则

会计师事务所质量管理准则第 5101 号——业务质量管理（2020）……301

会计师事务所质量管理准则第 5102 号——项目质量复核（2020）……322

附录　问题解答

中国注册会计师审计准则问题解答第 1 号——职业怀疑（2019）……………331

中国注册会计师审计准则问题解答第 2 号——函证（2019）………………344

中国注册会计师审计准则问题解答第 3 号——存货监盘（2013）……………354

中国注册会计师审计准则问题解答第 4 号——收入确认（2019）……………360

中国注册会计师审计准则问题解答第 5 号——重大非常规交易（2013）………371

中国注册会计师审计准则问题解答第 6 号——关联方（2019）………………376

中国注册会计师审计准则问题解答第 7 号——会计分录测试（2014）…………386

中国注册会计师审计准则问题解答第 8 号——重要性及评价错报（2014）……391

中国注册会计师审计准则问题解答第 9 号——项目质量控制复核（2014）……396

中国注册会计师审计准则问题解答第 10 号——集团财务报表审计（2014）…400

中国注册会计师审计准则问题解答第 11 号——会计估计（2014）……………404

中国注册会计师审计准则问题解答第 12 号——货币资金审计（2019）………412

中国注册会计师审计准则问题解答第 13 号——持续经营（2014）……………420

中国注册会计师审计准则问题解答第 14 号——关键审计事项（2018）………424

中国注册会计师审计准则问题解答第 15 号——其他信息（2018）……………428

中国注册会计师审计准则问题解答第 16 号——审计报告中的非无保留意见（2021）………………………………………………………………………429

基本准则

中国注册会计师鉴证业务基本准则

（2022年1月5日修订）

第一章 总 则

第一条 为了规范注册会计师执行鉴证业务，明确鉴证业务的目标和要素，确定中国注册会计师审计准则、中国注册会计师审阅准则、中国注册会计师其他鉴证业务准则（分别简称审计准则、审阅准则和其他鉴证业务准则）适用的鉴证业务类型，根据《中华人民共和国注册会计师法》，制定本准则。

第二条 鉴证业务包括历史财务信息审计业务、历史财务信息审阅业务和其他鉴证业务。

注册会计师执行历史财务信息审计业务、历史财务信息审阅业务和其他鉴证业务时，应当遵守本准则以及依据本准则制定的审计准则、审阅准则和其他鉴证业务准则。

第三条 本准则所称注册会计师，是指取得注册会计师证书并在会计师事务所执业的人员，有时也指其所在的会计师事务所。

本准则所称鉴证业务要素，是指鉴证业务的三方关系、鉴证对象、标准、证据和鉴证报告。

第四条 注册会计师执行鉴证业务时，应当遵守相关职业道德要求和会计师事务所质量管理相关准则。

第二章 鉴证业务的定义和目标

第五条 鉴证业务是指注册会计师对鉴证对象信息提出结论，以增强除责任方之外的预期使用者对鉴证对象信息信任程度的业务。

鉴证对象信息是按照标准对鉴证对象进行评价和计量的结果。如责任方按照会计准则和相关会计制度（标准）对其财务状况、经营成果和现金流量（鉴证对象）进行确认、计量和列报（包括披露，下同）而形成的财务报表（鉴证对象信息）。

第六条 鉴证对象信息应当恰当反映既定标准运用于鉴证对象的情况。如果没有按照既定标准恰当反映鉴证对象的情况，鉴证对象信息可能存在错报，而且可能存在重大错报。

第七条 鉴证业务分为基于责任方认定的业务和直接报告业务。

在基于责任方认定的业务中，责任方对鉴证对象进行评价或计量，鉴证对象信息以责任方认定的形式为预期使用者获取。如在财务报表审计中，被审计单位管理层（责任方）对财务状况、经营成果和现金流量（鉴证对象）进行确认、计量和列报（评价或计量）而形成的财务报表（鉴证对象信息）即为责任方的认定，该财务报表可为预期报表使用者获取，注册会计师针对财务报表出具审计报告。这种业务属于基于责任方认定的业务。

在直接报告业务中，注册会计师直接对鉴证对象进行评价或计量，或者从责任方获取对鉴证对象评价或计量的认定，而该认定无法为预期使用者获取，预期使用者只能通过阅读鉴证报告获取鉴证对象信息。如在内部控制鉴证业务中，注册会计师可能无法从管理层（责任方）获取其对内部控制有效性的评价报告（责任方认定），或虽然注册会计师能够获取该报告，但预期使用者无法获取该报告，注册会计师直接对内部控制的有效性（鉴证对象）进行评价并出具鉴证报告，预期使用者只能通过阅读该鉴证报告获得内部控制有效性的信息（鉴证对象信息）。这种业务属于直接报告业务。

第八条 鉴证业务的保证程度分为合理保证和有限保证。

合理保证的鉴证业务的目标是注册会计师将鉴证业务风险降至该业务环境下可接受的低水平，以此作为以积极方式提出结论的基础。如在历史财务信息审计中，要求注册会计师将审计风险降至可接受的低水平，对审计后的历史财务信息提供高水平保证（合理保证），在审计报告中对历史财务信息采用积极方式提出结论。这种业务属于合理保证的鉴证业务。

有限保证的鉴证业务的目标是注册会计师将鉴证业务风险降至该业务环境下可接受的水平，以此作为以消极方式提出结论的基础。如在历史财务信息审阅中，要求注册会计师将审阅风险降至该业务环境下可接受的水平（高于历史财务信息审计中可接受的低水平），对审阅后的历史财务信息提供低于高水平的保证（有限保证），在审阅报告中对历史财务信息采用消极方式提出结论。这种业务属于有限保证的鉴证业务。

第三章 业务承接

第九条 在接受委托前，注册会计师应当初步了解业务环境。

业务环境包括业务约定事项、鉴证对象特征、使用的标准、预期使用者的需求、责任方及其环境的相关特征，以及可能对鉴证业务产生重大影响的事项、交易、条件和惯例等其他事项。

第十条　在初步了解业务环境后，只有认为符合独立性和专业胜任能力等相关职业道德规范的要求，并且拟承接的业务具备下列所有特征，注册会计师才能将其作为鉴证业务予以承接：

（一）鉴证对象适当；

（二）使用的标准适当且预期使用者能够获取该标准；

（三）注册会计师能够获取充分、适当的证据以支持其结论；

（四）注册会计师的结论以书面报告形式表述，且表述形式与所提供的保证程度相适应；

（五）该业务具有合理的目的。如果鉴证业务的工作范围受到重大限制，或委托人试图将注册会计师的名字和鉴证对象不适当地联系在一起，则该业务可能不具有合理的目的。

第十一条　当拟承接的业务不具备本准则第十条规定的鉴证业务的所有特征，不能将其作为鉴证业务予以承接时，注册会计师可以提请委托人将其作为非鉴证业务（如商定程序、代编财务信息、管理咨询、税务服务等相关服务业务），以满足预期使用者的需要。

第十二条　如果某项鉴证业务采用的标准不适当，但满足下列条件之一时，注册会计师可以考虑将其作为一项新的鉴证业务：

（一）委托人能够确认鉴证对象的某个方面适用于所采用的标准，注册会计师可以针对该方面执行鉴证业务，但在鉴证报告中应当说明该报告的内容并非针对鉴证对象整体；

（二）能够选择或设计适用于鉴证对象的其他标准。

第十三条　对已承接的鉴证业务，如果没有合理理由，注册会计师不应将该项业务变更为非鉴证业务，或将合理保证的鉴证业务变更为有限保证的鉴证业务。

当业务环境变化影响到预期使用者的需求，或预期使用者对该项业务的性质存在误解时，注册会计师可以应委托人的要求，考虑同意变更该项业务。如果发生变更，注册会计师不应忽视变更前获取的证据。

第四章　鉴证业务的三方关系

第十四条　鉴证业务涉及的三方关系人包括注册会计师、责任方和预期使用者。责任方与预期使用者可能是同一方，也可能不是同一方。

第十五条　注册会计师可以承接符合本准则第十条规定的各类鉴证业务。

如果鉴证业务涉及的特殊知识和技能超出了注册会计师的能力，注册会计师可以利用专家协助执行鉴证业务。在这种情况下，注册会计师应当确信包括专家在内的项目组整体已具备执行该项鉴证业务所需的知识和技能，并充分参与该项鉴证业务和了解专家所承担的工作。

第十六条　责任方是指下列组织或人员：

（一）在直接报告业务中，对鉴证对象负责的组织或人员；

（二）在基于责任方认定的业务中，对鉴证对象信息负责并可能同时对鉴证对象负责的组织或人员。

责任方可能是鉴证业务的委托人，也可能不是委托人。

第十七条　注册会计师通常提请责任方提供书面声明，表明责任方已按照既定标准对鉴证对象进行评价或计量，无论该声明是否能为预期使用者获取。

在直接报告业务中，当委托人与责任方不是同一方时，注册会计师可能无法获取此类书面声明。

第十八条　预期使用者是指预期使用鉴证报告的组织或人员。责任方可能是预期使用者，但不是唯一的预期使用者。

注册会计师可能无法识别使用鉴证报告的所有组织和人员，尤其在各种可能的预期使用者对鉴证对象存在不同的利益需求时。注册会计师应当根据法律法规的规定或与委托人签订的协议识别预期使用者。

在可行的情况下，鉴证报告的收件人应当明确为所有的预期使用者。

第十九条　在可行的情况下，注册会计师应当提请预期使用者或其代表，与注册会计师和责任方（如果委托人与责任方不是同一方，还包括委托人）共同确定鉴证业务约定条款。

无论其他人员是否参与，注册会计师都应当负责确定鉴证业务程序的性质、时间和范围，并对鉴证业务中发现的、可能导致对鉴证对象信息作出重大修改的问题进行跟踪。

第二十条　当鉴证业务服务于特定的使用者，或具有特定目的时，注册会计师应当考虑在鉴证报告中注明该报告的特定使用者或特定目的，对报告的用途加以限定。

第五章　鉴　证　对　象

第二十一条　鉴证对象与鉴证对象信息具有多种形式，主要包括：

（一）当鉴证对象为财务业绩或状况时（如历史或预测的财务状况、经营成果和现金流量），鉴证对象信息是财务报表；

（二）当鉴证对象为非财务业绩或状况时（如企业的运营情况），鉴证对象信息可能是反映效率或效果的关键指标；

（三）当鉴证对象为物理特征时（如设备的生产能力），鉴证对象信息可能是有关鉴证对象物理特征的说明文件；

（四）当鉴证对象为某种系统和过程时（如企业的内部控制或信息技术系统），鉴证对象信息可能是关于其有效性的认定；

（五）当鉴证对象为一种行为时（如遵守法律法规的情况），鉴证对象信息可能是对法律法规遵守情况或执行效果的声明。

第二十二条　鉴证对象具有不同特征，可能表现为定性或定量、客观或主观、历史或预测、时点或期间。这些特征将对下列方面产生影响：

（一）按照标准对鉴证对象进行评价或计量的准确性；

（二）证据的说服力。

鉴证报告应当说明与预期使用者特别相关的鉴证对象特征。

第二十三条　适当的鉴证对象应当同时具备下列条件：

（一）鉴证对象可以识别；

（二）不同的组织或人员对鉴证对象按照既定标准进行评价或计量的结果合理一致；

（三）注册会计师能够收集与鉴证对象有关的信息，获取充分、适当的证据，以支持其提出适当的鉴证结论。

第六章　标　　准

第二十四条　标准是指用于评价或计量鉴证对象的基准，当涉及列报时，还包括列报的基准。

标准可以是正式的规定，如编制财务报表所使用的会计准则和相关会计制度；也可以是某些非正式的规定，如单位内部制定的行为准则或确定的绩效水平。

第二十五条　注册会计师在运用职业判断对鉴证对象作出合理一致的评价或计量时，需要有适当的标准。

适当的标准应当具备下列所有特征：

（一）相关性：相关的标准有助于得出结论，便于预期使用者作出决策；

（二）完整性：完整的标准不应忽略业务环境中可能影响得出结论的相关因素，当涉及列报时，还包括列报的基准；

（三）可靠性：可靠的标准能够使能力相近的注册会计师在相似的业务环境中，对鉴证对象作出合理一致的评价或计量；

（四）中立性：中立的标准有助于得出无偏向的结论；

（五）可理解性：可理解的标准有助于得出清晰、易于理解、不会产生重大歧义的结论。

注册会计师基于自身的预期、判断和个人经验对鉴证对象进行的评价和计量，不构成适当的标准。

第二十六条　注册会计师应当考虑运用于具体业务的标准是否具备本准则第二十五条所述的特征，以评价该标准对此项业务的适用性。在具体鉴证业务中，注册会计师评价标准各项特征的相对重要程度，需要运用职业判断。

标准可能是由法律法规规定的，或由政府主管部门或国家认可的专业团体依照公开、适当的程序发布的，也可能是专门制定的。采用标准的类型不同，注册会计师为评价该标准对于具体鉴证业务的适用性所需执行的工作也不同。

第二十七条　标准应当能够为预期使用者获取，以使预期使用者了解鉴证对象的评价或计量过程。标准可以通过下列方式供预期使用者获取：

（一）公开发布；

（二）在陈述鉴证对象信息时以明确的方式表述；

（三）在鉴证报告中以明确的方式表述；

（四）常识理解，如计量时间的标准是小时或分钟。

如果确定的标准仅能为特定的预期使用者获取，或仅与特定目的相关，鉴证报告的使用也应限于这些特定的预期使用者或特定目的。

第七章　证　　据

第一节　总体要求

第二十八条　注册会计师应当以职业怀疑态度计划和执行鉴证业务，获取有关鉴证对象信息是否不存在重大错报的充分、适当的证据。

注册会计师应当及时对制定的计划、实施的程序、获取的相关证据以及得出的结论作出记录。

第二十九条　注册会计师在计划和执行鉴证业务，尤其在确定证据收集程序的性质、时间和范围时，应当考虑重要性、鉴证业务风险以及可获取证据的数量和质量。

第二节　职业怀疑态度

第三十条　职业怀疑态度是指注册会计师以质疑的思维方式评价所获取证据的有效性，并对相互矛盾的证据，以及引起对文件记录或责任方提供的信息的可靠性产生怀疑的证据保持警觉。

第三十一条　鉴证业务通常不涉及鉴定文件记录的真伪，注册会计师也不是鉴定文件记录真伪的专家，但应当考虑用作证据的信息的可靠性，包括考虑与信息生成和维护相关的控制的有效性。

如果在执行业务过程中识别出的情况使其认为文件记录可能是伪造的或文件记录中的某些条款已发生变动，注册会计师应当作出进一步调查，包括直接向第三方询证，或考虑利用专家的工作，以评价文件记录的真伪。

第三节 证据的充分性和适当性

第三十二条 证据的充分性是对证据数量的衡量，主要与注册会计师确定的样本量有关。证据的适当性是对证据质量的衡量，即证据的相关性和可靠性。

所需证据的数量受鉴证对象信息重大错报风险的影响，即风险越大，可能需要的证据数量越多；所需证据的数量也受证据质量的影响，即证据质量越高，可能需要的证据数量越少。

尽管证据的充分性和适当性相关，但如果证据的质量存在缺陷，注册会计师仅靠获取更多的证据可能无法弥补其质量上的缺陷。

第三十三条 证据的可靠性受其来源和性质的影响，并取决于获取证据的具体环境。

注册会计师通常按照下列原则考虑证据的可靠性：

（一）从外部独立来源获取的证据比从其他来源获取的证据更可靠；

（二）内部控制有效时内部生成的证据比内部控制薄弱时内部生成的证据更可靠；

（三）直接获取的证据比间接获取或推论得出的证据更可靠；

（四）以文件记录形式（无论是纸质、电子或其他介质）存在的证据比口头形式的证据更可靠；

（五）从原件获取的证据比从传真或复印件获取的证据更可靠。

在运用本条第二款第（一）项至第（五）项所述原则评价证据的可靠性时，注册会计师应当注意可能出现的重大例外情况。

第三十四条 如果针对某项认定从不同来源获取的证据或获取的不同性质的证据能够相互印证，与该项认定相关的证据通常具有更强的说服力。

如果从不同来源获取的证据或获取的不同性质的证据不一致，可能表明某项证据不可靠，注册会计师应当追加必要的程序予以解决。

第三十五条 针对一个期间的鉴证对象信息获取充分、适当的证据，通常要比针对一个时点的鉴证对象信息获取充分、适当的证据更困难。

针对过程提出的结论通常限于鉴证业务涵盖的期间，注册会计师不应对该过程是否在未来以特定方式继续发挥作用提出结论。

第三十六条 注册会计师可以考虑获取证据的成本与所获取信息有用性之间的关系，但不应仅以获取证据的困难和成本为由减少不可替代的程序。

在评价证据的充分性和适当性以支持鉴证报告时，注册会计师应当运用职业判断，并保持职业怀疑态度。

第四节 重 要 性

第三十七条 在确定证据收集程序的性质、时间和范围，评估鉴证对象信息是否不存在错报时，注册会计师应当考虑重要性。在考虑重要性时，注册会计师应当了解并评估哪些因素可能会影响预期使用者的决策。

注册会计师应当综合数量和性质因素考虑重要性。在具体业务中评估重要性以及数量和性质因素的相对重要程度，需要注册会计师运用职业判断。

第五节 鉴证业务风险

第三十八条 鉴证业务风险是指在鉴证对象信息存在重大错报的情况下，注册会计师提出不恰当结论的可能性。

在直接报告业务中，鉴证对象信息仅体现在注册会计师的结论中，鉴证业务风险包括注册会计师不恰当地提出鉴证对象在所有重大方面遵守标准的结论的可能性。

第三十九条 在合理保证的鉴证业务中，注册会计师应当将鉴证业务风险降至具体业务环境下可接受的低水平，以获取合理保证，作为以积极方式提出结论的基础。

在有限保证的鉴证业务中，由于证据收集程序的性质、时间和范围与合理保证的鉴证业务不同，其风险水平高于合理保证的鉴证业务；但注册会计师实施的证据收集程序至少应当足以获取有意义的保证水平，作为以消极方式提出结论的基础。

当注册会计师获取的保证水平很有可能在一定程度上增强预期使用者对鉴证对象信息的信任时，这种保证水平是有意义的保证水平。

第四十条 鉴证业务风险通常体现为重大错报风险和检查风险。

重大错报风险是指鉴证对象信息在鉴证前存在重大错报的可能性。

检查风险是指某一鉴证对象信息存在错报，该错报单独或连同其他错报是重大的，但注册会计师未能发现这种错报的可能性。

注册会计师对重大错报风险和检查风险的考虑受具体业务环境的影响，特别受鉴证对象性质，以及所执行的是合理保证鉴证业务还是有限保证鉴证业务的影响。

第六节 证据收集程序的性质、时间和范围

第四十一条 证据收集程序的性质、时间和范围因业务的不同而不同。注册会

计师应当清楚表达证据收集程序，并以适当的形式运用于合理保证的鉴证业务和有限保证的鉴证业务。

第四十二条 在合理保证的鉴证业务中，为了能够以积极方式提出结论，注册会计师应当通过下列不断修正的、系统化的执业过程，获取充分、适当的证据：

（一）了解鉴证对象及其他的业务环境事项，在适用的情况下包括了解内部控制；

（二）在了解鉴证对象及其他的业务环境事项的基础上，评估鉴证对象信息可能存在的重大错报风险；

（三）应对评估的风险，包括制定总体应对措施以及确定进一步程序的性质、时间和范围；

（四）针对已识别的风险实施进一步程序，包括实施实质性程序，以及在必要时测试控制运行的有效性；

（五）评价证据的充分性和适当性。

第四十三条 合理保证提供的保证水平低于绝对保证。由于下列因素的存在，将鉴证业务风险降至零几乎不可能，也不符合成本效益原则：

（一）选择性测试方法的运用；

（二）内部控制的固有局限性；

（三）大多数证据是说服性而非结论性的；

（四）在获取和评价证据以及由此得出结论时涉及大量判断；

（五）在某些情况下鉴证对象具有特殊性。

第四十四条 合理保证的鉴证业务和有限保证的鉴证业务都需要运用鉴证技术和方法，收集充分、适当的证据。与合理保证的鉴证业务相比，有限保证的鉴证业务在证据收集程序的性质、时间、范围等方面是有意识地加以限制的。

无论是合理保证还是有限保证的鉴证业务，如果注意到某事项可能导致对鉴证对象信息是否需要作出重大修改产生疑问，注册会计师应当执行其他足够的程序，追踪这一事项，以支持鉴证结论。

第七节 可获取证据的数量和质量

第四十五条 可获取证据的数量和质量受下列因素的影响：

（一）鉴证对象和鉴证对象信息的特征；

（二）业务环境中除鉴证对象特征以外的其他事项。

第四十六条 对任何类型的鉴证业务，如果下列情形对注册会计师的工作范围构成重大限制，阻碍注册会计师获取所需要的证据，注册会计师提出无保留结论是不恰当的：

（一）客观环境阻碍注册会计师获取所需要的证据，无法将鉴证业务风险降至适当水平；

（二）责任方或委托人施加限制，阻碍注册会计师获取所需要的证据，无法将鉴证业务风险降至适当水平。

第八节　记　　录

第四十七条　注册会计师应当记录重大事项，以提供证据支持鉴证报告，并证明其已按照鉴证业务准则的规定执行业务。

第四十八条　对需要运用职业判断的所有重大事项，注册会计师应当记录推理过程和相关结论。

如果对某些事项难以进行判断，注册会计师还应当记录得出结论时已知悉的有关事实。

第四十九条　注册会计师应当将鉴证过程中考虑的所有重大事项记录于工作底稿。

在运用职业判断确定工作底稿的编制和保存范围时，注册会计师应当考虑，使未曾接触该项鉴证业务的有经验的专业人士了解实施的鉴证程序，以及作出重大决策的依据。

第八章　鉴 证 报 告

第五十条　注册会计师应当出具含有鉴证结论的书面报告，该鉴证结论应当说明注册会计师就鉴证对象信息获取的保证。

注册会计师应当考虑其他报告责任，包括在适当时与治理层沟通。

第五十一条　在基于责任方认定的业务中，注册会计师的鉴证结论可以采用下列两种表述形式：

（一）明确提及责任方认定，如"我们认为，责任方作出的'根据×标准，内部控制在所有重大方面是有效的'这一认定是公允的"。

（二）直接提及鉴证对象和标准，如"我们认为，根据×标准，内部控制在所有重大方面是有效的"。

在直接报告业务中，注册会计师应当明确提及鉴证对象和标准。

第五十二条　在合理保证的鉴证业务中，注册会计师应当以积极方式提出结论，如"我们认为，根据×标准，内部控制在所有重大方面是有效的"或"我们认为，责任方作出的'根据×标准，内部控制在所有重大方面是有效的'这一认定是公允的"。

在有限保证的鉴证业务中，注册会计师应当以消极方式提出结论，如"基于本报告所述的工作，我们没有注意到任何事项使我们相信，根据×标准，×系统在任何重大方面是无效的"或"基于本报告所述的工作，我们没有注意到任何事项使我们相信，责任方作出的'根据×标准，×系统在所有重大方面是有效的'这一认定是不公允的"。

第五十三条 当存在本准则第五十四条至第五十六条所述情况时，注册会计师应当对其影响程度作出判断。如果这些情况影响重大，注册会计师不能出具无保留结论的报告。

第五十四条 对任何类型的鉴证业务，如果注册会计师的工作范围受到限制，注册会计师应当视受到限制的重大与广泛程度，出具保留结论或无法提出结论的报告。

在某些情况下，注册会计师应当考虑解除业务约定。

第五十五条 如果存在下列情形，注册会计师应当视其影响的重大与广泛程度，出具保留结论或否定结论的报告：

（一）注册会计师的结论提及责任方的认定，且该认定未在所有重大方面作出公允表达；

（二）注册会计师的结论直接提及鉴证对象和标准，且鉴证对象信息存在重大错报。

第五十六条 在承接业务后，如果发现标准或鉴证对象不适当，可能误导预期使用者，注册会计师应当视其重大与广泛程度，出具保留结论或否定结论的报告。

如果发现标准或鉴证对象不适当，造成工作范围受到限制，注册会计师应当视受到限制的重大与广泛程度，出具保留结论或无法提出结论的报告。

在某些情况下，注册会计师应当考虑解除业务约定。

第五十七条 当注册会计师针对鉴证对象信息出具报告，或同意将其姓名与鉴证对象联系在一起时，则注册会计师与该鉴证对象发生了关联。

如果获知他人不恰当地将其姓名与鉴证对象相关联，注册会计师应当要求其停止这种行为，并考虑采取其他必要的措施，包括将不恰当使用注册会计师姓名这一情况告知所有已知的使用者或征询法律意见。

第九章 附 则

第五十八条 注册会计师执行司法诉讼中涉及会计、审计、税务或其他事项的鉴定业务，除有特定要求者外，应当参照本准则办理。

第五十九条 某些业务可能符合本准则第五条鉴证业务的定义，使用者可能从业务报告的意见、观点或措辞中推测出某种程度的保证，但如果满足下列所有条件，注册会计师执行这些业务不必遵守本准则：

（一）注册会计师的意见、观点或措辞对整个业务而言仅是附带性的；

（二）注册会计师出具的书面报告被明确限定为仅供报告中所提及的使用者使用；

（三）与特定预期使用者达成的书面协议中，该业务未被确认为鉴证业务；

（四）在注册会计师出具的报告中，该业务未被称为鉴证业务。

第六十条 本准则自 2022 年 1 月 5 日起施行。

审计准则

中国注册会计师审计准则第 1101 号
——注册会计师的总体目标和审计工作的基本要求

（2022 年 1 月 5 日修订）

第一章　总　　则

第一条　为了规范注册会计师按照中国注册会计师审计准则（简称审计准则）执行财务报表审计工作，确立注册会计师的总体目标，明确注册会计师为实现总体目标而需要执行审计工作的性质和范围，以及在执行财务报表审计业务时承担的责任，制定本准则。

第二条　审计准则适用于注册会计师执行财务报表审计业务。

当执行其他历史财务信息审计业务时，注册会计师可以根据具体情况遵守适用的相关审计准则，以满足此类业务的要求。

第二章　定　　义

第三条　注册会计师，是指取得注册会计师证书并在会计师事务所执业的人员，通常是指项目合伙人或项目组其他成员，有时也指其所在的会计师事务所。

当审计准则明确指出应由项目合伙人遵守的规定或承担的责任时，使用"项目合伙人"而非"注册会计师"的称谓。

第四条　本准则所称财务报表，是指依据某一财务报告编制基础对被审计单位历史财务信息作出的结构性表述，旨在反映某一时点的经济资源或义务，或者某一时期经济资源或义务的变化。财务报表通常是指整套财务报表，有时也指单一财务报表。披露包括财务报告编制基础所要求的、明确允许的或者由于其他原因（如实务惯例）作出的解释性或描述性信息。披露是财务报表不可分割的组成部分，通常包括在财务报表附注中，也可能在财务报表表内反映，或者通过财务报表的交叉索引作出提示。

第五条　历史财务信息，是指以财务术语表述的某一特定实体的信息，这些信息主要来自特定实体的会计系统，反映了过去一段时间内发生的经济事项，或者过去某一时点的经济状况或情况。

第六条 适用的财务报告编制基础，是指法律法规要求采用的财务报告编制基础；或者管理层和治理层（如适用）在编制财务报表时，就被审计单位性质和财务报表目标而言，采用的可接受的财务报告编制基础。

财务报告编制基础分为通用目的编制基础和特殊目的编制基础。

通用目的编制基础，是指旨在满足广大财务报表使用者共同的财务信息需求的财务报告编制基础，主要是指会计准则和会计制度。

特殊目的编制基础，是指旨在满足财务报表特定使用者财务信息需求的财务报告编制基础，包括计税核算基础、监管机构的要求和合同约定等。

第七条 管理层，是指对被审计单位经营活动的执行负有经营管理责任的人员。在某些被审计单位，管理层包括部分或全部的治理层成员，如治理层中负有经营管理责任的人员，或参与日常经营管理的业主（以下简称业主兼经理）。

第八条 治理层，是指对被审计单位战略方向以及管理层履行经营管理责任负有监督责任的人员或组织。治理层的责任包括监督财务报告过程。在某些被审计单位，治理层可能包括管理层，如治理层中负有经营管理责任的人员，或业主兼经理。

第九条 与管理层和治理层责任相关的执行审计工作的前提（以下简称执行审计工作的前提），是指管理层和治理层（如适用）认可并理解其应当承担下列责任，这些责任构成注册会计师按照审计准则的规定执行审计工作的基础：

（一）按照适用的财务报告编制基础编制财务报表，并使其实现公允反映（如适用）；

（二）设计、执行和维护必要的内部控制，以使财务报表不存在由于舞弊或错误导致的重大错报；

（三）向注册会计师提供必要的工作条件，包括允许注册会计师接触与编制财务报表相关的所有信息（如记录、文件和其他事项），向注册会计师提供审计所需的其他信息，允许注册会计师在获取审计证据时不受限制地接触其认为必要的内部人员和其他相关人员。

第十条 错报，是指某一财务报表项目的金额、分类或列报，与按照适用的财务报告编制基础应当列示的金额、分类或列报之间存在的差异。错报可能是由于错误或舞弊导致的。

当注册会计师对财务报表是否在所有重大方面按照适用的财务报告编制基础编制并实现公允反映发表审计意见时，错报还包括根据注册会计师的判断，为使财务报表在所有重大方面实现公允反映，需要对金额、分类或列报作出的必要调整。

第十一条 审计证据，是指注册会计师为了得出审计结论和形成审计意见而使用的信息。审计证据包括构成财务报表基础的会计记录所含有的信息和其他的信息。

审计证据的充分性，是对审计证据数量的衡量。注册会计师需要获取的审计证据的数量受其对重大错报风险评估的影响，并受审计证据质量的影响。

审计证据的适当性，是对审计证据质量的衡量，即审计证据在支持审计意见所依据的结论方面具有的相关性和可靠性。

第十二条 合理保证，是指注册会计师在财务报表审计中提供的一种高度但非绝对的保证。

第十三条 审计风险，是指当财务报表存在重大错报时，注册会计师发表不恰当审计意见的可能性。审计风险取决于重大错报风险和检查风险。

第十四条 重大错报风险，是指财务报表在审计前存在重大错报的可能性。重大错报风险分为财务报表层次的重大错报风险和认定层次的重大错报风险。认定层次的重大错报风险由固有风险和控制风险两部分组成。

固有风险，是指在考虑相关的内部控制之前，某类交易、账户余额或披露的某一认定易于发生错报（该错报单独或连同其他错报可能是重大的）的可能性。

控制风险，是指某类交易、账户余额或披露的某一认定发生错报，该错报单独或连同其他错报可能是重大的，但没有被内部控制及时防止或发现并纠正的可能性。

第十五条 检查风险，是指如果存在某一错报，该错报单独或连同其他错报可能是重大的，注册会计师为将审计风险降至可接受的低水平而实施程序后没有发现这种错报的风险。

第十六条 职业判断，是指在审计准则、财务报告编制基础和职业道德要求的框架下，注册会计师综合运用相关知识、技能和经验，作出适合审计业务具体情况、有根据的行动决策。

第十七条 职业怀疑，是指注册会计师执行审计业务的一种态度，包括采取质疑的思维方式，对可能表明由于错误或舞弊导致错报的迹象保持警觉，以及对审计证据进行审慎评价。

第三章 财务报表审计

第十八条 审计的目的是提高财务报表预期使用者对财务报表的信赖程度。这一目的可以通过注册会计师对财务报表是否在所有重大方面按照适用的财务报告编制基础编制发表审计意见得以实现。就大多数通用目的财务报告编制基础而言，注册会计师针对财务报表是否在所有重大方面按照财务报告编制基础编制并实现公允反映发表审计意见。注册会计师按照审计准则和相关职业道德要求执行审计工作，能够形成这样的意见。

第十九条 财务报表是由被审计单位管理层在治理层的监督下编制的。审计准则不对管理层或治理层设定责任,也不超越法律法规对管理层或治理层责任作出的规定。

管理层和治理层(如适用)认可与财务报表相关的责任,是注册会计师执行审计工作的前提,构成注册会计师按照审计准则的规定执行审计工作的基础。

财务报表审计并不减轻管理层或治理层的责任。

第二十条 注册会计师应当按照审计准则的规定,对财务报表整体是否不存在由于舞弊或错误导致的重大错报获取合理保证,以作为发表审计意见的基础。

合理保证是一种高水平保证。当注册会计师获取充分、适当的审计证据将审计风险降至可接受的低水平时,就获取了合理保证。

由于审计存在固有限制,注册会计师据以得出结论和形成审计意见的大多数审计证据是说服性而非结论性的,因此,审计只能提供合理保证,不能提供绝对保证。

第二十一条 在计划和执行审计工作,以及评价识别出的错报对审计的影响和未更正的错报(如有)对财务报表的影响时,注册会计师应当运用重要性概念。

如果合理预期某一错报(包括漏报)单独或连同其他错报可能影响财务报表使用者依据财务报表作出的经济决策,则该项错报通常被认为是重大的。

重要性取决于在具体环境下对错报金额或性质的判断,或同时受到两者的影响,并受到注册会计师对于财务报表使用者对财务信息需求的了解的影响。

注册会计师针对财务报表整体发表审计意见,因此没有责任发现对财务报表整体影响并不重大的错报。

第二十二条 审计准则旨在规范和指导注册会计师对财务报表整体是否不存在重大错报获取合理保证,要求注册会计师在整个审计过程中运用职业判断和保持职业怀疑。

需要运用职业判断并保持职业怀疑的重要审计环节主要包括:

(一)通过了解被审计单位及其环境,识别和评估由于舞弊或错误导致的重大错报风险;

(二)通过对评估的风险设计和实施恰当的应对措施,针对是否存在重大错报获取充分、适当的审计证据;

(三)根据从获取的审计证据中得出的结论,对财务报表形成审计意见。

第二十三条 注册会计师发表审计意见的形式取决于适用的财务报告编制基础以及相关法律法规的规定。

第二十四条 按照审计准则和相关法律法规的规定,注册会计师还可能就审计中出现的事项,负有与管理层、治理层和其他财务报表使用者进行沟通和向其报告的责任。

第四章 总体目标

第二十五条 在执行财务报表审计工作时，注册会计师的总体目标是：

（一）对财务报表整体是否不存在由于舞弊或错误导致的重大错报获取合理保证，使得注册会计师能够对财务报表是否在所有重大方面按照适用的财务报告编制基础编制发表审计意见；

（二）按照审计准则的规定，根据审计结果对财务报表出具审计报告，并与管理层和治理层沟通。

第二十六条 在任何情况下，如果不能获取合理保证，并且在审计报告中发表保留意见也不足以实现向财务报表预期使用者报告的目的，注册会计师应当按照审计准则的规定出具无法表示意见的审计报告，或者在法律法规允许的情况下终止审计业务或解除业务约定。

第五章 要 求

第一节 与财务报表审计相关的职业道德要求

第二十七条 注册会计师应当遵守与财务报表审计相关的职业道德要求，包括遵守有关独立性的要求。

第二节 职业怀疑

第二十八条 在计划和实施审计工作时，注册会计师应当保持职业怀疑，认识到可能存在导致财务报表发生重大错报的情形。

第三节 职业判断

第二十九条 在计划和实施审计工作时，注册会计师应当运用职业判断。

第四节 审计证据和审计风险

第三十条 为了获取合理保证，注册会计师应当获取充分、适当的审计证据，以将审计风险降至可接受的低水平，使其能够得出合理的结论，作为形成审计意见的基础。

第五节　按照审计准则的规定执行审计工作

第三十一条　注册会计师应当遵守与审计工作相关的所有审计准则。如果某项审计准则有效且所适用的情形存在，则该项审计准则与审计工作相关。

第三十二条　注册会计师应当掌握审计准则及应用指南的全部内容，以理解每项审计准则的目标并恰当地遵守其要求。

第三十三条　除非注册会计师已经遵守本准则以及与审计工作相关的其他所有审计准则，否则，注册会计师不得在审计报告中声称遵守了审计准则。

第三十四条　为了实现注册会计师的总体目标，在计划和实施审计工作时，注册会计师应当运用相关审计准则规定的目标。在运用规定的目标时，注册会计师应当认真考虑各项审计准则之间的相互关系，以采取下列措施：

（一）为了实现审计准则规定的目标，确定是否有必要实施除审计准则规定以外的其他审计程序；

（二）评价是否已获取充分、适当的审计证据。

第三十五条　除非存在下列情况之一，注册会计师应当遵守审计准则的所有要求：

（一）某项审计准则的全部内容与具体审计工作不相关；

（二）由于审计准则的某项要求存在适用条件，而该条件并不存在，导致该项要求不适用。

第三十六条　在极其特殊的情况下，注册会计师可能认为有必要偏离某项审计准则的相关要求。在这种情况下，注册会计师应当实施替代审计程序以实现相关要求的目的。只有当相关要求的内容是实施某项特定审计程序，而该程序无法在具体审计环境下有效地实现要求的目的时，注册会计师才能偏离该项要求。

第三十七条　如果不能实现相关审计准则规定的目标，注册会计师应当评价这是否使其不能实现总体目标。如果不能实现总体目标，注册会计师应当按照审计准则的规定出具非无保留意见的审计报告，或者在法律法规允许的情况下解除业务约定。

不能实现相关审计准则规定的目标构成重大事项，注册会计师应当按照《中国注册会计师审计准则第1131号——审计工作底稿》的规定予以记录。

第六章　附　　则

第三十八条　本准则自2022年1月5日起施行。

中国注册会计师审计准则第 1111 号
——就审计业务约定条款达成一致意见

（2022 年 1 月 5 日修订）

第一章 总 则

第一条 为了规范注册会计师确定审计的前提条件是否存在，以及与管理层就审计业务约定条款达成一致意见，制定本准则。

第二条 本准则规范被审计单位控制范围内的，注册会计师与管理层有必要达成一致意见的事项。《中国注册会计师审计准则第 1121 号——对财务报表审计实施的质量管理》规范注册会计师控制范围内的业务承接的有关事项。

第二章 定 义

第三条 审计的前提条件，是指管理层在编制财务报表时采用可接受的财务报告编制基础，以及管理层对注册会计师执行审计工作的前提的认同。

第四条 在本准则中单独提及的管理层，应当理解为管理层和治理层（如适用）。

第三章 目 标

第五条 注册会计师的目标是，只有通过实施下列工作就执行审计工作的基础达成一致意见后，才承接或保持审计业务：

（一）确定审计的前提条件存在；

（二）确认注册会计师和管理层已就审计业务约定条款达成一致意见。

第四章 要 求

第一节 审计的前提条件

第六条 为了确定审计的前提条件是否存在,注册会计师应当:
(一)确定管理层在编制财务报表时采用的财务报告编制基础是否是可接受的;
(二)就管理层认可并理解其责任与管理层达成一致意见。
管理层的责任包括:
(一)按照适用的财务报告编制基础编制财务报表,并使其实现公允反映(如适用);
(二)设计、执行和维护必要的内部控制,以使财务报表不存在由于舞弊或错误导致的重大错报;
(三)向注册会计师提供必要的工作条件,包括允许注册会计师接触与编制财务报表相关的所有信息(如记录、文件和其他事项),向注册会计师提供审计所需要的其他信息,允许注册会计师在获取审计证据时不受限制地接触其认为必要的内部人员和其他相关人员。

第七条 如果管理层或治理层在拟议的审计业务约定条款中对审计工作的范围施加限制,以致注册会计师认为这种限制将导致其对财务报表发表无法表示意见,注册会计师不应将该项业务作为审计业务予以承接,除非法律法规另有规定。

第八条 如果审计的前提条件不存在,注册会计师应当就此与管理层沟通。在下列情况下,除非法律法规另有规定,注册会计师不应承接拟议的审计业务:
(一)除本准则第十九条规定的情形外,注册会计师确定被审计单位在编制财务报表时采用的财务报告编制基础不可接受;
(二)注册会计师未能与管理层达成本准则第六条第一款第(二)项提及的一致意见。

第二节 就审计业务约定条款达成一致意见

第九条 注册会计师应当就审计业务约定条款与管理层或治理层(如适用)达成一致意见。

第十条 注册会计师应当将达成一致意见的审计业务约定条款记录于审计业务约定书或其他适当形式的书面协议中。审计业务约定条款应当包括下列主要内容:
(一)财务报表审计的目标与范围;
(二)注册会计师的责任;

（三）管理层的责任；

（四）指出用于编制财务报表所适用的财务报告编制基础；

（五）提及注册会计师拟出具的审计报告的预期形式和内容，以及对在特定情况下出具的审计报告可能不同于预期形式和内容的说明。

第十一条 如果法律法规足够详细地规定了审计业务约定条款，注册会计师除了记录适用的法律法规以及管理层认可并理解其责任的事实外，不必将本准则第十条规定的事项记录于书面协议。

第十二条 如果法律法规规定的管理层的责任与本准则第六条第二款的规定相似，注册会计师根据判断可能确定法律法规规定的责任与本准则第六条第二款的规定在效果上是等同的。如果等同，注册会计师可以使用法律法规的措辞，在书面协议中描述管理层的责任；如果不等同，注册会计师应当使用本准则第六条第二款的措辞，在书面协议中描述这些责任。

第三节　连续审计

第十三条 对于连续审计，注册会计师应当根据具体情况评估是否需要对审计业务约定条款作出修改，以及是否需要提醒被审计单位注意现有的条款。

第四节　审计业务约定条款的变更

第十四条 在缺乏合理理由的情况下，注册会计师不应同意变更审计业务约定条款。

第十五条 在完成审计业务前，如果被审计单位或委托人要求将审计业务变更为保证程度较低的业务，注册会计师应当确定是否存在合理理由予以变更。

第十六条 如果审计业务约定条款发生变更，注册会计师应当与管理层就新的业务约定条款达成一致意见，并记录于业务约定书或其他适当形式的书面协议中。

第十七条 如果注册会计师不同意变更审计业务约定条款，而管理层又不允许继续执行原审计业务，注册会计师应当：

（一）在适用的法律法规允许的情况下，解除审计业务约定；

（二）确定是否有约定义务或其他义务向治理层、所有者或监管机构等报告该事项。

第五节　业务承接时的其他考虑

第十八条 如果相关部门对涉及财务会计的事项作出补充规定，注册会计师在承接审计业务时应当确定该补充规定是否与财务报告编制基础存在冲突。

如果存在冲突，注册会计师应当与管理层沟通补充规定的性质，并就下列事项之一达成一致意见：

（一）在财务报表中作出额外披露能否满足补充规定的要求；

（二）对财务报表中关于适用的财务报告编制基础的描述是否可以作出相应修改。

如果无法采取上述任何措施，按照《中国注册会计师审计准则第1502号——在审计报告中发表非无保留意见》的规定，注册会计师应当确定是否有必要发表非无保留意见。

第十九条　如果相关部门要求采用的财务报告编制基础不可接受，只有同时满足下列所有条件，注册会计师才能承接该项审计业务：

（一）管理层同意在财务报表中作出额外披露，以避免财务报表产生误导；

（二）在审计业务约定条款中明确，注册会计师按照《中国注册会计师审计准则第1503号——在审计报告中增加强调事项段和其他事项段》的规定，在审计报告中增加强调事项段，以提醒使用者关注额外披露；注册会计师在对财务报表发表的审计意见中不使用"财务报表在所有重大方面按照［适用的财务报告编制基础］编制，公允反映了……"等措辞，除非法律法规另有规定。

第二十条　如果不具备本准则第十九条规定的条件，但相关部门要求注册会计师承接该项审计业务，注册会计师应当：

（一）评价财务报表误导的性质对审计报告的影响；

（二）在审计业务约定条款中适当提及该事项。

第二十一条　如果相关部门规定的审计报告的结构或措辞与审计准则要求的明显不一致，注册会计师应当评价：

（一）使用者是否可能误解从财务报表审计中获取的保证；

（二）如果可能存在误解，审计报告中作出的补充解释是否能够减轻这种误解。

如果认为审计报告中作出的补充解释不能减轻可能的误解，除非法律法规另有规定，注册会计师不应承接该项审计业务。

按照相关部门的这类规定执行的审计工作，并不符合审计准则的要求。因此，注册会计师不应在审计报告中提及已按照审计准则的规定执行了审计工作。

中国注册会计师审计准则第 1121 号
——对财务报表审计实施的质量管理

（2020 年 11 月 19 日修订）

第一章 总 则

第一条 为了规范注册会计师在项目层面对财务报表审计实施质量管理的具体责任，以及项目合伙人与之相关的责任，制定本准则。

第二条 注册会计师在使用本准则时，需要同时考虑相关职业道德要求。

第三条 会计师事务所负责设计、实施和运行质量管理体系。根据《会计师事务所质量管理准则第 5101 号——业务质量管理》的规定，会计师事务所的目标是，针对所执行的财务报表审计业务、财务报表审阅业务、其他鉴证业务和相关服务业务，设计、实施和运行质量管理体系，为会计师事务所在下列方面提供合理保证：

（一）会计师事务所及其人员按照适用的法律法规和职业准则的规定履行职责，并根据这些规定执行业务；

（二）会计师事务所和项目合伙人出具适合具体情况的报告。

第四条 会计师事务所受《会计师事务所质量管理准则第 5101 号——业务质量管理》和《会计师事务所质量管理准则第 5102 号——项目质量复核》的约束，是本准则的适用前提。

第五条 审计项目组在项目合伙人的领导下，在会计师事务所质量管理体系的框架下，通过遵守本准则的要求，承担下列责任：

（一）利用会计师事务所传递或从会计师事务所获取的信息，实施会计师事务所政策和程序所要求的、适用于该审计项目的应对措施，以应对质量风险；

（二）考虑审计项目的性质和具体情况，确定除会计师事务所的政策和程序外，是否需要在项目层面设计和采取其他应对措施；

（三）与会计师事务所沟通来自审计项目的信息，或按照会计师事务所的政策和程序应予沟通的信息，以支持会计师事务所质量管理体系的设计、实施和运行。

第六条 遵守其他中国注册会计师审计准则的要求，可能能够为项目层面实施质量管理提供相关的信息。

第七条　对于每项审计业务,注册会计师都实现本准则及其他审计准则的目标,以持续高质量地执行审计业务,是服务公众利益的内在要求。实现审计业务的高质量,需要会计师事务所执业人员按照适用的法律法规和职业准则的规定计划和执行审计工作并出具审计报告。遵守适用的法律法规的规定并实现职业准则的目标需要运用职业判断,保持职业怀疑。

第八条　根据《中国注册会计师审计准则第1101号——注册会计师的总体目标和审计工作的基本要求》的规定,审计项目组应当在计划和执行审计工作时运用职业判断并保持职业怀疑。职业判断用于根据审计项目的性质和具体情况,作出适合管理和实现高质量的、知情的行动决策。职业怀疑为审计项目组作出高质量的职业判断提供支持,并通过这些判断,支持审计项目组在项目层面实现高质量的总体效果。保持职业怀疑可以通过审计项目组的行动和沟通展示出来。这些行动和沟通可能包括一些具体的步骤,以应对可能导致难以运用职业怀疑的障碍,如无意识的倾向或资源上的限制。

第九条　本准则中的各项要求需要结合每项审计项目的性质和具体情况加以运用。例如:

(一)如果某个审计项目完全由项目合伙人执行(如对较不复杂实体的审计),本准则中的某些要求可能与该情形不相关,因为这些要求适用于审计项目组其他成员参与审计项目的情形;

(二)如果某个审计项目并非完全由项目合伙人执行,或被审计单位的性质和具体情况较为复杂,项目合伙人可能将设计或实施某些审计程序的任务分配给审计项目组其他成员。

第十条　项目合伙人对遵守本准则的各项要求承担最终责任。当本准则某些条款采用"项目合伙人应当负责……"的措辞时,表明本准则允许项目合伙人将设计或实施某些审计程序的任务分配给审计项目组中具有适当的专业知识、技能和经验的成员。对于未采用该措辞的条款,则表明该条款中的要求或责任应当由项目合伙人亲自遵守或承担,但项目合伙人可以从会计师事务所或审计项目组其他成员获取信息。

第二章　定　义

第十一条　项目合伙人,就中国注册会计师审计准则而言,是指会计师事务所中负责某项审计项目及其执行,并代表会计师事务所在出具的审计报告上签字的合伙人。

第十二条　项目质量复核,是指在报告日或报告日之前,项目质量复核人员对项目组作出的重大判断及据此得出的结论作出的客观评价。

第十三条　项目质量复核人员，是指会计师事务所中实施项目质量复核的合伙人或其他类似职位的人员，或者由会计师事务所委派实施项目质量复核的外部人员。

第十四条　审计项目组，是指执行某项审计业务的所有合伙人和员工，以及为该项业务实施审计程序的所有其他人员，但不包括外部专家，也不包括为审计项目组提供直接协助的内部审计人员。

第十五条　网络，是指由多个实体组成，旨在通过合作实现下列一个或多个目的的联合体：

（一）共享收益、分担成本；

（二）共享所有权、控制权或管理权；

（三）执行统一的质量管理政策和程序；

（四）执行同一经营战略；

（五）使用同一品牌；

（六）共享重要的专业资源。

第十六条　网络事务所，对于某会计师事务所来说，是指该会计师事务所所在网络中的其他会计师事务所或实体。

第十七条　人员，是指会计师事务所的合伙人和员工。其中，对于非合伙制会计师事务所，合伙人是指类似职位的人员。

第十八条　员工，是指合伙人以外的专业人员，包括会计师事务所的内部专家。

第十九条　职业准则，是指执业准则和相关职业道德要求。其中，执业准则包括中国注册会计师鉴证业务基本准则、中国注册会计师审计准则、中国注册会计师审阅准则、中国注册会计师其他鉴证业务准则、中国注册会计师相关服务准则和会计师事务所质量管理准则。

第二十条　相关职业道德要求，就中国注册会计师审计准则而言，是指在执行财务报表审计业务时，应当遵守的职业道德原则和要求，包括独立性要求（如适用）。

第二十一条　应对措施，就会计师事务所质量管理体系而言，是指会计师事务所为了应对质量风险而设计和实施的政策和程序。其中：

（一）政策，是指会计师事务所为应对质量风险而作出的应当或不应当采取某种措施的规定，这种规定可能以成文的方式存在，也可能通过讯息予以明示，或者暗含于行动或决策中；

（二）程序，是指为执行政策而采取的行动。

第三章　目　　标

第二十二条　注册会计师的目标是，在审计项目层面实施质量管理，以就实现高质量获取合理保证。包括下列具体目标：

（一）注册会计师按照适用的法律法规和职业准则的规定履行审计职责，并根据这些规定执行审计业务；

（二）注册会计师出具适合具体情况的审计报告。

第四章　要　　求

第一节　管理和实现审计质量的领导责任

第二十三条　项目合伙人应当对管理和实现审计项目的高质量承担总体责任，包括为审计项目组营造强调会计师事务所文化和审计项目组成员行为期望的环境。在此过程中，项目合伙人应当充分、适当地参与整个审计过程，从而能够根据审计项目的性质和具体情况，确定审计项目组作出的重大判断和据此得出的结论是否适当。

第二十四条　在营造本准则第二十三条所述的环境时，项目合伙人应当采取明确、一致和有效的行动，以体现会计师事务所对质量的重视，并确定和沟通对审计项目组成员的行为期望，包括强调下列方面：

（一）审计项目组所有成员都有责任为在项目层面管理和实现业务的高质量作出贡献；

（二）审计项目组成员的职业价值观、职业道德和职业态度的重要性；

（三）在审计项目组内部进行开放、顺畅、深入沟通的重要性，同时，进行沟通能够支持审计项目组成员提出自己的质疑，而不怕遭受报复；

（四）审计项目组成员在整个审计项目中保持职业怀疑的重要性。

第二十五条　如果项目合伙人为了遵守本准则中的某项要求，将设计或实施某些审计程序、执行某些审计工作或采取某些行动的任务分配给审计项目组其他成员，项目合伙人仍然应当通过指导、监督这些审计项目组成员并复核其工作，对管理和实现审计项目的高质量承担总体责任。

第二节　相关职业道德要求

第二十六条　项目合伙人应当了解适用于审计业务的性质和具体情况的相关职业道德要求，包括与独立性相关的要求。

第二十七条　项目合伙人应当负责确保审计项目组其他成员知悉适用于审计业务的性质和具体情况的相关职业道德要求，以及会计师事务所的相关政策和程序，包括与下列方面相关的政策和程序：

（一）识别、评估和应对对遵守相关职业道德要求（包括与独立性相关的要求）

的不利影响；

（二）可能导致违反相关职业道德要求（包括与独立性相关的要求）的情形，以及当审计项目组成员意识到这种违反时应当承担的责任；

（三）当审计项目组成员意识到被审计单位存在违反法律法规的迹象时应当承担的责任。

第二十八条　如果项目合伙人注意到某些事项，这些事项表明存在对遵守相关职业道德要求的不利影响，项目合伙人应当通过对照会计师事务所的政策和程序，利用来自会计师事务所、审计项目组或其他来源的相关信息，对这些不利影响作出评价，并采取适当行动。

第二十九条　项目合伙人应当通过观察和必要的询问，在整个审计过程中对审计项目组成员违反相关职业道德要求或会计师事务所相关政策和程序的情形保持警觉。

第三十条　如果项目合伙人通过会计师事务所质量管理体系或其他来源获得的信息，注意到某些事项表明适用于审计业务的性质和具体情况的相关职业道德要求未得到遵守，项目合伙人应当在咨询会计师事务所相关人员后，立即采取适当行动。

第三十一条　在签署审计报告之前，项目合伙人应当负责确定相关职业道德要求（包括与独立性相关的要求）已经得到遵守。

第三节　客户关系和审计业务的接受与保持

第三十二条　项目合伙人应当确定会计师事务所就客户关系和审计业务的接受与保持制定的政策和程序已得到遵守，并且得出的相关结论是适当的。

第三十三条　当按照审计准则的规定计划和执行审计工作以及遵守本准则的要求时，项目合伙人应当考虑在客户关系和审计业务的接受与保持环节获取的信息。

第三十四条　如果审计项目组在接受或保持某项客户关系或审计业务后获知了某些信息，并且，如果这些信息在接受或保持之前获知，可能会导致会计师事务所拒绝接受或保持该客户关系或审计业务，则项目合伙人应当立即与会计师事务所沟通该信息，以使会计师事务所和项目合伙人能够立即采取必要的行动。

第四节　业　务　资　源

第三十五条　项目合伙人应当结合审计项目的性质和具体情况、会计师事务所的政策和程序，以及在执行审计项目过程中可能发生的任何变化，确定充分、适当的资源已被及时分配给审计项目组用于执行审计项目，或使审计项目组能够及时获取这些资源。

第三十六条　项目合伙人应当确保审计项目组成员以及审计项目组成员以外提供直接协助的外部专家或内部审计人员，作为一个集体拥有适当的胜任能力，包括充足的时间执行审计项目。

第三十七条　针对本准则第三十五条至第三十六条的规定，如果项目合伙人确定所分配的资源或审计项目组能够获取的资源对于审计项目的性质和具体情况来说是不充分、不适当的，项目合伙人应当采取适当的行动，包括与适当的人员沟通，以向审计项目组分配或提供额外的资源或替代资源。

第三十八条　项目合伙人应当负责根据审计项目的性质和具体情况，适当使用向审计项目组分配或提供的资源。

第三十九条　项目合伙人应当在考虑审计项目的性质和具体情况的基础上，制定合理的时间预算，以保证项目合伙人和审计项目组其他成员投入充分时间参与审计项目。

第五节　业务执行

第四十条　项目合伙人应当负责对审计项目组成员进行指导、监督并复核其工作。

第四十一条　项目合伙人应当确定指导、监督和复核的性质、时间安排和范围符合下列要求：

（一）按照适用的法律法规和职业准则的规定，以及会计师事务所的政策和程序进行计划和执行；

（二）符合审计项目的性质和具体情况，并与会计师事务所向审计项目组分配或提供的资源相匹配。

第四十二条　项目合伙人应当在审计过程中的适当时点复核审计工作底稿，包括与下列方面相关的工作底稿：

（一）重大事项；

（二）重大判断，包括与在审计中遇到的困难或有争议事项相关的判断，以及得出的结论；

（三）根据项目合伙人的职业判断，与项目合伙人的职责有关的其他事项。

第四十三条　项目合伙人应当确定，审计项目组成员在审计项目执行过程中，将职业准则以及会计师事务所的政策和程序从实质上执行到位，避免审计项目组成员仅简单勾画程序表格而未实质性执行程序、程序与目标不一致、程序执行不到位、审计工作底稿记录不完整等问题，确保审计项目组成员恰当记录判断过程、程序执行情况及得出的结论。

第四十四条　在审计报告日或审计报告日之前，项目合伙人应当通过复核审计工作底稿以及与审计项目组讨论，确保已获取充分、适当的审计证据，以支持得出的结论和拟出具的审计报告。

第四十五条 在签署审计报告前,为确保拟出具的审计报告适合审计项目的具体情况,项目合伙人应当复核财务报表、审计报告以及相关的审计工作底稿,包括对关键审计事项的描述(如适用)。

第四十六条 项目合伙人应当在与管理层、治理层或相关监管机构签署正式书面沟通文件之前对其进行复核。

第四十七条 针对审计项目中需要咨询的事项,项目合伙人应当承担下列责任:

(一)对审计项目组就下列事项进行咨询承担责任:

1. 困难或有争议的事项,以及会计师事务所政策和程序要求咨询的事项;
2. 项目合伙人根据职业判断认为需要咨询的其他事项。

(二)确定审计项目组成员已在审计过程中就相关事项进行了适当咨询,咨询可能在审计项目组内部进行,或者在审计项目组与会计师事务所内部或外部的其他适当人员之间进行。

(三)确定已与被咨询者就咨询的性质、范围以及形成的结论达成一致意见。

(四)确定咨询形成的结论已得到执行。

第四十八条 对于需要实施项目质量复核的审计项目,项目合伙人应当承担下列责任:

(一)确定会计师事务所已委派项目质量复核人员;

(二)配合项目质量复核人员的工作,并告知审计项目组其他成员配合项目质量复核人员工作的责任;

(三)与项目质量复核人员讨论在审计中遇到的重大事项和重大判断,包括在项目质量复核过程中识别出的重大事项和重大判断;

(四)只有完成项目质量复核,才签署审计报告。

第四十九条 审计项目组内部、审计项目组与项目质量复核人员之间(如适用),或者审计项目组与在会计师事务所质量管理体系内执行相关活动的人员(包括提供咨询的人员)之间如果出现意见分歧,审计项目组应当遵守会计师事务所处理及解决意见分歧的政策和程序。

第五十条 针对意见分歧,项目合伙人应当承担下列责任:

(一)对按照会计师事务所的政策和程序处理和解决意见分歧承担责任;

(二)确定咨询得出的结论已经记录并得到执行;

(三)在所有意见分歧得到解决之前,不得签署审计报告。

第六节 监控与整改

第五十一条 项目合伙人应当负责下列方面:

(一)了解从会计师事务所的监控和整改程序获取的信息,这些信息可能是由

会计师事务所提供的,也可能来自网络和网络事务所的监控和整改程序(如适用);

(二)确定上述第(一)项提及的信息与审计项目的相关性及其对审计项目的影响,并采取适当行动;

(三)在整个审计过程中,对可能与会计师事务所的监控和整改程序相关的信息保持警觉,并将此类信息通报给对监控和整改程序负责的人员。

第七节 对管理和实现高质量承担总体责任

第五十二条 在签署审计报告之前,项目合伙人应当确定其已对管理和实现审计项目的高质量承担责任。在此过程中,项目合伙人应当确定下列事项:

(一)项目合伙人充分、适当地参与了审计项目的全过程,以使其能够确定,根据审计项目的性质和具体情况,审计项目组作出的重大判断和据此得出的结论是适当的;

(二)在遵守本准则的要求时,已考虑了审计项目的性质和具体情况、发生的任何变化,以及会计师事务所与之相关的政策和程序。

第八节 审计工作底稿

第五十三条 注册会计师应当在审计工作底稿中记录下列事项:
(一)针对下列方面识别出的事项、与相关人员进行的讨论以及得出的结论:
1. 履行与遵守相关职业道德要求(包括与独立性相关的要求)相关的责任;
2. 客户关系和审计业务的接受与保持。
(二)在审计过程中进行咨询的性质、范围、得出的结论,以及这些结论是如何得到执行的。
(三)如果审计项目需要实施项目质量复核,则应当记录项目质量复核已经在审计报告日或之前完成。

中国注册会计师审计准则第 1131 号
——审计工作底稿

（2022 年 1 月 5 日修订）

第一章 总 则

第一条 为了规范审计工作底稿的格式、内容和范围以及审计工作底稿的归档，明确注册会计师在财务报表审计中编制审计工作底稿的责任，制定本准则。

第二条 本准则附录中列示的其他审计准则，对在特定情况下就相关事项编制审计工作底稿提出具体要求，但并不构成对本准则普遍适用性的限制。相关法律法规也可能对编制审计工作底稿提出额外要求。

第三条 在符合本准则和其他相关审计准则要求的情况下，审计工作底稿能够实现下列目的：

（一）提供证据，作为注册会计师得出实现总体目标结论的基础；

（二）提供证据，证明注册会计师按照审计准则和相关法律法规的规定计划和执行了审计工作。

第四条 审计工作底稿还可以实现下列目的：

（一）有助于项目组计划和执行审计工作；

（二）有助于负责督导的项目组成员按照《中国注册会计师审计准则第 1121 号——对财务报表审计实施的质量管理》的规定，履行指导、监督与复核审计工作的责任；

（三）便于项目组说明其执行审计工作的情况；

（四）保留对未来审计工作持续产生重大影响的事项的记录；

（五）便于会计师事务所实施项目质量复核、其他类型的项目复核以及质量管理体系中的监控活动；

（六）便于监管机构和注册会计师协会根据相关法律法规或其他相关要求，对会计师事务所实施执业质量检查。

第二章 定 义

第五条 审计工作底稿，是指注册会计师对制定的审计计划、实施的审计程序、获取的相关审计证据，以及得出的审计结论作出的记录。

第六条 审计档案，是指一个或多个文件夹或其他存储介质，以实物或电子形式存储构成某项具体业务的审计工作底稿的记录。

第七条 有经验的专业人士，是指会计师事务所内部或外部的具有审计实务经验，并且对下列方面有合理了解的人士：

（一）审计过程；
（二）审计准则和相关法律法规的规定；
（三）被审计单位所处的经营环境；
（四）与被审计单位所处行业相关的会计和审计问题。

第三章 目 标

第八条 注册会计师的目标是，编制审计工作底稿以便：

（一）提供充分、适当的记录，作为出具审计报告的基础；
（二）提供证据，证明注册会计师已按照审计准则和相关法律法规的规定计划和执行了审计工作。

第四章 要 求

第一节 及时编制审计工作底稿

第九条 注册会计师应当及时编制审计工作底稿。

第二节 记录实施的审计程序和获取的审计证据

第十条 注册会计师编制的审计工作底稿，应当使得未曾接触该项审计工作的有经验的专业人士清楚了解：

（一）按照审计准则和相关法律法规的规定实施的审计程序的性质、时间安排和范围；
（二）实施审计程序的结果和获取的审计证据；
（三）审计中遇到的重大事项和得出的结论，以及在得出结论时作出的重大职业判断。

第十一条 在记录已实施审计程序的性质、时间安排和范围时，注册会计师应当记录：

（一）测试的具体项目或事项的识别特征；

（二）审计工作的执行人员及完成审计工作的日期；

（三）审计工作的复核人员及复核的日期和范围。

第十二条 注册会计师应当记录与管理层、治理层和其他人员对重大事项的讨论，包括所讨论的重大事项的性质以及讨论的时间、地点和参加人员。

第十三条 如果识别出的信息与针对某重大事项得出的最终结论不一致，注册会计师应当记录如何处理该不一致的情况。

第十四条 在极其特殊的情况下，如果认为有必要偏离某项审计准则的相关要求，注册会计师应当记录实施的替代审计程序如何实现相关要求的目的以及偏离的原因。

第十五条 在某些例外情况下，如果在审计报告日后实施了新的或追加的审计程序，或者得出新的结论，注册会计师应当记录：

（一）遇到的例外情况；

（二）实施的新的或追加的审计程序，获取的审计证据，得出的结论，以及对审计报告的影响；

（三）对审计工作底稿作出相应变动的时间和人员，以及复核的时间和人员。

第十六条 编制审计工作底稿的文字应当使用中文。少数民族自治地区可以同时使用少数民族文字。中国境内的中外合作会计师事务所、国际会计公司成员所可以同时使用某种外国文字。会计师事务所执行涉外业务时可以同时使用某种外国文字。

第三节 审计工作底稿的归档

第十七条 注册会计师应当在审计报告日后及时将审计工作底稿归整为审计档案，并完成归整最终审计档案过程中的事务性工作。

审计工作底稿的归档期限为审计报告日后六十天内。

如果注册会计师未能完成审计业务，审计工作底稿的归档期限为审计业务中止后的六十天内。

第十八条 在完成最终审计档案的归整工作后，注册会计师不应在规定的保存期限届满前删除或废弃任何性质的审计工作底稿。

第十九条 会计师事务所应当自审计报告日起，对审计工作底稿至少保存十年。

如果注册会计师未能完成审计业务，会计师事务所应当自审计业务中止日起，对审计工作底稿至少保存十年。

第二十条 除本准则第十五条规定的情况外,在完成最终审计档案归整工作后,如果注册会计师发现有必要修改现有审计工作底稿或增加新的审计工作底稿,无论修改或增加的性质如何,注册会计师均应当记录:

(一)修改或增加审计工作底稿的理由;

(二)修改或增加审计工作底稿的时间和人员,以及复核的时间和人员。

附录:

其他审计准则对编制审计工作底稿的具体要求

本附录列示了其他审计准则对注册会计师在特定情况下就相关事项编制审计工作底稿的具体要求。考虑本附录中列示的事项,并不能代替考虑本准则和应用指南中的规定。

1.《中国注册会计师审计准则第1111号——就审计业务约定条款达成一致意见》第十条至第十二条;

2.《中国注册会计师审计准则第1121号——对财务报表审计实施的质量管理》第五十三条;

3.《中国注册会计师审计准则第1141号——财务报表审计中与舞弊相关的责任》第四十八条至第五十一条;

4.《中国注册会计师审计准则第1142号——财务报表审计中对法律法规的考虑》第二十九条;

5.《中国注册会计师审计准则第1151号——与治理层的沟通》第二十四条;

6.《中国注册会计师审计准则第1201号——计划审计工作》第十一条;

7.《中国注册会计师审计准则第1211号——通过了解被审计单位及其环境识别和评估重大错报风险》第三十五条;

8.《中国注册会计师审计准则第1221号——计划和执行审计工作时的重要性》第十四条;

9.《中国注册会计师审计准则第1231号——针对评估的重大错报风险采取的应对措施》第二十八条至第三十条;

10.《中国注册会计师审计准则第1251号——评价审计过程中识别出的错报》第十六条;

11.《中国注册会计师审计准则第1321号——审计会计估计(包括公允价值会计估计)和相关披露》第二十八条;

12.《中国注册会计师审计准则第 1323 号——关联方》第二十九条；

13.《中国注册会计师审计准则第 1401 号——对集团财务报表审计的特殊考虑》第六十三条；

14.《中国注册会计师审计准则第 1411 号——利用内部审计人员的工作》第十三条；

15.《中国注册会计师审计准则第 1521 号——注册会计师对其他信息的责任》第二十五条。

中国注册会计师审计准则第 1141 号——财务报表审计中与舞弊相关的责任

（2019 年 2 月 20 日修订）

第一章 总 则

第一条 为了规范注册会计师在财务报表审计中与舞弊相关的责任，制定本准则。

第二条 在涉及识别、评估和应对由于舞弊导致的重大错报风险时，本准则是对注册会计师如何应用《中国注册会计师审计准则第 1211 号——通过了解被审计单位及其环境识别和评估重大错报风险》和《中国注册会计师审计准则第 1231 号——针对评估的重大错报风险采取的应对措施》的进一步扩展。

第三条 财务报表的错报可能由于舞弊或错误所致。舞弊和错误的区别在于，导致财务报表发生错报的行为是故意行为还是非故意行为。

第四条 舞弊是一个宽泛的法律概念，但注册会计师关注的是导致财务报表发生重大错报的舞弊。

与财务报表审计相关的故意错报，包括编制虚假财务报告导致的错报和侵占资产导致的错报。

尽管注册会计师可能怀疑被审计单位存在舞弊，甚至在极少数情况下识别出发生的舞弊，但注册会计师并不对舞弊是否已实际发生作出法律意义上的判定。

第五条 被审计单位治理层和管理层对防止或发现舞弊负有主要责任。

管理层在治理层的监督下，高度重视对舞弊的防范和遏制是非常重要的。对舞弊进行防范可以减少舞弊发生的机会；对舞弊进行遏制，即发现和惩罚舞弊行为，能够警示被审计单位人员不要实施舞弊。对舞弊的防范和遏制需要管理层营造诚实守信和合乎道德的文化，并且这一文化能够在治理层的有效监督下得到强化。

治理层的监督包括考虑管理层凌驾于控制之上或对财务报告过程施加其他不当影响的可能性，例如，管理层为了影响分析师对被审计单位业绩和盈利能力的看法而操纵利润。

审计准则

第六条 在按照审计准则的规定执行审计工作时，注册会计师有责任对财务报表整体是否不存在由于舞弊或错误导致的重大错报获取合理保证。

由于审计的固有限制，即使注册会计师按照审计准则的规定恰当计划和执行了审计工作，也不可避免地存在财务报表中的某些重大错报未被发现的风险。

第七条 在舞弊导致错报的情况下，固有限制的潜在影响尤其重大。舞弊导致的重大错报未被发现的风险，大于错误导致的重大错报未被发现的风险。其原因是舞弊可能涉及精心策划和蓄意实施以进行隐瞒（如伪造证明或故意漏记交易），或者故意向注册会计师提供虚假陈述。如果涉及串通舞弊，注册会计师可能更加难以发现蓄意隐瞒的企图。串通舞弊可能导致原本虚假的审计证据被注册会计师误认为具有说服力。

注册会计师发现舞弊的能力取决于舞弊者实施舞弊的技巧、舞弊者操纵会计记录的频率和范围、舞弊者操纵的每笔金额的大小、舞弊者在被审计单位的职位级别、串通舞弊的程度等因素。

即使可以识别出实施舞弊的潜在机会，但对于诸如会计估计等判断领域的错报，注册会计师也难以确定这类错报是由于舞弊还是错误导致的。

第八条 管理层舞弊导致的重大错报未被发现的风险，大于员工舞弊导致的重大错报未被发现的风险。其原因是管理层往往可以利用职务之便，直接或间接操纵会计记录，提供虚假的财务信息，或凌驾于为防止其他员工实施类似舞弊而建立的控制之上。

第九条 在获取合理保证时，注册会计师有责任在整个审计过程中保持职业怀疑，考虑管理层凌驾于控制之上的可能性，并认识到对发现错误有效的审计程序未必对发现舞弊有效。本准则的规定旨在帮助注册会计师识别和评估舞弊导致的重大错报风险，以及设计用以发现这类错报的审计程序。

根据法律法规或相关职业道德要求，对于被审计单位的违反法律法规行为（包括舞弊），注册会计师可能承担额外责任。这些责任可能与本准则和其他审计准则不同，或超出了本准则和其他审计准则的规定，例如：

（一）应对识别出的或怀疑存在的违反法律法规行为，包括要求与管理层和治理层专门进行沟通，评价其对违反法律法规行为所作应对的适当性，并确定是否需要采取进一步行动；

（二）向其他注册会计师（例如，在集团财务报表审计中）沟通识别出的或怀疑存在的违反法律法规行为；

（三）对识别出的或怀疑存在的违反法律法规行为的记录要求。

对额外责任的履行，可能提供与注册会计师按照本准则和其他审计准则执行工作相关的进一步信息（如与管理层和治理层诚信相关的信息）。

第二章 定 义

第十条 舞弊，是指被审计单位的管理层、治理层、员工或第三方使用欺骗手段获取不当或非法利益的故意行为。

第十一条 舞弊风险因素，是指表明实施舞弊的动机或压力，或者为实施舞弊提供机会的事项或情况。

第三章 目 标

第十二条 注册会计师的目标是：

（一）识别和评估由于舞弊导致的财务报表重大错报风险；

（二）通过设计和实施恰当的应对措施，针对评估的由于舞弊导致的重大错报风险，获取充分、适当的审计证据；

（三）恰当应对审计过程中识别出的舞弊或舞弊嫌疑。

第四章 要 求

第一节 职业怀疑

第十三条 按照《中国注册会计师审计准则第1101号——注册会计师的总体目标和审计工作的基本要求》的规定，注册会计师应当在整个审计过程中保持职业怀疑，认识到存在由于舞弊导致的重大错报的可能性，而不应受到以前对管理层、治理层正直和诚信形成的判断的影响。

第十四条 除非存在相反的理由，注册会计师可以将文件和记录作为真品。但如果在审计过程中识别出的情况使注册会计师认为文件可能是伪造的或文件中的某些条款已发生变动但未告知注册会计师，注册会计师应当作出进一步调查。

第十五条 如果管理层或治理层对询问作出的答复相互之间不一致或与其他信息不一致，注册会计师应当对这种不一致加以调查。

第二节 项目组内部的讨论

第十六条 按照《中国注册会计师审计准则第1211号——通过了解被审计单位及其环境识别和评估重大错报风险》的规定，项目组成员之间应当进行讨论，并由项目合伙人确定将哪些事项向未参与讨论的项目组成员通报。

项目组内部讨论的重点应当包括财务报表易于发生由于舞弊导致的重大错报的方式和领域,包括舞弊可能如何发生。

在讨论过程中,项目组成员不应假定管理层和治理层是正直和诚信的。

第三节 风险评估程序和相关活动

第十七条 当按照《中国注册会计师审计准则第1211号——通过了解被审计单位及其环境识别和评估重大错报风险》的规定实施风险评估程序和相关活动,以了解被审计单位及其环境时,注册会计师应当实施本准则第十八条至第二十五条规定的审计程序,以获取用以识别由于舞弊导致的重大错报风险所需的信息。

第十八条 注册会计师应当向管理层询问:

(一)管理层对财务报表可能存在由于舞弊导致的重大错报风险的评估,包括评估的性质、范围和频率等;

(二)管理层对舞弊风险的识别和应对过程,包括管理层识别出的或注意到的特定舞弊风险,或可能存在舞弊风险的各类交易、账户余额或披露;

(三)管理层就其对舞弊风险的识别和应对过程向治理层的通报;

(四)管理层就其经营理念和道德观念向员工的通报。

第十九条 注册会计师应当询问管理层和被审计单位内部的其他人员(如适用),以确定其是否知悉任何影响被审计单位的舞弊事实、舞弊嫌疑或舞弊指控。

第二十条 如果被审计单位设有内部审计,注册会计师应当询问内部审计人员,以确定其是否知悉任何影响被审计单位的舞弊事实、舞弊嫌疑或舞弊指控,并获取这些人员对舞弊风险的看法。

第二十一条 除非治理层全部成员参与管理被审计单位,注册会计师应当了解治理层如何监督管理层对舞弊风险的识别和应对过程,以及为降低舞弊风险而建立的内部控制。

第二十二条 除非治理层全部成员参与管理被审计单位,注册会计师应当询问治理层,以确定其是否知悉任何影响被审计单位的舞弊事实、舞弊嫌疑或舞弊指控。治理层对这些询问的答复,还可在一定程度上作为管理层答复的佐证信息。

第二十三条 注册会计师应当评价在实施分析程序时识别出的异常或偏离预期的关系(包括与收入账户有关的关系),是否表明存在由于舞弊导致的重大错报风险。

第二十四条 注册会计师应当考虑获取的其他信息是否表明存在由于舞弊导致的重大错报风险。

第二十五条 注册会计师应当评价通过其他风险评估程序和相关活动获取的信息,是否表明存在舞弊风险因素。

存在舞弊风险因素并不必然表明发生了舞弊,但在舞弊发生时通常存在舞弊风险因素，因此，舞弊风险因素可能表明存在由于舞弊导致的重大错报风险。

第四节 识别和评估由于舞弊导致的重大错报风险

第二十六条 按照《中国注册会计师审计准则第 1211 号——通过了解被审计单位及其环境识别和评估重大错报风险》的规定，注册会计师应当在财务报表层次和各类交易、账户余额、披露的认定层次识别和评估由于舞弊导致的重大错报风险。

第二十七条 在识别和评估由于舞弊导致的重大错报风险时，注册会计师应当基于收入确认存在舞弊风险的假定，评价哪些类型的收入、收入交易或认定导致舞弊风险。

如果认为收入确认存在舞弊风险的假定不适用于业务的具体情况，从而未将收入确认作为由于舞弊导致的重大错报风险领域，注册会计师应当按照本准则第五十一条的规定形成相应的审计工作底稿。

第二十八条 注册会计师应当将评估的由于舞弊导致的重大错报风险作为特别风险。如果此前未了解与此类风险相关的控制，注册会计师应当了解相关控制，包括了解控制活动。

第五节 应对评估的由于舞弊导致的重大错报风险

第二十九条 按照《中国注册会计师审计准则第 1231 号——针对评估的重大错报风险采取的应对措施》的规定，注册会计师应当针对评估的由于舞弊导致的财务报表层次重大错报风险确定总体应对措施。

第三十条 在针对评估的由于舞弊导致的财务报表层次重大错报风险确定总体应对措施时，注册会计师应当：

（一）在分派和督导项目组成员时，考虑承担重要业务职责的项目组成员所具备的知识、技能和能力，并考虑由于舞弊导致的重大错报风险的评估结果；

（二）评价被审计单位对会计政策（特别是涉及主观计量和复杂交易的会计政策）的选择和运用，是否可能表明管理层通过操纵利润对财务信息作出虚假报告；

（三）在选择审计程序的性质、时间安排和范围时，增加审计程序的不可预见性。

第三十一条 按照《中国注册会计师审计准则第 1231 号——针对评估的重大错报风险采取的应对措施》的规定，注册会计师应当设计和实施进一步审计程序，审计程序的性质、时间安排和范围应当能够应对评估的由于舞弊导致的认定层次重大错报风险。例如，针对由于舞弊导致的认定层次重大错报风险，注册会计师应当考虑实施函证程序以获取更多的相互印证的信息。

第三十二条 管理层处于实施舞弊的独特地位,其原因是管理层有能力通过凌驾于控制之上操纵会计记录并编制虚假财务报表,而这些控制却看似有效运行。

尽管管理层凌驾于控制之上的风险水平因被审计单位而异,但所有被审计单位都存在这种风险。

由于管理层凌驾于控制之上的行为发生方式不可预见,这种风险属于由于舞弊导致的重大错报风险,从而也是一种特别风险。

第三十三条 无论对管理层凌驾于控制之上的风险的评估结果如何,注册会计师都应当设计和实施审计程序,用以:

(一)测试日常会计核算过程中作出的会计分录以及编制财务报表过程中作出的其他调整是否适当;

(二)复核会计估计是否存在偏向,并评价产生这种偏向的环境是否表明存在由于舞弊导致的重大错报风险;

(三)对于超出被审计单位正常经营过程的重大交易,或基于对被审计单位及其环境的了解以及在审计过程中获取的其他信息而显得异常的重大交易,评价其商业理由(或缺乏商业理由)是否表明被审计单位从事交易的目的是对财务信息作出虚假报告或掩盖侵占资产的行为。

第三十四条 在设计和实施审计程序,以测试日常会计核算过程中作出的会计分录以及编制财务报表过程中作出的其他调整是否适当时,注册会计师应当:

(一)向参与财务报告过程的人员询问与处理会计分录和其他调整相关的不恰当或异常的活动;

(二)选择在报告期末作出的会计分录和其他调整;

(三)考虑是否有必要测试整个会计期间的会计分录和其他调整。

第三十五条 在复核会计估计是否存在偏向时,注册会计师应当:

(一)评价管理层在作出会计估计时所作的判断和决策是否反映出管理层的某种偏向(即使判断和决策单独看起来是合理的),从而可能表明存在由于舞弊导致的重大错报风险。如果存在偏向,注册会计师应当从整体上重新评价会计估计;

(二)追溯复核与以前年度财务报表反映的重大会计估计相关的管理层判断和假设。

第三十六条 当按照本准则第三十三条至第三十五条实施的程序无法涵盖特定的管理层凌驾于控制之上的其他风险时,注册会计师还应当确定是否有必要实施其他审计程序,以应对识别出的管理层凌驾于控制之上的风险。

第六节 评价审计证据

第三十七条 在就财务报表与所了解的被审计单位的情况是否一致形成总体结

论时，注册会计师应当评价在临近审计结束时实施的分析程序，是否表明存在此前尚未识别的由于舞弊导致的重大错报风险。

第三十八条 如果识别出某项错报，注册会计师应当评价该项错报是否表明存在舞弊。

如果存在舞弊的迹象，鉴于舞弊不太可能是孤立发生的事项，注册会计师应当评价该项错报对审计工作其他方面的影响，特别是对管理层声明可靠性的影响。

第三十九条 如果识别出某项错报，并有理由认为该项错报是或可能是由于舞弊导致的，且涉及管理层，特别是涉及较高层级的管理层，无论该项错报是否重大，注册会计师都应当重新评价对由于舞弊导致的重大错报风险的评估结果，以及该结果对旨在应对评估的风险的审计程序的性质、时间安排和范围的影响。

在重新考虑此前获取的审计证据的可靠性时，注册会计师还应当考虑相关的情形是否表明可能存在涉及员工、管理层或第三方的串通舞弊。

第四十条 如果确认财务报表存在由于舞弊导致的重大错报，或无法确定财务报表是否存在由于舞弊导致的重大错报，注册会计师应当评价这两种情况对审计的影响。

第七节 无法继续执行审计业务

第四十一条 如果由于舞弊或舞弊嫌疑导致出现错报，致使注册会计师遇到对其继续执行审计业务的能力产生怀疑的异常情形，注册会计师应当：

（一）确定适用于具体情况的职业责任和法律责任，包括是否需要向审计业务委托人或监管机构报告；

（二）在相关法律法规允许的情况下，考虑是否需要解除业务约定。

第四十二条 如果决定解除业务约定，注册会计师应当采取下列措施：

（一）与适当层级的管理层和治理层讨论解除业务约定的决定和理由；

（二）考虑是否存在职业责任或法律责任，需要向审计业务委托人或监管机构报告解除业务约定的决定和理由。

第八节 书面声明

第四十三条 注册会计师应当就下列事项向管理层和治理层（如适用）获取书面声明：

（一）管理层和治理层认可其设计、执行和维护内部控制以防止和发现舞弊的责任；

（二）管理层和治理层已向注册会计师披露了管理层对由于舞弊导致的财务报

表重大错报风险的评估结果；

（三）管理层和治理层已向注册会计师披露了已知的涉及管理层、在内部控制中承担重要职责的员工以及其他人员（在舞弊行为导致财务报表出现重大错报的情况下）的舞弊或舞弊嫌疑；

（四）管理层和治理层已向注册会计师披露了从现任和前任员工、分析师、监管机构等方面获知的、影响财务报表的舞弊指控或舞弊嫌疑。

第九节　与管理层和治理层的沟通

第四十四条　如果识别出舞弊或获取的信息表明可能存在舞弊，除非法律法规禁止，注册会计师应当及时与适当层级的管理层沟通此类事项，以便管理层告知对防止和发现舞弊事项负有主要责任的人员。

第四十五条　如果确定或怀疑舞弊涉及下列人员，注册会计师应当及时与治理层沟通此类事项，除非治理层全部成员参与管理被审计单位：

（一）管理层；

（二）在内部控制中承担重要职责的员工；

（三）其他人员（在舞弊行为导致财务报表重大错报的情况下）。

如果怀疑舞弊涉及管理层，除非法律法规禁止，注册会计师应当与治理层沟通这一怀疑，并与其讨论为完成审计工作所必需的审计程序的性质、时间安排和范围。

第四十六条　如果根据判断认为还存在与治理层职责相关的、涉及舞弊的其他事项，除非法律法规禁止，注册会计师应当就此与治理层沟通。

第十节　向被审计单位之外的适当机构报告舞弊

第四十七条　如果识别出或怀疑存在舞弊，注册会计师应当确定法律法规或相关职业道德要求是否：

（一）要求注册会计师向被审计单位之外的适当机构作出报告；

（二）规定了相关责任，基于该责任，注册会计师向被审计单位之外的适当机构报告在具体情形下可能是适当的。

第十一节　审计工作底稿

第四十八条　《中国注册会计师审计准则第1211号——通过了解被审计单位及其环境识别和评估重大错报风险》规定注册会计师应当记录对被审计单位及其环境的了解以及对重大错报风险的评估结果。注册会计师应当将下列内容形成审计工作底稿：

（一）项目组内部就由于舞弊导致财务报表重大错报的可能性进行讨论所得出的重要结论；

（二）识别和评估的由于舞弊导致的财务报表层次和认定层次的重大错报风险。

第四十九条　《中国注册会计师审计准则第 1231 号——针对评估的重大错报风险采取的应对措施》规定注册会计师应当记录对评估的重大错报风险采取的应对措施。注册会计师应当将下列内容形成审计工作底稿：

（一）对评估的由于舞弊导致的财务报表层次的重大错报风险采取的总体应对措施；

（二）审计程序的性质、时间安排和范围；

（三）审计程序与评估的由于舞弊导致的认定层次的重大错报风险之间的联系；

（四）实施审计程序（包括用于应对管理层凌驾于控制之上的风险而实施的审计程序）的结果。

第五十条　注册会计师应当在审计工作底稿中记录与管理层、治理层、监管机构或其他相关各方就舞弊事项进行沟通的情况。

第五十一条　如果认为收入确认存在舞弊风险的假定不适用于业务的具体情况，注册会计师应当在审计工作底稿中记录得出该结论的理由。

第五章　附　　则

第五十二条　本准则自 2019 年 7 月 1 日起施行。

中国注册会计师审计准则第 1142 号
——财务报表审计中对法律法规的考虑

（2019 年 2 月 20 日修订）

第一章 总 则

第一条 为了规范注册会计师在财务报表审计中对法律法规的考虑，制定本准则。

第二条 本准则不适用于注册会计师接受专项委托，对被审计单位遵守特定法律法规进行单独测试并出具报告的其他鉴证业务。

第三条 不同的法律法规对财务报表的影响差异很大。被审计单位需要遵守的所有法律法规，构成注册会计师在财务报表审计中需要考虑的法律法规框架。

某些法律法规的规定对财务报表有直接影响，决定财务报表中的金额和披露。而有些法律法规需要管理层遵守，或规定了允许被审计单位开展经营活动的条件，但不会对财务报表产生直接影响。某些被审计单位属于高度管制的行业，如银行或化工企业等。而有些被审计单位仅受到通常与经营活动相关的法律法规的制约，如安全生产和公平就业等。

违反法律法规可能导致被审计单位面临罚款、诉讼或其他对财务报表产生重大影响的后果。

第四条 在治理层的监督下，保证被审计单位按照法律法规的规定开展经营活动（包括遵守那些决定财务报表中的金额和披露的法律法规的规定），是管理层的责任。

第五条 本准则旨在帮助注册会计师识别由于违反法律法规导致的财务报表重大错报。注册会计师没有责任防止被审计单位违反法律法规行为，也不能被期望发现所有的违反法律法规行为。

第六条 注册会计师有责任对财务报表整体不存在由于舞弊或错误导致的重大错报获取合理保证。

在执行财务报表审计时，注册会计师需要考虑适用于被审计单位的法律法规框架。由于审计的固有限制，即使注册会计师按照审计准则的规定恰当地计划和执行审计工作，也不可避免地存在财务报表中的某些重大错报未被发现的风险。

就法律法规而言，由于下列原因，审计的固有限制对注册会计师发现重大错报的能力的潜在影响会加大：

（一）许多法律法规主要与被审计单位经营活动相关，通常不影响财务报表，且不能被与财务报告相关的信息系统所获取；

（二）违反法律法规可能涉及故意隐瞒的行为，如串通、伪造、故意漏记交易、管理层凌驾于控制之上或故意向注册会计师提供虚假陈述；

（三）某行为是否构成违反法律法规，最终只能由法院或其他适当的监管机构认定。

通常情况下，违反法律法规与财务报表反映的交易和事项越不相关，就越难以被注册会计师关注或识别。

第七条 本准则对注册会计师责任的界定，根据被审计单位需要遵守的下列两类不同的法律法规有所区别：

（一）通常对决定财务报表中的重大金额和披露有直接影响的法律法规（如税收和企业年金方面的法律法规）；

（二）对决定财务报表中的金额和披露没有直接影响的其他法律法规，但遵守这些法律法规（如遵守经营许可条件、监管机构对偿债能力的规定或环境保护要求）对被审计单位的经营活动、持续经营能力或避免大额罚款至关重要；违反这些法律法规，可能对财务报表产生重大影响。

第八条 针对本准则第七条提及的两类不同的法律法规，本准则对注册会计师的责任作出不同规定。

针对本准则第七条第（一）项提及的法律法规，注册会计师的责任是，就被审计单位遵守这些法律法规的规定获取充分、适当的审计证据。

针对本准则第七条第（二）项提及的法律法规，注册会计师的责任仅限于实施特定的审计程序，以有助于识别可能对财务报表产生重大影响的违反这些法律法规的行为。

第九条 为了对财务报表形成审计意见而实施的其他审计程序，可能使注册会计师注意到被审计单位违反法律法规的行为，本准则要求注册会计师对这一可能性保持警觉。

考虑到对被审计单位产生影响的法律法规的范围，按照《中国注册会计师审计准则第1101号——注册会计师的总体目标和审计工作的基本要求》的规定，注册会计师在整个审计过程中保持职业怀疑尤为重要。

第十条 根据法律法规或相关职业道德要求，对于被审计单位的违反法律法规行为，注册会计师可能承担额外责任，这些责任可能与本准则不同，或超出了本准则的规定，例如：

（一）应对识别出的或怀疑存在的违反法律法规行为，包括要求与管理层和治理层进行专门沟通，评价其对违反法律法规行为所作应对的适当性，并确定是否需要采取进一步行动；

（二）向其他注册会计师沟通识别出的或怀疑存在的违反法律法规行为（如在集团财务报表审计中）；

（三）对识别出的或怀疑存在的违反法律法规行为的记录要求。

对额外责任的履行，可能提供与注册会计师按照本准则和其他审计准则执行工作相关的进一步信息（如与管理层和治理层诚信相关的信息）。

第二章 定 义

第十一条 本准则所称违反法律法规，是指被审计单位、治理层、管理层，或者为被审计单位工作或受其指使的其他人，有意或无意违背除适用的财务报告编制基础以外的现行法律法规的行为。违反法律法规不包括与被审计单位经营活动无关的个人不当行为。

第三章 目 标

第十二条 注册会计师的目标是：

（一）针对通常对决定财务报表中的重大金额和披露有直接影响的法律法规的规定，获取被审计单位遵守这些规定的充分、适当的审计证据；

（二）针对其他法律法规，实施特定的审计程序，以有助于识别可能对财务报表产生重大影响的违反这些法律法规的行为；

（三）恰当应对在审计过程中识别出的或怀疑存在的违反法律法规行为。

第四章 要 求

第一节 注册会计师对被审计单位遵守法律法规的考虑

第十三条 按照《中国注册会计师审计准则第1211号——通过了解被审计单位及其环境识别和评估重大错报风险》的规定，在了解被审计单位及其环境时，注册会计师应当总体了解下列事项：

（一）适用于被审计单位及其所处行业或领域的法律法规框架；

（二）被审计单位如何遵守这些法律法规框架。

第十四条　针对通常对决定财务报表中的重大金额和披露有直接影响的法律法规的规定，注册会计师应当获取被审计单位遵守这些规定的充分、适当的审计证据。

第十五条　注册会计师应当实施下列审计程序，以有助于识别可能对财务报表产生重大影响的违反其他法律法规的行为：

（一）向管理层和治理层（如适用）询问被审计单位是否遵守了这些法律法规；

（二）检查被审计单位与许可证颁发机构或监管机构的往来函件。

第十六条　在审计过程中实施的其他审计程序可能使注册会计师识别出或怀疑存在违反法律法规行为，注册会计师应当对此保持警觉。

第十七条　注册会计师应当要求管理层和治理层（如适用）提供书面声明，以表明被审计单位已向注册会计师披露了所有知悉的、且在编制财务报表时应当考虑其影响的违反法律法规行为或怀疑存在的违反法律法规行为。

第十八条　在未识别出或未怀疑被审计单位违反法律法规的情况下，除执行本准则第十三条至第十七条所述的工作外，注册会计师不必针对被审计单位遵守法律法规实施其他审计程序。

第二节　识别出或怀疑存在违反法律法规行为时实施的审计程序

第十九条　如果注意到与识别出的或怀疑存在的违反法律法规行为相关的信息，注册会计师应当：

（一）了解违反法律法规行为的性质及其发生的环境；

（二）获取进一步的信息，以评价对财务报表可能产生的影响。

第二十条　如果怀疑被审计单位存在违反法律法规行为，注册会计师应当就此与适当层级的管理层和治理层（如适用）进行讨论，除非法律法规禁止。

如果管理层或治理层不能提供充分的信息，证明被审计单位遵守了法律法规，并且注册会计师根据判断认为怀疑存在的违反法律法规行为可能对财务报表产生重大影响，注册会计师应当考虑是否需要征询法律意见。

第二十一条　如果针对怀疑存在的违反法律法规行为不能获取充分的信息，注册会计师应当评价缺乏充分、适当的审计证据对审计意见的影响。

第二十二条　注册会计师应当评价识别出的或怀疑存在的违反法律法规行为对审计的其他方面可能产生的影响，包括对注册会计师风险评估和被审计单位书面声明可靠性的影响，并采取适当措施。

第三节　对识别出的或怀疑存在的违反法律法规行为的沟通和报告

第二十三条　除非治理层全部成员参与管理被审计单位，因而知悉注册会计师已沟通的、涉及识别出的或怀疑存在的违反法律法规行为的事项，注册会计师应当与治理层沟通审计过程中注意到的有关违反法律法规的事项（除非法律法规禁止），但不必沟通明显不重要的事项。

第二十四条　如果根据判断认为本准则第二十三条提及的需要沟通的违反法律法规行为是故意和重大的，注册会计师应当就此尽快与治理层沟通。

第二十五条　如果怀疑违反法律法规行为涉及管理层或治理层，注册会计师应当向被审计单位更高层级的机构（如有）通报，如审计委员会或监事会。

如果不存在更高层级的机构，或者注册会计师认为被审计单位可能不会对通报作出反应，或者注册会计师不能确定向谁报告，注册会计师应当考虑是否需要向外部监管机构（如有）报告或征询法律意见。

第二十六条　如果认为识别出的或怀疑存在的违反法律法规行为对财务报表具有重大影响，且未能在财务报表中得到充分反映，注册会计师应当按照《中国注册会计师审计准则第1502号——在审计报告中发表非无保留意见》的规定，发表保留意见或否定意见。

第二十七条　如果因管理层或治理层阻挠而无法获取充分、适当的审计证据，以评价是否存在或可能存在对财务报表产生重大影响的违反法律法规行为，注册会计师应当按照《中国注册会计师审计准则第1502号——在审计报告中发表非无保留意见》的规定，根据审计范围受到限制的程度，发表保留意见或无法表示意见。

第二十八条　如果由于审计范围受到管理层或治理层以外的其他方面的限制而无法确定被审计单位是否存在违反法律法规行为，注册会计师应当按照《中国注册会计师审计准则第1502号——在审计报告中发表非无保留意见》的规定，评价这一情况对审计意见的影响。

第二十九条　如果识别出或怀疑存在违反法律法规行为，注册会计师应当确定法律法规或相关职业道德要求是否：

（一）要求注册会计师向被审计单位以外的适当机构作出报告；

（二）规定了相关责任，基于该责任注册会计师向被审计单位以外的适当机构报告在具体情形下可能是适当的。

第四节 审计工作底稿

第三十条 注册会计师应当在审计工作底稿中记录识别出的或怀疑存在的违反法律法规行为，以及：

（一）已实施的审计程序、作出的重大职业判断和形成的结论；

（二）与管理层、治理层和其他人员就违反法律法规行为相关的重大事项所作的讨论，包括管理层和治理层（如适用）如何应对这些事项。

第五章 附　　则

第三十一条 本准则自 2019 年 7 月 1 日起施行。

中国注册会计师审计准则第 1151 号
——与治理层的沟通

（2022 年 1 月 5 日修订）

第一章 总 则

第一条 为了明确注册会计师在财务报表审计中与治理层沟通的责任，制定本准则。

第二条 本准则适用于各种治理结构和规模的被审计单位的财务报表审计，并针对治理层全部成员参与管理的情形以及上市实体提出了特殊考虑。本准则并不规范注册会计师与管理层或所有者的沟通，除非他们同时履行治理职责。

第三条 本准则是针对财务报表审计制定的，但对于其他历史财务信息审计，如果治理层对其他历史财务信息的编制负有监督责任，注册会计师可以根据具体情况遵守本准则的相关规定。

第四条 考虑到有效的双向沟通在财务报表审计中的重要性，本准则为注册会计师与治理层的沟通提供了一个基础框架，并明确了应当与其沟通的一些具体事项。

作为对本准则沟通要求的补充，本准则附录列示的其他审计准则对需要沟通的补充事项作出了规定。此外，《中国注册会计师审计准则第 1152 号——向治理层和管理层通报内部控制缺陷》针对注册会计师向治理层通报在审计过程中识别出的值得关注的内部控制缺陷，提出了具体要求。

法律法规、业务约定或其他规定可能要求沟通本准则或其他审计准则没有规定的其他事项，本准则并不禁止注册会计师就此与治理层沟通。

第五条 本准则主要规范注册会计师向治理层的沟通。但是，有效的双向沟通十分重要，这有助于：

（一）注册会计师和治理层了解与审计相关事项的背景，并建立建设性的工作关系，在建立这种关系时，注册会计师需要保持独立性和客观性；

（二）注册会计师向治理层获取与审计相关的信息，例如，治理层可以帮助注册会计师了解被审计单位及其环境，确定审计证据的适当来源，以及提供有关具体交易或事项的信息；

（三）治理层履行其对财务报告过程的监督责任，从而降低财务报表重大错报风险。

第六条　注册会计师有责任与治理层沟通本准则要求的事项，管理层也有责任就治理层关心的事项与治理层进行沟通，但注册会计师的沟通并不减轻管理层的这种责任。同样，管理层与治理层就应当由注册会计师沟通的事项进行的沟通，也不减轻注册会计师沟通这些事项的责任。但是，管理层就这些事项进行的沟通可能会影响注册会计师与治理层沟通的形式或时间安排。

第七条　清晰地沟通审计准则要求的特定事项是每项审计业务的必要组成部分。但是，审计准则并不要求注册会计师专门实施程序，以识别与治理层沟通的任何其他事项。

第八条　在某些国家和地区，法律法规可能限制注册会计师就某些事项与治理层沟通。法律法规可能明确禁止那些可能不利于适当机构对发生的或怀疑存在的违法行为进行调查的沟通或其他行动（包括引起被审计单位的警觉），例如，当依据反洗钱法令，注册会计师被要求向适当机构报告识别出的或怀疑存在的违反法律法规行为时。在这些情形下，注册会计师考虑的问题可能是复杂的，并可能认为征询法律意见是适当的。

第二章　定　　义

第九条　治理层，是指对被审计单位战略方向以及管理层履行经营管理责任负有监督责任的人员或组织。治理层的责任包括对财务报告过程的监督。在某些被审计单位，治理层可能包括管理层成员。

第十条　管理层，是指对被审计单位经营活动的执行负有管理责任的人员。在某些被审计单位，管理层包括部分或全部的治理层成员。

第三章　目　　标

第十一条　注册会计师的目标是：

（一）就注册会计师与财务报表审计相关的责任、计划的审计范围和时间安排的总体情况，与治理层进行清晰的沟通；

（二）向治理层获取与审计相关的信息；

（三）及时向治理层通报审计中发现的与治理层对财务报告过程的监督责任相关的重大事项；

（四）推动注册会计师和治理层之间有效的双向沟通。

第四章 要 求

第一节 沟通的对象

第十二条 注册会计师应当确定与被审计单位治理结构中的哪些适当人员进行沟通。

第十三条 如果注册会计师与治理层的下设组织（如审计委员会）或个人沟通，应当确定是否还需要与治理层整体进行沟通。

第十四条 在某些情况下，治理层全部成员参与管理被审计单位，例如，在一家小企业中，仅有的一名业主管理该企业，并且没有其他人负有治理责任。此时，如果就本准则第十七条第（三）项要求沟通的事项已与负有管理责任的人员沟通，且这些人员同时负有治理责任，注册会计师无需就这些事项再次与负有治理责任的相同人员沟通。然而，注册会计师应当确信与负有管理责任人员的沟通能够向所有负有治理责任的人员充分传递应予沟通的内容。

第二节 沟通的事项

第十五条 注册会计师应当与治理层沟通注册会计师与财务报表审计相关的责任，包括：

（一）注册会计师负责对管理层在治理层监督下编制的财务报表形成和发表意见；

（二）财务报表审计并不减轻管理层或治理层的责任。

第十六条 注册会计师应当与治理层沟通计划的审计范围和时间安排的总体情况，包括识别出的特别风险。

第十七条 注册会计师应当与治理层沟通审计中发现的下列事项：

（一）注册会计师对被审计单位会计实务（包括会计政策、会计估计和财务报表披露）重大方面的质量的看法。在适当的情况下，注册会计师应当向治理层解释为何某项在适用的财务报告编制基础下可以接受的重大会计实务，并不一定最适合被审计单位的具体情况；

（二）审计工作中遇到的重大困难；

（三）已与管理层讨论或需要书面沟通的审计中出现的重大事项，以及注册会计师要求提供的书面声明，除非治理层全部成员参与管理被审计单位；

（四）影响审计报告形式和内容的情形（如有）；

（五）审计中出现的、根据职业判断认为与监督财务报告过程相关的所有其他重大事项。

第十八条 如果被审计单位是上市实体，注册会计师还应当与治理层沟通下列内容：

（一）就审计项目组成员、会计师事务所其他相关人员以及会计师事务所和网络事务所按照相关职业道德要求保持了独立性作出声明；

（二）根据职业判断，注册会计师认为会计师事务所、网络事务所与被审计单位之间存在的可能影响独立性的所有关系和其他事项，包括会计师事务所和网络事务所在财务报表涵盖期间为被审计单位和受被审计单位控制的组成部分提供审计、非审计服务的收费总额。这些收费应当分配到适当的业务类型中，以帮助治理层评估这些服务对注册会计师独立性的影响；

（三）为消除对独立性的不利影响或将其降至可接受的水平，已经采取的相关防范措施。

第三节 沟通的过程

第十九条 注册会计师应当就沟通的形式、时间安排和拟沟通的基本内容与治理层沟通。

第二十条 对于审计中发现的重大问题，如果根据职业判断认为采用口头形式沟通不适当，注册会计师应当以书面形式与治理层沟通。书面沟通不必包括审计过程中的所有事项。

第二十一条 注册会计师应当就本准则第十八条要求的注册会计师的独立性，以书面形式与治理层沟通。

第二十二条 注册会计师应当及时与治理层沟通。

第二十三条 注册会计师应当评价其与治理层之间的双向沟通对实现审计目的是否充分。如果认为双向沟通不充分，注册会计师应当评价其对重大错报风险评估以及获取充分、适当的审计证据的能力的影响，并采取适当措施。

第四节 审计工作底稿

第二十四条 如果本准则要求沟通的事项是以口头形式沟通的，注册会计师应当将其包括在审计工作底稿中，并记录沟通的时间和对象。

如果本准则要求沟通的事项是以书面形式沟通的，注册会计师应当保存一份沟通文件的副本，作为审计工作底稿的一部分。

附录：（参见本准则第四条）

会计师事务所质量管理准则和其他审计准则对与治理层沟通的具体要求

《会计师事务所质量管理准则第 5101 号——业务质量管理》和下列审计准则要求注册会计师与治理层沟通特定事项，但其规定并不影响本准则的普遍适用性：

1. 《中国注册会计师审计准则第 1141 号——财务报表审计中与舞弊相关的责任》第二十二条，第四十二条第（一）项，第四十四条至第四十六条；

2. 《中国注册会计师审计准则第 1142 号——财务报表审计中对法律法规的考虑》第十五条，第二十条，第二十三条至第二十五条；

3. 《中国注册会计师审计准则第 1152 号——向治理层和管理层通报内部控制缺陷》第十条；

4. 《中国注册会计师审计准则第 1251 号——评价审计过程中识别出的错报》第十三条和第十四条；

5. 《中国注册会计师审计准则第 1312 号——函证》第十六条；

6. 《中国注册会计师审计准则第 1323 号——关联方》第二十八条；

7. 《中国注册会计师审计准则第 1324 号——持续经营》第二十四条；

8. 《中国注册会计师审计准则第 1331 号——首次审计业务涉及的期初余额》第九条；

9. 《中国注册会计师审计准则第 1332 号——期后事项》第十条第二款第（二）项和第（三）项，第十三条第二款第（一）项，第十六条第（二）项，第十七条第二款第（一）项，第二十条；

10. 《中国注册会计师审计准则第 1401 号——对集团财务报表审计的特殊考虑》第六十二条；

11. 《中国注册会计师审计准则第 1502 号——在审计报告中发表非无保留意见》第十三条、第十五条、第二十条和第三十一条；

12. 《中国注册会计师审计准则第 1503 号——在审计报告中增加强调事项段和其他事项段》第十三条；

13. 《中国注册会计师审计准则第 1504 号——在审计报告中沟通关键审计事项》第十七条；

14. 《中国注册会计师审计准则第 1511 号——比较信息：对应数据和比较财务报表》第二十一条；

15.《中国注册会计师审计准则第 1521 号——注册会计师对其他信息的责任》第十八条至第二十条；

16.《会计师事务所质量管理准则第 5101 号——业务质量管理》第七十八条。

中国注册会计师审计准则第 1152 号
——向治理层和管理层通报内部控制缺陷

（2010 年 11 月 1 日修订）

第一章 总 则

第一条 为了规范注册会计师向治理层和管理层恰当通报在财务报表审计中识别出的内部控制缺陷，制定本准则。

第二条 《中国注册会计师审计准则第 1211 号——通过了解被审计单位及其环境识别和评估重大错报风险》和《中国注册会计师审计准则第 1231 号——针对评估的重大错报风险采取的应对措施》规范了注册会计师了解内部控制以及设计和实施控制测试的责任，本准则不对注册会计师在这方面的责任提出额外要求。

《中国注册会计师审计准则第 1151 号——与治理层的沟通》进一步规范了注册会计师与治理层沟通审计相关事项的责任。

第三条 在识别和评估重大错报风险时，审计准则要求注册会计师了解与审计相关的内部控制。在进行风险评估时，注册会计师了解内部控制的目的是设计适合具体情况的审计程序，而不是对内部控制的有效性发表意见。

无论在风险评估过程中，还是在审计工作的其他阶段，注册会计师都有可能识别出内部控制缺陷。本准则具体规定了注册会计师应当向治理层和管理层通报哪些识别出的内部控制缺陷。

第四条 本准则并不禁止注册会计师向治理层和管理层通报在审计过程中识别出的其他内部控制事项。

第二章 定 义

第五条 内部控制缺陷，是指在下列任一情况下内部控制存在的缺陷：

（一）某项控制的设计、执行或运行不能及时防止或发现并纠正财务报表错报；

（二）缺少用以及时防止或发现并纠正财务报表错报的必要控制。

第六条　值得关注的内部控制缺陷，是指注册会计师根据职业判断，认为足够重要从而值得治理层关注的内部控制的一个缺陷或多个缺陷的组合。

第三章　目　标

第七条　注册会计师的目标是，向治理层和管理层恰当通报注册会计师在审计过程中识别出的，根据职业判断认为足够重要从而值得治理层和管理层各自关注的内部控制缺陷。

第四章　要　求

第八条　注册会计师应当根据已执行的审计工作，确定是否识别出内部控制缺陷。

第九条　如果识别出内部控制缺陷，注册会计师应当根据已执行的审计工作，确定该缺陷单独或连同其他缺陷是否构成值得关注的内部控制缺陷。

第十条　注册会计师应当以书面形式及时向治理层通报审计过程中识别出的值得关注的内部控制缺陷。

第十一条　注册会计师还应当及时向相应层级的管理层通报下列内部控制缺陷：

（一）已向或拟向治理层通报的值得关注的内部控制缺陷，除非在具体情况下不适合直接向管理层通报；

（二）在审计过程中识别出的、其他方尚未向管理层通报而注册会计师根据职业判断认为足够重要从而值得管理层关注的内部控制其他缺陷。

本条第一款第（一）项所述事项应当采取书面方式通报。

第十二条　值得关注的内部控制缺陷的书面沟通文件应当包括以下内容：

（一）对缺陷的描述以及对其潜在影响的解释；

（二）使治理层和管理层能够了解沟通背景的充分信息。

在向治理层和管理层提供信息时，注册会计师应当特别说明下列事项：

（一）注册会计师执行审计工作的目的是对财务报表发表审计意见；

（二）审计工作包括考虑与财务报表编制相关的内部控制，其目的是设计适合具体情况的审计程序，并非对内部控制的有效性发表意见（如果结合财务报表审计对内部控制的有效性发表意见，应当删除"并非对内部控制的有效性发表意见"的措辞）；

（三）报告的事项仅限于注册会计师在审计过程中识别出的、认为足够重要从而值得向治理层报告的缺陷。

第五章 附 则

第十三条 本准则自 2012 年 1 月 1 日起施行。

中国注册会计师审计准则第 1153 号
——前任注册会计师和后任注册会计师的沟通

（2010 年 11 月 1 日修订）

第一章 总 则

第一条 为了规范前任注册会计师和后任注册会计师在财务报表审计中的沟通责任，制定本准则。

第二条 前任注册会计师和后任注册会计师的沟通通常由后任注册会计师主动发起，但需征得被审计单位的同意。

第三条 前任注册会计师和后任注册会计师的沟通可以采用书面或口头的方式。

第二章 定 义

第四条 前任注册会计师，是指已对被审计单位上期财务报表进行审计，但被现任注册会计师接替的其他会计师事务所的注册会计师。

接受委托但未完成审计工作，已经或可能与委托人解除业务约定的注册会计师，也视为前任注册会计师。

第五条 后任注册会计师，是指正在考虑接受委托或已经接受委托，接替前任注册会计师对被审计单位本期财务报表进行审计的注册会计师。

如果被审计单位委托注册会计师对已审计财务报表进行重新审计，正在考虑接受委托或已经接受委托的注册会计师也视为后任注册会计师。

第三章 目 标

第六条 注册会计师的目标是：

（一）在接受委托前，后任注册会计师与前任注册会计师就影响业务承接决策的事项进行必要沟通，以确定是否接受委托；

（二）在接受委托后，后任注册会计师在必要时与前任注册会计师就对审计有重大影响的事项进行沟通，以获取必要的审计证据；

（三）前任注册会计师在征得被审计单位书面同意后，对后任注册会计师提出的沟通要求予以必要的配合。

第四章　要　求

第一节　接受委托前的沟通

第七条　在接受委托前，后任注册会计师应当与前任注册会计师进行必要沟通，并对沟通结果进行评价，以确定是否接受委托。

第八条　后任注册会计师应当提请被审计单位以书面方式同意前任注册会计师对其询问作出充分答复。

如果被审计单位不同意前任注册会计师作出答复，或限制答复的范围，后任注册会计师应当向被审计单位询问原因，并考虑是否接受委托。

第九条　后任注册会计师向前任注册会计师询问的内容应当合理、具体，至少包括：

（一）是否发现被审计单位管理层存在正直和诚信方面的问题；

（二）前任注册会计师与管理层在重大会计、审计等问题上存在的意见分歧；

（三）前任注册会计师向被审计单位治理层通报的管理层舞弊、违反法律法规行为以及值得关注的内部控制缺陷；

（四）前任注册会计师认为导致被审计单位变更会计师事务所的原因。

第十条　在征得被审计单位书面同意后，前任注册会计师应当根据所了解的事实，对后任注册会计师的合理询问及时作出充分答复。

如果受到被审计单位的限制或存在法律诉讼的顾虑，决定不向后任注册会计师作出充分答复，前任注册会计师应当向后任注册会计师表明其答复是有限的，并说明原因。

如果得到的答复是有限的，或未得到答复，后任注册会计师应当考虑是否接受委托。

第二节　接受委托后的沟通

第十一条　接受委托后，如果需要查阅前任注册会计师的审计工作底稿，后任注册会计师应当征得被审计单位同意，并与前任注册会计师进行沟通。

第十二条 在征得被审计单位同意后，前任注册会计师应当根据情况确定是否允许后任注册会计师查阅相关审计工作底稿以及查阅的内容。

第十三条 在允许查阅审计工作底稿之前，前任注册会计师应当向后任注册会计师获取确认函，就审计工作底稿的使用目的、范围和责任等与后任注册会计师达成一致意见。

第十四条 查阅前任注册会计师审计工作底稿获取的信息可能影响后任注册会计师实施审计程序的性质、时间安排和范围，但后任注册会计师应当对自身实施的审计程序和得出的审计结论负责。

后任注册会计师不应在审计报告中表明，其审计意见全部或部分地依赖前任注册会计师的审计报告或工作。

第三节 发现前任注册会计师审计的财务报表可能存在重大错报时的处理

第十五条 如果发现前任注册会计师审计的财务报表可能存在重大错报，后任注册会计师应当提请被审计单位告知前任注册会计师。必要时，后任注册会计师应当要求被审计单位安排三方会谈，以便采取措施进行妥善处理。

第十六条 如果被审计单位拒绝告知前任注册会计师，或前任注册会计师拒绝参加三方会谈，或后任注册会计师对解决问题的方案不满意，后任注册会计师应当考虑对审计意见的影响或解除业务约定。

第四节 保密义务

第十七条 前任注册会计师和后任注册会计师应当对沟通过程中获知的信息保密。即使未接受委托，后任注册会计师仍应履行保密义务。

第五节 审计工作底稿

第十八条 后任注册会计师应当将沟通的情况记录于审计工作底稿。

第五章 附 则

第十九条 本准则自 2012 年 1 月 1 日起施行。

中国注册会计师审计准则第 1201 号
——计划审计工作

（2022 年 1 月 5 日修订）

第一章 总 则

第一条 为了规范注册会计师计划财务报表审计工作，制定本准则。

第二条 本准则基于连续审计业务作出规定，同时也对首次审计业务作出补充规定。

第三条 计划审计工作包括针对审计业务制定总体审计策略和具体审计计划。按照《中国注册会计师审计准则第 1121 号——对财务报表审计实施的质量管理》的规定在项目层面实施质量管理，并按照本准则的规定充分地计划审计工作，有利于注册会计师执行财务报表审计工作，具体包括：

（一）有助于注册会计师适当关注重要的审计领域；

（二）有助于注册会计师及时发现和解决潜在的问题；

（三）有助于注册会计师恰当地组织和管理审计业务，以有效的方式执行审计业务；

（四）有助于选择具备必要的专业素质和胜任能力的项目组成员应对预期的风险，并有助于向项目组成员分派适当的工作；

（五）有助于指导和监督项目组成员并复核其工作；

（六）在适用的情况下，有助于协调组成部分注册会计师和专家的工作。

第二章 目 标

第四条 注册会计师的目标是，计划审计工作，以使审计工作以有效的方式得到执行。

第三章 要 求

第一节 项目组关键成员的参与

第五条 项目合伙人和项目组其他关键成员应当参与计划审计工作，包括参与项目组成员的讨论。

第二节 初步业务活动

第六条 注册会计师应当在本期审计业务开始时开展下列初步业务活动：
（一）按照《中国注册会计师审计准则第1121号——对财务报表审计实施的质量管理》的规定，针对客户关系和审计业务的接受与保持，实施相应的程序；
（二）按照《中国注册会计师审计准则第1121号——对财务报表审计实施的质量管理》的规定，评价遵守相关职业道德要求（包括独立性要求）的情况；
（三）按照《中国注册会计师审计准则第1111号——就审计业务约定条款达成一致意见》的规定，就审计业务约定条款与被审计单位达成一致意见。

第三节 计划活动

第七条 注册会计师应当制定总体审计策略，以确定审计工作的范围、时间安排和方向，并指导具体审计计划的制定。

第八条 在制定总体审计策略时，注册会计师应当考虑按照《中国注册会计师审计准则第1121号——对财务报表审计实施的质量管理》的要求获取的信息，并采取下列措施：
（一）确定审计业务的特征，以界定审计范围；
（二）明确审计业务的报告目标，以计划审计的时间安排和所需沟通的性质；
（三）根据职业判断，考虑用以指导项目组工作方向的重要因素；
（四）考虑初步业务活动的结果，并考虑项目合伙人对被审计单位执行其他业务时获得的经验是否与审计业务相关（如适用）；
（五）确定执行业务所需资源的性质、时间安排和范围。

第九条 注册会计师应当制定具体审计计划。
具体审计计划应当包括下列内容：
（一）计划对项目组成员实施指导、监督并复核其工作的性质、时间安排和范围；

（二）按照《中国注册会计师审计准则第1211号——通过了解被审计单位及其环境识别和评估重大错报风险》的规定，计划实施的风险评估程序的性质、时间安排和范围；

（三）按照《中国注册会计师审计准则第1231号——针对评估的重大错报风险采取的应对措施》的规定，在认定层次计划实施的进一步审计程序的性质、时间安排和范围；

（四）根据审计准则的规定，计划应当实施的其他审计程序。

第十条　在审计过程中，注册会计师应当在必要时对总体审计策略和具体审计计划作出更新和修改。

第四节　审计工作底稿

第十一条　注册会计师应当就下列事项形成审计工作底稿：
（一）总体审计策略；
（二）具体审计计划；
（三）在审计过程中对总体审计策略或具体审计计划作出的任何重大修改及其理由，包括对项目组成员实施指导、监督和复核的计划作出的重大修改及其理由。

第五节　首次审计业务的补充考虑

第十二条　在首次审计业务开始前，注册会计师应当开展下列活动：
（一）按照《中国注册会计师审计准则第1121号——对财务报表审计实施的质量管理》的规定，针对接受客户关系和审计业务，实施相应的程序；
（二）如果被审计单位变更了会计师事务所，按照相关审计准则和职业道德要求的规定，与前任注册会计师进行沟通。

中国注册会计师审计准则第 1211 号
——通过了解被审计单位及其环境识别和评估重大错报风险

（2019 年 2 月 20 日修订）

第一章 总 则

第一条 为了规范注册会计师通过了解被审计单位及其环境，识别和评估财务报表重大错报风险，制定本准则。

第二章 定 义

第二条 本准则所称内部控制，与适用的法律法规有关内部控制的概念一致。控制，是指内部控制一个或多个要素，或要素表现出的各个方面。

第三条 认定，是指管理层在财务报表中作出的明确或隐含的表达，注册会计师将其用于考虑可能发生的不同类型的潜在错报。

第四条 风险评估程序，是指注册会计师为了解被审计单位及其环境（包括内部控制），以识别和评估财务报表层次和认定层次的重大错报风险（无论该错报由于舞弊或错误导致）而实施的审计程序。

第五条 经营风险，是指可能对被审计单位实现目标和实施战略的能力产生不利影响的重要状况、事项、情况、作为（或不作为）而导致的风险，或由于制定不恰当的目标和战略而导致的风险。

第六条 特别风险，是指注册会计师识别和评估的、根据判断认为需要特别考虑的重大错报风险。

第三章 目 标

第七条 注册会计师的目标是，通过了解被审计单位及其环境，识别和评估财务报表层次和认定层次的重大错报风险（无论该错报由于舞弊或错误导致），从而为设计和实施针对评估的重大错报风险采取的应对措施提供基础。

第四章 要 求

第一节 风险评估程序和相关活动

第八条 注册会计师应当实施风险评估程序，为识别和评估财务报表层次和认定层次的重大错报风险提供基础。但是，风险评估程序本身并不能为形成审计意见提供充分、适当的审计证据。

第九条 风险评估程序应当包括：

（一）询问管理层、适当的内部审计人员（如有），以及注册会计师判断认为可能掌握有助于注册会计师识别由于舞弊或错误导致的重大错报风险的信息的被审计单位内部其他人员；

（二）分析程序；

（三）观察和检查。

需要询问的被审计单位内部其他人员，是注册会计师根据判断认为可能拥有某些信息的人员，这些信息有助于识别由于舞弊或错误导致的重大错报风险。

第十条 注册会计师应当考虑在客户接受或保持过程中获取的信息是否与识别重大错报风险相关。

第十一条 如果项目合伙人已为被审计单位执行了其他业务，项目合伙人应当考虑所获取的信息是否与识别重大错报风险相关。

第十二条 如果拟利用以往与被审计单位交往的经验和以前审计中实施审计程序获取的信息，注册会计师应当确定被审计单位及其环境自以前审计后是否已发生变化，进而可能影响这些信息对本期审计的相关性。

第十三条 项目合伙人和项目组其他关键成员应当讨论被审计单位财务报表存在重大错报的可能性，以及如何根据被审计单位的具体情况运用适用的财务报告编制基础。项目合伙人应当确定向未参与讨论的项目组成员通报哪些事项。

第二节 了解被审计单位及其环境

第十四条 注册会计师应当从下列方面了解被审计单位及其环境：

（一）相关行业状况、法律环境和监管环境及其他外部因素，包括适用的财务报告编制基础；

（二）被审计单位的性质，包括经营活动、所有权和治理结构、正在实施和计划实施的投资（包括对特殊目的实体的投资）的类型、组织结构和筹资方式。了解被审计单位的性质，可以使注册会计师了解预期在财务报表中反映的各类交易、账户余额和披露；

（三）被审计单位对会计政策的选择和运用，包括变更会计政策的原因。注册会计师应当根据被审计单位的经营活动，评价会计政策是否适当，并与适用的财务报告编制基础、相关行业使用的会计政策保持一致；

（四）被审计单位的目标、战略以及可能导致重大错报风险的相关经营风险；

（五）对被审计单位财务业绩的衡量和评价；

（六）被审计单位的内部控制。

注册会计师应当根据本章第三节的规定了解内部控制。

第三节 了解内部控制

第十五条 注册会计师应当了解与审计相关的内部控制。虽然大部分与审计相关的控制可能与财务报告相关，但并非所有与财务报告相关的控制都与审计相关。确定一项控制单独或连同其他控制是否与审计相关，需要注册会计师作出职业判断。

第十六条 在了解与审计相关的控制时，注册会计师应当综合运用询问被审计单位内部人员和其他程序，以评价这些控制的设计并确定其是否得到执行。

第十七条 注册会计师应当了解控制环境。作为了解控制环境的一部分，注册会计师应当评价：

（一）管理层在治理层的监督下，是否营造并保持了诚实守信和合乎道德的文化；

（二）控制环境总体上的优势是否为内部控制的其他要素奠定了适当的基础，以及这些其他要素是否未被控制环境中存在的缺陷所削弱。

第十八条 注册会计师应当了解被审计单位是否已建立风险评估过程，包括：

（一）识别与财务报告目标相关的经营风险；

（二）估计风险的重要性；

（三）评估风险发生的可能性；

（四）决定应对这些风险的措施。

第十九条 如果被审计单位已建立风险评估过程，注册会计师应当了解风险评估过程及其结果。

如果识别出管理层未能识别出的重大错报风险，注册会计师应当评价是否存在这类风险，即注册会计师预期被审计单位风险评估过程应当识别出而未识别出的风险。如果存在这类风险，注册会计师应当了解风险评估过程未能识别出的原因，并评价风险评估过程是否适合具体情况，或者确定与风险评估过程相关的内部控制是否存在值得关注的内部控制缺陷。

第二十条 如果被审计单位未建立风险评估过程，或具有非正式的风险评估过程，注册会计师应当与管理层讨论是否识别出与财务报告目标相关的经营风险以及如何应对这些风险。注册会计师应当评价缺少记录的风险评估过程是否适合具体情况，或确定是否表明存在值得关注的内部控制缺陷。

第二十一条 注册会计师应当从下列方面了解与财务报告相关的信息系统（包括相关业务流程）：

（一）在被审计单位经营过程中，对财务报表具有重大影响的各类交易；

（二）在信息技术和人工系统中，被审计单位的交易生成、记录、处理、必要的更正、结转至总账以及在财务报表中报告的程序；

（三）用以生成、记录、处理和报告（包括纠正不正确的信息以及信息如何结转至总账）交易的会计记录、支持性信息和财务报表中的特定账户；

（四）被审计单位的信息系统如何获取除交易以外的对财务报表重大的事项和情况；

（五）用于编制被审计单位财务报表（包括作出的重大会计估计和披露）的财务报告过程；

（六）与会计分录相关的控制，这些分录包括用以记录非经常性的、异常的交易或调整的非标准会计分录。

了解与财务报告相关的信息系统应当包括了解信息系统中与财务报表所披露信息相关的方面，无论该信息是从总账和明细账中获取，还是从总账和明细账之外的其他途径获取。

第二十二条 注册会计师应当了解被审计单位如何沟通与财务报告相关的人员的角色和职责以及与财务报告相关的重大事项。这种沟通包括：

（一）管理层与治理层之间的沟通；

（二）外部沟通，如与监管机构的沟通。

第二十三条 注册会计师应当了解与审计相关的控制活动。与审计相关的控制活动，是注册会计师为评估认定层次重大错报风险并设计进一步审计程序应对评估的风险而认为有必要了解的控制活动。审计并不要求了解与财务报表中每类重大交易、账户余额和披露或与其每项认定相关的所有控制活动。

第二十四条 在了解被审计单位控制活动时，注册会计师应当了解被审计单位如何应对信息技术导致的风险。

第二十五条 注册会计师应当了解被审计单位用于监督与财务报告相关的内部控制的主要活动，包括了解针对与审计相关的控制活动的监督，以及被审计单位如何对控制缺陷采取补救措施。

第二十六条　如果被审计单位设有内部审计，注册会计师应当了解下列事项，以确定是否能够利用内部审计的工作：

（一）内部审计的职能范围以及内部审计在被审计单位中的地位；

（二）内部审计已实施或拟实施的活动。

第二十七条　注册会计师应当了解被审计单位监督活动所使用信息的来源，以及管理层认为信息对于实现目的足够可靠的依据。

第四节　识别和评估重大错报风险

第二十八条　注册会计师应当在下列两个层次识别和评估重大错报风险，为设计和实施进一步审计程序提供基础：

（一）财务报表层次；

（二）各类交易、账户余额和披露的认定层次。

第二十九条　在识别和评估重大错报风险时，注册会计师应当实施下列审计程序：

（一）在了解被审计单位及其环境（包括与风险相关的控制）的整个过程中，结合对财务报表中各类交易、账户余额和披露（包括定量披露和定性披露）的考虑，识别风险；

（二）评估识别出的风险，并评价其是否更广泛地与财务报表整体相关，进而潜在地影响多项认定；

（三）结合对拟测试的相关控制的考虑，将识别出的风险与认定层次可能发生错报的领域相联系；

（四）考虑发生错报的可能性（包括发生多项错报的可能性），以及潜在错报是否足以导致重大错报。

第三十条　作为本准则第二十八条所述的风险评估的一部分，注册会计师应当根据职业判断，确定识别出的风险是否为特别风险。在进行判断时，注册会计师不应考虑识别出的控制对相关风险的抵消效果。

第三十一条　在判断哪些风险是特别风险时，注册会计师应当至少考虑下列方面：

（一）风险是否属于舞弊风险；

（二）风险是否与近期经济环境、会计处理方法或其他方面的重大变化相关，因而需要特别关注；

（三）交易的复杂程度；

（四）风险是否涉及重大的关联方交易；

（五）财务信息计量的主观程度，特别是计量结果是否具有高度不确定性；

（六）风险是否涉及异常或超出正常经营过程的重大交易。

第三十二条 如果认为存在特别风险，注册会计师应当了解被审计单位与该风险相关的控制（包括控制活动）。

第三十三条 对于某些风险，注册会计师可能认为仅从实质性程序中获取充分、适当的审计证据是不可能或不可行的。这些风险可能与对日常和重大类别的交易或账户余额作出的不准确或不完整的记录相关，对这些交易或账户余额通常可以采用高度自动化处理，不存在或存在很少人工干预。在这种情况下，被审计单位针对这类风险建立的控制与审计相关，注册会计师应当了解这些控制。

第三十四条 注册会计师对认定层次重大错报风险的评估，可能随着审计过程中不断获取审计证据而作出相应的变化。

如果实施进一步审计程序获取的审计证据，或获取的新信息，与注册会计师之前作出评估所依据的审计证据不一致，注册会计师应当修正风险评估结果，并相应修改原计划实施的进一步审计程序。

第五节 审计工作底稿

第三十五条 注册会计师应当就下列事项形成审计工作底稿：

（一）根据本准则第十三条的规定，项目组进行的讨论以及得出的重要结论；

（二）根据本准则第十四条的规定对被审计单位及其环境各个方面的了解要点、根据本准则第十七条至第二十七条的规定对内部控制各项要素的了解要点，获取上述了解的信息来源，以及实施的风险评估程序；

（三）根据本准则第二十八条的规定，在财务报表层次和认定层次识别和评估的重大错报风险；

（四）根据本准则第三十条至第三十三条的规定，识别出的风险和了解的相关控制。

第五章 附 则

第三十六条 本准则自 2019 年 7 月 1 日起施行。

中国注册会计师审计准则第 1221 号
——计划和执行审计工作时的重要性

（2019 年 2 月 20 日修订）

第一章 总 则

第一条 为了规范注册会计师在计划和执行财务报表审计工作时运用重要性概念，制定本准则。

第二条 《中国注册会计师审计准则第 1251 号——评价审计过程中识别出的错报》规范注册会计师在评价识别出的错报对审计的影响以及未更正错报对财务报表的影响时，如何运用重要性概念。

第三条 财务报告编制基础通常从编制和列报财务报表的角度阐释重要性概念。财务报告编制基础可能以不同的术语解释重要性，但通常而言，重要性概念可从下列方面进行理解：

（一）如果合理预期错报（包括漏报）单独或汇总起来可能影响财务报表使用者依据财务报表作出的经济决策，则通常认为错报是重大的；

（二）对重要性的判断是根据具体环境作出的，并受错报的金额或性质的影响，或受两者共同作用的影响；

（三）判断某某事项对财务报表使用者是否重大，是在考虑财务报表使用者整体共同的财务信息需求的基础上作出的。由于不同财务报表使用者对财务信息的需求可能差异很大，因此不考虑错报对个别财务报表使用者可能产生的影响。

第四条 适用的财务报告编制基础对重要性概念的规定，为注册会计师在审计工作中确定重要性提供了参考依据。如果适用的财务报告编制基础未对重要性概念作出规定，本准则第三条为注册会计师确定重要性提供了参考依据。

第五条 注册会计师对重要性的确定属于职业判断，受注册会计师对财务报表使用者对财务信息需求的认识的影响。就审计而言，注册会计师针对财务报表使用者作出下列假定是合理的：

（一）拥有经营、经济活动和会计方面的适当知识，并有意愿认真研究财务报表中的信息；

（二）理解财务报表是在运用重要性水平基础上编制、列报和审计的；

（三）认可建立在对估计和判断的应用以及对未来事项的考虑的基础上的会计计量具有固有的不确定性；

（四）依据财务报表中的信息作出合理的经济决策。

第六条　在计划和执行审计工作，评价识别出的错报对审计的影响，以及未更正错报对财务报表和审计意见的影响时，注册会计师需要运用重要性概念。

第七条　在计划审计工作时，注册会计师需要判断何种情形构成重大错报。作出的判断为下列方面提供基础：

（一）确定风险评估程序的性质、时间安排和范围；

（二）识别和评估重大错报风险；

（三）确定进一步审计程序的性质、时间安排和范围。

在计划审计工作时确定的重要性（即确定的某一金额），并不必然表明单独或汇总起来低于该金额的未更正错报一定被评价为不重大。即使某些错报低于重要性，与这些错报相关的具体情形可能使注册会计师将其评价为重大。

设计审计程序以发现所有仅因其性质而可能被评价为重大的错报并不可行。然而，考虑披露中潜在错报的性质与设计应对重大错报风险的审计程序相关。此外，注册会计师在评价未更正错报对财务报表的影响时，不仅要考虑未更正错报金额的大小，还要考虑未更正错报的性质以及该错报发生的特定环境。

第二章　定　义

第八条　实际执行的重要性，是指注册会计师确定的低于财务报表整体的重要性的一个或多个金额，旨在将未更正和未发现错报的汇总数超过财务报表整体的重要性的可能性降至适当的低水平。如果适用，实际执行的重要性还指注册会计师确定的低于特定类别的交易、账户余额或披露的重要性水平的一个或多个金额。

第三章　目　标

第九条　注册会计师的目标是，在计划和执行审计工作时恰当地运用重要性概念。

第四章 要 求

第一节 计划审计工作时确定重要性和实际执行的重要性

第十条 在制定总体审计策略时，注册会计师应当确定财务报表整体的重要性。根据被审计单位的特定情况，如果存在一个或多个特定类别的交易、账户余额或披露，其发生的错报金额虽然低于财务报表整体的重要性，但合理预期可能影响财务报表使用者依据财务报表作出的经济决策，注册会计师还应当确定适用于这些交易、账户余额或披露的一个或多个重要性水平。

第十一条 注册会计师应当确定实际执行的重要性，以评估重大错报风险并确定进一步审计程序的性质、时间安排和范围。

第二节 审计过程中修改重要性

第十二条 如果在审计过程中获知了某项信息，而该信息可能导致注册会计师确定与原来不同的财务报表整体重要性或者特定类别的交易、账户余额或披露的一个或多个重要性水平（如适用），注册会计师应当予以修改。

第十三条 如果认为运用低于最初确定的财务报表整体的重要性和特定类别的交易、账户余额或披露的一个或多个重要性水平（如适用）是适当的，注册会计师应当确定是否有必要修改实际执行的重要性，并确定进一步审计程序的性质、时间安排和范围是否仍然适当。

第三节 审计工作底稿

第十四条 注册会计师应当在审计工作底稿中记录下列金额以及在确定这些金额时考虑的因素：

（一）财务报表整体的重要性；
（二）特定类别的交易、账户余额或披露的一个或多个重要性水平（如适用）；
（三）实际执行的重要性；
（四）随着审计过程的推进，对本条第（一）项至第（三）项内容作出的任何修改。

第五章 附 则

第十五条 本准则自 2019 年 7 月 1 日起施行。

中国注册会计师审计准则第 1231 号
——针对评估的重大错报风险采取的应对措施

（2019 年 2 月 20 日修订）

第一章 总 则

第一条 为了规范注册会计师针对评估的重大错报风险设计和实施应对措施，制定本准则。

第二章 定 义

第二条 实质性程序，是指用于发现认定层次重大错报的审计程序。实质性程序包括下列两类程序：
（一）对各类交易、账户余额和披露的细节测试；
（二）实质性分析程序。

第三条 控制测试，是指用于评价内部控制在防止或发现并纠正认定层次重大错报方面的运行有效性的审计程序。

第三章 目 标

第四条 注册会计师的目标是，针对评估的重大错报风险，通过设计和实施恰当的应对措施，获取充分、适当的审计证据。

第四章 要 求

第一节 总体应对措施

第五条 注册会计师应当针对评估的财务报表层次重大错报风险，设计和实施总体应对措施。

第二节 进一步审计程序

第六条 注册会计师应当针对评估的认定层次重大错报风险，设计和实施进一步审计程序，包括审计程序的性质、时间安排和范围。

第七条 在设计拟实施的进一步审计程序时，注册会计师应当：

（一）考虑形成某类交易、账户余额和披露的认定层次重大错报风险评估结果的依据；

（二）评估的风险越高，需要获取越有说服力的审计证据。

形成某类交易、账户余额和披露的认定层次重大错报风险评估结果的依据包括：

（一）因相关类别的交易、账户余额或披露的具体特征而导致重大错报的可能性（即固有风险）；

（二）风险评估是否考虑了相关控制（即控制风险），从而要求注册会计师获取审计证据以确定控制是否有效运行（即注册会计师在确定实质性程序的性质、时间安排和范围时，拟信赖控制运行的有效性）。

第三节 控制测试

第八条 当存在下列情形之一时，注册会计师应当设计和实施控制测试，针对相关控制运行的有效性，获取充分、适当的审计证据：

（一）在评估认定层次重大错报风险时，预期控制的运行是有效的（即在确定实质性程序的性质、时间安排和范围时，注册会计师拟信赖控制运行的有效性）；

（二）仅实施实质性程序并不能够提供认定层次充分、适当的审计证据。

第九条 在设计和实施控制测试时，对控制有效性的信赖程度越高，注册会计师应当获取越有说服力的审计证据。

第十条 在设计和实施控制测试时，注册会计师应当：

（一）将询问与其他审计程序结合使用，以获取有关控制运行有效性的审计证据；

（二）确定拟测试的控制是否依赖其他控制（间接控制）。如果依赖其他控制，确定是否有必要获取支持这些间接控制有效运行的审计证据。

注册会计师获取的有关控制运行有效性的审计证据应当包括：

（一）控制在所审计期间的相关时点是如何运行的；

（二）控制是否得到一贯执行；

（三）控制由谁或以何种方式执行。

第十一条 注册会计师应当按照本准则第十二条和第十五条的规定，测试其拟信赖的特定时点或整个期间的控制，为预期信赖程度提供恰当的依据。

第十二条 如果已获取有关控制在期中运行有效性的审计证据，注册会计师应当：

（一）获取这些控制在剩余期间发生重大变化的审计证据；

（二）确定针对剩余期间还需获取的补充审计证据。

第十三条 在确定利用以前审计获取的有关控制运行有效性的审计证据是否适当，以及再次测试控制的时间间隔时，注册会计师应当考虑下列因素：

（一）内部控制其他要素的有效性，包括控制环境、被审计单位对控制的监督以及被审计单位的风险评估过程；

（二）控制特征（人工控制还是自动化控制）产生的风险；

（三）信息技术一般控制的有效性；

（四）控制设计及其运行的有效性，包括在以前审计中发现的控制运行偏差的性质和程度，以及是否发生对控制运行产生重大影响的人员变动；

（五）是否存在由于环境发生变化而特定控制缺乏相应变化导致的风险；

（六）重大错报风险和对控制的信赖程度。

第十四条 如果拟利用以前审计获取的有关控制运行有效性的审计证据，注册会计师应当通过获取这些控制在以前审计后是否发生重大变化的审计证据，确定以前审计获取的审计证据是否与本期审计持续相关。

注册会计师应当通过实施询问并结合观察或检查程序，获取这些控制是否发生重大变化的审计证据，以确认对这些控制的了解，并根据下列情况作出不同处理：

（一）如果已发生变化，且这些变化对以前审计获取的审计证据的持续相关性产生影响，注册会计师应当在本期审计中测试这些控制运行的有效性；

（二）如果未发生变化，注册会计师应当每三年至少对控制测试一次，并且在每年审计中测试部分控制，以避免将所有拟信赖控制的测试集中于某一年，而在之后的两年中不进行任何测试。

第十五条 如果确定评估的认定层次重大错报风险是特别风险，并拟信赖针对该风险实施的控制，注册会计师应当在本期审计中测试这些控制运行的有效性。

第十六条 在评价相关控制运行的有效性时，注册会计师应当评价通过实施实质性程序发现的错报是否表明控制未得到有效运行。但通过实质性程序未发现错报，并不能证明与所测试认定相关的控制是有效的。

第十七条 如果发现拟信赖的控制出现偏差，注册会计师应当进行专门查询以了解这些偏差及其潜在后果，并确定：

（一）已实施的控制测试是否为信赖这些控制提供了适当的基础；

（二）是否有必要实施追加的控制测试；

（三）是否需要针对潜在的错报风险实施实质性程序。

第四节 实质性程序

第十八条 无论评估的重大错报风险结果如何，注册会计师都应当针对所有重大类别的交易、账户余额和披露，设计和实施实质性程序。

第十九条 注册会计师应当考虑是否将函证程序用作实质性程序。

第二十条 注册会计师实施的实质性程序应当包括下列与财务报表编制完成阶段相关的审计程序：

（一）将财务报表中的信息与其所依据的会计记录进行核对或调节，包括核对或调节披露中的信息，无论该信息是从总账和明细账中获取，还是从总账和明细账之外的其他途径获取；

（二）检查财务报表编制过程中作出的重大会计分录和其他调整。

第二十一条 如果认为评估的认定层次重大错报风险是特别风险，注册会计师应当专门针对该风险实施实质性程序。如果针对特别风险实施的程序仅为实质性程序，这些程序应当包括细节测试。

第二十二条 如果在期中实施了实质性程序，注册会计师应当针对剩余期间实施下列程序之一，以将期中测试得出的结论合理延伸至期末：

（一）结合对剩余期间实施的控制测试，实施实质性程序；

（二）如果认为对剩余期间拟实施的实质性程序是充分的，仅实施实质性程序。

第二十三条 如果期中检查出注册会计师在评估重大错报风险时未预期到的错报，注册会计师应当评价是否需要修改相关的风险评估结果以及针对剩余期间拟实施的实质性程序的性质、时间安排和范围。

第五节 财务报表列报的恰当性

第二十四条 注册会计师应当实施审计程序，评价财务报表的总体列报（包括披露）是否符合适用的财务报告编制基础的规定。在作出这一评价时，注册会计师应当考虑财务报表中的列报方式是否能够：

（一）对财务信息及其依据的交易、事项和状况进行恰当分类和描述；

（二）使财务报表的列报、结构和内容恰当。

第六节 评价审计证据的充分性和适当性

第二十五条 在得出总体结论之前，注册会计师应当根据实施的审计程序和获取的审计证据，评价对认定层次重大错报风险的评估是否仍然适当。

第二十六条 注册会计师应当确定是否已获取充分、适当的审计证据。

在形成审计意见时，注册会计师应当考虑所有相关的审计证据，无论该证据与财务报表认定相互印证还是相互矛盾。

第二十七条 如果对重大的财务报表认定没有获取充分、适当的审计证据，注册会计师应当尽可能获取进一步的审计证据。

如果仍然不能获取充分、适当的审计证据，注册会计师应当对财务报表发表保留意见或无法表示意见。

第七节 审计工作底稿

第二十八条 注册会计师应当就下列事项形成审计工作底稿：

（一）针对评估的财务报表层次重大错报风险采取的总体应对措施，以及实施的进一步审计程序的性质、时间安排和范围；

（二）实施的进一步审计程序与评估的认定层次风险之间的联系；

（三）实施进一步审计程序的结果，包括在结果不明显时得出的结论。

第二十九条 如果拟利用在以前审计中获取的有关控制运行有效性的审计证据，注册会计师应当记录信赖这些控制的理由和结论。

第三十条 审计工作底稿应当能够证明财务报表中的信息与其所依据的会计记录是一致的或调节相符的，包括核对或调节披露中的信息，无论该信息是从总账和明细账中获取，还是从总账和明细账之外的其他途径获取。

第五章 附　　则

第三十一条 本准则自 2019 年 7 月 1 日起施行。

中国注册会计师审计准则第 1241 号
——对被审计单位使用服务机构的考虑

(2010 年 11 月 1 日修订)

第一章 总 则

第一条 为了规范注册会计师在被审计单位使用服务机构的服务时获取充分、适当的审计证据的责任,制定本准则。

第二条 《中国注册会计师审计准则第 1211 号——通过了解被审计单位及其环境识别和评估重大错报风险》和《中国注册会计师审计准则第 1231 号——针对评估的重大错报风险采取的应对措施》涉及注册会计师了解被审计单位及其环境(包括与审计相关的内部控制),以足以识别和评估重大错报风险,并针对这些风险设计和实施进一步审计程序,本准则是对注册会计师如何应用这些准则的进一步扩展。

第三条 许多被审计单位将部分业务外包给服务机构,这些服务机构提供的服务范围很广,从按照被审计单位的指令执行特定任务,到整体替代被审计单位部分业务单元或职能。服务机构提供的很多服务构成被审计单位业务经营不可或缺的一部分,但并非所有这些服务都与审计相关。

第四条 如果服务机构提供的服务和对服务的控制,构成被审计单位与财务报告相关的信息系统(包括相关业务流程)的一部分,则服务机构提供的服务与被审计单位财务报表审计相关。服务机构的多数控制可能与财务报告相关,也可能有其他控制(如与资产保护相关的控制)与审计相关。如果服务机构提供的服务影响到下列任何一项,则该服务被视为构成被审计单位与财务报告相关的信息系统(包括相关业务流程)的一部分:

(一)在被审计单位的经营过程中,对财务报表重大的各类交易;

(二)在信息技术和人工系统中,被审计单位的交易生成、记录、处理、必要的更正、结转至总账以及在财务报表中报告的程序;

（三）用以生成、记录、处理和报告（包括纠正不正确的信息以及信息如何结转至总账）被审计单位交易的会计记录（电子或人工形式）、支持性信息和财务报表中的特定账户；

（四）被审计单位的信息系统如何获取除交易以外的对财务报表重大的事项和情况；

（五）用于编制被审计单位财务报表（包括作出的重大会计估计和披露）的财务报告过程；

（六）与会计分录相关的控制，这些分录包括用以记录非经常性的、异常的交易或调整的非标准会计分录。

第五条 对于服务机构提供的服务，注册会计师拟执行工作的性质和范围，取决于服务的性质、服务对被审计单位的重要性以及与审计的相关性。

第六条 如果被审计单位在某一金融机构开设账户，该金融机构提供的服务仅限于按照被审计单位的特别授权在该账户下处理交易（如银行对支票账户交易的处理或证券经纪机构对证券交易的处理），则本准则不适用。

如果被审计单位拥有其他实体（如合伙企业、股份制企业和合资公司）的所有权经济利益，并且这些实体对所有权经济利益进行会计核算和向所有者报告，本准则不适用于对被审计单位因拥有这些实体所有权经济利益而产生的交易的审计。

第二章 定 义

第七条 服务机构，是指向被审计单位提供服务，并且其服务构成与被审计单位财务报告相关的信息系统组成部分的第三方机构（或第三方机构的分部）。

第八条 使用服务机构的被审计单位，在本准则中简称被审计单位，是指使用服务机构且正在接受财务报表审计的实体。

第九条 被审计单位注册会计师，在本准则中简称注册会计师，是指对被审计单位的财务报表进行审计并出具报告的注册会计师。

第十条 服务机构注册会计师，是指接受服务机构委托，对服务机构的控制出具鉴证报告的注册会计师。

第十一条 针对服务机构对控制的描述和设计出具的报告（本准则中称为第一类报告），内容包括：

（一）由服务机构管理层对服务机构系统、控制目标以及在特定日期已得到设计和执行的相关控制作出的描述；

（二）服务机构注册会计师出具的报告（旨在向使用者提供合理保证），包括针对服务机构对系统、控制目标和相关控制的描述，以及控制的设计对实现特定控制目标的适当性发表的意见。

第十二条　针对服务机构对控制的描述、设计和运行有效性出具的报告（本准则中称为第二类报告），内容包括：

（一）由服务机构管理层作出的描述，涉及服务机构系统、控制目标和相关控制、在特定日期或特定期间控制的设计和执行，以及在某些情况下控制在特定期间运行的有效性；

（二）服务机构注册会计师出具的报告（旨在向使用者提供合理保证），包括：针对服务机构对系统、控制目标和相关控制的描述，控制的设计对实现特定控制目标的适当性，以及控制运行的有效性发表的意见；针对控制测试及其结果作出的描述。

第十三条　服务机构的系统，是指为了向被审计单位提供服务机构注册会计师的报告所涵盖的服务而由服务机构设计、执行和维护的政策和程序。

第十四条　被审计单位的互补性控制，是指服务机构在设计服务时假定将由被审计单位实施的控制。如果这些控制对实现控制目标是必要的，则应当在服务机构系统描述中予以明确。

第十五条　分包服务机构，是指服务机构为向被审计单位提供服务而使用的另一个服务机构，其提供的服务是服务机构应提供服务的一部分，且构成被审计单位与财务报告相关的信息系统的组成部分。

第三章　目　　标

第十六条　当被审计单位使用服务机构提供的服务时，注册会计师的目标是：

（一）了解服务机构提供的服务的性质和重要性，及其对与审计相关的被审计单位内部控制的影响，以足以识别和评估重大错报风险；

（二）针对识别和评估的重大错报风险，设计和实施审计程序。

第四章　要　　求

第一节　了解服务机构提供的服务

第十七条　当按照《中国注册会计师审计准则第1211号——通过了解被审计单位及其环境识别和评估重大错报风险》的规定了解被审计单位时，注册会计师应当了解被审计单位在经营中如何利用服务机构提供的服务，包括：

（一）服务机构提供的服务的性质，以及该服务对被审计单位的重要性，包括由此对被审计单位内部控制产生的影响；

（二）由服务机构处理的交易、受服务机构影响的账户或财务报告过程的性质和重要性；

（三）服务机构与被审计单位之间活动的相互影响程度；

（四）被审计单位与服务机构关系的性质，包括服务机构与被审计单位就提供服务订立的相关合同条款。

第十八条　当按照《中国注册会计师审计准则第1211号——通过了解被审计单位及其环境识别和评估重大错报风险》的规定了解与审计相关的内部控制时，注册会计师应当评价被审计单位的、与服务机构提供服务相关的控制的设计和执行情况，这些控制包括应用于服务机构所处理的交易的控制。

第十九条　注册会计师应当确定，是否已充分了解服务机构提供的服务的性质和重要性，及其对与审计相关的被审计单位内部控制的影响，以作为识别和评估重大错报风险的基础。

第二十条　如果不能从被审计单位获得充分的了解，注册会计师应当实施下列一项或多项程序：

（一）获取第一类报告或第二类报告；

（二）通过被审计单位联系服务机构，以获取特定信息；

（三）访问服务机构，并实施可以获取有关服务机构相关控制的必要信息的程序；

（四）利用其他注册会计师实施可以获取有关服务机构相关控制的必要信息的程序。

第二十一条　当确定第一类报告或第二类报告提供的审计证据的充分性和适当性时，注册会计师应当确信：

（一）服务机构注册会计师具有相应的专业胜任能力并独立于服务机构；

（二）服务机构注册会计师出具第一类报告或第二类报告所依据的标准是适当的。

第二十二条　如果拟利用第一类报告或第二类报告作为审计证据，以支持对服务机构内部控制设计和执行情况的了解，注册会计师应当：

（一）评价对服务机构控制的描述和设计所针对的时点或期间是否适用于注册会计师的审计目的；

（二）对了解与审计相关的被审计单位内部控制而言，评价报告提供的证据是否充分和适当；

（三）确定服务机构系统描述中明确的被审计单位的互补性控制是否与被审计单位相关；如果相关，了解被审计单位是否设计和执行了此类控制。

第二节 应对评估的重大错报风险

第二十三条 当按照《中国注册会计师审计准则第1231号——针对评估的重大错报风险采取的应对措施》的规定应对评估的重大错报风险时，注册会计师应当：

（一）确定是否能够从被审计单位保存的记录中获取有关财务报表认定的充分、适当的审计证据；

（二）如果不能获取充分、适当的审计证据，则实施进一步审计程序，或利用其他注册会计师代其对服务机构实施这些程序。

第二十四条 如果在评估重大错报风险时预期服务机构的控制的运行是有效的，注册会计师应当实施下列一项或多项程序，以获取有关这些控制运行有效性的审计证据：

（一）获取第二类报告（如可行）；

（二）对服务机构的控制实施适当测试；

（三）利用其他注册会计师代其对服务机构的控制实施测试。

第二十五条 如果根据本准则第二十四条第（一）项的规定拟利用第二类报告作为服务机构内部控制运行有效性的审计证据，注册会计师应当通过实施下列程序，确定服务机构注册会计师的报告是否能够提供有关内部控制运行有效性的充分、适当的审计证据，以支持对重大错报风险的评估：

（一）评价对服务机构控制的描述、设计和运行有效性所针对的时点或期间是否适用于注册会计师的审计目的；

（二）确定服务机构系统描述中明确的被审计单位的互补性控制是否与被审计单位相关；如果相关，了解被审计单位是否设计和执行了此类控制，如是，测试其运行有效性；

（三）评价控制测试的涵盖期间和自实施控制测试以来的时间间隔的适当性；

（四）评价服务机构注册会计师报告中所述的、由服务机构注册会计师实施的控制测试及其结果是否与被审计单位财务报表的认定相关并提供充分、适当的审计证据，以支持注册会计师的风险评估。

第二十六条 如果注册会计师拟利用的第一类报告或第二类报告不涵盖分包服务机构提供的服务，而这些服务与被审计单位财务报表审计相关，针对这些由分包服务机构提供的服务，注册会计师应当遵守本准则的规定。

第二十七条 注册会计师应当询问被审计单位管理层，确定服务机构是否曾经向被审计单位报告，或被审计单位是否以其他方式获知任何影响被审计单位财务报表的舞弊、违反法律法规行为或未更正错报。

注册会计师应当评价这些事项如何影响进一步审计程序的性质、时间安排和范围,并评价对得出的结论和审计报告的影响。

第三节 审计报告

第二十八条 针对服务机构提供的与被审计单位财务报表审计相关的服务,如果无法获取充分、适当的审计证据,注册会计师应当根据《中国注册会计师审计准则第 1502 号——在审计报告中发表非无保留意见》的规定,在审计报告中发表非无保留意见。

第二十九条 注册会计师不应在无保留意见的审计报告中提及服务机构注册会计师的相关工作,除非法律法规另有规定。如果法律法规要求提及,审计报告应当指出这种提及并不减轻注册会计师对审计意见承担的责任。

第三十条 如果提及服务机构注册会计师的工作与理解注册会计师出具的非无保留意见相关,审计报告应当指出,这种提及并不减轻注册会计师对审计意见承担的责任。

第五章 附 则

第三十一条 本准则自 2012 年 1 月 1 日起施行。

中国注册会计师审计准则第 1251 号
——评价审计过程中识别出的错报

（2019 年 2 月 20 日修订）

第一章 总 则

第一条 为了规范注册会计师评价识别出的错报对审计的影响以及未更正错报对财务报表的影响，制定本准则。

第二条 《中国注册会计师审计准则第 1501 号——对财务报表形成审计意见和出具审计报告》规定了在对财务报表形成审计意见时，注册会计师应当针对财务报表整体是否不存在重大错报，确定是否已就此获取合理保证得出结论。

注册会计师按照《中国注册会计师审计准则第 1501 号——对财务报表形成审计意见和出具审计报告》的规定得出的结论，考虑了对未更正错报的评价及其对财务报表的影响。

《中国注册会计师审计准则第 1221 号——计划和执行审计工作时的重要性》规范了注册会计师在计划和执行财务报表审计工作时恰当运用重要性概念的责任。

第二章 定 义

第三条 错报，是指某一财务报表项目的金额、分类或列报，与按照适用的财务报告编制基础应当列示的金额、分类或列报之间存在的差异。错报可能是由于错误或舞弊导致的。

第四条 未更正错报，是指注册会计师在审计过程中累积的且被审计单位未予更正的错报。

第三章 目 标

第五条 注册会计师的目标是：

（一）评价识别出的错报对审计的影响；
（二）评价未更正错报对财务报表的影响。

第四章 要 求

第一节 累积识别出的错报

第六条 注册会计师应当累积审计过程中识别出的错报，除非错报明显微小。

第二节 随着审计的推进考虑识别出的错报

第七条 如果出现下列情况之一，注册会计师应当确定是否需要修改总体审计策略和具体审计计划：
（一）识别出的错报的性质以及错报发生的环境表明可能存在其他错报，并且可能存在的其他错报与审计过程中累积的错报合计起来可能是重大的；
（二）审计过程中累积的错报合计数接近按照《中国注册会计师审计准则第1221号——计划和执行审计工作时的重要性》的规定确定的重要性。

第八条 如果管理层应注册会计师的要求，检查了某类交易、账户余额或披露并更正了已发现的错报，注册会计师应当实施追加的审计程序，以确定错报是否仍然存在。

第三节 沟通和更正错报

第九条 除非法律法规禁止，注册会计师应当及时将审计过程中累积的所有错报与适当层级的管理层进行沟通。注册会计师还应当要求管理层更正这些错报。

第十条 如果管理层拒绝更正沟通的部分或全部错报，注册会计师应当了解管理层不更正错报的理由，并在评价财务报表整体是否不存在重大错报时考虑该理由。

第四节 评价未更正错报的影响

第十一条 在评价未更正错报的影响之前，注册会计师应当重新评估按照《中国注册会计师审计准则第1221号——计划和执行审计工作时的重要性》的规定确定的重要性，以根据被审计单位的实际财务结果确认其是否仍然适当。

第十二条 注册会计师应当确定未更正错报单独或汇总起来是否重大。在确定时，注册会计师应当考虑：

（一）相对特定类别的交易、账户余额或披露以及财务报表整体而言，错报的金额和性质以及错报发生的特定环境；

（二）与以前期间相关的未更正错报对相关类别的交易、账户余额或披露以及财务报表整体的影响。

第十三条 除非法律法规禁止，注册会计师应当与治理层沟通未更正错报，以及这些错报单独或汇总起来可能对审计意见产生的影响。注册会计师在沟通时应当逐项指明重大的未更正错报。注册会计师应当要求被审计单位更正未更正错报。

第十四条 注册会计师应当与治理层沟通与以前期间相关的未更正错报对相关类别的交易、账户余额或披露以及财务报表整体的影响。

第五节 书面声明

第十五条 注册会计师应当要求管理层和治理层（如适用）提供书面声明，说明其是否认为未更正错报单独或汇总起来对财务报表整体的影响不重大。这些错报项目的概要应当包含在书面声明中或附在其后。

第六节 审计工作底稿

第十六条 注册会计师应当就下列事项形成审计工作底稿：
（一）设定的某一金额，低于该金额的错报视为明显微小；
（二）审计过程中累积的所有错报，以及是否已得到更正；
（三）注册会计师就未更正错报单独或汇总起来是否重大得出的结论，以及得出结论的基础。

第五章 附 则

第十七条 本准则自 2019 年 7 月 1 日起施行。

中国注册会计师审计准则第 1301 号
——审计证据

（2016 年 12 月 23 日修订）

第一章 总 则

第一条 为了规范注册会计师在财务报表审计中确定审计证据的构成，明确注册会计师设计和实施审计程序以获取充分、适当的审计证据的责任，制定本准则。

第二条 本准则适用于注册会计师在审计过程中获取和评价所有审计证据。其他审计准则对获取和评价审计证据提出了进一步要求。例如，《中国注册会计师审计准则第 1211 号——通过了解被审计单位及其环境识别和评估重大错报风险》等准则规范了审计的具体方面对审计证据的要求；《中国注册会计师审计准则第 1324 号——持续经营》等准则规范了针对特定问题需要获取的审计证据；《中国注册会计师审计准则第 1313——分析程序》等准则规范了获取审计证据需要实施的具体程序；《中国注册会计师审计准则第 1101 号——注册会计师的总体目标和审计工作的基本要求》和《中国注册会计师审计准则第 1231 号——针对评估的重大错报风险采取的应对措施》等准则规范了对已获取审计证据的充分性和适当性的评价。

第三条 审计证据的可靠性受其来源和性质的影响，并取决于获取审计证据的具体环境。判断审计证据可靠性的一般原则包括：

（一）从被审计单位外部独立来源获取的审计证据比从其他来源获取的审计证据更可靠；

（二）相关控制有效时内部生成的审计证据比控制薄弱时内部生成的审计证据更可靠；

（三）直接获取的审计证据比间接获取或推论得出的审计证据更可靠；

（四）以文件记录形式（包括纸质、电子或其他介质）存在的审计证据比口头形式的审计证据更可靠；

（五）从原件获取的审计证据比从复印、传真或通过拍摄、数字化或其他方式转化成电子形式的文件获取的审计证据更可靠。

通常情况下，注册会计师以函证方式直接从被询证者获取的审计证据，比被审计单位内部生成的审计证据更可靠。通过函证等方式从独立来源获取的相互印证的信息，可以提高注册会计师从会计记录或管理层书面声明中获取的审计证据的保证水平。

第二章 定 义

第四条 审计证据，是指注册会计师为了得出审计结论和形成审计意见而使用的信息。审计证据包括构成财务报表基础的会计记录所含有的信息和从其他来源获取的信息。

第五条 会计记录，是指对初始会计分录形成的记录和支持性记录。例如，支票、电子资金转账记录、发票和合同；总分类账、明细分类账、会计分录以及对财务报表予以调整但未在账簿中反映的其他分录；支持成本分配、计算、调节和披露的手工计算表和电子数据表。

第六条 审计证据的充分性，是对审计证据数量的衡量。注册会计师需要获取的审计证据的数量受其对重大错报风险评估的影响，并受审计证据质量的影响。

第七条 审计证据的适当性，是对审计证据质量的衡量，即审计证据在支持审计意见所依据的结论方面具有的相关性和可靠性。

第八条 管理层的专家，是指在会计、审计以外的某一领域具有专长的个人或组织，其工作被管理层利用以协助编制财务报表。

第三章 目 标

第九条 注册会计师的目标是，通过恰当的方式设计和实施审计程序，获取充分、适当的审计证据，以得出合理的结论，作为形成审计意见的基础。

第四章 要 求

第一节 充分、适当的审计证据

第十条 注册会计师应当根据具体情况设计和实施恰当的审计程序，以获取充分、适当的审计证据。

第二节　用作审计证据的信息

第十一条　在设计和实施审计程序时，注册会计师应当考虑用作审计证据的信息的相关性和可靠性。

第十二条　如果用作审计证据的信息在编制时利用了管理层的专家的工作，注册会计师应当考虑管理层的专家的工作对实现注册会计师目的的重要性，并在必要的范围内实施下列程序：

（一）评价管理层的专家的胜任能力、专业素质和客观性；

（二）了解管理层的专家的工作；

（三）评价将管理层的专家的工作用作相关认定的审计证据的适当性。

第十三条　在使用被审计单位生成的信息时，注册会计师应当评价该信息对实现审计目的是否足够可靠，包括根据具体情况在必要时实施下列程序：

（一）获取有关信息准确性和完整性的审计证据；

（二）评价信息对实现审计目的是否足够准确和详细。

第三节　选取测试项目以获取审计证据

第十四条　在设计控制测试和细节测试时，注册会计师应当确定选取测试项目的方法，以有效实现审计程序的目的。

第四节　审计证据之间存在不一致或对审计证据可靠性存有疑虑

第十五条　如果存在下列情形之一，注册会计师应当确定需要修改或追加哪些审计程序予以解决，并考虑存在的情形对审计其他方面的影响：

（一）从某一来源获取的审计证据与从另一来源获取的不一致；

（二）注册会计师对用作审计证据的信息的可靠性存有疑虑。

中国注册会计师审计准则第1311号
——对存货、诉讼和索赔、分部信息等特定项目获取审计证据的具体考虑

（2019年2月20日修订）

第一章 总 则

第一条 为了规范注册会计师在财务报表审计中对存货、诉讼和索赔、分部信息等特定项目的某些方面获取充分、适当的审计证据的具体考虑，制定本准则。

第二条 本准则适用于注册会计师按照《中国注册会计师审计准则第1231号——针对评估的重大错报风险采取的应对措施》《中国注册会计师审计准则第1301号——审计证据》和其他相关审计准则的规定对本准则第一条提及的特定项目的某些方面获取审计证据。

第二章 目 标

第三条 注册会计师的目标是，针对特定项目的下列方面获取充分、适当的审计证据：

（一）存货的存在和状况；

（二）涉及被审计单位的诉讼和索赔事项的完整性；

（三）按照适用的财务报告编制基础对分部信息的列报。

第三章 要 求

第一节 存 货

第四条 如果存货对财务报表是重要的，注册会计师应当实施下列审计程序，

对存货的存在和状况获取充分、适当的审计证据：

（一）在存货盘点现场实施监盘（除非不可行）；

（二）对期末存货记录实施审计程序，以确定其是否准确反映实际的存货盘点结果。

在存货盘点现场实施监盘时，注册会计师应当实施下列审计程序：

（一）评价管理层用以记录和控制存货盘点结果的指令和程序；

（二）观察管理层制订的盘点程序的执行情况；

（三）检查存货；

（四）执行抽盘。

第五条 如果存货盘点在财务报表日以外的其他日期进行，注册会计师除实施本准则第四条规定的审计程序外，还应当实施其他审计程序，以获取审计证据，确定存货盘点日与财务报表日之间的存货变动是否已得到恰当的记录。

第六条 如果由于不可预见的情况，无法在存货盘点现场实施监盘，注册会计师应当另择日期实施监盘，并对间隔期内发生的交易实施审计程序。

第七条 如果在存货盘点现场实施存货监盘不可行，注册会计师应当实施替代审计程序，以获取有关存货的存在和状况的充分、适当的审计证据。

如果不能实施替代审计程序，注册会计师应当按照《中国注册会计师审计准则第1502号——在审计报告中发表非无保留意见》的规定，在审计报告中发表非无保留意见。

第八条 如果由第三方保管或控制的存货对财务报表是重要的，注册会计师应当实施下列一项或两项审计程序，以获取有关该存货存在和状况的充分、适当的审计证据：

（一）向持有被审计单位存货的第三方函证存货的数量和状况；

（二）实施检查或其他适合具体情况的审计程序。

第二节 诉讼和索赔

第九条 注册会计师应当设计和实施审计程序，以识别涉及被审计单位的可能导致重大错报风险的诉讼和索赔事项。

这些审计程序包括：

（一）询问管理层和被审计单位内部其他人员，包括询问被审计单位内部法律顾问；

（二）查阅治理层的会议纪要和被审计单位与外部法律顾问之间的往来信函；

（三）复核法律费用账户记录。

第十条 如果评估识别出的诉讼或索赔事项存在重大错报风险，或者实施的审计程序表明可能存在其他重大诉讼或索赔事项，注册会计师除实施其他审计准则规定的审计程序外，还应当寻求与被审计单位外部法律顾问进行直接沟通。注册会计师应当通过亲自寄发由管理层编制的询证函，要求外部法律顾问直接与注册会计师沟通。

如果法律法规禁止被审计单位外部法律顾问与注册会计师进行直接沟通，注册会计师应当实施替代审计程序。

第十一条　如果管理层不同意注册会计师与外部法律顾问沟通或会面，或者外部法律顾问拒绝对询证函恰当回复或被禁止回复，并且注册会计师无法通过实施替代审计程序获取充分、适当的审计证据，注册会计师应当按照《中国注册会计师审计准则第 1502 号——在审计报告中发表非无保留意见》的规定，在审计报告中发表非无保留意见。

第十二条　注册会计师应当要求管理层和治理层（如适用）提供书面声明，确认已向注册会计师披露所有其知悉的、已经或可能发生的、在编制财务报表时应当考虑其影响的诉讼和索赔事项，并确认已按照适用的财务报告编制基础进行了会计处理和披露。

第三节　分部信息

第十三条　针对被审计单位按照适用的财务报告编制基础列报的分部信息，注册会计师应当实施下列审计程序，获取充分、适当的审计证据：

（一）了解管理层在确定分部信息时使用的方法；

（二）实施分析程序或其他适合具体情况的审计程序。

在了解管理层确定分部信息使用的方法时，注册会计师应当实施下列审计程序：

（一）评价使用的方法是否已使分部信息按照适用的财务报告编制基础列报；

（二）在适当的情况下，测试对这些方法的应用。

第四章　附　　则

第十四条　本准则自 2019 年 7 月 1 日起施行。

中国注册会计师审计准则第 1312 号
——函 证

（2010 年 11 月 1 日修订）

第一章 总 则

第一条 为了规范注册会计师按照《中国注册会计师审计准则第 1231 号——针对评估的重大错报风险采取的应对措施》和《中国注册会计师审计准则第 1301 号——审计证据》的规定使用函证程序，以获取相关、可靠的审计证据，制定本准则。

第二条 本准则不适用于注册会计师对被审计单位诉讼和索赔事项实施询问程序。《中国注册会计师审计准则第 1311 号——对存货、诉讼和索赔、分部信息等特定项目获取审计证据的具体考虑》规定了有关诉讼和索赔的审计程序。

第三条 《中国注册会计师审计准则第 1301 号——审计证据》规定，审计证据的可靠性受其来源和性质的影响，并取决于获取审计证据的具体环境。

判断审计证据可靠性的一般原则包括：

（一）从被审计单位外部独立来源获取的审计证据比从其他来源获取的审计证据更可靠；

（二）直接获取的审计证据比间接获取或推论得出的审计证据更可靠；

（三）以文件记录形式（包括纸质、电子或其他介质）存在的审计证据比口头形式的审计证据更可靠。

通常情况下，注册会计师以函证方式直接从被询证者获取的审计证据，比被审计单位内部生成的审计证据更可靠。

第四条 下列审计准则明确了实施函证程序以获取审计证据的重要性：

（一）《中国注册会计师审计准则第 1231 号——针对评估的重大错报风险采取的应对措施》规定，注册会计师应当针对评估的财务报表层次重大错报风险，设计和实施总体应对措施，针对评估的认定层次重大错报风险，设计和实施进一步审计程序，包括审计程序的性质、时间安排和范围；无论评估的重大错报风险结果如何，注册会计师都应当针对所有重大类别的交易、账户余额和披露，设计和实施实质性程序；注册会计师应当考虑是否将函证程序用作实质性程序。

（二）《中国注册会计师审计准则第1231号——针对评估的重大错报风险采取的应对措施》规定，评估的风险越高，需要获取越有说服力的审计证据。为此，注册会计师可以增加审计证据的数量或者获取更相关、更可靠的审计证据，或将两种方式结合使用。例如，注册会计师更加重视直接从第三方获取审计证据，或从不同的独立来源获取相互印证的审计证据。实施函证程序，可以帮助注册会计师获取可靠性高的审计证据，以应对由于舞弊或错误导致的特别风险。

（三）《中国注册会计师审计准则第1141号——财务报表审计中与舞弊相关的责任》规定，针对由于舞弊导致的认定层次重大错报风险，注册会计师应当考虑实施函证程序以获取更多的相互印证的信息。

（四）《中国注册会计师审计准则第1301号——审计证据》规定，通过函证等方式从独立来源获取的相互印证的信息，可以提高注册会计师从会计记录或管理层书面声明中获取的审计证据的保证水平。

第二章　定　义

第五条　函证（即外部函证），是指注册会计师直接从第三方（被询证者）获取书面答复作为审计证据的过程，书面答复可以采用纸质、电子或其他介质等形式。

第六条　积极式函证，是指要求被询证者直接向注册会计师回复，表明是否同意询证函所列示的信息，或填列所要求的信息的一种询证方式。

第七条　消极式函证，是指要求被询证者只有在不同意询证函所列示的信息时才直接向注册会计师回复的一种询证方式。

第八条　未回函，是指被询证者对积极式询证函未予回复或回复不完整，或询证函因未被送达而退回。

第九条　不符事项，是指被询证者提供的信息与询证函要求确认的信息不一致，或与被审计单位记录的信息不一致。

第三章　目　标

第十条　在使用函证程序时，注册会计师的目标是，设计和实施函证程序，以获取相关、可靠的审计证据。

第四章 要 求

第一节 函 证 程 序

第十一条 注册会计师应当确定是否有必要实施函证程序以获取认定层次的相关、可靠的审计证据。在作出决策时,注册会计师应当考虑评估的认定层次重大错报风险,以及通过实施其他审计程序获取的审计证据如何将检查风险降至可接受的水平。

第十二条 注册会计师应当对银行存款(包括零余额账户和在本期内注销的账户)、借款及与金融机构往来的其他重要信息实施函证程序,除非有充分证据表明某一银行存款、借款及与金融机构往来的其他重要信息对财务报表不重要且与之相关的重大错报风险很低。

如果不对这些项目实施函证程序,注册会计师应当在审计工作底稿中说明理由。

第十三条 注册会计师应当对应收账款实施函证程序,除非有充分证据表明应收账款对财务报表不重要,或函证很可能无效。

如果认为函证很可能无效,注册会计师应当实施替代审计程序,获取相关、可靠的审计证据。

如果不对应收账款函证,注册会计师应当在审计工作底稿中说明理由。

第十四条 当实施函证程序时,注册会计师应当对询证函保持控制,包括:

(一)确定需要确认或填列的信息;

(二)选择适当的被询证者;

(三)设计询证函,包括正确填列被询证者的姓名和地址,以及被询证者直接向注册会计师回函的地址等信息;

(四)发出询证函并予以跟进,必要时再次向被询证者寄发询证函。

第二节 管理层不允许寄发询证函

第十五条 如果管理层不允许寄发询证函,注册会计师应当:

(一)询问管理层不允许寄发询证函的原因,并就其原因的正当性及合理性收集审计证据;

(二)评价管理层不允许寄发询证函对评估的相关重大错报风险(包括舞弊风险),以及其他审计程序的性质、时间安排和范围的影响;

(三)实施替代程序,以获取相关、可靠的审计证据。

第十六条 如果认为管理层不允许寄发询证函的原因不合理,或实施替代程序无法获取相关、可靠的审计证据,注册会计师应当按照《中国注册会计师审计准则第 1151 号——与治理层的沟通》的规定,与治理层进行沟通。注册会计师还应当按照《中国注册会计师审计准则第 1502 号——在审计报告中发表非无保留意见》的规定,确定其对审计工作和审计意见的影响。

第三节 实施函证程序的结果

第十七条 如果存在对询证函回函的可靠性产生疑虑的因素,注册会计师应当进一步获取审计证据以消除这些疑虑。

第十八条 如果认为询证函回函不可靠,注册会计师应当评价其对评估的相关重大错报风险(包括舞弊风险),以及其他审计程序的性质、时间安排和范围的影响。

第十九条 在未回函的情况下,注册会计师应当实施替代程序以获取相关、可靠的审计证据。

第二十条 如果注册会计师认为取得积极式函证回函是获取充分、适当的审计证据的必要程序,则替代程序不能提供注册会计师所需要的审计证据。在这种情况下,如果未获取回函,注册会计师应当按照《中国注册会计师审计准则第 1502 号——在审计报告中发表非无保留意见》的规定,确定其对审计工作和审计意见的影响。

第二十一条 注册会计师应当调查不符事项,以确定是否表明存在错报。

第四节 消极式函证

第二十二条 消极式函证比积极式函证提供的审计证据的说服力低。除非同时满足下列条件,注册会计师不得将消极式函证作为唯一实质性程序,以应对评估的认定层次重大错报风险:

(一)注册会计师将重大错报风险评估为低水平,并已就与认定相关的控制运行的有效性获取了充分、适当的审计证据;

(二)需要实施消极式函证程序的总体由大量小额、同质的账户余额、交易或事项构成;

(三)预期不符事项的发生率很低;

(四)没有迹象表明接收询证函的人员或机构不认真对待函证。

第五节 评价获取的审计证据

第二十三条 注册会计师应当评价实施函证程序的结果是否提供了相关、可靠的审计证据，或是否有必要进一步获取审计证据。

第五章 附 则

第二十四条 本准则自 2012 年 1 月 1 日起施行。

中国注册会计师审计准则第 1313 号
——分析程序

（2010 年 11 月 1 日修订）

第一章 总 则

第一条 为了规范注册会计师在财务报表审计中将分析程序用作实质性程序（即实质性分析程序），以及在临近审计结束时设计和实施分析程序以有助于对财务报表形成总体结论，制定本准则。

第二条 除本准则以外，其他审计准则也对注册会计师使用分析程序作出了规定。《中国注册会计师审计准则第 1211 号——通过了解被审计单位及其环境识别和评估重大错报风险》规定了注册会计师将分析程序用作风险评估程序。《中国注册会计师审计准则第 1231 号——针对评估的重大错报风险采取的应对措施》规定了注册会计师针对评估的重大错报风险实施审计程序的性质、时间安排和范围，这些程序可能包括实质性分析程序。因此，注册会计师在审计过程中使用分析程序时，还需要遵守这些准则的规定。

第二章 定 义

第三条 分析程序，是指注册会计师通过分析不同财务数据之间以及财务数据与非财务数据之间的内在关系，对财务信息作出评价。分析程序还包括在必要时对识别出的、与其他相关信息不一致或与预期值差异重大的波动或关系进行调查。

第三章 目 标

第四条 注册会计师的目标是：
（一）在实施实质性分析程序时，获取相关、可靠的审计证据；
（二）在临近审计结束时，设计和实施分析程序，帮助注册会计师对财务报表形成总体结论,以确定财务报表是否与其对被审计单位的了解一致。

第四章 要 求

第一节 实质性分析程序

第五条 在设计和实施实质性分析程序时,无论单独使用或与细节测试结合使用,注册会计师都应当:

(一)考虑针对所涉及认定评估的重大错报风险和实施的细节测试(如有),确定特定实质性分析程序对这些认定的适用性;

(二)考虑可获得信息的来源、可比性、性质和相关性以及与信息编制相关的控制,评价在对已记录的金额或比率作出预期时使用数据的可靠性;

(三)对已记录的金额或比率作出预期,并评价预期值是否足够精确以识别重大错报(包括单项重大的错报和单项虽不重大但连同其他错报可能导致财务报表产生重大错报的错报);

(四)确定已记录金额与预期值之间可接受的,且无需按本准则第七条的要求作进一步调查的差异额。

第二节 有助于形成总体结论的分析程序

第六条 在临近审计结束时,注册会计师应当设计和实施分析程序,帮助其对财务报表形成总体结论,以确定财务报表是否与其对被审计单位的了解一致。

第三节 调查分析程序的结果

第七条 如果按照本准则的规定实施分析程序,识别出与其他相关信息不一致的波动或关系,或与预期值差异重大的波动或关系,注册会计师应当采取下列措施调查这些差异:

(一)询问管理层,并针对管理层的答复获取适当的审计证据;

(二)根据具体情况在必要时实施其他审计程序。

第五章 附 则

第八条 本准则自 2012 年 1 月 1 日起施行。

中国注册会计师审计准则第 1314 号
——审计抽样

（2010 年 11 月 1 日修订）

第一章 总 则

第一条 为了规范注册会计师在实施审计程序时使用审计抽样，制定本准则。

第二条 《中国注册会计师审计准则第 1301 号——审计证据》要求注册会计师设计和实施审计程序，获取充分、适当的审计证据，以得出合理的结论，作为形成审计意见的基础。该准则还要求注册会计师确定用以选取测试项目的方法能够有效实现审计程序的目的，审计抽样是其中的一种方法。

第三条 本准则作为对《中国注册会计师审计准则第 1301 号——审计证据》的补充，规范了注册会计师在设计和选择审计样本以实施控制测试和细节测试，以及评价样本结果时对统计抽样和非统计抽样的使用。

第二章 定 义

第四条 审计抽样（即抽样），是指注册会计师对具有审计相关性的总体中低于百分之百的项目实施审计程序，使所有抽样单元都有被选取的机会，为注册会计师针对整个总体得出结论提供合理基础。

第五条 总体，是指注册会计师从中选取样本并期望据此得出结论的整个数据集合。

第六条 抽样单元，是指构成总体的个体项目。

第七条 统计抽样，是指同时具备下列特征的抽样方法：

（一）随机选取样本项目；

（二）运用概率论评价样本结果，包括计量抽样风险。

不同时具备前款提及的两个特征的抽样方法为非统计抽样。

第八条 抽样风险，是指注册会计师根据样本得出的结论，可能不同于如果对整个总体实施与样本相同的审计程序得出的结论的风险。

抽样风险可能导致两种类型的错误结论：

（一）在实施控制测试时，注册会计师推断的控制有效性高于其实际有效性；或在实施细节测试时，注册会计师推断某一重大错报不存在而实际上存在。注册会计师主要关注这类错误结论，原因是其影响审计效果，非常可能导致发表不恰当的审计意见。

（二）在实施控制测试时，注册会计师推断的控制有效性低于其实际有效性；或在实施细节测试时，注册会计师推断某一重大错报存在而实际上不存在。这类错误结论影响审计效率，原因是其通常导致注册会计师实施额外的工作，以证实初始结论是错误的。

第九条 非抽样风险，是指注册会计师由于任何与抽样风险无关的原因而得出错误结论的风险。

第十条 异常误差，是指对总体中的错报或偏差明显不具有代表性的错报或偏差。

第十一条 分层，是指将总体划分为多个子总体的过程，每个子总体由一组具有相同特征（通常为货币金额）的抽样单元组成。

第十二条 可容忍错报，是指注册会计师设定的货币金额，注册会计师试图对总体中的实际错报不超过该货币金额获取适当水平的保证。

第十三条 可容忍偏差率，是指注册会计师设定的偏离规定的内部控制程序的比率，注册会计师试图对总体中的实际偏差率不超过该比率获取适当水平的保证。

第三章 目 标

第十四条 在使用审计抽样时，注册会计师的目标是，为得出有关抽样总体的结论提供合理的基础。

第四章 要 求

第一节 样本设计、样本规模和选取测试项目

第十五条 在设计审计样本时，注册会计师应当考虑审计程序的目的和抽样总体的特征。

第十六条 注册会计师应当确定足够的样本规模,以将抽样风险降至可接受的低水平。

第十七条 注册会计师在选取样本项目时,应当使总体中的每个抽样单元都有被选取的机会。

第二节 实施审计程序

第十八条 注册会计师应当针对选取的每个项目,实施适合具体目的的审计程序。

第十九条 如果审计程序不适用于选取的项目,注册会计师应当针对替代项目实施该审计程序。

第二十条 如果未能对某个选取的项目实施设计的审计程序或适当的替代程序,注册会计师应当将该项目视为控制测试中对规定的控制的一项偏差,或细节测试中的一项错报。

第三节 偏差和错报的性质与原因

第二十一条 注册会计师应当调查识别出的所有偏差或错报的性质和原因,并评价其对审计程序的目的和审计的其他方面可能产生的影响。

第二十二条 在极其特殊的情况下,如果认为样本中发现的某项偏差或错报是异常误差,注册会计师应当对该项偏差或错报对总体不具有代表性获取高度保证。

在获取这种高度保证时,注册会计师应当实施追加的审计程序,获取充分、适当的审计证据,以确定该项偏差或错报不影响总体的其余部分。

第四节 推断错报

第二十三条 当实施细节测试时,注册会计师应当根据样本中发现的错报推断总体错报。

第五节 评价审计抽样结果

第二十四条 注册会计师应当对下列方面进行评价:
(一)样本结果;

（二）使用审计抽样是否已为注册会计师针对所测试的总体得出的结论提供合理基础。

第五章 附 则

第二十五条 本准则自 2012 年 1 月 1 日起施行。

中国注册会计师审计准则第 1321 号
——审计会计估计（包括公允价值会计估计）和相关披露

（2010 年 11 月 1 日修订）

第一章 总 则

第一条 为了规范注册会计师在财务报表审计中与会计估计（包括公允价值会计估计）和相关披露有关的责任，制定本准则。

第二条 在涉及审计会计估计时，本准则是对注册会计师如何应用《中国注册会计师审计准则第 1211 号——通过了解被审计单位及其环境识别和评估重大错报风险》《中国注册会计师审计准则第 1231 号——针对评估的重大错报风险采取的应对措施》和其他相关审计准则的进一步扩展。

本准则还涉及如何处理个别会计估计的错报和可能存在管理层偏向的迹象。

第三条 某些财务报表项目不能精确计量，只能进行估计。在本准则中，对这些财务报表项目的计量作为会计估计。

管理层可获得的用以支持作出会计估计的信息的性质和可靠性差异很大，并因此影响与会计估计相关的估计不确定性的程度。估计不确定性的程度影响与会计估计相关的重大错报风险，包括会计估计对有意或无意的管理层偏向的敏感性。

第四条 会计估计的计量目标可能因适用的财务报告编制基础和所报告的报表项目而存在差异。

一些会计估计的计量目标是，在需要作出会计估计的情况下，预测一项或多项交易、事项或情况的结果。而对于包括许多公允价值会计估计在内的其他一些会计估计，计量目标有所不同，表现为按照计量日普遍存在的状况（如对某一特定类型资产或负债估计的市场价格）反映某一当前交易或财务报表项目的价值。例如，适用的财务报告编制基础可能要求公允价值计量以公平交易中熟悉情况的交易双方自愿进行的假定的当前交易为基础，而不是以过去或未来时点的交易为基础。

第五条 会计估计的结果与财务报表中原来已确认或披露的金额存在差异,并不必然表明财务报表存在错报。这对于公允价值会计估计而言尤其如此,因为任何已观察到的结果都不可避免地受到作出会计估计的时点后所发生的事项或情况的影响。

第二章 定 义

第六条 本准则所称会计估计,是指在缺乏精确计量手段的情况下,采用的某项金额的近似值。会计估计一般包括存在估计不确定性时以公允价值计量的金额,以及其他需要估计的金额。

当仅针对涉及公允价值计量的会计估计时,本准则采用"公允价值会计估计"的术语。

第七条 注册会计师的点估计或区间估计,是指从审计证据中得出的、用于评价管理层点估计的金额或金额区间。

第八条 估计不确定性,是指会计估计和相关披露在计量方面对固有不精确性的敏感性。

第九条 管理层偏向,是指管理层在编制和列报信息时缺乏中立性。

第十条 管理层的点估计,是指管理层在财务报表中确认或披露一项会计估计而选择的金额。

第十一条 会计估计的结果,是指需要作出会计估计的交易、事项或情况得以解决时实际发生的货币金额。

第三章 目 标

第十二条 注册会计师的目标是,获取充分、适当的审计证据以确定:

(一)根据适用的财务报告编制基础,财务报表中确认或披露的会计估计(包括公允价值会计估计)是否合理;

(二)根据适用的财务报告编制基础,财务报表中的相关披露是否充分。

第四章 要 求

第一节 风险评估程序和相关活动

第十三条 当实施《中国注册会计师审计准则第1211号——通过了解被审计单位及其环境识别和评估重大错报风险》要求的风险评估程序和相关活动,以了解

被审计单位及其环境时,注册会计师应当了解下列内容,作为识别和评估会计估计重大错报风险的基础:

(一)与会计估计(包括相关披露)相关的适用的财务报告编制基础的规定;

(二)管理层如何识别可能需要作出会计估计并在财务报表中确认或披露的交易、事项和情况。在进行了解时,注册会计师应当向管理层询问可能导致新的或需要修改现有的会计估计的环境变化;

(三)管理层如何作出会计估计,以及会计估计所依据的数据。

管理层作出会计估计的方法和依据包括:

(一)用以作出会计估计的方法,包括模型(如适用);

(二)相关控制;

(三)管理层是否利用专家的工作;

(四)会计估计所依据的假设;

(五)用以作出会计估计的方法是否已经发生或应当发生不同于上期的变化,以及变化的原因;

(六)管理层是否评估以及如何评估估计不确定性的影响。

第十四条 注册会计师应当复核上期财务报表中会计估计的结果,或者复核管理层在本期财务报表中对上期会计估计作出的后续重新估计(如适用)。

在确定复核的性质和范围时,注册会计师应当考虑会计估计的性质,以及复核时获取的信息是否可能与识别和评估本期财务报表中会计估计的重大错报风险相关。

但是,注册会计师复核的目的不是质疑上期依据当时可获得的信息而作出的判断。

第二节 识别和评估重大错报风险

第十五条 当按照《中国注册会计师审计准则第1211号——通过了解被审计单位及其环境识别和评估重大错报风险》的规定识别和评估重大错报风险时,注册会计师应当评价与会计估计相关的估计不确定性的程度。

第十六条 注册会计师应当根据职业判断确定识别出的具有高度估计不确定性的会计估计是否会导致特别风险。

第三节 应对评估的重大错报风险

第十七条 基于评估的重大错报风险,注册会计师应当确定:

(一)管理层是否恰当运用与会计估计相关的适用的财务报告编制基础的规定;

（二）作出会计估计的方法是否恰当，并得到一贯运用，以及会计估计或作出会计估计的方法不同于上期的变化是否适合于具体情况。

第十八条 当按照《中国注册会计师审计准则第 1231 号——针对评估的重大错报风险采取的应对措施》的规定应对评估的重大错报风险时，注册会计师应当考虑会计估计的性质，并实施下列一项或多项程序：

（一）确定截至审计报告日发生的事项是否提供有关会计估计的审计证据；

（二）测试管理层如何作出会计估计以及会计估计所依据的数据。在进行测试时，注册会计师应当评价采用的计量方法在具体情况下是否恰当，以及根据适用的财务报告编制基础确定的计量目标，管理层使用的假设是否合理；

（三）测试与管理层如何作出会计估计相关的控制的运行有效性，并实施恰当的实质性程序；

（四）作出注册会计师的点估计或区间估计，以评价管理层的点估计。

在执行本条第一款第（四）项的规定时，注册会计师应当针对下列两种情况分别予以处理：

（一）如果使用有别于管理层的假设或方法，注册会计师应当充分了解管理层的假设或方法，以确定注册会计师在作出点估计或区间估计时已考虑了相关变量，并评价与管理层的点估计存在的任何重大差异；

（二）如果认为使用区间估计是恰当的，注册会计师应当基于可获得的审计证据来缩小区间估计，直至该区间估计范围内的所有结果均可被视为合理。

第十九条 在确定本准则第十七条规定的事项，或根据本准则第十八条的规定应对评估的重大错报风险时，注册会计师应当考虑是否需要具备与会计估计的一个或多个方面相关的专门技能或知识，以获取充分、适当的审计证据。

第四节 实施进一步实质性程序以应对特别风险

第二十条 对导致特别风险的会计估计，除实施《中国注册会计师审计准则第 1231 号——针对评估的重大错报风险采取的应对措施》规定的其他实质性程序外，注册会计师还应当：

（一）评价管理层如何考虑替代性的假设或结果，以及拒绝采纳的原因，或者在管理层没有考虑替代性的假设或结果的情况下，评价管理层在作出会计估计时如何处理估计不确定性；

（二）评价管理层使用的重大假设是否合理；

（三）当管理层实施特定措施的意图和能力与其使用的重大假设的合理性或对适用的财务报告编制基础的恰当应用相关时，评价这些意图和能力。

第二十一条 如果根据职业判断认为管理层没有适当处理估计不确定性对导致

特别风险的会计估计的影响，注册会计师应当在必要时作出用于评价会计估计合理性的区间估计。

第二十二条 对导致特别风险的会计估计，注册会计师应当获取充分、适当的审计证据，以确定下列方面是否符合适用的财务报告编制基础的规定：

（一）管理层对会计估计在财务报表中予以确认或不予确认的决策；

（二）作出会计估计所选择的计量基础。

第五节 评价会计估计的合理性并确定错报

第二十三条 注册会计师应当根据获取的审计证据，评价财务报表中的会计估计在适用的财务报告编制基础下是合理的还是存在错报。

第六节 与会计估计相关的披露

第二十四条 注册会计师应当获取充分、适当的审计证据，以确定与会计估计相关的财务报表披露是否符合适用的财务报告编制基础的规定。

第二十五条 对导致特别风险的会计估计，注册会计师还应当评价在适用的财务报告编制基础下，财务报表对估计不确定性的披露的充分性。

第七节 可能存在管理层偏向的迹象

第二十六条 注册会计师应当复核管理层在作出会计估计时的判断和决策，以识别是否可能存在管理层偏向的迹象。在得出某项会计估计是否合理的结论时，可能存在管理层偏向的迹象本身并不构成错报。

第八节 书面声明

第二十七条 注册会计师应当向管理层和治理层（如适用）获取书面声明，以确定其是否认为在作出会计估计时使用的重大假设是合理的。

第九节 审计工作底稿

第二十八条 注册会计师应当就下列事项形成审计工作底稿：

（一）对导致特别风险的会计估计的合理性及其披露的充分性，注册会计师得出结论的基础；

（二）可能存在管理层偏向的迹象。

第五章 附 则

第二十九条 本准则自 2012 年 1 月 1 日起施行。

中国注册会计师审计准则第 1323 号
——关联方

（2010 年 11 月 1 日修订）

第一章 总 则

第一条 为了规范注册会计师在财务报表审计中与关联方关系及其交易相关的责任，制定本准则。

第二条 在涉及与关联方关系及其交易相关的重大错报风险时，本准则是对注册会计师如何应用《中国注册会计师审计准则第 1211 号——通过了解被审计单位及其环境识别和评估重大错报风险》《中国注册会计师审计准则第 1231 号——针对评估的重大错报风险采取的应对措施》和《中国注册会计师审计准则第 1141 号——财务报表审计中与舞弊相关的责任》的进一步扩展。

第三条 许多关联方交易是在正常经营过程中发生的，与类似的非关联方交易相比，这些关联方交易可能并不具有更高的财务报表重大错报风险。但是，在某些情况下，关联方关系及其交易的性质可能导致关联方交易比非关联方交易具有更高的财务报表重大错报风险。例如：

（一）关联方可能通过广泛而复杂的关系和组织结构进行运作，相应增加关联方交易的复杂程度；

（二）信息系统可能无法有效识别或汇总被审计单位与关联方之间的交易和未结算项目的金额；

（三）关联方交易可能未按照正常的市场交易条款和条件进行，例如，某些关联方交易可能没有相应的对价。

第四条 由于关联方之间彼此并不独立，为使财务报表使用者了解关联方关系及其交易的性质，以及关联方关系及其交易对财务报表实际或潜在的影响，许多财务报告编制基础对关联方关系及其交易的会计处理和披露作出了规定。

在适用的财务报告编制基础作出规定的情况下，注册会计师有责任实施审计程序，以识别、评估和应对被审计单位未能按照适用的财务报告编制基础对关联方关系及其交易进行恰当会计处理或披露导致的重大错报风险。

第五条 即使适用的财务报告编制基础对关联方作出很少的规定或没有作出规定，注册会计师仍然需要了解被审计单位的关联方关系及其交易，以足以确定财务报表（就其受到关联方关系及其交易的影响而言）是否实现公允反映。

第六条 由于关联方之间更容易发生舞弊，因此注册会计师了解被审计单位的关联方关系及其交易，与其按照《中国注册会计师审计准则第1141号——财务报表审计中与舞弊相关的责任》的规定评价是否存在一项或多项舞弊风险因素相关。

第七条 由于审计的固有限制，即使注册会计师按照审计准则的规定恰当计划和实施了审计工作，也不可避免地存在财务报表中的某些重大错报未被发现的风险。就关联方而言，由于下列原因，审计的固有限制对注册会计师发现重大错报能力的潜在影响会加大：

（一）管理层可能未能识别出所有关联方关系及其交易，特别是在适用的财务报告编制基础没有对关联方作出规定时；

（二）关联方关系可能为管理层的串通舞弊、隐瞒或操纵行为提供更多机会。

第八条 由于存在未披露关联方关系及其交易的可能性，注册会计师按照《中国注册会计师审计准则第1101号——注册会计师的总体目标和审计工作的基本要求》的规定，在计划和实施与关联方关系及其交易有关的审计工作时，保持职业怀疑尤为重要。

本准则旨在帮助注册会计师识别和评估与关联方关系及其交易有关的重大错报风险，以及设计审计程序以应对评估的风险。

第二章 定 义

第九条 关联方，在适用的财务报告编制基础对关联方作出规定的情况下，是指财务报告编制基础定义的关联方。

第十条 公平交易，是指按照互不关联、各自独立行事且追求自身最大利益的自愿的买方和自愿的卖方达成的条款和条件进行的交易。

第三章 目 标

第十一条 注册会计师的目标是：

（一）无论适用的财务报告编制基础是否对关联方作出规定，充分了解关联方关系及其交易，以便能够确认由此产生的、与识别和评估由于舞弊导致的重大错报风险相关的舞弊风险因素（如有）；根据获取的审计证据，就财务报表受到关联方关系及其交易的影响而言，确定财务报表是否实现公允反映。

（二）如果适用的财务报告编制基础对关联方作出规定，获取充分、适当的审计证据，确定关联方关系及其交易是否已按照适用的财务报告编制基础得到恰当识别、会计处理和披露。

第四章 要 求

第一节 风险评估程序和相关工作

第十二条 《中国注册会计师审计准则第1211号——通过了解被审计单位及其环境识别和评估重大错报风险》和《中国注册会计师审计准则第1141号——财务报表审计中与舞弊相关的责任》规定了注册会计师在审计过程中实施的风险评估程序和相关工作。作为风险评估程序和相关工作的一部分，注册会计师应当实施本准则第十三条至第十八条规定的审计程序和相关工作，以获取与识别关联方关系及其交易相关的重大错报风险的信息。

第十三条 项目组按照《中国注册会计师审计准则第1211号——通过了解被审计单位及其环境识别和评估重大错报风险》和《中国注册会计师审计准则第1141号——财务报表审计中与舞弊相关的责任》的规定进行内部讨论时，应当特别考虑由于关联方关系及其交易导致的舞弊或错误使得财务报表存在重大错报的可能性。

第十四条 注册会计师应当向管理层询问下列事项：

（一）关联方的名称和特征，包括关联方自上期以来发生的变化；

（二）被审计单位和关联方之间关系的性质；

（三）被审计单位在本期是否与关联方发生交易，如发生，交易的类型、定价政策和目的。

第十五条 如果管理层建立了下列与关联方关系及其交易相关的控制，注册会计师应当询问管理层和被审计单位内部其他人员，实施其他适当的风险评估程序，以获取对相关控制的了解：

（一）按照适用的财务报告编制基础，对关联方关系及其交易进行识别、会计处理和披露；

（二）授权和批准重大关联方交易和安排；

（三）授权和批准超出正常经营过程的重大交易和安排。

第十六条 某些安排或其他信息可能显示管理层以前未识别或未向注册会计师披露的关联方关系或关联方交易，在审计过程中检查记录或文件时，注册会计师应当对这些安排或其他信息保持警觉。

注册会计师应当检查下列记录或文件，以确定是否存在管理层以前未识别或未向注册会计师披露的关联方关系或关联方交易：

（一）注册会计师实施审计程序时获取的银行和律师的询证函回函；
（二）股东会和治理层会议的纪要；
（三）注册会计师认为必要的其他记录或文件。

第十七条 在实施本准则第十六条规定的审计程序或其他审计程序时，如果识别出被审计单位超出正常经营过程的重大交易，注册会计师应当向管理层询问这些交易的性质以及是否涉及关联方。

第十八条 在整个审计过程中，注册会计师应当与项目组其他成员分享获取的关联方的相关信息。

第二节 识别和评估与关联方关系及其交易相关的重大错报风险

第十九条 注册会计师应当按照《中国注册会计师审计准则第1211号——通过了解被审计单位及其环境识别和评估重大错报风险》的规定，识别和评估关联方关系及其交易导致的重大错报风险，并确定这些风险是否为特别风险。在确定时，注册会计师应当将识别出的、超出被审计单位正常经营过程的重大关联方交易导致的风险确定为特别风险。

第二十条 如果在实施与关联方有关的风险评估程序和相关工作中识别出舞弊风险因素，包括与能够对被审计单位或管理层施加支配性影响的关联方有关的情形，注册会计师应当按照《中国注册会计师审计准则第1141号——财务报表审计中与舞弊相关的责任》的规定，在识别和评估由于舞弊导致的重大错报风险时考虑这些信息。

第三节 针对与关联方关系及其交易相关的重大错报风险的应对措施

第二十一条 注册会计师应当按照《中国注册会计师审计准则第1231号——针对评估的重大错报风险采取的应对措施》的规定，针对评估的与关联方关系及其交易相关的重大错报风险，设计和实施进一步审计程序，以获取充分、适当的审计证据。这些程序应当包括本准则第二十二条至第二十五条规定的审计程序。

第二十二条 如果识别出可能表明存在管理层以前未识别出或未向注册会计师披露的关联方关系或交易的安排或信息，注册会计师应当确定相关情况是否能够证实关联方关系或关联方交易的存在。

第二十三条 如果识别出管理层以前未识别出或未向注册会计师披露的关联方关系或重大关联方交易，注册会计师应当：

（一）立即将相关信息向项目组其他成员通报；

（二）在适用的财务报告编制基础对关联方作出规定的情况下，要求管理层识别与新识别出的关联方之间发生的所有交易，以便注册会计师作出进一步评价，并询问与关联方关系及其交易相关的控制为何未能识别或披露该关联方关系或交易；

（三）对新识别出的关联方或重大关联方交易实施恰当的实质性程序；

（四）重新考虑可能存在管理层以前未识别出或未向注册会计师披露的其他关联方或重大关联方交易的风险，如有必要，实施追加的审计程序；

（五）如果管理层不披露关联方关系或交易看似是有意的，因而显示可能存在由于舞弊导致的重大错报风险，评价这一情况对审计的影响。

第二十四条 对于识别出的超出正常经营过程的重大关联方交易，注册会计师应当：

（一）检查相关合同或协议（如有）；

（二）获取交易已经恰当授权和批准的审计证据。

如果检查相关合同或协议，注册会计师应当评价：

（一）交易的商业理由（或缺乏商业理由）是否表明被审计单位从事交易的目的可能是为了对财务信息作出虚假报告或为了隐瞒侵占资产的行为；

（二）交易条款是否与管理层的解释一致；

（三）关联方交易是否已按照适用的财务报告编制基础得到恰当会计处理和披露。

第二十五条 如果管理层在财务报表中作出认定，声明关联方交易是按照等同于公平交易中通行的条款执行的，注册会计师应当就该项认定获取充分、适当的审计证据。

第四节 评价识别出的关联方关系及其交易的会计处理和披露

第二十六条 当按照《中国注册会计师审计准则第1501号——对财务报表形成审计意见和出具审计报告》的规定对财务报表形成审计意见时，注册会计师应当评价：

（一）识别出的关联方关系及其交易是否已按照适用的财务报告编制基础得到恰当会计处理和披露；

（二）关联方关系及其交易是否导致财务报表未实现公允反映。

第五节 书面声明

第二十七条 如果适用的财务报告编制基础对关联方作出规定，注册会计师应当向管理层和治理层（如适用）获取下列书面声明：

（一）已经向注册会计师披露了全部已知的关联方名称和特征、关联方关系及其交易；

（二）已经按照适用的财务报告编制基础的规定，对关联方关系及其交易进行了恰当的会计处理和披露。

第六节　与治理层的沟通

第二十八条　除非治理层全部成员参与管理被审计单位，注册会计师应当与治理层沟通审计工作中发现的与关联方相关的重大事项。

第七节　审计工作底稿

第二十九条　注册会计师应当就识别出的关联方名称、关联方关系的性质以及关联方交易类型和交易要素形成审计工作底稿。

第五章　附　　则

第三十条　本准则自2012年1月1日起施行。

中国注册会计师审计准则第 1324 号
——持续经营

（2016 年 12 月 23 日修订）

第一章 总 则

第一条 为了规范注册会计师在财务报表审计中与持续经营相关的责任以及对审计报告的影响，制定本准则。

第二条 在持续经营假设下，财务报表是基于被审计单位持续经营并在可预见的将来继续经营下去的假设编制的。

通用目的财务报表是运用持续经营假设编制的，除非管理层计划清算被审计单位、终止运营或别无其他现实的选择。特殊目的财务报表可以根据需要按照（或不按照）与持续经营假设相关的财务报告编制基础编制（例如，在特定国家或地区，持续经营假设与某些按照计税核算基础编制的财务报表无关）。

如果运用持续经营假设是适当的，则被审计单位对其资产和负债的记录是建立在正常经营过程中能够变现资产、清偿债务的基础上的。

第三条 某些财务报告编制基础（如我国企业会计准则）明确要求管理层对被审计单位持续经营能力作出专门评估，并规定了与此相关的需要考虑的事项和作出的披露。相关法律法规还可能对管理层评估持续经营能力的责任和相关财务报表披露作出具体规定。

第四条 其他财务报告编制基础可能没有明确要求管理层对持续经营能力作出专门评估。然而，如本准则第二条所述，如果持续经营假设是编制财务报表的基本原则，即使其他财务报告编制基础没有对此作出明确规定，管理层也需要在编制财务报表时评估持续经营能力。

第五条 管理层对持续经营能力的评估涉及在特定时点对事项或情况的未来结果作出判断，这些事项或情况的未来结果具有固有不确定性。下列因素与管理层的判断相关：

（一）某一事项或情况或其结果出现的时点距离管理层作出评估的时点越远，与事项或情况的结果相关的不确定性程度将显著增加。因此，大多数明确要求管层对持续经营能力作出评估的财务报告编制基础规定了管理层应当考虑所有可获得信息的期间；

（二）被审计单位的规模和复杂程度、经营活动的性质和状况以及被审计单位受外部因素影响的程度，将影响对事项或情况的结果作出的判断；

（三）对未来的所有判断都以作出判断时可获得的信息为基础。管理层作出的判断在当时情况下可能是合理的，但之后发生的事项可能导致事项或情况的结果与作出的判断不一致。

第六条 注册会计师的责任是，就管理层在编制财务报表时运用持续经营假设的适当性获取充分、适当的审计证据并得出结论，并根据获取的审计证据就被审计单位持续经营能力是否存在重大不确定性得出结论。

即使编制财务报表时采用的财务报告编制基础没有明确要求管理层对持续经营能力作出专门评估，注册会计师的这种责任仍然存在。

第七条 如果存在可能导致被审计单位不再持续经营的未来事项或情况，审计的固有限制对注册会计师发现重大错报能力的潜在影响会加大。注册会计师不能对这些未来事项或情况作出预测。相应地，注册会计师未在审计报告中提及与被审计单位持续经营能力相关的重大不确定性，不能被视为对被审计单位持续经营能力的保证。

第二章 目 标

第八条 注册会计师的目标是：

（一）就管理层编制财务报表时运用持续经营假设的适当性，获取充分、适当的审计证据，并得出结论；

（二）根据获取的审计证据，就可能导致对被审计单位持续经营能力产生重大疑虑的事项或情况是否存在重大不确定性得出结论；

（三）按照本准则的规定出具审计报告。

第三章 要 求

第一节 风险评估程序和相关活动

第九条 在按照《中国注册会计师审计准则第1211号——通过了解被审计单位及其环境识别和评估重大错报风险》的规定实施风险评估程序时，注册会计师应当考虑是否存在可能导致对被审计单位持续经营能力产生重大疑虑的事项或情况。

在进行考虑时，注册会计师应当确定管理层是否已对被审计单位持续经营能力作出初步评估。

如果管理层已对持续经营能力作出初步评估，注册会计师应当与管理层进行讨论，并确定管理层是否已识别出单独或汇总起来可能导致对被审计单位持续经营能力产生重大疑虑的事项或情况。如果管理层已识别出这些事项或情况，注册会计师应当与其讨论应对计划。

如果管理层未对持续经营能力作出初步评估，注册会计师应当与管理层讨论其拟运用持续经营假设的理由，询问管理层是否存在单独或汇总起来可能导致对被审计单位持续经营能力产生重大疑虑的事项或情况。

第十条 针对有关可能导致对被审计单位持续经营能力产生重大疑虑的事项或情况的审计证据，注册会计师应当在整个审计过程中保持警觉。

第二节 评价管理层的评估

第十一条 注册会计师应当评价管理层对被审计单位持续经营能力作出的评估。

第十二条 在评价管理层对被审计单位持续经营能力作出的评估时，注册会计师的评价期间应当与管理层按照适用的财务报告编制基础或法律法规（如果法律法规要求的期间更长）的规定作出评估的涵盖期间相同。

如果管理层评估持续经营能力涵盖的期间短于自财务报表日起的十二个月，注册会计师应当提请管理层将其至少延长至自财务报表日起的十二个月。

第十三条 在评价管理层作出的评估时，注册会计师应当考虑该评估是否已包括注册会计师在审计过程中注意到的所有相关信息。

第三节 询问超出管理层评估期间的事项或情况

第十四条 注册会计师应当询问管理层是否知悉超出评估期间的、可能导致对被审计单位持续经营能力产生重大疑虑的事项或情况。

第四节 识别出事项或情况时实施追加的审计程序

第十五条 如果识别出可能导致对持续经营能力产生重大疑虑的事项或情况，注册会计师应当通过实施追加的审计程序（包括考虑缓解因素），获取充分、适当的审计证据，以确定可能导致对被审计单位持续经营能力产生重大疑虑的事项或情况是否存在重大不确定性（以下简称重大不确定性）。

这些程序应当包括：

（一）如果管理层尚未对被审计单位持续经营能力作出评估，提请其进行评估；

（二）评价管理层与持续经营能力评估相关的未来应对计划，这些计划的结果是否可能改善目前的状况，以及管理层的计划对于具体情况是否可行；

（三）如果被审计单位已编制现金流量预测，且在评价管理层未来应对计划时对预测的分析是考虑事项或情况未来结果的重要因素，评价用于编制预测的基础数据的可靠性，并确定预测所基于的假设是否具有充分的支持；

（四）考虑自管理层作出评估后是否存在其他可获得的事实或信息；

（五）要求管理层和治理层（如适用）提供有关未来应对计划及其可行性的书面声明。

第五节 审计结论

第十六条 注册会计师应当评价是否已就管理层编制财务报表时运用持续经营假设的适当性获取了充分、适当的审计证据，并就运用持续经营假设的适当性得出结论。

第十七条 注册会计师应当根据获取的审计证据，运用职业判断，就单独或汇总起来可能导致对被审计单位持续经营能力产生重大疑虑的事项或情况是否存在重大不确定性得出结论。

如果注册会计师根据职业判断认为，鉴于不确定性潜在影响的重要程度和发生的可能性，为了使财务报表实现公允反映，管理层有必要适当披露该不确定性的性质和影响，则表明存在重大不确定性。

第十八条 如果认为管理层运用持续经营假设适合具体情况，但存在重大不确定性，注册会计师应当确定：

（一）财务报表是否已充分披露可能导致对持续经营能力产生重大疑虑的主要事项或情况，以及管理层针对这些事项或情况的应对计划；

（二）财务报表是否已清楚披露可能导致对持续经营能力产生重大疑虑的事项或情况存在重大不确定性，并由此导致被审计单位可能无法在正常的经营过程中变现资产和清偿债务。

第十九条 如果已识别出可能导致对被审计单位持续经营能力产生重大疑虑的事项或情况，但根据获取的审计证据，注册会计师认为不存在重大不确定性，则注册会计师应当根据适用的财务报告编制基础的规定，评价财务报表是否对这些事项或情况作出充分披露。

第六节 对审计报告的影响

第二十条 如果财务报表已按照持续经营假设编制，但根据判断认为管理层在财务报表中运用持续经营假设是不适当的，注册会计师应当发表否定意见。

第二十一条 如果运用持续经营假设是适当的，但存在重大不确定性，且财务报表对重大不确定性已作出充分披露，注册会计师应当发表无保留意见，并在审计报告中增加以"与持续经营相关的重大不确定性"为标题的单独部分，以：

（一）提醒财务报表使用者关注财务报表附注中对本准则第十八条所述事项的披露；

（二）说明这些事项或情况表明存在可能导致对被审计单位持续经营能力产生重大疑虑的重大不确定性，并说明该事项并不影响发表的审计意见。

第二十二条 如果运用持续经营假设是适当的，但存在重大不确定性，且财务报表对重大不确定性未作出充分披露，注册会计师应当按照《中国注册会计师审计准则第1502号——在审计报告中发表非无保留意见》的规定，恰当发表保留意见或否定意见。

注册会计师应当在审计报告"形成保留（否定）意见的基础"部分说明，存在可能导致对被审计单位持续经营能力产生重大疑虑的重大不确定性，但财务报表未充分披露该事项。

第二十三条 如果运用持续经营假设是适当的，但存在重大不确定性，且管理层不愿按照注册会计师的要求作出评估或延长评估期间，注册会计师应当考虑这一情况对审计报告的影响。

第七节 与治理层沟通

第二十四条 注册会计师应当与治理层就识别出的可能导致对被审计单位持续经营能力产生重大疑虑的事项或情况进行沟通，除非治理层全部成员参与管理被审计单位。

与治理层的沟通应当包括下列方面：

（一）这些事项或情况是否构成重大不确定性；

（二）管理层在编制财务报表时运用持续经营假设是否适当；

（三）财务报表中的相关披露是否充分；

（四）对审计报告的影响（如适用）。

第八节　严重拖延对财务报表的批准

第二十五条　如果管理层或治理层在财务报表日后严重拖延对财务报表的批准，注册会计师应当询问拖延的原因。如果认为拖延可能涉及与持续经营评估相关的事项或情况，注册会计师应当实施本准则第十五条所述的有必要实施的追加的审计程序，并考虑对注册会计师根据本准则第十七条的规定，就是否存在重大不确定性得出的结论的影响。

中国注册会计师审计准则第 1331 号
——首次审计业务涉及的期初余额

（2019 年 2 月 20 日修订）

第一章 总 则

第一条 为了规范注册会计师在执行首次审计业务时对期初余额的责任，制定本准则。

第二条 当财务报表包括比较财务信息时，《中国注册会计师审计准则第 1511 号——比较信息：对应数据和比较财务报表》的规定同样适用。《中国注册会计师审计准则第 1201 号——计划审计工作》对首次审计业务开始前的活动提出补充要求。

第二章 定 义

第三条 首次审计业务，是指在上期财务报表未经审计，或上期财务报表由前任注册会计师审计的情况下承接的审计业务。

第四条 期初余额，是指期初存在的账户余额。期初余额以上期期末余额为基础，反映了以前期间的交易和事项以及上期采用的会计政策的结果。期初余额也包括期初存在的需要披露的事项，如或有事项和承诺事项。

第五条 前任注册会计师，是指已对被审计单位上期财务报表进行审计，但被现任注册会计师接替的其他会计师事务所的注册会计师。

第三章 目 标

第六条 在执行首次审计业务时，注册会计师针对期初余额的目标是，获取充分、适当的审计证据以确定：

（一）期初余额是否含有对本期财务报表产生重大影响的错报；

（二）期初余额反映的恰当的会计政策是否在本期财务报表中得到一贯运用，或会计政策的变更是否已按照适用的财务报告编制基础作出恰当的会计处理和适当的列报。

第四章 要 求

第一节 审计程序

第七条 注册会计师应当阅读最近期间的财务报表和前任注册会计师出具的审计报告（如有），获取与期初余额相关的信息，包括披露。

第八条 注册会计师应当通过采取下列措施，获取充分、适当的审计证据，以确定期初余额是否包含对本期财务报表产生重大影响的错报：

（一）确定上期期末余额是否已正确结转至本期，或在适当的情况下已作出重新表述；

（二）确定期初余额是否反映对恰当会计政策的运用；

（三）实施一项或多项审计程序。

注册会计师实施的一项或多项审计程序包括：

（一）如果上期财务报表已经审计，查阅前任注册会计师的审计工作底稿，以获取有关期初余额的审计证据；

（二）评价本期实施的审计程序是否提供了有关期初余额的审计证据；

（三）实施其他专门的审计程序，以获取有关期初余额的审计证据。

第九条 如果获取的审计证据表明期初余额存在可能对本期财务报表产生重大影响的错报，注册会计师应当实施适合具体情况的追加的审计程序，以确定对本期财务报表的影响。

如果认为本期财务报表中存在这类错报，注册会计师应当按照《中国注册会计师审计准则第1251号——评价审计过程中识别出的错报》的规定，就这类错报与适当层级的管理层和治理层进行沟通。

第十条 注册会计师应当获取充分、适当的审计证据，以确定期初余额反映的会计政策是否在本期财务报表中得到一贯运用，以及会计政策的变更是否已按照适用的财务报告编制基础作出恰当的会计处理和适当的列报。

第十一条 如果上期财务报表已由前任注册会计师审计，并发表了非无保留意见，注册会计师应当按照《中国注册会计师审计准则第1211号——通过了解被审计单位及其环境识别和评估重大错报风险》的规定，在评估本期财务报表重大错报风险时，评价导致对上期财务报表发表非无保留意见的事项的影响。

第二节 审计结论和审计报告

第十二条 如果不能获取有关期初余额的充分、适当的审计证据,注册会计师应当按照《中国注册会计师审计准则第 1502 号——在审计报告中发表非无保留意见》的规定,对财务报表发表保留意见或无法表示意见。

第十三条 如果认为期初余额存在对本期财务报表产生重大影响的错报,且错报的影响未能得到恰当的会计处理或适当的列报,注册会计师应当按照《中国注册会计师审计准则第 1502 号——在审计报告中发表非无保留意见》的规定,对财务报表发表保留意见或否定意见。

第十四条 如果认为按照适用的财务报告编制基础与期初余额相关的会计政策未能在本期得到一贯运用,或者会计政策的变更未能得到恰当的会计处理或适当的列报,注册会计师应当按照《中国注册会计师审计准则第 1502 号——在审计报告中发表非无保留意见》的规定,对财务报表发表保留意见或否定意见。

第十五条 如果前任注册会计师对上期财务报表发表了非无保留意见,并且导致发表非无保留意见的事项对本期财务报表仍然相关和重大,注册会计师应当按照《中国注册会计师审计准则第 1502 号——在审计报告中发表非无保留意见》和《中国注册会计师审计准则第 1511 号——比较信息:对应数据和比较财务报表》的规定,对本期财务报表发表非无保留意见。

第五章 附 则

第十六条 本准则自 2019 年 7 月 1 日起施行。

中国注册会计师审计准则第 1332 号
——期后事项

(2016 年 12 月 23 日修订)

第一章 总 则

第一条 为了规范注册会计师在财务报表审计中对期后事项的责任，制定本准则。对于与注册会计师在审计报告日后获取的其他信息的责任相关的事项，本准则不予规范，而是由《中国注册会计师审计准则第 1521 号——注册会计师对其他信息的责任》作出规范。然而，这种其他信息可能揭示出本准则范围内的期后事项。

第二条 财务报表可能受到财务报表日后发生的事项的影响。

适用的财务报告编制基础通常专门提及期后事项，将其区分为下列两类：

（一）对财务报表日已经存在的情况提供证据的事项；

（二）对财务报表日后发生的情况提供证据的事项。

审计报告的日期向财务报表使用者表明，注册会计师已考虑其知悉的、截至审计报告日发生的事项和交易的影响。

第二章 定 义

第三条 期后事项，是指财务报表日至审计报告日之间发生的事项，以及注册会计师在审计报告日后知悉的事实。

第四条 财务报表日，是指财务报表涵盖的最近期间的截止日期。

第五条 审计报告日，是指注册会计师按照《中国注册会计师审计准则第 1501 号——对财务报表形成审计意见和出具审计报告》的规定在对财务报表出具的审计报告上签署的日期。

第六条 财务报表报出日，是指审计报告和已审计财务报表提供给第三方的日期。

第七条 财务报表批准日，是指构成整套财务报表的所有报表（包括相关附注）已编制完成，并且被审计单位的董事会、管理层或类似机构已经认可其对财务报表负责的日期。

第三章 目 标

第八条 注册会计师的目标是:

(一)获取充分、适当的审计证据,以确定财务报表日至审计报告日之间发生的、需要在财务报表中调整或披露的事项是否已经按照适用的财务报告编制基础在财务报表中得到恰当反映;

(二)恰当应对在审计报告日后注册会计师知悉的、且如果在审计报告日知悉可能导致注册会计师修改审计报告的事实。

第四章 要 求

第一节 财务报表日至审计报告日之间发生的事项

第九条 注册会计师应当设计和实施审计程序,获取充分、适当的审计证据,以确定所有在财务报表日至审计报告日之间发生的、需要在财务报表中调整或披露的事项均已得到识别。但是,注册会计师并不需要对之前已实施审计程序并已得出满意结论的事项执行追加的审计程序。

第十条 注册会计师应当按照本准则第九条的规定实施审计程序,以使审计程序能够涵盖财务报表日至审计报告日(或尽可能接近审计报告日)之间的期间。

在确定审计程序的性质和范围时,注册会计师应当考虑风险评估的结果。这些程序应当包括:

(一)了解管理层为确保识别期后事项而建立的程序;

(二)询问管理层和治理层(如适用),确定是否已发生可能影响财务报表的期后事项;

(三)查阅被审计单位的所有者、管理层和治理层在财务报表日后举行会议的纪要,在不能获取会议纪要的情况下,询问此类会议讨论的事项;

(四)查阅被审计单位最近的中期财务报表(如有)。

第十一条 在实施本准则第九条和第十条规定的审计程序后,如果注册会计师识别出需要在财务报表中调整或披露的事项,应当确定这些事项是否按照适用的财务报告编制基础的规定在财务报表中得到恰当反映。

第十二条 注册会计师应当按照《中国注册会计师审计准则第 1341 号——书面声明》的规定,要求管理层和治理层(如适用)提供书面声明,确认所有在财务报表日后发生的、按照适用的财务报告编制基础的规定应予调整或披露的事项均已得到调整或披露。

第二节 注册会计师在审计报告日后至财务报表报出日前知悉的事实

第十三条 在审计报告日后,注册会计师没有义务针对财务报表实施任何审计程序。

在审计报告日后至财务报表报出日前,如果知悉了某事实,且若在审计报告日知悉可能导致修改审计报告,注册会计师应当:

(一)与管理层和治理层(如适用)讨论该事项;

(二)确定财务报表是否需要修改;

(三)如果需要修改,询问管理层将如何在财务报表中处理该事项。

第十四条 如果管理层修改财务报表,注册会计师应当:

(一)根据具体情况对有关修改实施必要的审计程序;

(二)除非本准则第十五条所述的情形适用,将本准则第九条和第十条规定的审计程序延伸至新的审计报告日,并针对修改后的财务报表出具新的审计报告。新的审计报告日不应早于修改后的财务报表被批准的日期。

第十五条 在有关法律法规或适用的财务报告编制基础未禁止的情况下,如果管理层对财务报表的修改仅限于反映导致修改的期后事项的影响,被审计单位的董事会、管理层或类似机构也仅对有关修改进行批准,注册会计师可以仅针对有关修改将本准则第九条和第十条所述的审计程序延伸至新的审计报告日。在这种情况下,注册会计师应当选用下列处理方式之一:

(一)修改审计报告,针对财务报表修改部分增加补充报告日期,从而表明注册会计师对期后事项实施的审计程序仅限于财务报表相关附注所述的修改;

(二)出具新的或经修改的审计报告,在强调事项段或其他事项段中说明注册会计师对期后事项实施的审计程序仅限于财务报表相关附注所述的修改。

第十六条 在某些国家或地区,法律法规或财务报告编制基础可能不要求管理层报出经修改的财务报表,相应地,注册会计师也无需出具经修改的或新的审计报告。然而,如果认为管理层应当修改财务报表而没有修改,注册会计师应当分别以下情况予以处理:

(一)如果审计报告尚未提交给被审计单位,注册会计师应当按照《中国注册会计师审计准则第1502号——在审计报告中发表非无保留意见》的规定发表非无保留意见,然后再提交审计报告;

(二)如果审计报告已经提交给被审计单位,注册会计师应当通知管理层和治理层(除非治理层全部成员参与管理被审计单位)在财务报表作出必要修改前不要向第三方报出。如果财务报表在未经必要修改的情况下仍被报出，注册会计师应当采取适当措施，以设法防止财务报表使用者信赖该审计报告。

第三节 注册会计师在财务报表报出后知悉的事实

第十七条 在财务报表报出后，注册会计师没有义务针对财务报表实施任何审计程序。

在财务报表报出后，如果知悉了某事实，且若在审计报告日知悉可能导致修改审计报告，注册会计师应当：

（一）与管理层和治理层（如适用）讨论该事项；

（二）确定财务报表是否需要修改；

（三）如果需要修改，询问管理层将如何在财务报表中处理该事项。

第十八条 如果管理层修改了财务报表，注册会计师应当：

（一）根据具体情况对有关修改实施必要的审计程序；

（二）复核管理层采取的措施能否确保所有收到原财务报表和审计报告的人士了解这一情况；

（三）除非本准则第十五条所述的情形适用，将本准则第九条和第十条规定的审计程序延伸至新的审计报告日，并针对修改后的财务报表出具新的审计报告，新的审计报告日不应早于修改后的财务报表被批准的日期；

（四）如果本准则第十五条所述的情形适用，应当按照本准则第十五条的规定修改审计报告或提供新的审计报告。

第十九条 注册会计师应当在新的或经修改的审计报告中增加强调事项段或其他事项段，提醒财务报表使用者关注财务报表附注中有关修改原财务报表的详细原因和注册会计师提供的原审计报告。

第二十条 如果管理层没有采取必要措施确保所有收到原财务报表的人士了解这一情况，也没有在注册会计师认为需要修改的情况下修改财务报表，注册会计师应当通知管理层和治理层（除非治理层全部成员参与管理被审计单位），注册会计师将设法防止财务报表使用者信赖该审计报告。

如果注册会计师已经通知管理层或治理层，而管理层或治理层没有采取必要措施，注册会计师应当采取适当措施，以设法防止财务报表使用者信赖该审计报告。

中国注册会计师审计准则第 1341 号
——书面声明

（2016 年 12 月 23 日修订）

第一章 总 则

第一条 为了规范注册会计师在财务报表审计中向管理层获取书面声明，制定本准则。

第二条 本准则附录中列示的其他审计准则，对注册会计师在特定情况下就相关事项获取书面声明提出具体要求，但并不构成对本准则普遍适用性的限制。

第三条 审计证据是注册会计师为了得出审计结论和形成审计意见而使用的信息。书面声明是注册会计师在财务报表审计中需要获取的必要信息，也是审计证据。

第四条 尽管书面声明提供必要的审计证据，但其本身并不为所涉及的任何事项提供充分、适当的审计证据。而且，管理层已提供可靠书面声明的事实，并不影响注册会计师就管理层责任履行情况或具体认定获取的其他审计证据的性质和范围。

第二章 定 义

第五条 书面声明，是指管理层向注册会计师提供的书面陈述，用以确认某些事项或支持其他审计证据。

书面声明不包括财务报表及其认定，以及支持性账簿和相关记录。

第六条 在本准则中单独提及管理层时，应当理解为管理层和治理层（如适用）。管理层负责按照适用的财务报告编制基础编制财务报表并使其实现公允反映。

第三章 目 标

第七条 注册会计师的目标是：

（一）向管理层获取其认为自身已履行编制财务报表和向注册会计师提供完整信息的责任的书面声明；

（二）如果注册会计师认为有必要或其他审计准则有要求，通过书面声明支持与财务报表或具体认定相关的其他审计证据；

（三）恰当应对管理层提供的书面声明或管理层不提供注册会计师要求的书面声明的情况。

第四章　要　　求

第一节　提供书面声明的管理层

第八条　注册会计师应当要求对财务报表承担相应责任并了解相关事项的管理层提供书面声明。

第二节　针对管理层责任的书面声明

第九条　针对财务报表的编制，注册会计师应当要求管理层提供书面声明，确认其根据审计业务约定条款，履行了按照适用的财务报告编制基础编制财务报表并使其实现公允反映（如适用）的责任。

第十条　针对提供的信息和交易的完整性，注册会计师应当要求管理层就下列事项提供书面声明：

（一）按照审计业务约定条款，已向注册会计师提供所有相关信息，并允许注册会计师不受限制地接触所有相关信息以及被审计单位内部人员和其他相关人员。

（二）所有交易均已记录并反映在财务报表中。

第十一条　注册会计师应当要求管理层按照审计业务约定条款中对管理层责任的描述方式，在本准则第九条和第十条要求的书面声明中对管理层责任进行描述。

第三节　其他书面声明

第十二条　除本准则和其他审计准则要求的书面声明外，如果注册会计师认为有必要获取一项或多项其他书面声明，以支持与财务报表或者一项或多项具体认定相关的其他审计证据，注册会计师应当要求管理层提供这些书面声明。

第四节　书面声明的日期和涵盖的期间

第十三条　书面声明的日期应当尽量接近对财务报表出具审计报告的日期，但不得在审计报告日后。书面声明应当涵盖审计报告针对的所有财务报表和期间。

第五节 书面声明的形式

第十四条 书面声明应当以声明书的形式致送注册会计师。如果法律法规要求管理层就其责任作出书面公开陈述，并且注册会计师认为这些陈述提供了本准则第九条和第十条要求的部分或全部声明，则这些陈述所涵盖的相关事项不必包括在声明书中。

第六节 对书面声明可靠性的疑虑以及 管理层不提供要求的书面声明

第十五条 如果对管理层的胜任能力、诚信、道德价值观或勤勉尽责存在疑虑，或者对管理层在这些方面的承诺或贯彻执行存在疑虑，注册会计师应当确定这些疑虑对书面或口头声明和审计证据总体的可靠性可能产生的影响。

第十六条 如果书面声明与其他审计证据不一致，注册会计师应当实施审计程序以设法解决这些问题。如果问题仍未解决，注册会计师应当重新考虑对管理层的胜任能力、诚信、道德价值观或勤勉尽责的评估，或者重新考虑对管理层在这些方面的承诺或贯彻执行的评估，并确定书面声明与其他审计证据的不一致对书面或口头声明和审计证据总体的可靠性可能产生的影响。

第十七条 如果认为书面声明不可靠，注册会计师应当采取适当措施，包括本准则第十九条所提及的按照《中国注册会计师审计准则第1502号——在审计报告中发表非无保留意见》的规定，确定其对审计意见可能产生的影响。

第十八条 如果管理层不提供要求的一项或多项书面声明，注册会计师应当：

（一）与管理层讨论该事项；

（二）重新评价管理层的诚信，并评价该事项对书面或口头声明和审计证据总体的可靠性可能产生的影响；

（三）采取适当措施，包括本准则第十九条提及的按照《中国注册会计师审计准则第1502号——在审计报告中发表非无保留意见》的规定，确定该事项对审计意见可能产生的影响。

第十九条 按照《中国注册会计师审计准则第1502号——在审计报告中发表非无保留意见》的规定，如果存在下列情形之一，注册会计师应当对财务报表发表无法表示意见：

（一）注册会计师对管理层的诚信产生重大疑虑，以至于认为其按照本准则第九条和第十条的要求作出的书面声明不可靠；

（二）管理层不提供本准则第九条和第十条要求的书面声明。

附录：

其他审计准则对书面声明的具体要求

下列审计准则要求注册会计师在特定情况下就相关事项获取书面声明，但其规定并不影响本准则的普遍适用性。

1.《中国注册会计师审计准则第1141号——财务报表审计中与舞弊相关的责任》第四十三条；

2.《中国注册会计师审计准则第1142号——财务报表审计中对法律法规的考虑》第十六条；

3.《中国注册会计师审计准则第1251号——评价审计过程中识别出的错报》第十五条；

4.《中国注册会计师审计准则第1311号——对存货、诉讼和索赔、分部信息等特定项目获取审计证据的具体考虑》第十二条；

5.《中国注册会计师审计准则第1321号——审计会计估计（包括公允价值会计估计）和相关披露》第二十七条；

6.《中国注册会计师审计准则第1323号——关联方》第二十七条；

7.《中国注册会计师审计准则第1324号——持续经营》第十五条第二款第（五）项；

8.《中国注册会计师审计准则第1332号——期后事项》第十二条；

9.《中国注册会计师审计准则第1511号——比较信息：对应数据和比较财务报表》第十二条；

10.《中国注册会计师审计准则第1521号——注册会计师对其他信息的责任》第十四条第（三）项。

中国注册会计师审计准则第 1401 号
——对集团财务报表审计的特殊考虑

（2022 年 1 月 5 日修订）

第一章 总 则

第一条 为了规范注册会计师执行集团审计时的特殊考虑，特别是涉及组成部分注册会计师的特殊考虑，制定本准则。

第二条 本准则规范集团审计的特定方面，其他审计准则同样适用于集团审计。

第三条 在执行非集团审计时，如果利用其他注册会计师的工作（如委托其他注册会计师对存放在偏远地点的存货实施监盘或对存放在偏远地点的固定资产实施检查），注册会计师可以根据具体情况遵守本准则的相关规定。

第四条 因法律法规要求或其他原因，组成部分注册会计师可能需要对组成部分财务报表发表审计意见。集团项目组可以决定利用组成部分注册会计师对组成部分财务报表发表审计意见所依据的审计证据，作为集团审计的审计证据，但仍需要遵守本准则的规定。

第五条 按照《中国注册会计师审计准则第 1121 号——对财务报表审计实施的质量管理》的规定，集团项目合伙人应当确保执行集团审计业务的人员（包括组成部分注册会计师）从整体上具备适当的胜任能力和必要素质，包括充足的时间。

集团项目合伙人还需要对指导、监督集团项目组成员并复核其工作承担责任。

第六条 无论是集团项目组还是组成部分注册会计师对组成部分财务信息执行相关工作，集团项目合伙人都需要遵守《中国注册会计师审计准则第 1121 号——对财务报表审计实施的质量管理》的相关规定。

当组成部分注册会计师对组成部分财务信息执行相关工作时，本准则有助于集团项目合伙人满足《中国注册会计师审计准则第 1121 号——对财务报表审计实施的质量管理》的要求。

第七条 审计风险取决于重大错报风险和检查风险。在集团审计中，审计风险包括组成部分注册会计师可能没有发现组成部分财务信息存在的错报（该错报导致集团财务报表发生重大错报）的风险，以及集团项目组可能没有发现该错报的风险。

本准则规定了在组成部分注册会计师对组成部分财务信息实施风险评估程序和进一步审计程序时，集团项目组在确定参与组成部分注册会计师工作的性质、时间安排和范围时需要考虑的事项。集团项目组参与组成部分注册会计师工作的目的是获取充分、适当的审计证据，以作为形成集团财务报表审计意见的基础。

第二章 定 义

第八条 集团，是指由所有组成部分构成的整体，并且所有组成部分的财务信息包括在集团财务报表中。集团至少拥有一个以上的组成部分。

第九条 集团财务报表，是指包括一个以上组成部分财务信息的财务报表。集团财务报表也指没有母公司但处在同一控制下的各组成部分编制的财务信息所汇总生成的财务报表。

第十条 本准则所称适用的财务报告编制基础，是指适用于集团财务报表的财务报告编制基础。

第十一条 集团管理层，是指负责编制集团财务报表的管理层。

第十二条 集团层面控制，是指集团管理层设计、执行和维护的与集团财务报告相关的控制。

第十三条 集团审计，是指对集团财务报表进行的审计。

第十四条 集团审计意见，是指对集团财务报表发表的审计意见。

第十五条 集团项目合伙人，是指会计师事务所中负责某项集团审计业务及其执行，并代表会计师事务所在对集团财务报表出具的审计报告上签字的合伙人。如果集团项目合伙人以外的其他注册会计师在对集团财务报表出具的审计报告上签字，本准则对集团项目合伙人的规定也适用于该签字注册会计师。

如果联合注册会计师执行集团审计，联合项目合伙人及其项目组整体上构成集团项目合伙人和集团项目组。但是，本准则并不规范联合注册会计师之间的关系，或参与联合审计的一方注册会计师执行的工作与另一方注册会计师执行的工作之间的关系。

第十六条 集团项目组，是指参与集团审计的，包括集团项目合伙人在内的所有合伙人和员工。集团项目组负责制定集团总体审计策略，与组成部分注册会计师沟通，针对合并过程执行相关工作，并评价根据审计证据得出的结论，作为形成集团财务报表审计意见的基础。

第十七条 组成部分，是指某一实体或某项业务活动，其财务信息由集团或组成部分管理层编制并应包括在集团财务报表中。

第十八条 重要组成部分，是指集团项目组识别出的具有下列特征之一的组成部分：

（一）单个组成部分对集团具有财务重大性；

（二）由于单个组成部分的特定性质或情况，可能存在导致集团财务报表发生重大错报的特别风险。

第十九条　组成部分管理层，是指负责编制组成部分财务信息的管理层。

第二十条　组成部分注册会计师，是指基于集团审计目的，按照集团项目组的要求，对组成部分财务信息执行相关工作的注册会计师。

第二十一条　组成部分重要性，是指集团项目组为组成部分确定的重要性。

第二十二条　合并过程，是指：

（一）通过合并、比例合并、权益法或成本法，在集团财务报表中对组成部分财务信息进行确认、计量与列报；

（二）对没有母公司但处在同一控制下的各组成部分编制的财务信息进行汇总。

第三章　目　标

第二十三条　注册会计师的目标是：

（一）确定是否担任集团审计的注册会计师；

（二）如果担任集团审计的注册会计师，就组成部分注册会计师对组成部分财务信息执行工作的范围、时间安排和发现的问题，与组成部分注册会计师进行清晰的沟通；针对组成部分财务信息和合并过程，获取充分、适当的审计证据，以对集团财务报表是否在所有重大方面按照适用的财务报告编制基础编制发表审计意见。

第四章　要　求

第一节　责　任

第二十四条　集团项目合伙人应当按照职业准则和适用的法律法规的规定，负责指导、监督和执行集团审计业务，并确定出具的审计报告是否适合具体情况。注册会计师对集团财务报表出具的审计报告不应提及组成部分注册会计师，除非法律法规另有规定。如果法律法规要求在审计报告中提及组成部分注册会计师，审计报告应当指明，这种提及并不减轻集团项目合伙人及其所在的会计师事务所对集团审计意见承担的责任。

第二节　集团审计业务的承接与保持

第二十五条　在具体运用《中国注册会计师审计准则第 1121 号——对财务报

表审计实施的质量管理》时，集团项目合伙人应当确定是否能够合理预期获取与合并过程和组成部分财务信息相关的充分、适当的审计证据，以作为形成集团审计意见的基础。因此，集团项目组应当了解集团及其环境、集团组成部分及其环境，以足以识别可能的重要组成部分。如果组成部分注册会计师对重要组成部分财务信息执行相关工作，集团项目合伙人应当评价集团项目组参与组成部分注册会计师工作的程度是否足以获取充分、适当的审计证据。

第二十六条　如果集团项目合伙人认为由于集团管理层施加的限制，使集团项目组不能获取充分、适当的审计证据，由此产生的影响可能导致对集团财务报表发表无法表示意见，集团项目合伙人应当视具体情况采取下列措施：

（一）如果是新业务，拒绝接受业务委托，如果是连续审计业务，在法律法规允许的情况下，解除业务约定；

（二）如果法律法规禁止注册会计师拒绝接受业务委托，或者注册会计师不能解除业务约定，在可能的范围内对集团财务报表实施审计，并对集团财务报表发表无法表示意见。

第二十七条　集团项目合伙人应当按照《中国注册会计师审计准则第1111号——就审计业务约定条款达成一致意见》的规定，就集团审计业务约定条款与管理层或治理层（如适用）达成一致意见。

第三节　总体审计策略和具体审计计划

第二十八条　集团项目组应当按照《中国注册会计师审计准则第1201号——计划审计工作》的规定，制定集团总体审计策略和具体审计计划。

第二十九条　集团项目合伙人应当复核集团总体审计策略和具体审计计划。

第四节　了解集团及其环境、集团组成部分及其环境

第三十条　注册会计师应当通过了解被审计单位及其环境，识别和评估财务报表重大错报风险。

集团项目组应当：

（一）在业务承接或保持阶段获取信息的基础上，进一步了解集团及其环境、集团组成部分及其环境，包括集团层面控制；

（二）了解合并过程，包括集团管理层向组成部分下达的指令。

第三十一条　集团项目组应当对集团及其环境、集团组成部分及其环境获取充分的了解，以足以：

（一）确认或修正最初识别的重要组成部分；

（二）评估由于舞弊或错误导致集团财务报表发生重大错报的风险。

第五节　了解组成部分注册会计师

第三十二条　如果计划要求组成部分注册会计师执行组成部分财务信息的相关工作，集团项目组应当了解下列事项：

（一）组成部分注册会计师是否了解并将遵守与集团审计相关的职业道德要求，特别是独立性要求；

（二）组成部分注册会计师是否具备专业胜任能力；

（三）集团项目组参与组成部分注册会计师工作的程度是否足以获取充分、适当的审计证据；

（四）组成部分注册会计师是否处于积极的监管环境中。

第三十三条　如果组成部分注册会计师不符合与集团审计相关的独立性要求，或集团项目组对本准则第三十二条第（一）项至第（三）项所列事项存有重大疑虑，集团项目组应当就组成部分财务信息获取充分、适当的审计证据，而不应要求组成部分注册会计师对组成部分财务信息执行相关工作。

第六节　重　要　性

第三十四条　集团项目组应当确定与重要性相关的下列事项：

（一）在制定集团总体审计策略时，确定集团财务报表整体的重要性。

（二）根据集团的特定情况，如果存在特定类别的交易、账户余额或披露，其发生的错报金额低于集团财务报表整体的重要性，但合理预期将影响财务报表使用者依据集团财务报表作出的经济决策，则确定适用于这些交易、账户余额或披露的一个或多个重要性水平。

（三）如果组成部分注册会计师对组成部分财务信息实施审计或审阅，基于集团审计目的，为这些组成部分确定组成部分重要性。为将未更正和未发现错报的汇总数超过集团财务报表整体的重要性的可能性降至适当的低水平，组成部分重要性应当低于集团财务报表整体的重要性。

（四）设定临界值，不能将超过该临界值的错报视为对集团财务报表明显微小的错报。

第三十五条　如果基于集团审计目的，由组成部分注册会计师对组成部分财务信息执行审计工作，集团项目组应当评价在组成部分层面确定的实际执行的重要性的适当性。

第三十六条　如果因法律法规或其他原因要求对组成部分进行审计，并且集团项目组决定利用该审计为集团审计提供审计证据，集团项目组应当确定下列方面是否符合本准则的规定：

（一）组成部分财务报表整体的重要性；

（二）组成部分层面实际执行的重要性。

第七节　针对评估的风险采取的应对措施

第三十七条　注册会计师应当针对评估的财务报表重大错报风险设计和实施恰当的应对措施。

对于组成部分财务信息，集团项目组应当确定由其亲自执行或由组成部分注册会计师代为执行的相关工作的类型。集团项目组还应当确定参与组成部分注册会计师工作的性质、时间安排和范围。

第三十八条　在确定对合并过程或组成部分财务信息拟执行的工作的性质、时间安排和范围时，如果预期集团层面控制运行有效，或者仅实施实质性程序不能提供认定层次的充分、适当的审计证据，集团项目组应当测试或要求组成部分注册会计师测试这些控制运行的有效性。

第三十九条　就集团而言，对于具有财务重大性的单个组成部分，集团项目组或代表集团项目组的组成部分注册会计师应当运用该组成部分的重要性，对组成部分财务信息实施审计。

第四十条　对由于其特定性质或情况，可能存在导致集团财务报表发生重大错报的特别风险的重要组成部分，集团项目组或代表集团项目组的组成部分注册会计师应当执行下列一项或多项工作：

（一）使用组成部分重要性对组成部分财务信息实施审计；

（二）针对与可能导致集团财务报表发生重大错报的特别风险相关的一个或多个账户余额、一类或多类交易或披露事项实施审计；

（三）针对可能导致集团财务报表发生重大错报的特别风险实施特定的审计程序。

第四十一条　对于不重要的组成部分，集团项目组应当在集团层面实施分析程序。

第四十二条　如果集团项目组认为执行下列工作不能获取形成集团审计意见所依据的充分、适当的审计证据，应当采取本条第二款规定的措施：

（一）对重要组成部分财务信息执行的工作；

（二）对集团层面控制和合并过程执行的工作；

（三）在集团层面实施的分析程序。

集团项目组应当选择某些不重要的组成部分，并对已选择的组成部分财务信息亲自执行或由代表集团项目组的组成部分注册会计师执行下列一项或多项工作：

（一）使用组成部分重要性对组成部分财务信息实施审计；

（二）对一个或多个账户余额、一类或多类交易或披露实施审计；

（三）使用组成部分重要性对组成部分财务信息实施审阅；

（四）实施特定程序。

集团项目组应当在一段时间之后更换所选择的组成部分。

第四十三条　如果组成部分注册会计师对重要组成部分财务信息执行审计，集团项目组应当参与组成部分注册会计师实施的风险评估程序，以识别导致集团财务报表发生重大错报的特别风险。集团项目组参与的性质、时间安排和范围受其对组成部分注册会计师所了解情况的影响，但至少应当包括：

（一）与组成部分注册会计师或组成部分管理层讨论对集团而言重要的组成部分业务活动；

（二）与组成部分注册会计师讨论由于舞弊或错误导致组成部分财务信息发生重大错报的可能性；

（三）复核组成部分注册会计师对识别出的导致集团财务报表发生重大错报的特别风险形成的审计工作底稿。审计工作底稿可以采用备忘录的形式，反映组成部分注册会计师针对识别出的特别风险得出的结论。

第四十四条　如果在由组成部分注册会计师执行相关工作的组成部分内，识别出导致集团财务报表发生重大错报的特别风险，集团项目组应当评价针对识别出的特别风险拟实施的进一步审计程序的恰当性。根据对组成部分注册会计师的了解，集团项目组应当确定是否有必要参与进一步审计程序。

第八节　合并过程

第四十五条　根据本准则第三十条的规定，集团项目组应当了解集团层面的控制和合并过程，包括集团管理层向组成部分下达的指令。

根据本准则第三十八条的规定，如果对合并过程执行工作的性质、时间安排和范围基于预期集团层面控制有效运行，或者仅实施实质性程序不能提供认定层次的充分、适当的审计证据，集团项目组应当亲自测试或要求组成部分注册会计师代为测试集团层面控制运行的有效性。

第四十六条　集团项目组应当针对合并过程设计和实施进一步审计程序，以应对评估的、由合并过程导致的集团财务报表发生重大错报的风险。设计和实施的进一步审计程序应当包括评价所有组成部分是否均已包括在集团财务报表中。

第四十七条　集团项目组应当评价合并调整和重分类事项的适当性、完整性和准确性，并评价是否存在舞弊风险因素或可能存在管理层偏向的迹象。

第四十八条　如果组成部分财务信息没有按照集团财务报表采用的会计政策编制，集团项目组应当评价组成部分财务信息是否已得到适当调整，以满足编制和列报集团财务报表的要求。

第四十九条　集团项目组应当确定，组成部分注册会计师按照本准则第五十四条的规定进行的沟通中提及的财务信息是否就是包括在集团财务报表中的财务信息。

第五十条　如果集团财务报表包括的组成部分财务报表的报告期末不同于集团财务报表，集团项目组应当评价是否已按照适用的财务报告编制基础对这些财务报表作出恰当调整。

第九节　期后事项

第五十一条　如果集团项目组或组成部分注册会计师对组成部分财务信息实施审计，集团项目组或组成部分注册会计师应当实施审计程序，以识别组成部分自组成部分财务信息日至对集团财务报表出具审计报告日之间发生的、可能需要在集团财务报表中调整或披露的事项。

第五十二条　如果组成部分注册会计师执行组成部分财务信息审计以外的工作，集团项目组应当要求组成部分注册会计师告知其注意到的、可能需要在集团财务报表中调整或披露的期后事项。

第十节　与组成部分注册会计师的沟通

第五十三条　集团项目组应当及时向组成部分注册会计师通报工作要求。通报的内容应当明确组成部分注册会计师应执行的工作和集团项目组对其工作的利用，以及组成部分注册会计师与集团项目组沟通的形式和内容。

通报的内容还应当包括：

（一）在组成部分注册会计师知悉集团项目组将利用其工作的前提下，要求组成部分注册会计师确认其将配合集团项目组的工作。

（二）与集团审计相关的职业道德要求，特别是独立性要求。

（三）在对组成部分财务信息实施审计或审阅的情况下，组成部分的重要性和针对特定类别的交易、账户余额或披露采用的一个或多个重要性水平（如适用）以及临界值，超过临界值的错报不能视为对集团财务报表明显微小的错报。

（四）识别出的与组成部分注册会计师工作相关的、由于舞弊或错误导致集团财务报表发生重大错报的特别风险。集团项目组应当要求组成部分注册会计师及时沟通所有识别出的、在组成部分内的其他由于舞弊或错误可能导致集团财务报表发生重大错报的特别风险，以及组成部分注册会计师针对这些特别风险采取的应对措施。

（五）集团管理层编制的关联方清单和集团项目组知悉的任何其他关联方。集团项目组应当要求组成部分注册会计师及时沟通集团管理层或集团项目组以前未识别出的关联方。集团项目组应当确定是否需要将新识别的关联方告知其他组成部分注册会计师。

第五十四条 集团项目组应当要求组成部分注册会计师沟通与得出集团审计结论相关的事项。沟通的内容应当包括：

（一）组成部分注册会计师是否已遵守与集团审计相关的职业道德要求，包括对独立性和专业胜任能力的要求；

（二）组成部分注册会计师是否已遵守集团项目组的要求；

（三）指出作为组成部分注册会计师出具报告对象的组成部分财务信息；

（四）因违反法律法规而可能导致集团财务报表发生重大错报的信息；

（五）组成部分财务信息中未更正错报的清单（清单不必包括低于集团项目组通报的临界值且明显微小的错报）；

（六）表明可能存在管理层偏向的迹象；

（七）描述识别出的组成部分层面值得关注的内部控制缺陷；

（八）组成部分注册会计师向组成部分治理层已通报或拟通报的其他重大事项，包括涉及组成部分管理层、在组成部分层面内部控制中承担重要职责的员工以及其他人员（在舞弊行为导致组成部分财务信息出现重大错报的情况下）的舞弊或舞弊嫌疑；

（九）可能与集团审计相关或者组成部分注册会计师期望集团项目组加以关注的其他事项，包括在组成部分注册会计师要求组成部分管理层提供的书面声明中指出的例外事项；

（十）组成部分注册会计师的总体发现、得出的结论和形成的意见。

第十一节　评价审计证据的充分性和适当性

第五十五条 集团项目组应当评价与组成部分注册会计师的沟通。集团项目组应当：

（一）与组成部分注册会计师、组成部分管理层或集团管理层（如适用）讨论在评价过程中发现的重大事项；

（二）确定是否有必要复核组成部分注册会计师审计工作底稿的相关部分。

第五十六条 如果认为组成部分注册会计师的工作不充分，集团项目组应当确定需要实施哪些追加的程序，以及这些程序是由组成部分注册会计师还是由集团项目组实施。

第五十七条　注册会计师应当获取充分、适当的审计证据，将审计风险降至可接受的低水平，从而得出合理的结论以作为形成审计意见的基础。

集团项目组应当评价，通过对合并过程实施的审计程序以及由集团项目组和组成部分注册会计师对组成部分财务信息执行的工作，是否已获取充分、适当的审计证据，作为形成集团审计意见的基础。

第五十八条　集团项目合伙人应当评价未更正错报（无论该错报是由集团项目组识别出的还是由组成部分注册会计师告知的）和未能获取充分、适当的审计证据的情况对集团审计意见的影响。

第十二节　与集团管理层和集团治理层的沟通

第五十九条　集团项目组应当按照《中国注册会计师审计准则第1152号——向治理层和管理层通报内部控制缺陷》的规定，确定哪些识别出的内部控制缺陷需要向集团治理层和集团管理层通报。

在确定通报的内容时，集团项目组应当考虑：

（一）集团项目组识别出的集团层面内部控制缺陷；

（二）集团项目组识别出的组成部分层面内部控制缺陷；

（三）组成部分注册会计师提请集团项目组关注的内部控制缺陷。

第六十条　如果集团项目组识别出舞弊或组成部分注册会计师提请集团项目组关注舞弊，或者有关信息表明可能存在舞弊，集团项目组应当及时向适当层级的集团管理层通报，以便管理层告知主要负责防止和发现舞弊事项的人员。

第六十一条　因法律法规要求或其他原因，组成部分注册会计师可能需要对组成部分财务报表发表审计意见。在这种情况下，集团项目组应当要求集团管理层告知组成部分管理层其尚未知悉的、集团项目组注意到的可能对组成部分财务报表产生重要影响的事项。

如果集团管理层拒绝向组成部分管理层通报该事项，集团项目组应当与集团治理层进行讨论。

如果该事项仍未得到解决，集团项目组在遵守法律法规和职业准则有关保密要求的前提下，应当考虑是否建议组成部分注册会计师在该事项得到解决之前，不对组成部分财务报表出具审计报告。

第六十二条　除《中国注册会计师审计准则第1151号——与治理层的沟通》和其他审计准则要求沟通的事项外，集团项目组还应当与集团治理层沟通下列事项：

（一）对组成部分财务信息拟执行工作的类型的概述；

（二）在组成部分注册会计师对重要组成部分财务信息拟执行的工作中，集团项目组计划参与其工作的性质的概述；

（三）对组成部分注册会计师的工作作出的评价，引起集团项目组对其工作质量产生疑虑的情形；

（四）集团审计受到的限制，如集团项目组接触某些信息受到的限制；

（五）涉及集团管理层、组成部分管理层、在集团层面控制中承担重要职责的员工以及其他人员（在舞弊行为导致集团财务报表出现重大错报的情况下）的舞弊或舞弊嫌疑。

第十三节　审计工作底稿

第六十三条　集团项目组应当就下列事项形成审计工作底稿：

（一）对组成部分的分析，指明重要组成部分以及对组成部分财务信息执行工作的类型；

（二）对于重要组成部分，集团项目组参与该组成部分注册会计师工作的性质、时间安排和范围，如果适用，还包括集团项目组对组成部分注册会计师审计工作底稿的相关部分进行的复核以及由此得出的结论；

（三）集团项目组与组成部分注册会计师就集团项目组提出的工作要求的书面沟通函件。

中国注册会计师审计准则第 1411 号——利用内部审计人员的工作

（2022 年 1 月 5 日修订）

第一章　总　　则

第一节　本准则的范围

第一条　为了规范注册会计师在审计中利用内部审计人员的工作，明确注册会计师利用内部审计人员工作的责任，制定本准则。

注册会计师在审计中利用内部审计人员的工作包括：

（一）在获取审计证据的过程中利用内部审计的工作；

（二）在注册会计师的指导、监督和复核下利用内部审计人员提供直接协助。

第二条　本准则不适用于被审计单位未设立内部审计的情形。

第三条　在被审计单位设有内部审计的情况下，如果存在下列情形之一，则本准则中与利用内部审计工作相关的条款不适用：

（一）内部审计的职责和活动与审计不相关；

（二）注册会计师按照《中国注册会计师审计准则第 1211 号——通过了解被审计单位及其环境识别和评估重大错报风险》的规定，通过实施程序获取对内部审计的初步了解后，预期在获取审计证据时不利用其工作。

本准则并不要求注册会计师利用内部审计工作以调整由注册会计师直接实施的审计程序的性质、时间安排或缩小其范围，是否利用内部审计工作仍然由注册会计师在制定总体审计策略时作出决策。

第四条　如果注册会计师计划不利用内部审计人员提供直接协助，本准则与直接协助相关的要求不适用。

第五条　某些国家或地区的法律法规可能禁止或在某种程度上限制注册会计师利用内部审计工作或利用内部审计人员提供直接协助。审计准则并不超越规范财务报表审计的法律法规。当法律法规存在禁止性或限制性规定时，注册会计师应当遵守相关规定。

第二节 本准则和《中国注册会计师审计准则第 1211 号——通过了解被审计单位及其环境识别和评估重大错报风险》的关系

第六条 许多被审计单位设立了内部审计作为内部控制和治理结构的组成部分。由于被审计单位的规模、组织结构以及管理层和治理层（如适用）的要求不同，内部审计的目标和范围、职责及其在被审计单位中的地位（包括权威性和问责机制）可能有较大差别。

第七条 《中国注册会计师审计准则第 1211 号——通过了解被审计单位及其环境识别和评估重大错报风险》及其应用指南阐述了内部审计所掌握的情况和经验如何为注册会计师了解被审计单位及其环境、识别和评估重大错报风险提供信息。该指南还解释了注册会计师与内部审计人员进行的有效沟通如何为注册会计师获知可能影响其工作的重大事项营造良好氛围。

第八条 注册会计师可能能够以建设性和互补的方式利用内部审计的工作。这取决于下列因素：

（一）内部审计在被审计单位中的地位以及相关政策和程序是否足以支持内部审计人员的客观性；

（二）内部审计人员的胜任能力；

（三）内部审计是否采用系统、规范化的方法。

当注册会计师按照《中国注册会计师审计准则第 1211 号——通过了解被审计单位及其环境识别和评估重大错报风险》的规定，实施程序获取对被审计单位内部审计的初步了解后，拟利用内部审计工作作为获取审计证据的一部分时，本准则规范了注册会计师的相关责任。利用内部审计工作会影响由注册会计师直接实施的审计程序的性质、时间安排，或缩小其范围。

第九条 如果注册会计师考虑在其指导、监督和复核下利用内部审计人员提供直接协助，本准则规范了注册会计师的相关责任。

第十条 被审计单位的某些人员可能实施与内部审计相似的程序。然而，除非这些程序由客观、具有胜任能力并采用系统、规范化方法（包括质量控制）的部门、岗位或人员实施，否则这些程序可能被视为内部控制，针对这些控制的有效性获取审计证据将作为注册会计师按照《中国注册会计师审计准则第 1231 号——针对评估的重大错报风险采取的应对措施》的规定针对评估的风险采取的应对措施的一部分。

第三节 注册会计师对审计的责任

第十一条 注册会计师对发表的审计意见独立承担责任，这种责任并不因注册会计师利用内部审计工作或利用内部审计人员对该项审计业务提供直接协助而减轻。尽管内部审计或内部审计人员可能实施与注册会计师相似的审计程序，但是他们均不满足《中国注册会计师审计准则第1101号——注册会计师的总体目标和审计工作的基本要求》中关于注册会计师在财务报表审计中独立于被审计单位的要求。因此，本准则界定了注册会计师能够利用内部审计人员工作的必要条件。针对利用内部审计工作或利用内部审计人员提供直接协助是否足以实现审计目的，本准则界定了注册会计师获取充分、适当的审计证据所需的工作投入。这些要求旨在为注册会计师就利用内部审计人员的工作作出职业判断提供一个框架，以防止过度利用或不当利用内部审计人员的工作。

第二章 定 义

第十二条 内部审计，是指被审计单位负责执行鉴证和咨询活动，以评价和改进被审计单位的治理、风险管理和内部控制流程有效性的职能。

第十三条 直接协助，是指在注册会计师的指导、监督和复核下，利用内部审计人员实施审计程序。

第三章 目 标

第十四条 当被审计单位存在内部审计，并且注册会计师预期将利用其工作以调整注册会计师直接实施的审计程序的性质、时间安排，或缩小其范围时，或者注册会计师预期将利用内部审计人员提供直接协助时，注册会计师的目标是：

（一）确定是否能够利用内部审计的工作或利用内部审计人员提供直接协助，如果能够利用，在哪些领域利用以及在多大程度上利用；

（二）如果利用内部审计的工作，确定该工作是否足以实现审计目的；

（三）如果利用内部审计人员提供直接协助，适当地指导、监督和复核其工作。

第四章 要 求

第一节 确定是否利用、在哪些领域利用以及在多大程度上利用内部审计的工作

第十五条 注册会计师应当通过评价下列事项，确定是否能够利用内部审计的工作以实现审计目的：

（一）内部审计在被审计单位中的地位，以及相关政策和程序支持内部审计人

员客观性的程度；

（二）内部审计人员的胜任能力；

（三）内部审计是否采用系统、规范化的方法（包括质量控制）。

第十六条　如果存在下列情形之一，注册会计师不得利用内部审计的工作：

（一）内部审计在被审计单位的地位以及相关政策和程序不足以支持内部审计人员的客观性；

（二）内部审计人员缺乏足够的胜任能力；

（三）内部审计没有采用系统、规范化的方法（包括质量控制）。

第十七条　注册会计师应当考虑内部审计已执行和拟执行工作的性质和范围，以及这些工作与注册会计师总体审计策略和具体审计计划的相关性，以作为确定能够利用内部审计工作的领域和程度的基础。

第十八条　注册会计师应当作出审计业务中的所有重大判断，并防止不当利用内部审计工作。当存在下列情况之一时，注册会计师应当计划较少地利用内部审计工作，而更多地直接执行审计工作：

（一）当在下列方面涉及较多判断时：

1. 计划和实施相关的审计程序；

2. 评价收集的审计证据。

（二）当评估的认定层次重大错报风险较高，需要对识别出的特别风险予以特殊考虑时。

（三）当内部审计在被审计单位中的地位以及相关政策和程序对内部审计人员客观性的支持程度较弱时。

（四）当内部审计人员的胜任能力较低时。

第十九条　由于注册会计师对发表的审计意见独立承担责任，注册会计师应当评价从总体上而言，在计划的范围内利用内部审计工作是否仍然能够使注册会计师充分地参与审计工作。

第二十条　当注册会计师按照《中国注册会计师审计准则第1151号——与治理层的沟通》的规定与治理层沟通计划的审计范围和时间安排的总体情况时，应当包括其计划如何利用内部审计工作。

第二节　利用内部审计工作

第二十一条　如果计划利用内部审计工作，注册会计师应当与内部审计人员讨论利用其工作的计划，以作为协调各自工作的基础。

第二十二条　注册会计师应当阅读与拟利用的内部审计工作相关的内部审计报告，以了解其实施的审计程序的性质和范围以及相关发现。

第二十三条　注册会计师应当针对计划利用的全部内部审计工作实施充分的审计程序，以确定其对于实现审计目的是否适当，包括评价下列事项：

（一）内部审计工作是否经过恰当的计划、实施、监督、复核和记录；

（二）内部审计是否获取了充分、适当的证据，以使内部审计能够得出合理的结论；

（三）内部审计得出的结论在具体环境下是否适当，编制的报告与执行工作的结果是否一致。

在计划和实施上述审计程序时，注册会计师应当将计划利用的全部内部审计工作作为一个整体予以考虑。

第二十四条　注册会计师实施审计程序的性质和范围应当与其对以下事项的评价相适应，并应当包括重新执行内部审计的部分工作：

（一）涉及判断的程度；

（二）评估的重大错报风险；

（三）内部审计在被审计单位中的地位以及相关政策和程序支持内部审计人员客观性的程度；

（四）内部审计人员的胜任能力。

第二十五条　注册会计师应当评价其按照本准则第十五条的规定就内部审计得出的结论是否仍然适当，以及按照本准则第十八条至第十九条的规定确定的利用内部审计工作的性质和范围是否仍然适当。

第三节　确定是否利用、在哪些领域利用以及在多大程度上利用内部审计人员提供直接协助

第二十六条　法律法规可能禁止注册会计师利用内部审计人员提供直接协助。在这种情况下，本准则第二十七条至第三十五条，以及第三十七条的规定不适用。

第二十七条　如果法律法规不禁止利用内部审计人员提供直接协助，并且注册会计师计划利用内部审计人员在审计中提供直接协助，注册会计师应当评价是否存在对内部审计人员客观性的不利影响及其严重程度，以及提供直接协助的内部审计人员的胜任能力。注册会计师在评价是否存在对内部审计人员客观性的不利影响及其严重程度时，应当包括询问内部审计人员可能对其客观性产生不利影响的利益和关系。

第二十八条　当存在下列情形之一时，注册会计师不得利用内部审计人员提供直接协助：

（一）存在对内部审计人员客观性的重大不利影响；

（二）内部审计人员对拟执行的工作缺乏足够的胜任能力。

第二十九条　在确定可能分配给内部审计人员的工作的性质和范围，以及根据具体情况对内部审计人员进行指导、监督和复核的性质、时间安排和范围时，注册会计师应当考虑下列方面：

（一）在计划和实施相关审计程序以及评价收集的审计证据时，涉及判断的程度；

（二）评估的重大错报风险；

（三）针对拟提供直接协助的内部审计人员，注册会计师关于是否存在对其客观性的不利影响及其严重程度的评价结果，以及关于其胜任能力的评价结果。

第三十条　注册会计师不得利用内部审计人员提供直接协助以实施具有下列特征的程序：

（一）在审计中涉及作出重大判断；

（二）涉及较高的重大错报风险，在实施相关审计程序或评价收集的审计证据时需要作出较多的判断；

（三）涉及内部审计人员已经参与并且已经或将要由内部审计向管理层或治理层报告的工作；

（四）涉及注册会计师按照本准则的规定就内部审计，以及利用内部审计工作或利用内部审计人员提供直接协助作出的决策。

第三十一条　在恰当评价是否利用以及在多大程度上利用内部审计人员在审计中提供直接协助后，注册会计师在按照《中国注册会计师审计准则第1151号——与治理层的沟通》的规定与治理层沟通计划的审计范围和时间安排的总体情况时，应当沟通拟利用内部审计人员提供直接协助的性质和范围，以使双方就在业务的具体情形下并未过度利用内部审计人员提供直接协助达成共识。

第三十二条　由于注册会计师对发表的审计意见独立承担责任，注册会计师应当评价在计划的范围内利用内部审计人员提供直接协助，连同对内部审计工作的利用，从总体上而言，是否仍然能够使注册会计师充分地参与审计工作。

第四节　利用内部审计人员提供直接协助

第三十三条　在利用内部审计人员为审计提供直接协助之前，注册会计师应当：

（一）从拥有相关权限的被审计单位代表人员处获取书面协议，允许内部审计人员遵循注册会计师的指令，并且被审计单位不干涉内部审计人员为注册会计师执行的工作；

（二）从内部审计人员处获取书面协议，表明其将按照注册会计师的指令对特定事项保密，并将对其客观性受到的任何不利影响告知注册会计师。

第三十四条　注册会计师应当按照《中国注册会计师审计准则第1121号——

对财务报表审计实施的质量管理》的规定对内部审计人员执行的工作进行指导、监督和复核。在进行指导、监督和复核时：

（一）注册会计师在确定指导、监督和复核的性质、时间安排和范围时应当认识到内部审计人员并不独立于被审计单位，并且指导、监督和复核的性质、时间安排和范围应当恰当应对本准则第二十九条对相关因素的评价结果；

（二）复核程序应当包括由注册会计师检查内部审计人员执行的部分工作所获取的审计证据。

注册会计师对内部审计人员执行的工作的指导、监督和复核应当足以使注册会计师确保内部审计人员就其执行的工作已获取充分、适当的审计证据以支持相关审计结论。

第三十五条　在对内部审计人员的工作进行指导、监督和复核时，注册会计师应当对其按照本准则第二十七条的规定作出的评价不再适当的迹象保持警觉。

第五节　审计工作底稿

第三十六条　如果利用内部审计工作，注册会计师应当在审计工作底稿中记录下列事项：

（一）对下列事项的评价：

1. 内部审计在被审计单位中的地位、相关政策和程序是否足以支持内部审计人员的客观性；

2. 内部审计人员的胜任能力；

3. 内部审计是否采用系统、规范化的方法（包括质量控制）。

（二）利用内部审计工作的性质和范围以及作出该决策的基础。

（三）注册会计师为评价利用内部审计工作的适当性而实施的审计程序。

第三十七条　如果利用内部审计人员为审计提供直接协助，注册会计师应当在审计工作底稿中记录下列事项：

（一）关于是否存在对内部审计人员客观性的不利影响及其严重程度的评价，以及关于提供直接协助的内部审计人员的胜任能力的评价；

（二）就内部审计人员执行工作的性质和范围作出决策的基础；

（三）根据《中国注册会计师审计准则第1131号——审计工作底稿》的规定，所执行工作的复核人员及复核的日期和范围；

（四）根据本准则第三十三条的规定从拥有相关权限的被审计单位代表人员和内部审计人员处获取的书面协议；

（五）在审计业务中提供直接协助的内部审计人员编制的审计工作底稿。

中国注册会计师审计准则第 1421 号
——利用专家的工作

（2022 年 1 月 5 日修订）

第一章 总 则

第一条 为了规范注册会计师在获取充分、适当的审计证据时利用专家的工作，明确注册会计师利用专家工作的责任，制定本准则。

第二条 本准则不适用于下列情况：

（一）项目组拥有在会计或审计专业领域中具有专长的成员，或向在会计或审计专业领域中具有专长的个人或组织咨询。《中国注册会计师审计准则第 1121 号——对财务报表审计实施的质量管理》及其应用指南对这种情况进行了规范。

（二）注册会计师利用在会计、审计以外的某一领域具有专长的个人或组织的工作，并且其工作被管理层利用以协助编制财务报表（即利用管理层的专家的工作）。《中国注册会计师审计准则第 1301 号——审计证据》及其应用指南对这种情况进行了规范。

第三条 注册会计师对发表的审计意见独立承担责任，这种责任并不因利用专家的工作而减轻。

如果注册会计师按照本准则的规定利用了专家的工作，并得出结论认为专家的工作足以实现审计目的，注册会计师可以接受专家在其专业领域的工作结果或结论，并作为适当的审计证据。

第二章 定 义

第四条 专家，即注册会计师的专家，是指在会计或审计以外的某一领域具有专长的个人或组织，并且其工作被注册会计师利用，以协助注册会计师获取充分、适当的审计证据。专家既可能是会计师事务所内部专家（如会计师事务所或其网络事务所的合伙人或员工，包括临时员工），也可能是会计师事务所外部专家。

第五条 专长，是指在某一特定领域中拥有的专门技能、知识和经验。

第六条 管理层的专家，是指在会计、审计以外的某一领域具有专长的个人或组织，其工作被管理层利用以协助编制财务报表。

第三章 目 标

第七条 注册会计师的目标是：
（一）确定是否利用专家的工作；
（二）如果利用专家的工作，确定专家的工作是否足以实现审计目的。

第四章 要 求

第一节 确定是否利用专家的工作

第八条 如果在会计或审计以外的某一领域的专长对获取充分、适当的审计证据是必要的，注册会计师应当确定是否利用专家的工作。

第二节 审计程序的性质、时间安排和范围

第九条 本准则第十条至第十四条规定的审计程序的性质、时间安排和范围，将随着具体情况的变化而变化。

在确定本准则第十条至第十四条规定的审计程序的性质、时间安排和范围时，注册会计师应当考虑下列事项：
（一）与专家工作相关的事项的性质；
（二）与专家工作相关的事项中存在的重大错报风险；
（三）专家的工作在审计中的重要程度；
（四）注册会计师对专家以前所做工作的了解，以及与之接触的经验；
（五）专家是否需要遵守会计师事务所的质量管理体系。

第三节 专家的胜任能力、专业素质和客观性

第十条 注册会计师应当评价专家是否具有实现审计目的所必需的胜任能力、专业素质和客观性。在评价外部专家的客观性时，注册会计师应当询问可能对外部专家客观性产生不利影响的利益和关系。

第四节 了解专家的专长领域

第十一条 注册会计师应当充分了解专家的专长领域，以能够：

（一）为了实现审计目的，确定专家工作的性质、范围和目标；
（二）评价专家的工作是否足以实现审计目的。

第五节　与专家达成一致意见

第十二条　注册会计师应当与专家就下列事项达成一致意见，并根据需要形成书面协议：
（一）专家工作的性质、范围和目标；
（二）注册会计师和专家各自的角色和责任；
（三）注册会计师和专家之间沟通的性质、时间安排和范围，包括专家提供的报告的形式；
（四）对专家遵守保密规定的要求。

第六节　评价专家工作的恰当性

第十三条　注册会计师应当评价专家的工作是否足以实现审计目的，包括：
（一）专家的工作结果或结论的相关性和合理性，以及与其他审计证据的一致性；
（二）如果专家的工作涉及使用重要的假设和方法，这些假设和方法在具体情况下的相关性和合理性；
（三）如果专家的工作涉及使用重要的原始数据，这些原始数据的相关性、完整性和准确性。

第十四条　如果确定专家的工作不足以实现审计目的，注册会计师应当采取下列措施之一：
（一）就专家拟执行的进一步工作的性质和范围，与专家达成一致意见；
（二）根据具体情况，实施追加的审计程序。

第七节　在审计报告中提及专家

第十五条　注册会计师不应在无保留意见的审计报告中提及专家的工作，除非法律法规另有规定。
如果法律法规要求提及专家的工作，注册会计师应当在审计报告中指明，这种提及并不减轻注册会计师对审计意见承担的责任。

第十六条　如果注册会计师在审计报告中提及专家的工作，并且这种提及与理解审计报告中的非无保留意见相关，注册会计师应当在审计报告中指明，这种提及并不减轻注册会计师对审计意见承担的责任。

中国注册会计师审计准则第 1501 号——
对财务报表形成审计意见和出具审计报告

（2022 年 1 月 5 日修订）

第一章　总　　则

第一条　为了规范注册会计师对财务报表形成审计意见，以及作为财务报表审计结果出具的审计报告的格式和内容，制定本准则。

第二条　《中国注册会计师审计准则第 1504 号——在审计报告中沟通关键审计事项》对注册会计师在审计报告中沟通关键审计事项的责任作出规范。《中国注册会计师审计准则第 1502 号——在审计报告中发表非无保留意见》和《中国注册会计师审计准则第 1503 号——在审计报告中增加强调事项段和其他事项段》规定了注册会计师在审计报告中发表非无保留意见、增加强调事项段或其他事项段时，审计报告的格式和内容如何进行相应调整。其他审计准则也包含出具审计报告时适用的报告要求。

第三条　本准则建立在注册会计师执行整套通用目的财务报表审计业务的基础上，适用于整套通用目的财务报表审计。

《中国注册会计师审计准则第 1601 号——审计特殊目的财务报表的特殊考虑》规定了注册会计师对按照特殊目的编制基础编制的财务报表审计的特殊考虑。《中国注册会计师审计准则第 1603 号——审计单一财务报表和财务报表特定要素的特殊考虑》规定了注册会计师对单一财务报表和财务报表的特定要素、特定账户或特定项目审计相关的特殊考虑。当某一审计业务适用《中国注册会计师审计准则第 1601 号——审计特殊目的财务报表的特殊考虑》或《中国注册会计师审计准则第 1603 号——审计单一财务报表和财务报表特定要素的特殊考虑》时，本准则同样适用于该审计业务。

第四条　本准则中的要求旨在于两个方面作出恰当平衡：一是要保持审计报告的一致性、可比性，二是要在审计报告中提供对使用者更相关的信息以增加审计报告的价值。在已按照中国注册会计师审计准则的规定执行审计工作的情况下，注册会计师保持审计报告的一致性，将有助于使用者更容易识别已按照中国注册会计师审计准则的规定执行的审计项目,从而增强审计报告的可信性,同时有助于使用者理解审计工作和识别发生的异常情况。

第二章 定　　义

第五条 本准则所称财务报表,是指整套通用目的财务报表。适用的财务报告编制基础的规定决定了财务报表的列报、结构和内容,以及整套财务报表的构成。

第六条 通用目的财务报表,是指按照通用目的编制基础编制的财务报表。

第七条 通用目的编制基础,是指旨在满足广大财务报表使用者共同财务信息需求的财务报告编制基础。

第八条 审计报告,是指注册会计师根据审计准则的规定,在执行审计工作的基础上,对财务报表发表审计意见的书面文件。

第九条 无保留意见,是指当注册会计师认为财务报表在所有重大方面按照适用的财务报告编制基础的规定编制并实现公允反映时发表的审计意见。

第三章 目　　标

第十条 注册会计师的目标是:
(一)在评价根据审计证据得出的结论的基础上,对财务报表形成审计意见;
(二)通过书面报告的形式清楚地表达审计意见。

第四章 要　　求

第一节　对财务报表形成审计意见

第十一条 注册会计师应当就财务报表是否在所有重大方面按照适用的财务报告编制基础的规定编制并实现公允反映形成审计意见。

第十二条 为了形成审计意见,针对财务报表整体是否不存在由于舞弊或错误导致的重大错报,注册会计师应当得出结论,确定是否已就此获取合理保证。

在得出结论时,注册会计师应当考虑下列方面:
(一)按照《中国注册会计师审计准则第 1231 号——针对评估的重大错报风险采取的应对措施》的规定,是否已获取充分、适当的审计证据;
(二)按照《中国注册会计师审计准则第 1251 号——评价审计过程中识别出的错报》的规定,未更正错报单独或汇总起来是否构成重大错报;
(三)本准则第十三条至第十六条要求作出的评价。

第十三条　注册会计师应当评价财务报表是否在所有重大方面按照适用的财务报告编制基础的规定编制。

在评价时，注册会计师应当考虑被审计单位会计实务的质量，包括表明管理层的判断可能出现偏向的迹象。

第十四条　注册会计师应当依据适用的财务报告编制基础特别评价下列内容：

（一）财务报表是否恰当披露了所选择和运用的重要会计政策。作出这一评价时，注册会计师应当考虑会计政策与被审计单位的相关性，以及会计政策是否以可理解的方式予以表述；

（二）所选择和运用的会计政策是否符合适用的财务报告编制基础，并适合被审计单位的具体情况；

（三）管理层作出的会计估计是否合理；

（四）财务报表列报的信息是否具有相关性、可靠性、可比性和可理解性。作出这一评价时，注册会计师应当考虑：

1. 应当包括的信息是否均已包括，这些信息的分类、汇总或分解以及描述是否适当；

2. 财务报表的总体列报（包括披露）是否由于包括不相关的信息或有碍正确理解所披露事项的信息而受到不利影响。

（五）财务报表是否作出充分披露，使预期使用者能够理解重大交易和事项对财务报表所传递信息的影响；

（六）财务报表使用的术语（包括每一财务报表的标题）是否适当。

第十五条　按照本准则第十三条和第十四条的规定作出的评价还应当包括财务报表是否实现公允反映。

在评价财务报表是否实现公允反映时，注册会计师应当考虑下列方面：

（一）财务报表的总体列报（包括披露）、结构和内容是否合理；

（二）财务报表是否公允地反映了相关交易和事项。

第十六条　注册会计师应当评价财务报表是否恰当提及或说明适用的财务报告编制基础。

第二节　审计意见的类型

第十七条　如果认为财务报表在所有重大方面按照适用的财务报告编制基础的规定编制并实现公允反映，注册会计师应当发表无保留意见。

第十八条　当存在下列情形之一时，注册会计师应当按照《中国注册会计师审计准则第1502号——在审计报告中发表非无保留意见》的规定，在审计报告中发表非无保留意见：

（一）根据获取的审计证据，得出财务报表整体存在重大错报的结论；

（二）无法获取充分、适当的审计证据，不能得出财务报表整体不存在重大错报的结论。

第十九条 如果财务报表没有实现公允反映，注册会计师应当就该事项与管理层讨论，并根据适用的财务报告编制基础的规定和该事项得到解决的情况，决定是否有必要按照《中国注册会计师审计准则第 1502 号——在审计报告中发表非无保留意见》的规定在审计报告中发表非无保留意见。

第三节 审计报告

第二十条 审计报告应当采用书面形式。

第二十一条 审计报告应当包括下列要素：

（一）标题；

（二）收件人；

（三）审计意见；

（四）形成审计意见的基础；

（五）管理层对财务报表的责任；

（六）注册会计师对财务报表审计的责任；

（七）按照相关法律法规的要求报告的事项（如适用）；

（八）注册会计师的签名和盖章；

（九）会计师事务所的名称、地址和盖章；

（十）报告日期。

在适用的情况下，注册会计师还应当按照《中国注册会计师审计准则第 1324 号——持续经营》《中国注册会计师审计准则第 1504 号——在审计报告中沟通关键审计事项》《中国注册会计师审计准则第 1521 号——注册会计师对其他信息的责任》的相关规定，在审计报告中对与持续经营相关的重大不确定性、关键审计事项、被审计单位年度报告中包含的除财务报表和审计报告之外的其他信息进行报告。

第二十二条 审计报告应当具有标题，统一规范为"审计报告"。

第二十三条 审计报告应当按照审计业务约定的要求载明收件人。

第二十四条 审计报告的第一部分应当包含审计意见，并以"审计意见"作为标题。

第二十五条 审计意见部分还应当包括下列方面：

（一）指出被审计单位的名称；

（二）说明财务报表已经审计；

（三）指出构成整套财务报表的每一财务报表的名称；

（四）提及财务报表附注，包括重要会计政策和会计估计；

（五）指明构成整套财务报表的每一财务报表的日期或涵盖的期间。

第二十六条 如果对财务报表发表无保留意见，除非法律法规另有规定，审计意见应当使用"我们认为，后附的财务报表在所有重大方面按照[适用的财务报告编制基础（如企业会计准则等）]的规定编制，公允反映了[……]"的措辞。

第二十七条 如果适用的财务报告编制基础是国际财务报告准则、国际公共部门会计准则或者其他国家或地区的财务报告准则，注册会计师应当在审计意见部分指明适用的财务报告编制基础是国际财务报告准则、国际公共部门会计准则，或者指明财务报告编制基础所属的国家或地区。

第二十八条 审计报告应当包含标题为"形成审计意见的基础"的部分。该部分应当紧接在审计意见部分之后，并包括下列方面：

（一）说明注册会计师按照审计准则的规定执行了审计工作；

（二）提及审计报告中用于描述审计准则规定的注册会计师责任的部分；

（三）声明注册会计师按照与审计相关的职业道德要求独立于被审计单位，并履行了职业道德方面的其他责任。声明中应当指明适用的职业道德要求，如中国注册会计师职业道德守则；

（四）说明注册会计师是否相信获取的审计证据是充分、适当的，为发表审计意见提供了基础。

第二十九条 审计报告应当包含标题为"管理层对财务报表的责任"的部分。审计报告中应当使用特定国家或地区法律框架下的恰当术语，而不必限定为"管理层"。在某些国家或地区，恰当的术语可能是"治理层"。

第三十条 管理层对财务报表的责任部分应当说明管理层负责下列方面：

（一）按照适用的财务报告编制基础的规定编制财务报表，使其实现公允反映，并设计、执行和维护必要的内部控制，以使财务报表不存在由于舞弊或错误导致的重大错报；

（二）评估被审计单位的持续经营能力和使用持续经营假设是否适当，并披露与持续经营相关的事项（如适用）。对管理层评估责任的说明应当包括描述在何种情况下使用持续经营假设是适当的。

第三十一条 当对财务报告过程负有监督责任的人员与履行上述第三十条所述责任的人员不同时，管理层对财务报表的责任部分还应当提及对财务报告过程负有监督责任的人员。在这种情况下，该部分的标题还应当提及"治理层"或者特定国家或地区法律框架中的恰当术语。

第三十二条 审计报告应当包含标题为"注册会计师对财务报表审计的责任"的部分。

第三十三条 注册会计师对财务报表审计的责任部分应当包括下列内容：

（一）说明注册会计师的目标是对财务报表整体是否不存在由于舞弊或错误导致的重大错报获取合理保证，并出具包含审计意见的审计报告；

（二）说明合理保证是高水平的保证，但并不能保证按照审计准则执行的审计在某一重大错报存在时总能发现；

（三）说明错报可能由于舞弊或错误导致。

在说明错报可能由于舞弊或错误导致时，注册会计师应当从下列两种做法中选取一种：

（一）描述如果合理预期错报单独或汇总起来可能影响财务报表使用者依据财务报表作出的经济决策，则通常认为错报是重大的；

（二）根据适用的财务报告编制基础，提供关于重要性的定义或描述。

第三十四条 注册会计师对财务报表审计的责任部分还应当包括下列内容：

（一）说明在按照审计准则执行审计工作的过程中，注册会计师运用职业判断，并保持职业怀疑；

（二）通过说明注册会计师的责任，对审计工作进行描述。这些责任包括：

1. 识别和评估由于舞弊或错误导致的财务报表重大错报风险，设计和实施审计程序以应对这些风险，并获取充分、适当的审计证据，作为发表审计意见的基础。由于舞弊可能涉及串通、伪造、故意遗漏、虚假陈述或凌驾于内部控制之上，未能发现由于舞弊导致的重大错报的风险高于未能发现由于错误导致的重大错报的风险。

2. 了解与审计相关的内部控制，以设计恰当的审计程序，但目的并非对内部控制的有效性发表意见。当注册会计师有责任在财务报表审计的同时对内部控制的有效性发表意见时，应当略去上述"目的并非对内部控制的有效性发表意见"的表述。

3. 评价管理层选用会计政策的恰当性和作出会计估计及相关披露的合理性。

4. 对管理层使用持续经营假设的恰当性得出结论。同时，根据获取的审计证据，就可能导致对被审计单位持续经营能力产生重大疑虑的事项或情况是否存在重大不确定性得出结论。如果注册会计师得出结论认为存在重大不确定性，审计准则要求注册会计师在审计报告中提请报表使用者关注财务报表中的相关披露；如果披露不充分，注册会计师应当发表非无保留意见。注册会计师的结论基于截至审计报告日可获得的信息。然而，未来的事项或情况可能导致被审计单位不能持续经营。

5. 评价财务报表的总体列报（包括披露）、结构和内容，并评价财务报表是否公允反映相关交易和事项。

（三）当《中国注册会计师审计准则第 1401 号——对集团财务报表审计的特殊考虑》适用时，通过说明下列事项，进一步描述注册会计师在集团审计业务中的责任：

1. 注册会计师的责任是就集团中实体或业务活动的财务信息获取充分、适当的审计证据，以对合并财务报表发表审计意见；

2. 注册会计师负责指导、监督和执行集团审计；

3. 注册会计师对审计意见承担全部责任。

第三十五条 注册会计师对财务报表审计的责任部分还应当包括下列内容：

（一）说明注册会计师与治理层就计划的审计范围、时间安排和重大审计发现等事项进行沟通，包括沟通注册会计师在审计中识别的值得关注的内部控制缺陷；

（二）对于上市实体财务报表审计，指出注册会计师就已遵守与独立性相关的职业道德要求向治理层提供声明，并与治理层沟通可能被合理认为影响注册会计师独立性的所有关系和其他事项，以及相关的防范措施（如适用）；

（三）对于上市实体财务报表审计，以及决定按照《中国注册会计师审计准则第1504号——在审计报告中沟通关键审计事项》的规定沟通关键审计事项的其他情况，说明注册会计师从与治理层沟通过的事项中确定哪些事项对本期财务报表审计最为重要，因而构成关键审计事项。注册会计师应当在审计报告中描述这些事项，除非法律法规禁止公开披露这些事项，或在极少数情形下，注册会计师合理预期在审计报告中沟通某事项造成的负面后果超过在公众利益方面产生的益处，因而确定不应在审计报告中沟通该事项。

第三十六条 除审计准则规定的注册会计师责任外，如果注册会计师在对财务报表出具的审计报告中履行其他报告责任，应当在审计报告中将其单独作为一部分，并以"按照相关法律法规的要求报告的事项"为标题，或使用适合于该部分内容的其他标题，除非其他报告责任涉及的事项与审计准则规定的报告责任涉及的事项相同。如果涉及相同的事项，其他报告责任可以在审计准则规定的同一报告要素部分列示。

第三十七条 如果将其他报告责任在审计准则要求的同一报告要素部分列示，审计报告应当清楚区分其他报告责任和审计准则要求的报告责任。

第三十八条 如果审计报告将其他报告责任单独作为一部分，本准则第二十四条至第三十五条的要求应当置于"对财务报表出具的审计报告"标题下；"按照相关法律法规的要求报告的事项"部分置于"对财务报表出具的审计报告"部分之后。

第三十九条 审计报告应当由项目合伙人和另一名负责该项目的注册会计师签名和盖章。

第四十条 注册会计师应当在对上市实体财务报表出具的审计报告中注明项目合伙人。

第四十一条 审计报告应当载明会计师事务所的名称和地址，并加盖会计师事务所公章。

第四十二条 审计报告应当注明报告日期。审计报告日不应早于注册会计师获取充分、适当的审计证据，并在此基础上对财务报表形成审计意见的日期。

在确定审计报告日时，注册会计师应当确信已获取下列两方面的审计证据：

（一）构成整套财务报表的所有报表（含披露）已编制完成；

（二）被审计单位的董事会、管理层或类似机构已经认可其对财务报表负责。

第四十三条 注册会计师在按照中国注册会计师审计准则执行审计工作时，还可能同时被要求按照其他国家或地区审计准则执行审计工作。在这种情况下，审计报告除了提及中国注册会计师审计准则外，还可能同时提及其他国家或地区审计准则。只有在同时符合下列条件时，注册会计师才应当同时提及：

（一）其他国家或地区审计准则与中国注册会计师审计准则不存在冲突，即不会导致注册会计师形成不同的审计意见，也不会导致在中国注册会计师审计准则要求增加强调事项段或其他事项段的情形下，其他国家或地区的审计准则不要求增加；

（二）如果使用其他国家或地区审计准则规定的结构或措辞，审计报告至少应当包括本准则第二十一条规定的所有要素。

第四十四条 如果审计报告同时提及中国注册会计师审计准则和其他国家或地区审计准则，审计报告应当指明审计准则所属的国家或地区。

第四节　与财务报表一同列报的补充信息

第四十五条 如果被审计单位将适用的财务报告编制基础未作要求的补充信息与已审计财务报表一同列报，注册会计师应当根据职业判断，评价补充信息是否由于其性质和列报方式而构成财务报表的必要组成部分。如果补充信息构成财务报表的必要组成部分，应当将其涵盖在审计意见中。

第四十六条 如果认为适用的财务报告编制基础未作要求的补充信息不构成已审计财务报表的必要组成部分，注册会计师应当评价这些补充信息的列报方式是否充分、清楚地使其与已审计财务报表相区分。如果未能充分、清楚地区分，注册会计师应当要求管理层改变未审计补充信息的列报方式。如果管理层拒绝改变，注册会计师应当指出未审计的补充信息，并在审计报告中说明这些补充信息未审计。

中国注册会计师审计准则第 1502 号
——在审计报告中发表非无保留意见

（2019 年 2 月 20 日修订）

第一章 总 则

第一条 为了规范注册会计师在财务报表审计中出具非无保留意见的审计报告，制定本准则。

第二条 当按照《中国注册会计师审计准则第 1501 号——对财务报表形成审计意见和出具审计报告》的规定形成审计意见时，如果认为有必要发表非无保留意见，注册会计师应当遵守本准则。

本准则规定了当注册会计师在审计报告中发表非无保留意见时，审计报告的格式和内容如何进行相应调整。

在任何情形下，《中国注册会计师审计准则第 1501 号——对财务报表形成审计意见和出具审计报告》的报告要求均适用，本准则不再重述其规定，除非本准则明确涉及或修改这些报告要求。

第三条 本准则规定了三种类型的非无保留意见，即保留意见、否定意见和无法表示意见。

注册会计师确定恰当的非无保留意见类型，取决于下列事项：

（一）导致非无保留意见的事项的性质，是财务报表存在重大错报，还是在无法获取充分、适当的审计证据的情况下，财务报表可能存在重大错报；

（二）注册会计师就导致非无保留意见的事项对财务报表产生或可能产生影响的广泛性作出的判断。

第二章 定 义

第四条 非无保留意见，是指对财务报表发表的保留意见、否定意见或无法表示意见。

第五条 广泛性，是描述错报影响的术语，用以说明错报对财务报表的影响，或者由于无法获取充分、适当的审计证据而未发现的错报（如存在）对财务报表可能产生的影响。

根据注册会计师的判断，对财务报表的影响具有广泛性的情形包括下列方面：

（一）不限于对财务报表的特定要素、账户或项目产生影响；

（二）虽然仅对财务报表的特定要素、账户或项目产生影响，但这些要素、账户或项目是或可能是财务报表的主要组成部分；

（三）当与披露相关时，产生的影响对财务报表使用者理解财务报表至关重要。

第三章　目　标

第六条　注册会计师的目标是，当存在下列情形之一时，对财务报表清楚地发表恰当的非无保留意见：

（一）根据获取的审计证据，得出财务报表整体存在重大错报的结论；

（二）无法获取充分、适当的审计证据，不能得出财务报表整体不存在重大错报的结论。

第四章　要　求

第一节　应当发表非无保留意见的情形

第七条　当存在下列情形之一时，注册会计师应当在审计报告中发表非无保留意见：

（一）根据获取的审计证据，得出财务报表整体存在重大错报的结论；

（二）无法获取充分、适当的审计证据，不能得出财务报表整体不存在重大错报的结论。

第二节　确定非无保留意见的类型

第八条　当存在下列情形之一时，注册会计师应当发表保留意见：

（一）在获取充分、适当的审计证据后，注册会计师认为错报单独或汇总起来对财务报表影响重大，但不具有广泛性；

（二）注册会计师无法获取充分、适当的审计证据以作为形成审计意见的基础，但认为未发现的错报（如存在）对财务报表可能产生的影响重大，但不具有广泛性。

第九条　在获取充分、适当的审计证据后，如果认为错报单独或汇总起来对财务报表的影响重大且具有广泛性，注册会计师应当发表否定意见。

第十条 如果无法获取充分、适当的审计证据以作为形成审计意见的基础，但认为未发现的错报（如存在）对财务报表可能产生的影响重大且具有广泛性，注册会计师应当发表无法表示意见。

第十一条 在极少数情况下，可能存在多个不确定事项。尽管注册会计师对每个单独的不确定事项获取了充分、适当的审计证据，但由于不确定事项之间可能存在相互影响，以及可能对财务报表产生累积影响，注册会计师不可能对财务报表形成审计意见。在这种情况下，注册会计师应当发表无法表示意见。

第十二条 在承接审计业务后，如果注意到管理层对审计范围施加了限制，且认为这些限制可能导致对财务报表发表保留意见或无法表示意见，注册会计师应当要求管理层消除这些限制。

第十三条 如果管理层拒绝消除本准则第十二条提及的限制，除非治理层全部成员参与管理被审计单位，注册会计师应当就此事项与治理层沟通，并确定能否实施替代程序以获取充分、适当的审计证据。

第十四条 如果无法获取充分、适当的审计证据，注册会计师应当通过下列方式确定其影响：

（一）如果未发现的错报（如存在）可能对财务报表产生的影响重大，但不具有广泛性，注册会计师应当发表保留意见；

（二）如果未发现的错报（如存在）可能对财务报表产生的影响重大且具有广泛性，以至于发表保留意见不足以反映情况的严重性，注册会计师应当在可行时解除业务约定（除非法律法规禁止）；如果在出具审计报告之前解除业务约定被禁止或不可行，应当发表无法表示意见。

第十五条 如果根据本准则第十四条第（二）项的规定解除业务约定，注册会计师应当在解除业务约定前，与治理层沟通在审计过程中发现的、将会导致发表非无保留意见的所有错报事项。

第十六条 如果认为有必要对财务报表整体发表否定意见或无法表示意见，注册会计师不应在同一审计报告中对按照相同财务报告编制基础编制的单一财务报表或者财务报表特定要素、账户或项目发表无保留意见。在同一审计报告中包含无保留意见，将会与对财务报表整体发表的否定意见或无法表示意见相矛盾。

第三节 非无保留意见审计报告的格式和内容

第十七条 如果对财务报表发表非无保留意见，除在审计报告中包含《中国注册会计师审计准则第1501号——对财务报表形成审计意见和出具审计报告》规定的审计报告要素外，注册会计师还应当：

（一）将《中国注册会计师审计准则第 1501 号——对财务报表形成审计意见和出具审计报告》第二十八条中规定的"形成审计意见的基础"这一标题修改为恰当的标题，如"形成保留意见的基础""形成否定意见的基础"或"形成无法表示意见的基础"；

（二）在该部分对导致发表非无保留意见的事项进行描述。

第十八条 如果财务报表中存在与具体金额（包括定量披露）相关的重大错报，注册会计师应当在形成审计意见的基础部分说明并量化该错报的财务影响。如果无法量化财务影响，注册会计师应当在该部分说明这一情况。

第十九条 如果财务报表中存在与定性披露相关的重大错报，注册会计师应当在形成审计意见的基础部分解释该错报错在何处。

第二十条 如果财务报表中存在与应披露而未披露信息相关的重大错报，注册会计师应当：

（一）与治理层讨论未披露信息的情况；

（二）在形成审计意见的基础部分描述未披露信息的性质；

（三）如果可行并且已针对未披露信息获取了充分、适当的审计证据，在形成审计意见的基础部分包含对未披露信息的披露，除非法律法规禁止。

第二十一条 如果因无法获取充分、适当的审计证据而导致发表非无保留意见，注册会计师应当在形成审计意见的基础部分说明无法获取审计证据的原因。

第二十二条 即使发表了否定意见或无法表示意见，注册会计师也应当在形成审计意见的基础部分说明注意到的、将导致发表非无保留意见的所有其他事项及其影响。

第二十三条 在发表非无保留意见时，注册会计师应当对审计意见部分使用恰当的标题，如"保留意见""否定意见"或"无法表示意见"。

第二十四条 当由于财务报表存在重大错报而发表保留意见时，注册会计师应当在审计意见部分说明：注册会计师认为，除形成保留意见的基础部分所述事项产生的影响外，后附的财务报表在所有重大方面按照适用的财务报告编制基础的规定编制，公允反映了 [……]。

当由于无法获取充分、适当的审计证据而导致发表保留意见时，注册会计师应当在审计意见部分使用"除……可能产生的影响外"等措辞。

第二十五条 当发表否定意见时，注册会计师应当在审计意见部分说明：注册会计师认为，由于形成否定意见的基础部分所述事项的重要性，后附的财务报表没有在所有重大方面按照适用的财务报告编制基础的规定编制，未能公允反映 [……]。

第二十六条　当由于无法获取充分、适当的审计证据而发表无法表示意见时，注册会计师应当：

（一）说明注册会计师不对后附的财务报表发表审计意见；

（二）说明由于形成无法表示意见的基础部分所述事项的重要性，注册会计师无法获取充分、适当的审计证据以作为对财务报表发表审计意见的基础；

（三）修改《中国注册会计师审计准则第1501号——对财务报表形成审计意见和出具审计报告》第二十五条第（二）项中规定的财务报表已经审计的说明，改为注册会计师接受委托审计财务报表。

第二十七条　当发表保留意见或否定意见时，注册会计师应当修改《中国注册会计师审计准则第1501号——对财务报表形成审计意见和出具审计报告》第二十八条第（四）项规定的表述，在对注册会计师是否获取了充分、适当的审计证据以作为形成审计意见的基础的说明中，包含恰当的措辞如"保留"或"否定"。

第二十八条　当注册会计师对财务报表发表无法表示意见时，审计报告中不应当包含《中国注册会计师审计准则第1501号——对财务报表形成审计意见和出具审计报告》第二十八条第（二）项和第（四）项中规定的要素，即：

（一）提及审计报告中用于描述注册会计师责任的部分；

（二）说明注册会计师是否已获取充分、适当的审计证据以作为形成审计意见的基础。

第二十九条　当由于无法获取充分、适当的审计证据而发表无法表示意见时，注册会计师应当对按照《中国注册会计师审计准则第1501号——对财务报表形成审计意见和出具审计报告》第三十三条至第三十五条的规定在审计报告中对注册会计师责任作出的表述进行修改，仅包含下列内容：

（一）注册会计师的责任是按照中国注册会计师审计准则的规定，对被审计单位财务报表执行审计工作，以出具审计报告；

（二）但由于形成无法表示意见的基础部分所述的事项，注册会计师无法获取充分、适当的审计证据以作为发表审计意见的基础；

（三）按照《中国注册会计师审计准则第1501号——对财务报表形成审计意见和出具审计报告》第二十八条第（三）项的规定，关于注册会计师在独立性和职业道德方面的其他责任的声明。

第三十条　除非法律法规另有规定，当对财务报表发表无法表示意见时，注册会计师不得在审计报告中包含《中国注册会计师审计准则第1504号——在审计报告中沟通关键审计事项》规定的关键审计事项部分，也不得在审计报告中包含《中国注册会计师审计准则第1521号——注册会计师对其他信息的责任》规定的其他信息部分。

第四节 与治理层的沟通

第三十一条 当拟在审计报告中发表非无保留意见时,注册会计师应当与治理层沟通导致拟发表非无保留意见的情况,以及拟使用的非无保留意见措辞。

中国注册会计师审计准则第 1503 号——在审计报告中增加强调事项段和其他事项段

（2022 年 1 月 5 日修订）

第一章 总 则

第一条 为了规范注册会计师在审计报告中增加强调事项段和其他事项段，以提供必要的补充信息，制定本准则。

第二条 如果认为必要，注册会计师可以在审计报告中提供补充信息，以提醒使用者关注下列事项：

（一）尽管已在财务报表中列报，但对使用者理解财务报表至关重要的事项；

（二）未在财务报表中列报，但与使用者理解审计工作、注册会计师的责任或审计报告相关的事项。

第三条 《中国注册会计师审计准则第 1504 号——在审计报告中沟通关键审计事项》及其应用指南针对注册会计师如何确定关键审计事项以及如何在审计报告中沟通关键审计事项作出了规定并提供了指引。如果审计报告中包含关键审计事项部分，本准则规范了关键审计事项和按照本准则的规定在审计报告中提供的补充信息之间的关系。

第四条 《中国注册会计师审计准则第 1324 号——持续经营》及其应用指南针对审计报告中与持续经营相关的沟通作出了规定并提供了指引。《中国注册会计师审计准则第 1521 号——注册会计师对其他信息的责任》及其应用指南针对审计报告中与其他信息相关的沟通作出了规定并提供了指引。

第五条 本准则附录 1 和附录 2 列示的其他审计准则，对在审计报告中增加强调事项段和其他事项段提出具体要求。在这些情况下，本准则对强调事项段或其他事项段格式的要求同样适用。

第二章 定 义

第六条 强调事项段，是指审计报告中含有的一个段落，该段落提及已在财务报表中恰当列报的事项，且根据注册会计师的职业判断，该事项对财务报表使用者理解财务报表至关重要。

第七条 其他事项段，是指审计报告中含有的一个段落，该段落提及未在财务报表中列报的事项，且根据注册会计师的职业判断，该事项与财务报表使用者理解审计工作、注册会计师的责任或审计报告相关。

第三章 目 标

第八条 注册会计师的目标是，在对财务报表形成审计意见后，如果根据职业判断认为有必要在审计报告中增加强调事项段或其他事项段，通过明确提供补充信息的方式，提醒财务报表使用者关注下列事项：

（一）尽管已在财务报表中恰当列报，但对财务报表使用者理解财务报表至关重要的事项；

（二）未在财务报表中列报，但与财务报表使用者理解审计工作、注册会计师的责任或审计报告相关的其他事项。

第四章 要 求

第一节 审计报告中的强调事项段

第九条 如果认为有必要提醒财务报表使用者关注已在财务报表中列报，且根据职业判断认为对财务报表使用者理解财务报表至关重要的事项，在同时满足下列条件时，注册会计师应当在审计报告中增加强调事项段：

（一）按照《中国注册会计师审计准则第1502号——在审计报告中发表非无保留意见》的规定，该事项不会导致注册会计师发表非无保留意见；

（二）当《中国注册会计师审计准则第1504号——在审计报告中沟通关键审计事项》适用时，该事项未被确定为在审计报告中沟通的关键审计事项。

第十条 如果在审计报告中包含强调事项段，注册会计师应当采取下列措施：

（一）将强调事项段作为单独的一部分置于审计报告中，并使用包含"强调事项"这一术语的适当标题；

（二）明确提及被强调事项以及相关披露的位置，以便能够在财务报表中找到对该事项的详细描述。强调事项段应当仅提及已在财务报表中列报的信息；

（三）指出审计意见没有因该强调事项而改变。

第二节 审计报告中的其他事项段

第十一条 如果认为有必要沟通虽然未在财务报表中列报,但根据职业判断认为与财务报表使用者理解审计工作、注册会计师的责任或审计报告相关的事项,在同时满足下列条件时,注册会计师应当在审计报告中增加其他事项段:

(一)未被法律法规禁止;

(二)当《中国注册会计师审计准则第1504号——在审计报告中沟通关键审计事项》适用时,该事项未被确定为在审计报告中沟通的关键审计事项。

第十二条 如果在审计报告中包含其他事项段,注册会计师应当将该段落作为单独的一部分,并使用"其他事项"或其他适当标题。

第三节 与治理层的沟通

第十三条 如果拟在审计报告中包含强调事项段或其他事项段,注册会计师应当就该事项和拟使用的措辞与治理层沟通。

附录1:

其他审计准则对强调事项段的具体要求

下列审计准则要求注册会计师在特定情况下在审计报告中包含强调事项段,但其规定并不影响本准则的普遍适用性。

1.《中国注册会计师审计准则第1111号——就审计业务约定条款达成一致意见》第十九条第(二)项;

2.《中国注册会计师审计准则第1332号——期后事项》第十五条第(二)项和第十九条;

3.《中国注册会计师审计准则第1601号——审计特殊目的财务报表的特殊考虑》第十五条。

附录 2：

其他审计准则对其他事项段的具体要求

下列审计准则要求注册会计师在特定情况下在审计报告中包含其他事项段，但其规定并不影响本准则的普遍适用性。

1.《中国注册会计师审计准则第 1332 号——期后事项》第十五条第（二）项和第十九条；

2.《中国注册会计师审计准则第 1511 号——比较信息：对应数据和比较财务报表》第十六条、第十七条、第十九条、第二十条和第二十二条。

中国注册会计师审计准则第 1504 号——在审计报告中沟通关键审计事项

（2016 年 12 月 23 日发布）

第一章 总 则

第一条 为了明确注册会计师在审计报告中沟通关键审计事项的责任，制定本准则。

第二条 本准则规范注册会计师如何确定关键审计事项以及如何在审计报告中沟通关键审计事项，包括沟通的形式和内容。

第三条 沟通关键审计事项，旨在通过提高已执行审计工作的透明度增加审计报告的沟通价值。沟通关键审计事项能够为财务报表预期使用者提供额外的信息，以帮助其了解注册会计师根据职业判断认为对本期财务报表审计最为重要的事项。沟通关键审计事项还能够帮助财务报表预期使用者了解被审计单位，以及已审计财务报表中涉及重大管理层判断的领域。

第四条 在审计报告中沟通关键审计事项，还能够为财务报表预期使用者就与被审计单位、已审计财务报表或已执行审计工作相关的事项进一步与管理层和治理层沟通提供基础。

第五条 在审计报告中沟通关键审计事项以注册会计师已就财务报表整体形成审计意见为背景。在审计报告中沟通关键审计事项不能代替下列事项：

（一）管理层按照适用的财务报告编制基础在财务报表中作出的披露，或为使财务报表实现公允反映而作出的披露（如适用）；

（二）注册会计师按照《中国注册会计师审计准则第 1502 号——在审计报告中发表非无保留意见》的规定，根据审计业务的具体情况发表非无保留意见；

（三）当可能导致对被审计单位持续经营能力产生重大疑虑的事项或情况存在重大不确定性时，注册会计师按照《中国注册会计师审计准则第 1324 号——持续经营》的规定进行报告。

在审计报告中沟通关键审计事项也不是注册会计师就单一事项单独发表意见。

第六条 本准则适用于对上市实体整套通用目的财务报表进行审计，以及注册会计师决定或委托方要求在审计报告中沟通关键审计事项的其他情形。如果法律法规要求注册会计师在审计报告中沟通关键审计事项，本准则同样适用。根据《中国注册会计师审计准则第 1502 号——在审计报告中发表非无保留意见》的规定，注册会计师在对财务报表发表无法表示意见时，不得在审计报告中沟通关键审计事项，除非法律法规要求沟通。

第二章　定　义

第七条　关键审计事项，是指注册会计师根据职业判断认为对本期财务报表审计最为重要的事项。关键审计事项从注册会计师与治理层沟通过的事项中选取。

第三章　目　标

第八条　注册会计师的目标是，确定关键审计事项，并在对财务报表形成审计意见后，以在审计报告中描述关键审计事项的方式沟通这些事项。

第四章　要　求

第一节　确定关键审计事项

第九条　注册会计师应当从与治理层沟通过的事项中确定在执行审计工作时重点关注过的事项。在确定时，注册会计师应当考虑下列方面：

（一）按照《中国注册会计师审计准则第 1211 号——通过了解被审计单位及其环境识别和评估重大错报风险》的规定，评估的重大错报风险较高的领域或识别出的特别风险；

（二）与财务报表中涉及重大管理层判断（包括被认为具有高度估计不确定性的会计估计）的领域相关的重大审计判断；

（三）本期重大交易或事项对审计的影响。

第十条　注册会计师应当从根据本准则第九条的规定确定的事项中，确定哪些事项对本期财务报表审计最为重要，从而构成关键审计事项。

第二节　沟通关键审计事项

第十一条　除本准则第十四条和第十五条规定的情形外，注册会计师应当在审计报告中单设一部分，以"关键审计事项"为标题，并在该部分使用恰当的子标题逐项描述关键审计事项。关键审计事项部分的引言应当同时说明下列事项：

（一）关键审计事项是注册会计师根据职业判断，认为对本期财务报表审计最为重要的事项；

（二）关键审计事项的应对以对财务报表整体进行审计并形成审计意见为背景，注册会计师不对关键审计事项单独发表意见。

第十二条 如果按照《中国注册会计师审计准则第1502号——在审计报告中发表非无保留意见》的规定，某些事项导致注册会计师应当发表非无保留意见，注册会计师不得在审计报告的关键审计事项部分沟通这些事项。

第十三条 在审计报告的关键审计事项部分逐项描述关键审计事项时，注册会计师应当分别索引至财务报表的相关披露（如有），并同时说明下列内容：

（一）该事项被认定为审计中最为重要的事项之一，因而被确定为关键审计事项的原因；

（二）该事项在审计中是如何应对的。

第十四条 除非存在下列情形之一，注册会计师应当在审计报告中描述每项关键审计事项：

（一）法律法规禁止公开披露某事项；

（二）在极少数情形下，如果合理预期在审计报告中沟通某事项造成的负面后果超过在公众利益方面产生的益处，注册会计师确定不应在审计报告中沟通该事项。如果被审计单位已公开披露与该事项有关的信息，则本项规定不适用。

第十五条 根据《中国注册会计师审计准则第1502号——在审计报告中发表非无保留意见》的规定导致非无保留意见的事项，或者根据《中国注册会计师审计准则第1324号——持续经营》的规定可能导致对被审计单位持续经营能力产生重大疑虑的事项或情况存在重大不确定性，就其性质而言都属于关键审计事项。然而，这些事项不得在审计报告的关键审计事项部分进行描述，并且本准则第十三条至第十四条的要求不适用于这些情况。注册会计师应当按照适用的审计准则的规定报告这些事项，并在关键审计事项部分提及形成保留（否定）意见的基础部分或与持续经营相关的重大不确定性部分。

第十六条 如果注册会计师根据被审计单位和审计业务的具体事实和情况，确定不存在需要沟通的关键审计事项，或者仅有的需要沟通的关键审计事项是本准则第十五条所述的事项，注册会计师应当在审计报告中单设的关键审计事项部分对此进行说明。

第三节 与治理层的沟通

第十七条 注册会计师应当就下列事项与治理层沟通：

（一）注册会计师确定的关键审计事项；

（二）根据被审计单位和审计业务的具体事实和情况，注册会计师确定不存在需要在审计报告中沟通的关键审计事项（如适用）。

第四节　审计工作底稿

第十八条　注册会计师应当在审计工作底稿中记录下列事项：

（一）注册会计师根据本准则第九条的规定确定的在执行审计工作时重点关注过的事项，以及针对每一事项，根据本准则第十条的规定是否将其确定为关键审计事项及理由；

（二）注册会计师确定不存在需要在审计报告中沟通的关键审计事项的理由，或者仅有的需要沟通的关键审计事项是本准则第十五条所述的事项（如适用）；

（三）注册会计师确定不在审计报告中沟通某项关键审计事项的理由（如适用）。

中国注册会计师审计准则第 1511 号
——比较信息：对应数据和比较财务报表

（2019 年 2 月 20 日修订）

第一章 总 则

第一条 为了规范注册会计师在财务报表审计中与比较信息相关的责任，制定本准则。

第二条 当上期财务报表已由前任注册会计师审计或未经审计时，《中国注册会计师审计准则第 1331 号——首次审计业务涉及的期初余额》对期初余额的相关规定同样适用。

第三条 财务报表中列报的比较信息的性质取决于适用的财务报告编制基础的要求。比较信息包括对应数据和比较财务报表，相应地，注册会计师履行比较信息的报告责任有两种不同的方法。采用的方法通常由法律法规规定，但也可能在业务约定条款中作出约定。

第四条 本准则第三条提及的两种方法导致审计报告存在下列主要差异：

（一）对于对应数据，审计意见仅提及本期；

（二）对于比较财务报表，审计意见提及列报的财务报表所属的各期。

本准则对每种方法分别提出不同的审计报告要求。

第二章 定 义

第五条 比较信息，是指包含于财务报表中的、符合适用的财务报告编制基础的、与一个或多个以前期间相关的金额和披露。

第六条 对应数据，属于比较信息，是指作为本期财务报表组成部分的上期金额和相关披露，这些金额和披露只能和与本期相关的金额和披露（称为"本期数据"）联系起来阅读。对应数据列报的详细程度主要取决于其与本期数据的相关程度。

第七条 比较财务报表，属于比较信息，是指为了与本期财务报表相比较而包含的上期金额和相关披露。比较财务报表包含信息的详细程度与本期财务报表包含信息的详细程度相似。如果上期金额和相关披露已经审计，则将在审计意见中提及。

第八条 当比较信息包括一期以上的金额和相关披露时，本准则所称"上期"应理解为"以前数期"。

第三章 目 标

第九条 注册会计师的目标是：

（一）获取充分、适当的审计证据，确定在财务报表中包含的比较信息是否在所有重大方面按照适用的财务报告编制基础有关比较信息的要求进行列报；

（二）按照注册会计师的报告责任出具审计报告。

第四章 要 求

第一节 审计程序

第十条 注册会计师应当确定财务报表中是否包括适用的财务报告编制基础要求的比较信息，以及比较信息是否得到恰当分类。

基于上述目的，注册会计师应当评价：

（一）比较信息是否与上期财务报表列报的金额和相关披露一致，如果必要，比较信息是否已经重述；

（二）在比较信息中反映的会计政策是否与本期采用的会计政策一致，如果会计政策已发生变更，这些变更是否得到恰当处理并得到充分列报。

第十一条 在实施本期审计时，如果注意到比较信息可能存在重大错报，注册会计师应当根据实际情况追加必要的审计程序，获取充分、适当的审计证据，以确定是否存在重大错报。

如果上期财务报表已经审计，注册会计师还应当遵守《中国注册会计师审计准则第1332号——期后事项》的相关规定。如果上期财务报表已经得到更正，注册会计师应当确定比较信息与更正后的财务报表是否一致。

第十二条 注册会计师应当按照《中国注册会计师审计准则第1341号——书面声明》的规定，获取与审计意见中提及的所有期间相关的书面声明。对于管理层作出的、更正上期财务报表中影响比较信息的重大错报的任何重述，注册会计师还应当获取特定书面声明。

第二节 审计报告：对应数据

第十三条 当财务报表中列报对应数据时，除本准则第十四条、第十五条和第十七条描述的情形外，审计意见不应提及对应数据。

第十四条 如果以前针对上期财务报表发表了保留意见、无法表示意见或否定意见，且导致非无保留意见的事项仍未解决，注册会计师应当对本期财务报表发表非无保留意见。

在审计报告的导致非无保留意见的事项段中，注册会计师应当分下列两种情况予以处理：

（一）如果未解决事项对本期数据的影响或可能的影响是重大的，注册会计师应当在导致非无保留意见事项段中同时提及本期数据和对应数据；

（二）如果未解决事项对本期数据的影响或可能的影响不重大，注册会计师应当说明，由于未解决事项对本期数据和对应数据之间可比性的影响或可能的影响，因此发表了非无保留意见。

第十五条 如果注册会计师已经获取上期财务报表存在重大错报的审计证据，而以前对该财务报表发表了无保留意见，且对应数据未经适当重述或恰当披露，注册会计师应当就包括在财务报表中的对应数据，在审计报告中对本期财务报表发表保留意见或否定意见。

第十六条 如果上期财务报表已由前任注册会计师审计，注册会计师在审计报告中可以提及前任注册会计师对对应数据出具的审计报告。

当注册会计师决定提及时，应当在审计报告的其他事项段中说明：

（一）上期财务报表已由前任注册会计师审计；

（二）前任注册会计师发表的意见的类型（如果是非无保留意见，还应当说明发表非无保留意见的理由）；

（三）前任注册会计师出具的审计报告的日期。

第十七条 如果上期财务报表未经审计，注册会计师应当在审计报告的其他事项段中说明对应数据未经审计。但这种说明并不减轻注册会计师获取充分、适当的审计证据，以确定期初余额不含有对本期财务报表产生重大影响的错报的责任。

第三节 审计报告：比较财务报表

第十八条 当列报比较财务报表时，审计意见应当提及列报财务报表所属的各期，以及发表的审计意见涵盖的各期。

第十九条 当因本期审计而对上期财务报表发表审计意见时，如果对上期财务报表发表的意见与以前发表的意见不同,注册会计师应当按照《中国注册会计师审计准则第 1503 号——在审计报告中增加强调事项段和其他事项段》的规定,在其他事项段中披露导致不同意见的实质性原因。

第二十条 如果上期财务报表已由前任注册会计师审计,除非前任注册会计师对上期财务报表出具的审计报告与财务报表一同对外提供,注册会计师除对本期财务报表发表意见外,还应当在其他事项段中说明:

(一)上期财务报表已由前任注册会计师审计;

(二)前任注册会计师发表的意见的类型(如果是非无保留意见,还应当说明发表非无保留意见的理由);

(三)前任注册会计师出具的审计报告的日期。

第二十一条 如果认为存在影响上期财务报表的重大错报,而前任注册会计师以前出具了无保留意见的审计报告,注册会计师应当就此与适当层级的管理层沟通,并要求其告知前任注册会计师。注册会计师还应当与治理层进行沟通,除非治理层全部成员参与管理被审计单位。如果上期财务报表已经更正,且前任注册会计师同意对更正后的上期财务报表出具新的审计报告,注册会计师应当仅对本期财务报表出具审计报告。

第二十二条 如果上期财务报表未经审计,注册会计师应当在其他事项段中说明比较财务报表未经审计。但这种说明并不减轻注册会计师获取充分、适当的审计证据,以确定期初余额不含有对本期财务报表产生重大影响的错报的责任。

第五章 附 则

第二十三条 本准则自 2019 年 7 月 1 日起施行。

中国注册会计师审计准则第 1521 号
——注册会计师对其他信息的责任

（2016 年 12 月 23 日修订）

第一章 总 则

第一条 本准则规范了注册会计师对被审计单位年度报告中包含的除财务报表和审计报告之外的其他信息的责任，无论其他信息是财务信息还是非财务信息。被审计单位的年度报告可能是一份单独的文件，也可能是服务于相同目的的系列文件组合。

第二条 本准则以注册会计师执行财务报表审计为背景。因此，本准则规定的注册会计师的目标应以《中国注册会计师审计准则第 1101 号——注册会计师的总体目标和审计工作的基本要求》第二十五条中描述的注册会计师的总体目标为背景来理解。注册会计师对财务报表发表的审计意见不涵盖其他信息，本准则也不要求注册会计师获取超过形成财务报表审计意见所需要的审计证据。

第三条 本准则要求注册会计师阅读和考虑其他信息，是由于如果其他信息与财务报表或者与注册会计师在审计中了解到的情况存在重大不一致，可能表明财务报表或其他信息存在重大错报，两者均会损害财务报表和审计报告的可信性。此类重大错报也可能不恰当地影响审计报告使用者的经济决策。

第四条 本准则也可能有助于注册会计师遵循相关的职业道德要求，即要求注册会计师不应当在明知的情况下与以下信息发生关联：含有严重虚假或误导性的陈述；含有缺少充分依据的陈述或信息；存在遗漏或含糊其辞的信息，且这种遗漏或含糊其辞会产生误导。

第五条 其他信息中，某些金额或其他项目旨在与财务报表中的金额或其他项目相一致，或者对其进行概括，或者为其提供更详细的信息；针对某些金额或其他项目，注册会计师在审计中已经了解到一些情况。

第六条 无论在审计报告日之前还是之后获取其他信息，注册会计师对其他信息的责任（除适用的报告责任外）均适用。

第七条 本准则不适用于：

（一）财务信息初步公告；

（二）证券发行文件，包括招股说明书。

第八条 本准则对注册会计师设定的责任，不构成对其他信息的鉴证。本准则也不要求注册会计师对其他信息提供一定程度的保证。

第九条 法律法规可能就其他信息对注册会计师提出超出本准则范围的要求。在此情况下，注册会计师应当遵守法律法规的要求。

第二章 定 义

第十条 年度报告，是指管理层或治理层根据法律法规的规定或惯例，一般以年度为基础编制的、旨在向所有者（或类似的利益相关方）提供实体经营情况和财务业绩及财务状况（财务业绩及财务状况反映于财务报表）信息的一个文件或系列文件组合。一份年度报告包含或随附财务报表和审计报告，通常包括实体的发展，未来前景、风险和不确定事项，治理层声明，以及包含治理事项的报告等信息。

第十一条 其他信息，是指在被审计单位年度报告中包含的除财务报表和审计报告以外的财务信息和非财务信息。

第十二条 其他信息的错报，是指对其他信息作出不正确陈述或其他信息具有误导性，包括遗漏或掩饰对恰当理解其他信息披露的事项必要的信息。

第三章 目 标

第十三条 注册会计师的目标是，在已经阅读其他信息的情况下：

（一）考虑其他信息与财务报表之间是否存在重大不一致；

（二）考虑其他信息与注册会计师在审计中了解到的情况之间是否存在重大不一致；

（三）当注册会计师识别出此类重大不一致似乎存在时，或者注册会计师知悉其他信息似乎存在重大错报时，予以恰当应对；

（四）根据本准则的规定进行报告。

第四章 要 求

第一节 获取其他信息

第十四条 注册会计师应当：

（一）通过与管理层讨论，确定哪些文件组成年度报告，以及被审计单位计划公布这些文件的方式和时间安排；

（二）就及时获取组成年度报告的文件的最终版本与管理层作出适当安排。如果可能，在审计报告日之前获取；

（三）如果本条第（一）项中确定的部分或全部文件在审计报告日后才能取得，要求管理层提供书面声明，声明上述文件的最终版本将在可获取时并且在被审计单位公布前提供给注册会计师，以使注册会计师可以完成本准则要求的程序。

第二节 阅读并考虑其他信息

第十五条 注册会计师应当阅读其他信息。在阅读时，注册会计师应当：

（一）考虑其他信息和财务报表之间是否存在重大不一致。作为考虑的基础，注册会计师应当将其他信息中选取的金额或其他项目（这些金额或其他项目旨在与财务报表中的金额或其他项目相一致，或对其进行概括，或为其提供更详细的信息）与财务报表中的相应金额或其他项目进行比较，以评价其一致性；

（二）在已获取审计证据并已得出审计结论的背景下，考虑其他信息与注册会计师在审计中了解到的情况是否存在重大不一致。

第十六条 当根据本准则第十五条阅读其他信息时，注册会计师应当对与财务报表或注册会计师在审计中了解到的情况不相关的其他信息中似乎存在重大错报的迹象保持警觉。

第三节 当似乎存在重大不一致或其他信息 似乎存在重大错报时的应对

第十七条 如果注册会计师识别出似乎存在重大不一致，或者知悉其他信息似乎存在重大错报，注册会计师应当与管理层讨论该事项，必要时，实施其他程序以确定：

（一）其他信息是否存在重大错报；

（二）财务报表是否存在重大错报；

（三）注册会计师对被审计单位及其环境的了解是否需要更新。

第四节 当注册会计师认为其他信息存在 重大错报时的应对

第十八条 如果注册会计师认为其他信息存在重大错报，应当要求管理层更正其他信息：

（一）如果管理层同意作出更正，注册会计师应当确定更正已经完成；

（二）如果管理层拒绝作出更正，注册会计师应当就该事项与治理层进行沟通，并要求作出更正。

第十九条 如果注册会计师认为审计报告日前获取的其他信息存在重大错报，且在与治理层沟通后其他信息仍未得到更正，注册会计师应当采取恰当措施，包括：

（一）考虑对审计报告的影响，并就注册会计师计划如何在审计报告中处理重大错报与治理层进行沟通；

（二）在相关法律法规允许的情况下，解除业务约定。

第二十条 如果注册会计师认为审计报告日后获取的其他信息存在重大错报：

（一）如果其他信息得以更正，注册会计师应当根据具体情形实施必要的程序；

（二）如果与治理层沟通后其他信息未得到更正，注册会计师应当考虑其法律权利和义务，并采取恰当的措施，以提醒审计报告使用者恰当关注未更正的重大错报。

第五节 当财务报表存在重大错报或注册会计师对被审计单位及其环境的了解需要更新时的应对

第二十一条 如果注册会计师通过实施本准则第十五条至第十六条所述的程序，认为财务报表存在重大错报，或者注册会计师对被审计单位及其环境的了解需要更新，注册会计师应当根据其他审计准则作出恰当应对。

第六节 报 告

第二十二条 如果在审计报告日存在下列两种情况之一，审计报告应当包括一个单独部分，以"其他信息"为标题：

（一）对于上市实体财务报表审计，注册会计师已获取或预期将获取其他信息；

（二）对于上市实体以外其他被审计单位的财务报表审计，注册会计师已获取部分或全部其他信息。

第二十三条 如果根据本准则第二十二条的要求，审计报告应当包含其他信息部分，该部分应当包括：

（一）管理层对其他信息负责的说明。

（二）指明：

1. 注册会计师于审计报告日前已获取的其他信息（如有）；

2. 对于上市实体财务报表审计，预期将于审计报告日后获取的其他信息（如有）。

（三）说明注册会计师的审计意见未涵盖其他信息，因此，注册会计师对其他信息不发表（或不会发表）审计意见或任何形式的鉴证结论。

（四）描述注册会计师根据本准则的要求，对其他信息进行阅读、考虑和报告的责任。

（五）如果审计报告日前已经获取其他信息，则选择下列二者之一进行说明：

1. 说明注册会计师无任何需要报告的事项；

2. 如果注册会计师认为其他信息存在未更正的重大错报，说明其他信息中的未更正重大错报。

第二十四条　如果注册会计师根据《中国注册会计师审计准则第1502号——在审计报告中发表非无保留意见》的规定发表保留或者否定意见，注册会计师应当考虑导致非无保留意见的事项对本准则第二十三条第（五）项要求的说明的影响。

第七节　审计工作底稿

第二十五条　根据《中国注册会计师审计准则第1131号——审计工作底稿》中与本准则相关的要求，注册会计师应当就下列事项形成审计工作底稿：

（一）按照本准则的规定实施的程序；

（二）注册会计师按照本准则的规定执行工作所针对的其他信息的最终版本。

中国注册会计师审计准则第 1601 号
——审计特殊目的财务报表的特殊考虑

（2021 年 12 月 9 日修订）

第一章 总 则

第一条 为了规范注册会计师在执行特殊目的财务报表审计中的特殊考虑，制定本准则。

第二条 中国注册会计师审计准则第 1101 号至第 1521 号适用于财务报表审计。本准则规范的是注册会计师运用这些审计准则对特殊目的财务报表进行审计时的特殊考虑。

第三条 本准则是针对整套特殊目的财务报表审计制定的。《中国注册会计师审计准则第 1603 号——审计单一财务报表和财务报表特定要素的特殊考虑》规范注册会计师对单一财务报表和财务报表的特定要素、特定账户或特定项目审计相关的特殊考虑。

第四条 本准则并不取代其他审计准则的规定，也未涵盖注册会计师在执行特殊目的财务报表审计时，需要根据具体情况作出的所有特殊考虑。

第二章 定 义

第五条 特殊目的财务报表，是指按照特殊目的编制基础编制的财务报表。

第六条 特殊目的编制基础，是指旨在满足财务报表特定使用者财务信息需求的财务报告编制基础，包括计税核算基础、监管机构的要求和合同约定等。

第七条 本准则所称财务报表，是指整套特殊目的财务报表，包括相关披露。财务报告编制基础决定了财务报表的内容和结构，以及整套财务报表的构成。

第三章 目 标

第八条 注册会计师的目标是，在依据审计准则执行特殊目的财务报表审计时，在以下环节作出恰当的特殊考虑：

（一）业务的承接；
（二）业务的计划和执行；
（三）对财务报表形成审计意见、出具审计报告。

第四章 要 求

第一节 业务承接时的考虑

第九条 《中国注册会计师审计准则第1111号——就审计业务约定条款达成一致意见》规定，注册会计师应当确定管理层在编制财务报表时采用的财务报告编制基础是否可接受。

注册会计师在执行特殊目的财务报表审计时应当了解下列情况：
（一）财务报表的编制目的；
（二）财务报表预期使用者；
（三）管理层为确定财务报告编制基础在具体情况下的可接受性所作的考虑。

第二节 计划和执行审计工作时的考虑

第十条 注册会计师应当按照《中国注册会计师审计准则第1101号——注册会计师的总体目标和审计工作的基本要求》的规定，遵守与本审计业务相关的所有审计准则。

在计划和执行特殊目的财务报表审计工作时，注册会计师应当确定在运用这些审计准则时是否需要根据具体情况作出特殊考虑。

第十一条 注册会计师应当按照《中国注册会计师审计准则第1211号——通过了解被审计单位及其环境识别和评估重大错报风险》的规定，了解被审计单位选择和运用会计政策的情况。

在财务报表按照合同条款编制的情况下，注册会计师应当了解被审计单位管理层对相关合同条款作出的所有重要解释。如果采用其他合理解释将导致财务报表中列报的信息产生重大差异，则管理层对合同条款作出的解释就是重要的。

第三节 形成审计意见和出具审计报告时的考虑

第十二条 当对特殊目的财务报表形成审计意见、出具审计报告时，注册会计师应当遵守《中国注册会计师审计准则第1501号——对财务报表形成审计意见和出具审计报告》的规定。

第十三条 注册会计师应当按照《中国注册会计师审计准则第 1501 号——对财务报表形成审计意见和出具审计报告》的规定，评价财务报表是否恰当说明其编制基础。

在财务报表按照合同条款编制的情况下，注册会计师应当评价财务报表是否恰当说明了对该合同条款作出的所有重要解释。

第十四条 《中国注册会计师审计准则第 1501 号——对财务报表形成审计意见和出具审计报告》规定了审计报告的格式和内容，包括审计报告特定要素的排列顺序。

对于特殊目的财务报表审计，审计报告还应当包括以下内容：

（一）对财务报表编制目的的陈述，必要时，还应当说明财务报表预期使用者，或者指明载有以上信息的财务报表附注；

（二）在编制特殊目的财务报表时，如果管理层可以选择财务报告编制基础，在说明管理层对财务报表的责任时，应当提及管理层负责确定采用的财务报告编制基础是可以接受的。

第十五条 注册会计师针对特殊目的财务报表出具的审计报告应当增加强调事项段，用以提醒审计报告使用者，财务报表是按照特殊目的编制基础编制的，不适用于其他目的。

第五章　附　　则

第十六条 本准则自 2022 年 1 月 1 日起施行。

中国注册会计师审计准则第 1602 号
——验资

（2006 年 2 月 15 日发布）

第一章　总　　则

第一条　为了规范注册会计师执行验资业务，明确工作要求，制定本准则。

第二条　注册会计师在执行验资业务时，应当将本准则与相关审计准则结合使用。

第三条　本准则所称验资，是指注册会计师依法接受委托，对被审验单位注册资本的实收情况或注册资本及实收资本的变更情况进行审验，并出具验资报告。

验资分为设立验资和变更验资。设立验资是指注册会计师对被审验单位申请设立登记时的注册资本实收情况进行的审验。变更验资是指注册会计师对被审验单位申请变更登记时的注册资本及实收资本的变更情况进行的审验。

本准则所称被审验单位，是指在中华人民共和国境内拟设立或已设立的，依法应当接受验资的有限责任公司和股份有限公司。

第四条　按照法律法规以及协议、合同、章程的要求出资，提供真实、合法、完整的验资资料，保护资产的安全、完整，是出资者和被审验单位的责任。

第五条　按照本准则的规定，对被审验单位注册资本的实收情况或注册资本及实收资本的变更情况进行审验，出具验资报告，是注册会计师的责任。

注册会计师的责任不能减轻出资者和被审验单位的责任。

第六条　注册会计师执行验资业务，应当遵守相关的职业道德规范，恪守独立、客观、公正的原则，保持专业胜任能力和应有的关注，并对执业过程中获知的信息保密。

第二章　业务约定书

第七条　注册会计师应当了解被审验单位基本情况，考虑自身独立性和专业胜任能力，初步评估验资风险，以确定是否接受委托。

第八条 注册会计师应当就下列主要事项与委托人沟通，并达成一致意见：

（一）委托目的；

（二）出资者和被审验单位的责任以及注册会计师的责任；

（三）审验范围；

（四）时间要求；

（五）验资收费；

（六）报告分发和使用的限制。

第九条 如果接受委托，注册会计师应当与委托人就双方达成一致的事项签订业务约定书。

第三章 计划、程序与记录

第十条 注册会计师执行验资业务，应当编制验资计划，对验资工作作出合理安排。

第十一条 注册会计师应当向被审验单位获取注册资本实收情况明细表或注册资本、实收资本变更情况明细表。

第十二条 设立验资的审验范围一般限于与被审验单位注册资本实收情况有关的事项，包括出资者、出资币种、出资金额、出资时间、出资方式和出资比例等。

第十三条 变更验资的审验范围一般限于与被审验单位注册资本及实收资本增减变动情况有关的事项。

增加注册资本及实收资本时，审验范围包括与增资相关的出资者、出资币种、出资金额、出资时间、出资方式、出资比例和相关会计处理，以及增资后的出资者、出资金额和出资比例等。

减少注册资本及实收资本时，审验范围包括与减资相关的减资者、减资币种、减资金额、减资时间、减资方式、债务清偿或债务担保情况、相关会计处理，以及减资后的出资者、出资金额和出资比例等。

第十四条 对于出资者投入的资本及其相关的资产、负债，注册会计师应当分别采用下列方法进行审验：

（一）以货币出资的，应当在检查被审验单位开户银行出具的收款凭证、对账单及银行询证函回函等的基础上，审验出资者的实际出资金额和货币出资比例是否符合规定。对于股份有限公司向社会公开募集的股本，还应当检查证券公司承销协议、募股清单和股票发行费用清单等。

（二）以实物出资的，应当观察、检查实物，审验其权属转移情况，并按照国家有关规定在资产评估的基础上审验其价值。如果被审验单位是外商投资企业，注册会计师应当按照国家有关外商投资企业的规定，审验实物出资的价值。

（三）以知识产权、土地使用权等无形资产出资的，应当审验其权属转移情况，并按照国家有关规定在资产评估的基础上审验其价值。如果被审验单位是外商投资企业，注册会计师应当按照国家有关外商投资企业的规定，审验无形资产出资的价值。

（四）以净资产折合实收资本的，或以资本公积、盈余公积、未分配利润转增注册资本及实收资本的，应当在审计的基础上按照国家有关规定审验其价值。

（五）以货币、实物、知识产权、土地使用权以外的其他财产出资的，注册会计师应当审验出资是否符合国家有关规定。

（六）外商投资企业的外方出资者以本条第（一）项至第（五）项所述方式出资的，注册会计师还应当关注其是否符合国家外汇管理有关规定，向企业注册地的外汇管理部门发出外方出资情况询证函，并根据外方出资者的出资方式附送银行询证函回函、资本项目外汇业务核准件及进口货物报关单等文件的复印件，以询证上述文件内容的真实性、合规性。

第十五条　对于出资者以实物、知识产权和土地使用权等非货币财产作价出资的，注册会计师应当在出资者依法办理财产权转移手续后予以审验。

第十六条　对于设立验资，如果出资者分次缴纳注册资本，注册会计师应当关注全体出资者的首次出资额和出资比例是否符合国家有关规定。

第十七条　对于变更验资，注册会计师应当关注被审验单位以前的注册资本实收情况，并关注出资者是否按照规定的期限缴纳注册资本。

第十八条　注册会计师在审验过程中利用专家协助工作时，应当考虑其专业胜任能力和客观性，并对利用专家工作结果所形成的审验结论负责。

第十九条　注册会计师应当向出资者和被审验单位获取与验资业务有关的重大事项的书面声明。

第二十条　注册会计师应当对验资过程及结果进行记录，形成验资工作底稿。

第四章　验资报告

第二十一条　注册会计师应当评价根据审验证据得出的结论，以作为形成审验意见和出具验资报告的基础。

第二十二条　验资报告应当包括下列要素：

（一）标题；

（二）收件人；

（三）范围段；

（四）意见段；

（五）说明段；

（六）附件；

（七）注册会计师的签名和盖章；

（八）会计师事务所的名称、地址及盖章；

（九）报告日期。

第二十三条 验资报告的标题应当统一规范为"验资报告"。

第二十四条 验资报告的收件人是指注册会计师按照业务约定书的要求致送验资报告的对象，一般是指验资业务的委托人。验资报告应当载明收件人的全称。

第二十五条 验资报告的范围段应当说明审验范围、出资者和被审验单位的责任、注册会计师的责任、审验依据和已实施的主要审验程序等。

第二十六条 验资报告的意见段应当说明已审验的被审验单位注册资本的实收情况或注册资本及实收资本的变更情况。

对于变更验资，注册会计师仅对本次注册资本及实收资本的变更情况发表审验意见。

第二十七条 验资报告的说明段应当说明验资报告的用途、使用责任及注册会计师认为应当说明的其他重要事项。

对于变更验资，注册会计师还应当在验资报告说明段中说明对以前注册资本实收情况审验的会计师事务所名称及其审验情况，并说明变更后的累计注册资本实收金额。

第二十八条 如果在注册资本及实收资本的确认方面与被审验单位存在异议，且无法协商一致，注册会计师应当在验资报告说明段中清晰地反映有关事项及其差异和理由。

第二十九条 验资报告的附件应当包括已审验的注册资本实收情况明细表或注册资本、实收资本变更情况明细表和验资事项说明等。

第三十条 验资报告应当由注册会计师签名并盖章。

第三十一条 验资报告应当载明会计师事务所的名称和地址，并加盖会计师事务所公章。

第三十二条 验资报告日期是指注册会计师完成审验工作的日期。

第三十三条 注册会计师在审验过程中，遇有下列情形之一时，应当拒绝出具验资报告并解除业务约定：

（一）被审验单位或出资者不提供真实、合法、完整的验资资料的；

（二）被审验单位或出资者对注册会计师应当实施的审验程序不予合作，甚至阻挠审验的；

（三）被审验单位或出资者坚持要求注册会计师作不实证明的。

第三十四条 验资报告具有法定证明效力，供被审验单位申请设立登记或变更登记及据以向出资者签发出资证明时使用。

验资报告不应被视为对被审验单位验资报告日后资本保全、偿债能力和持续经营能力等的保证。委托人、被审验单位及其他第三方因使用验资报告不当所造成的后果,与注册会计师及其所在的会计师事务所无关。

第五章 附 则

第三十五条 注册会计师执行有限责任公司和股份有限公司以外的其他单位的验资业务,除有特定要求者外,应当参照本准则办理。

第三十六条 本准则自 2007 年 1 月 1 日起施行。

中国注册会计师审计准则第 1603 号
——审计单一财务报表和财务报表特定要素的特殊考虑

（2021 年 12 月 9 日修订）

第一章 总 则

第一条 为了规范注册会计师在执行单一财务报表和财务报表特定要素审计中的特殊考虑，制定本准则。

第二条 中国注册会计师审计准则第 1101 号至第 1521 号适用于财务报表审计。当执行其他历史财务信息（包括单一财务报表和财务报表特定要素）审计业务时，注册会计师根据具体情况遵守适用的审计准则。本准则规范的是注册会计师运用审计准则对单一财务报表和财务报表特定要素进行审计时的特殊考虑。

第三条 单一财务报表和财务报表特定要素可能采用通用目的编制基础，也可能采用特殊目的编制基础。如果采用特殊目的编制基础，《中国注册会计师审计准则第 1601 号——审计特殊目的财务报表的特殊考虑》也适用于对单一财务报表和财务报表特定要素的审计。

第四条 本准则不适用于组成部分注册会计师应集团项目组的要求，基于集团财务报表审计目的，对组成部分财务信息执行工作并出具报告的情况。这种情况适用《中国注册会计师审计准则第 1401 号——对集团财务报表审计的特殊考虑》。

第五条 本准则并不取代其他审计准则的规定，也未涵盖注册会计师在执行单一财务报表和财务报表特定要素审计时，需要根据具体情况作出的所有特殊考虑。

第二章 定 义

第六条 财务报表特定要素（简称特定要素），就本准则而言，除财务报表的特定要素外，还包括特定账户和特定项目。

第七条 单一财务报表或财务报表特定要素包括相关披露。相关披露通常包含与单一财务报表或财务报表特定要素相关的解释性或其他描述性信息。

第三章 目 标

第八条 注册会计师的目标是,在依据审计准则执行单一财务报表和财务报表特定要素审计时,在以下环节作出恰当的特殊考虑:

(一)业务的承接;

(二)业务的计划和执行;

(三)对单一财务报表和财务报表特定要素形成审计意见、出具审计报告。

第四章 要 求

第一节 业务承接时的考虑

第九条 注册会计师应当按照《中国注册会计师审计准则第1101号——注册会计师的总体目标和审计工作的基本要求》的规定,遵守与本审计业务相关的所有审计准则。对单一财务报表或财务报表特定要素进行审计时,无论注册会计师是否同时接受委托对整套财务报表进行审计,该规定都适用。如果没有同时接受委托对整套财务报表进行审计,注册会计师应当确定按照审计准则对单一财务报表或财务报表特定要素进行审计是否可行。

第十条 《中国注册会计师审计准则第1111号——就审计业务约定条款达成一致意见》规定,注册会计师应当确定管理层在编制财务报表时采用的财务报告编制基础是否可接受。在单一财务报表或财务报表特定要素审计中,注册会计师在确定财务报告编制基础是否可接受时,应当确定采用该财务报告编制基础是否能够提供充分的披露,从而使财务报表预期使用者能够理解单一财务报表或财务报表特定要素提供的信息,以及重大交易和重大事项对这些信息的影响。

第十一条 《中国注册会计师审计准则第1111号——就审计业务约定条款达成一致意见》规定,审计业务约定条款应当包括注册会计师拟出具审计报告的具体表述方式。

针对单一财务报表或财务报表特定要素的审计,注册会计师应当考虑拟出具的审计报告的具体表述方式是否适合具体情况。

第二节 计划和执行审计工作时的考虑

第十二条 《中国注册会计师审计准则第1101号——注册会计师的总体目标和审计工作的基本要求》规定,审计准则适用于注册会计师执行财务报表审计业务。执行其他历史财务信息审计时,注册会计师根据具体情况遵守适用的审计准则。

在计划和执行单一财务报表或财务报表特定要素审计时，注册会计师应当根据具体情况遵守所有适用的审计准则条款。

第三节　形成审计意见和出具审计报告时的考虑

第十三条　在就单一财务报表或财务报表特定要素形成审计意见、出具审计报告时，注册会计师应当根据业务的具体情况，遵守《中国注册会计师审计准则第1501号——对财务报表形成审计意见和出具审计报告》和《中国注册会计师审计准则第1601号——审计特殊目的财务报表的特殊考虑》的相关规定。

第十四条　在接受业务委托时，如果既有对单一财务报表或财务报表特定要素的审计，也有对整套财务报表的审计，注册会计师应当针对每项业务分别发表审计意见。

第十五条　已审计的单一财务报表或财务报表特定要素可能连同已审计的整套财务报表一同发布，如果管理层没有明确区分整套财务报表与单一财务报表或财务报表特定要素，注册会计师应当要求管理层予以纠正。

注册会计师应当将对单一财务报表或财务报表特定要素的审计意见与对整套财务报表的审计意见予以明确区分。

只有在明确作出上述区分的情况下，注册会计师才可以针对单一财务报表或财务报表特定要素发表审计意见、出具审计报告。

第十六条　如果整套财务报表的审计报告包括下列事项，注册会计师应当考虑这些事项对单一财务报表或财务报表特定要素审计以及审计报告可能产生的影响：

（一）按照《中国注册会计师审计准则第1502号——在审计报告中发表非无保留意见》的规定，发表非无保留意见；

（二）按照《中国注册会计师审计准则第1503号——在审计报告中增加强调事项段和其他事项段》的规定，增加强调事项段或其他事项段；

（三）按照《中国注册会计师审计准则第1324号——持续经营》的规定，增加"与持续经营相关的重大不确定性"部分；

（四）按照《中国注册会计师审计准则第1504号——在审计报告中沟通关键审计事项》的规定，沟通关键审计事项；

（五）按照《中国注册会计师审计准则第1521号——注册会计师对其他信息的责任》的规定，说明未更正的其他信息重大错报。

第十七条　如果认为有必要对整套财务报表整体发表否定意见或无法表示意见，根据《中国注册会计师审计准则第1502号——在审计报告中发表非无保留意见》的规定，注册会计师不应在同一审计报告中，对构成整套财务报表组成部分的单一财务报表或财务报表特定要素发表无保留意见。这是因为，在同一审计报告中包含的无保留意见，将与对整套财务报表整体发表的否定意见或无法表示意见相矛盾。

第十八条　如果注册会计师认为有必要对整套财务报表整体发表否定意见或无法表示意见，同时又对该整套财务报表中的特定要素另行进行审计，只有在同时满足下列条件时，注册会计师才可以认为对特定要素发表无保留意见是适当的：

（一）法律法规并未禁止注册会计师对该特定要素发表无保留意见；

（二）注册会计师对该特定要素出具的无保留意见审计报告，与包含否定意见或无法表示意见的审计报告，并不一同发布；

（三）该特定要素并不构成整套财务报表的主要部分。

第十九条　如果对整套财务报表整体发表了否定意见或无法表示意见，注册会计师不应当对整套财务报表中的单一财务报表发表无保留意见。

即使单一财务报表的审计报告并不与对整套财务报表整体发表否定意见或无法表示意见的审计报告一同发布，注册会计师也不应对整套财务报表中的单一财务报表发表无保留意见。这是因为，单一财务报表是整套财务报表的主要部分。

第五章　附　　则

第二十条　本准则自 2022 年 1 月 1 日起施行。

中国注册会计师审计准则第 1604 号
——对简要财务报表出具报告的业务

（2021 年 12 月 9 日修订）

第一章 总 则

第一条 为了规范注册会计师对简要财务报表出具报告的责任，制定本准则。

第二条 简要财务报表来源于由同一注册会计师按照审计准则的规定审计的财务报表。

第二章 定 义

第三条 简要财务报表，是指源于财务报表但详细程度低于财务报表的历史财务信息。简要财务报表对被审计单位某一特定日期的经济资源或义务，或者某一会计期间经济资源或义务的变化，作出与财务报表一致但详细程度较低的结构性表述。例如，被审计单位可能为了某些商业目标（比如投标）而编制简要财务报表。

第四条 已审计财务报表，是指注册会计师按照审计准则审计过的财务报表，该财务报表是编制简要财务报表的依据。

第五条 采用的标准，是指管理层在编制简要财务报表时采用的标准。

第三章 目 标

第六条 注册会计师的目标是：

（一）确定承接对简要财务报表出具报告的业务是否适当；

（二）如果承接该业务，对根据获取的证据所得出的结论作出评价，在此基础上对简要财务报表形成意见，并通过书面报告的形式清楚地表达意见，说明形成意见的基础。

第四章 要 求

第一节 业务的承接

第七条 只有在已经接受委托,按照审计准则的规定执行财务报表审计,并且简要财务报表的内容来源于财务报表时,注册会计师才可以按照本准则的规定承接对简要财务报表出具报告的业务。

第八条 在承接对简要财务报表出具报告的业务之前,注册会计师应当:

(一)确定所采用的标准是否可接受;

(二)就管理层认可并理解其责任与管理层达成一致意见;

(三)与管理层就拟对简要财务报表发表意见的具体表述方式达成一致意见。

本条前款第(二)项提及的管理层的责任是:

(一)按照采用的标准编制简要财务报表;

(二)使简要财务报表的预期使用者能够比较方便地获取已审计财务报表(如果法律法规规定已审计财务报表无需提供给简要财务报表的预期使用者,并且为编制简要财务报表制定了标准,则应当在简要财务报表中说明法律法规的相关规定);

(三)在载有简要财务报表、并声明注册会计师已经对其出具报告的所有文件中,包含注册会计师对简要财务报表出具的报告(在本准则中有时简称为简要财务报表的报告)。

第九条 如果认为管理层采用的标准不可接受,或未能按照本准则第八条第一款第(二)项的规定就管理层认可并理解其责任与管理层达成一致意见,注册会计师不应承接对简要财务报表出具报告的业务,除非法律法规另有规定。如果法律法规要求注册会计师承接该业务,由于该业务的执行不符合本准则的规定,注册会计师对简要财务报表出具的报告不应提及已经按照本准则的规定执行了该业务。注册会计师应当在业务约定条款中适当提及这一情况。注册会计师还应当确定这一情况对财务报表(编制简要财务报表的依据)审计业务可能产生的影响。

第二节 程 序

第十条 注册会计师应当实施下列程序,以及可能有必要的其他程序,作为对简要财务报表形成意见的基础:

(一)评价简要财务报表是否充分披露其简化的性质,并指明作为其编制依据的已审计财务报表;

(二)如果简要财务报表不与已审计财务报表一起提供,则应当评价简要财务报表是否清楚地说明已审计财务报表的获取渠道;如果法律法规规定已审计财务报表无需提供给简要财务报表的预期使用者，并且为编制简要财务报表制定了标准，则应当评价简要财务报表是否清楚地说明了这些法律法规的规定；

（三）评价简要财务报表是否充分披露了采用的标准；

（四）将简要财务报表与已审计财务报表中的相关信息进行比较，以确定两者是否一致，或能否依据已审计财务报表中的相关信息重新计算得出简要财务报表中的信息；

（五）评价简要财务报表是否按照采用的标准编制；

（六）根据简要财务报表的目的，评价简要财务报表是否包含必要的信息，并在适当的层次进行了汇总，以使其不产生误导；

（七）评价简要财务报表的预期使用者能否比较方便地获取已审计财务报表，除非法律法规规定已审计财务报表无需提供给简要财务报表的预期使用者，并且为编制简要财务报表制定了标准。

第三节　意见的具体表述方式

第十一条　如果对简要财务报表发表无保留意见是恰当的，除非法律法规另有规定，注册会计师应当使用下列措辞之一：

（一）按照[采用的标准]，后附的简要财务报表在所有重大方面与已审计财务报表保持了一致；

（二）按照[采用的标准]，后附的简要财务报表公允概括了已审计财务报表。

第十二条　如果法律法规规定了对简要财务报表发表意见的措辞，并且与本准则第十一条规定的措辞存在差异，注册会计师应当实施下列程序：

（一）本准则第十条规定的程序以及其他必要的进一步程序，以使注册会计师能够发表符合规定的意见；

（二）评价简要财务报表的使用者是否可能误解注册会计师对简要财务报表发表的意见；如果可能误解，则应当评价在简要财务报表的报告中增加补充解释能否消除或减少误解。

第十三条　在本准则第十二条第（二）项所述的情况下，如果认为增加补充解释不能消除或减少可能的误解，注册会计师不应承接该业务，除非法律法规另有规定。如果法律法规要求注册会计师承接该业务，由于业务的执行不符合本准则的规定，注册会计师在对简要财务报表出具的报告中不应提及该业务是按照本准则的规定执行的。

第四节　工作的时间安排和期后事项

第十四条　对简要财务报表出具报告的日期可能迟于已审计财务报表的审计报

告日。在这种情况下，简要财务报表的报告应当说明，简要财务报表和已审计财务报表均未反映已审计财务报表的审计报告日以后发生的事项的影响。

第十五条 注册会计师可能知悉了在已审计财务报表的审计报告日已经存在但之前并未知悉的事实。在这种情况下，注册会计师只有在按照《中国注册会计师审计准则第1332号——期后事项》的规定履行了其与期后事项相关的责任后，才可以对简要财务报表出具报告。

第五节 载有简要财务报表及其报告的文件中的信息

第十六条 注册会计师应当阅读载有简要财务报表及其报告的文件中包含的信息，识别其是否与简要财务报表存在重大不一致。

第十七条 如果识别出重大不一致，注册会计师应当与管理层讨论，并确定简要财务报表或者载有简要财务报表及其报告的文件中包含的信息是否需要作出修改。如果确定该信息需要修改，而管理层拒绝作出必要的修改，注册会计师应当采取适当的措施，包括考虑对简要财务报表的报告的影响。

第六节 对简要财务报表出具的报告

第十八条 对简要财务报表出具的报告应当包括下列要素：
（一）标题；
（二）收件人；
（三）意见；
（四）简要财务报表；
（五）已审计财务报表及其审计报告；
（六）管理层对简要财务报表的责任；
（七）注册会计师的责任；
（八）注册会计师的签名和盖章；
（九）会计师事务所的名称、地址和盖章；
（十）报告日期。

第十九条 报告的标题应当统一规范为"注册会计师对简要财务报表出具的报告"。

第二十条 报告应当按照业务约定条款的要求载明收件人。如果对简要财务报表出具的报告的收件人不同于已审计财务报表的审计报告的收件人，注册会计师应当评价使用不同收件人名称的适当性。

第二十一条 "意见"部分应当包括下列方面：

（一）注册会计师出具报告所针对的简要财务报表，包括每一简要财务报表的名称；

（二）已审计财务报表。

第二十二条 如果对已审计财务报表发表的不是否定意见或无法表示意见，"意见"部分应当清楚地表达对简要财务报表的意见，而不能拒绝发表意见。

第二十三条 "简要财务报表"部分应当指出，简要财务报表未包含已审计财务报表采用的编制基础所要求披露的全部事项，因此，简要财务报表及其报告不能代替已审计财务报表及其审计报告。

第二十四条 对简要财务报表出具报告的日期如果迟于已审计财务报表的审计报告日，"简要财务报表"部分应当说明，简要财务报表和已审计财务报表均未反映已审计财务报表的审计报告日以后发生的事项的影响。

第二十五条 "已审计财务报表及其审计报告"部分应当提及对已审计财务报表出具的审计报告和报告日期，以及除本准则第二十九条和第三十条规定的情形外，对已审计财务报表发表无保留意见这一事实。

第二十六条 "管理层对简要财务报表的责任"部分应当说明，按照采用的标准编制简要财务报表是管理层的责任。

第二十七条 "注册会计师的责任"部分应当说明，注册会计师的责任是在实施本准则规定的程序的基础上，对简要财务报表是否在所有重大方面与已审计财务报表保持了一致或公允概括了已审计财务报表发表意见。

第二十八条 对简要财务报表出具报告的日期不应早于下列日期：

（一）注册会计师已获取充分、适当的证据并在此基础上形成意见的日期，这些证据可以证明简要财务报表已经编制完成，并且被审计单位有相关权限的机构或人员已经认可其对简要财务报表负责；

（二）已审计财务报表的审计报告日。

第二十九条 如果已审计财务报表的审计报告中包含保留意见、强调事项、其他事项、与持续经营相关的重大不确定性、关键审计事项，或者对其他信息中未更正重大错报的说明，并且注册会计师确信，简要财务报表按照采用的标准在所有重大方面与已审计财务报表保持一致或公允概括了已审计财务报表，则简要财务报表的报告除包括本准则第十八条规定的要素外，还应当在"已审计财务报表及其审计报告"部分，作出如下说明：

（一）已审计财务报表的审计报告中包含保留意见、强调事项、其他事项、与持续经营相关的重大不确定性、关键审计事项或其他信息中的未更正重大错报；

（二）对已审计财务报表形成保留意见的基础，及其对简要财务报表的影响；已审计财务报表审计报告中的强调事项、其他事项或与持续经营相关的重大不确定性所涉及的事项，及其对简要财务报表的影响；其他信息中的未更正重大错报，及其对载有简要财务报表及其报告的文件中包含的信息的影响。

第三十条 如果对已审计财务报表发表了否定意见或无法表示意见，简要财务报表的报告除包括本准则第十八条规定的要素外，还应当：

（一）在"已审计财务报表及其审计报告"部分说明对已审计财务报表发表了否定意见或无法表示意见；

（二）在"已审计财务报表及其审计报告"部分说明形成否定意见或无法表示意见的基础；

（三）在"拒绝发表意见"部分说明，由于对已审计财务报表发表的是否定意见或无法表示意见，对简要财务报表发表意见是不适当的。

第三十一条 如果简要财务报表没有按照采用的标准在所有重大方面与已审计财务报表保持一致或公允概括已审计财务报表，而管理层又不同意作出必要修改，注册会计师应当对简要财务报表发表否定意见。

第七节 限制报告的发送对象或使用或者提醒使用者关注编制基础

第三十二条 如果已审计财务报表的审计报告存在发送对象或使用上的限制，或者已审计财务报表的审计报告提醒财务报表使用者关注已审计财务报表按照特殊目的编制基础编制，注册会计师应当在简要财务报表的报告中包含相同的限制或提醒。

第八节 比 较 信 息

第三十三条 如果已审计财务报表包含比较信息而简要财务报表未包含，注册会计师应当根据业务的具体情况确定这样做是否合理。注册会计师应当确定不合理地省略比较信息对简要财务报表的报告的影响。

第三十四条 如果简要财务报表包含已由其他注册会计师审计的比较信息，简要财务报表的报告还应当载明，根据《中国注册会计师审计准则第1511号——比较信息：对应数据和比较财务报表》的规定，在已审计财务报表的审计报告中包含的事项。

第九节 与简要财务报表一同列报的未审计的补充信息

第三十五条 注册会计师应当评价，与简要财务报表一同列报的未审计的补充信息是否清楚地与简要财务报表区分。如果认为被审计单位未能清楚地将未审计的补充信息与简要财务报表加以区分，注册会计师应当要求管理层改变未审计补充信息的列报方式。如果管理层拒绝改变，注册会计师应当在简要财务报表的报告中说明本报告未涵盖该补充信息。

第十节 避免简要财务报表与注册会计师不当关联

第三十六条 如果注意到被审计单位计划在载有简要财务报表的文件中说明注册会计师已对简要财务报表出具报告，但被审计单位并未计划在文件中包含该报告，注册会计师应当要求管理层将该报告包含在该文件中。

如果管理层拒绝这样做，注册会计师应当采取适当的措施，以防止管理层在文件中将注册会计师与简要财务报表不适当地关联起来。

第三十七条 注册会计师可能接受委托对被审计单位的财务报表出具报告，但未接受委托对简要财务报表出具报告。在这种情况下，如果注意到被审计单位计划在载有简要财务报表的文件中作出说明，且该说明提及注册会计师和简要财务报表依据已审计财务报表编制这一事实，注册会计师应当确认：

（一）仅在涉及对已审计财务报表出具的审计报告时，提及注册会计师；

（二）所作的说明不会导致简要财务报表的使用者产生误解，认为注册会计师已经对简要财务报表出具了报告。

注册会计师如果不能确认前款第（一）项或第（二）项所述事项，可以选择的方法包括：

（一）注册会计师要求管理层修改其所作的说明，以符合前款的规定，或在文件中不提及注册会计师；

（二）被审计单位可以委托注册会计师对简要财务报表出具报告，并将相关报告包含在文件中。

当采取前款第（一）项方法时，如果管理层不修改作出的说明，或拒绝删除提及注册会计师的表述，或者当采取前款第（二）项方法时，管理层拒绝在载有简要财务报表的文件中包含注册会计师对简要财务报表出具的报告，注册会计师应当向管理层告知其不同意提及注册会计师，并采取其他适当措施，以防止管理层不恰当地提及注册会计师。

第五章 附 则

第三十八条 本准则自 2022 年 1 月 1 日起施行。

中国注册会计师审计准则第 1611 号
——商业银行财务报表审计

（2006 年 2 月 15 日发布）

第一章 总 则

第一条 为了规范注册会计师执行商业银行财务报表审计业务，制定本准则。

第二条 注册会计师在执行商业银行财务报表审计业务时，应当将本准则与相关审计准则结合使用。

第三条 本准则所称商业银行，是指依照《中华人民共和国公司法》和《中华人民共和国商业银行法》设立的从事吸收公众存款、发放贷款、办理结算等业务的企业法人。

第四条 商业银行通常具有下列主要特征：

（一）经营大量货币性项目，要求建立健全严格的内部控制；

（二）从事的交易种类繁多、次数频繁、金额巨大，要求建立严密的会计信息系统，并广泛使用计算机信息系统及电子资金转账系统；

（三）分支机构众多、分布区域广、会计处理和控制职能分散，要求保持统一的操作规程和会计信息系统；

（四）存在大量不涉及资金流动的资产负债表表外业务，要求采取控制程序进行记录和监控；

（五）高负债经营，债权人众多，与社会公众利益密切相关，受到银行监管法规的严格约束和政府有关部门的严格监管。

第五条 商业银行具有下列主要风险：

（一）信用风险；

（二）国家风险和转移风险；

（三）市场风险；

（四）利率风险；

（五）流动性风险；

（六）操作风险；

（七）法律风险；
（八）声誉风险。

第六条 由于商业银行具有的特征和风险，注册会计师应当保持应有的职业谨慎，以将审计风险降至可接受的低水平。

第二章 接受业务委托

第七条 注册会计师应当初步了解商业银行的基本情况，评价自身独立性和专业胜任能力，初步评估审计风险，以确定是否接受业务委托。

第八条 在评价自身专业胜任能力时，注册会计师应当考虑：
（一）是否具备商业银行审计所需要的专门知识和技能；
（二）是否熟悉商业银行计算机信息系统及电子资金转账系统；
（三）是否具有对商业银行国内外分支机构实施审计的充足人力资源。

第九条 注册会计师在接受业务委托时，应当就审计目标和范围、双方的责任、审计报告的用途等事项与商业银行达成一致意见。

第三章 计划审计工作

第十条 在计划审计工作前，注册会计师应当了解商业银行下列主要情况：
（一）宏观经济形势对商业银行的影响；
（二）适用的银行监管法规及银行监管机构的监管程度；
（三）特殊会计惯例及问题；
（四）组织结构及资本结构；
（五）金融产品、服务及市场状况；
（六）风险及管理策略；
（七）相关内部控制；
（八）计算机信息系统及电子资金转账系统；
（九）资产、负债结构及信贷资产质量；
（十）主要贷款对象所处行业状况；
（十一）重大诉讼。

第十一条 在了解上述情况时，注册会计师应当重点查阅商业银行下列资料：
（一）章程、营业执照、经营许可证等法律文件；
（二）组织结构图；
（三）股东会、董事会、监事会及管理委员会的会议纪要；
（四）年度财务报表和中期财务报表；

（五）分部报告；

（六）风险管理策略和相关报告；

（七）有关控制程序和会计信息系统的文件；

（八）计算机信息系统和电子资金转账系统硬件、软件清单及流程图；

（九）信贷、投资等经营政策；

（十）银行监管机构的检查报告和有关文件；

（十一）内部审计报告；

（十二）经营计划、资本补足计划；

（十三）重大诉讼法律文书；

（十四）金融产品和服务营销手册；

（十五）新近颁布的影响商业银行经营的法规。

第十二条 在制定总体审计策略时，注册会计师应当考虑下列主要事项：

（一）重要性水平；

（二）预期的重大错报风险；

（三）商业银行使用计算机信息系统和电子资金转账系统的程度；

（四）商业银行内部控制的预期可信赖程度；

（五）重点审计领域；

（六）商业银行持续经营假设的合理性；

（七）利用内部审计的工作；

（八）利用专家的工作；

（九）利用其他注册会计师的工作；

（十）利用银行监管机构的检查报告及有关文件；

（十一）审计工作的组织与安排。

第十三条 在确定重要性水平时，注册会计师应当考虑：

（一）相对小的错报对资产负债表的影响可能不重要，但对利润表和资本充足率可能产生重大影响；

（二）既影响资产负债表又影响利润表的错报，比只影响资产、负债和资产负债表表外承诺的错报更重要；

（三）重要性水平有助于识别导致商业银行严重违反监管法规的错报。

第十四条 商业银行的重大错报风险较高，内部控制对防止或发现并纠正舞弊与错误至关重要；注册会计师应当评估重大错报风险，以确定检查风险的可接受水平。

第十五条 商业银行的计算机信息系统和电子资金转账系统具有下列重要作用，注册会计师应当关注其使用的方式和程度：

（一）计算和记录利息收入和支出；

（二）计算外汇和证券交易头寸，并记录相关的损益；

（三）提供资产、负债余额的最新记录；

（四）每日处理大量巨额交易。

第十六条 由于商业银行具有的特征和风险，注册会计师通常需要依赖控制测试而不能完全依赖实质性程序。

第十七条 注册会计师应当关注下列可能导致财务报表发生重大错报风险的重点审计领域：

（一）贷款损失准备；

（二）资产负债表表外业务；

（三）不符合银行监管法规的交易和事项；

（四）发生重大变动的财务报表项目；

（五）资产负债表日前后发生的重大一次性交易；

（六）高度复杂或投机性强的交易；

（七）非常规贷款；

（八）关联方交易；

（九）新金融产品或服务；

（十）受新近颁布的监管法规影响的业务领域。

第十八条 注册会计师应当考虑商业银行编制财务报表所依据的持续经营假设的合理性。

第十九条 内部审计是商业银行内部控制的重要组成部分，注册会计师应当考虑是否利用内部审计的工作。

第二十条 在评价计算机信息系统和电子资金转账系统等特殊领域时，注册会计师应当考虑是否利用专家的工作。

第二十一条 商业银行拥有的分支机构众多且分布区域广，注册会计师应当考虑是否利用其他注册会计师的工作。

第二十二条 注册会计师应当查阅商业银行持有的银行监管机构的检查报告和有关文件，以获取对确定重点审计领域有用的信息，提高审计效率。

第二十三条 在组织和安排审计工作时，注册会计师应当考虑：

（一）项目组组成及分工；

（二）其他注册会计师参与的程度；

（三）计划利用内部审计工作的程度；

（四）计划利用专家工作的程度；

（五）出具审计报告的时间要求；

（六）需要商业银行管理层提供的专项分析资料。

第二十四条 注册会计师应当根据总体审计策略制定具体审计计划，以合理确定进一步审计程序的性质、时间和范围。

第四章　了解和测试内部控制

第二十五条　注册会计师应当充分了解商业银行的相关内部控制，以确定有效的审计方案。

第二十六条　商业银行的相关内部控制应当实现下列目标：
（一）所有交易经管理层一般授权或特别授权方可执行；
（二）所有交易和事项以正确的金额，在恰当的会计期间及时记录于适当的账户，使编制的财务报表符合适用的会计准则和相关会计制度的规定；
（三）只有经过管理层授权才能接触资产和记录；
（四）将记录的资产与实有资产定期核对，并在出现差异时采取适当的措施；
（五）恰当履行受托保管协议规定的职责。

第二十七条　注册会计师应当了解商业银行分级授权体系的下列要素：
（一）有权批准特定交易的人员；
（二）授权遵守的程序；
（三）授权限额及条件；
（四）风险报告及监控。

第二十八条　注册会计师应当检查授权控制，以确定为各类交易设定的风险限额是否得到遵守，超出风险限额是否及时向适当层次管理人员报告。

第二十九条　由于临近资产负债表日发生的交易往往尚未完成，或在确定取得资产、承担债务的价值时缺乏依据，注册会计师应当重点检查这些交易的授权控制。

第三十条　在评价与交易和事项记录有关的内部控制的有效性时，注册会计师应当考虑：
（一）商业银行处理大量交易，其中单笔或数笔交易可能涉及巨额资金，需要定期执行试算平衡和调节程序，以及时发现差错并进行调查和纠正，将造成损失的风险降至最低；
（二）许多交易的会计核算有特殊规定，商业银行需要采取控制程序以保证这些规定得以遵守；
（三）有些交易不在资产负债表中列示，甚至不在财务报表附注中披露，商业银行需要采取控制程序保证这些交易以适当的方式被记录和监控，并能及时确认因交易状况变化而产生的损益；
（四）商业银行不断推出新的金融产品和服务，需要及时更新会计信息系统和相关内部控制；
（五）每日余额可能并不反映当日系统处理的全部交易量或最大损失风险，商业银行需要对最大交易量或最大损失风险保持控制；

（六）对大多数交易的记录应便于商业银行内部、商业银行客户及交易对方核对。

第三十一条 计算机信息系统和电子资金转账系统的广泛使用，对注册会计师评价商业银行的内部控制有重要影响。

注册会计师应当对影响系统开发、修改、接触、数据登录、网络安全和应急计划的相关内部控制进行评价。

注册会计师应当考虑商业银行使用电子资金转账系统的程度，评价交易前监督控制和交易后确认及调节程序的完整性。

第三十二条 商业银行的资产易于转移，金额巨大，仅通过实物控制难以奏效，管理层通常实施下列控制程序：

（一）凭借密码和接触控制，只有获得授权的人员才能操作计算机信息系统和电子资金转账系统；

（二）将资产接触与记录职责分离；

（三）由独立人员向第三方函证和调节资产余额。

注册会计师应当合理确信上述所有控制是否有效运行，必要时，复核或参与年末函证和调节程序。

第三十三条 将记录的资产与实有资产定期进行核对是一项重要的调节控制，该项控制具有下列重要作用：

（一）验证现金、有价证券等资产的存在性，及时发现舞弊与错误；

（二）检查易发生价值波动的资产计价的正确性；

（三）验证资产接触和授权控制运行的有效性。

注册会计师应当运用检查和询问等程序，测试该项控制的有效性。

第三十四条 在评价调节控制的有效性时，注册会计师应当考虑：

（一）需要调节的账户较多且调节频率较高；

（二）调节结果具有累积性；

（三）调节项目可能被不适当地结转到同一时期内未被调节和调查的账户。

第三十五条 在评价受托保管业务的内部控制有效性时，注册会计师应当考虑：

（一）是否由专门部门履行受托保管职责；

（二）是否将自有资产与受托保管资产适当分离；

（三）是否已对受托保管资产作出适当记录。

第三十六条 在评价特定控制程序有效性时，注册会计师应当考虑下列控制环境因素的影响：

（一）组织结构和权力、责任的划分；

（二）管理层监控工作的质量；

（三）内部审计工作的范围和效果；

（四）关键管理人员的素质；

（五）银行监管机构的监管程度。

第三十七条　对审计过程中注意到的商业银行内部控制的重大缺陷，注册会计师应当及时与治理层和管理层沟通。

第五章　实质性程序

第三十八条　注册会计师应当在评估商业银行财务报表重大错报风险的基础上，确定可接受的检查风险水平和实质性程序的性质、时间和范围。

第三十九条　注册会计师对重大错报风险的评估是一种判断，可能无法充分识别所有的重大错报风险，并且由于内部控制存在固有局限性，无论评估的重大错报风险结果如何，注册会计师都应当针对所有重大的各类交易、账户余额、列报（包括披露）实施实质性程序。

第四十条　在实施实质性程序时，注册会计师应当特别考虑运用下列重要审计程序：

（一）分析程序；

（二）监盘；

（三）检查；

（四）询问和函证。

第四十一条　注册会计师应当考虑对下列项目实施分析程序，以测试其总体合理性：

（一）利息收入、支出；

（二）手续费收入；

（三）贷款损失准备。

第四十二条　注册会计师应当考虑对下列项目实施监盘程序，以测试其存在性：

（一）现金；

（二）贵金属；

（三）有价证券；

（四）其他易转移资产。

第四十三条　在实施监盘程序时，注册会计师应当关注受托保管资产是否存在，是否与自有资产相混淆。

第四十四条　注册会计师应当考虑实施检查程序，以了解贷款协议、承诺协议等重要协议的条款，评价其约束力及相关会计处理的适当性。

第四十五条 注册会计师应当考虑实施询问和函证程序，以实现下列目的：

（一）确认货币性资产、负债和资产负债表表外承诺的存在性和完整性；

（二）获取经商业银行客户或交易对方确认的某项交易金额、条款和状况的审计证据；

（三）获取不能直接从商业银行会计记录中得到的其他信息。

第四十六条 注册会计师应当考虑对下列事项实施函证程序：

（一）存款、贷款和同业往来等账户的余额；

（二）特定贷款抵押品的状况；

（三）因担保、承诺和承兑等资产负债表表外业务产生的或有负债；

（四）资产回购和返售协议以及未履约期权；

（五）与远期外汇合约和其他未履行合约有关的信息；

（六）委托保管的有价证券等项目。

第四十七条 为了提高审计效率，注册会计师应当考虑：

（一）在资产负债表日前实施某些测试；

（二）使用计算机辅助审计技术；

（三）当存在大量同质账户或交易时，使用统计抽样技术。

第四十八条 在审计资产负债表表外业务时，注册会计师应当检查相应收入的来源，并实施其他审计程序，以证实：

（一）相关会计记录是否完整；

（二）计提的损失准备是否充足；

（三）披露是否充分。

第四十九条 在审计关联方和关联方交易时，注册会计师应当实施必要的审计程序，以确定：

（一）所有重要的关联方和关联方交易是否都已被识别；

（二）所有重要的关联方交易是否都经适当授权；

（三）关联方和关联方交易是否已按照适用的会计准则和相关会计制度的规定予以充分披露。

第五十条 在实施下列审计程序时，注册会计师可能注意到商业银行持续经营假设不再合理的迹象：

（一）分析程序；

（二）检查资产负债表日后事项；

（三）检查债务协议条款的遵守情况；

（四）查阅股东会、董事会、监事会及管理委员会的会议纪要；

（五）向商业银行的法律顾问询问有关诉讼、索赔等情况；

（六）函证关联方或第三方向商业银行提供财务支持的详细情况；

（七）查阅商业银行持有的银行监管机构的检查报告和有关文件；

（八）检查法定资本要求的遵守情况。

第五十一条 注册会计师应当关注商业银行持续经营假设不再合理的下列主要迹象：

（一）贷款业务量显著下降；

（二）不良贷款剧增；

（三）大量贷款集中于陷入困境的行业；

（四）过度依赖少数存款人的大额存款；

（五）存款大量流失；

（六）信用等级下降；

（七）未能达到银行监管机构规定的流动性监管指标；

（八）未能达到最低法定资本要求或未能遵守银行监管机构批准的资本补足计划；

（九）银行监管法规的变化已对商业银行经营产生重大不利影响；

（十）严重违反银行监管法规；

（十一）银行监管机构已对商业银行的不审慎经营表示关注或采取措施。

第五十二条 注册会计师应当就下列主要事项获取商业银行管理层声明：

（一）持有的银行监管机构的检查报告和有关文件已提供给注册会计师；

（二）长期投资和短期投资的分类准确地反映了管理层的计划和意图；

（三）确定公允价值所依据的假设是合理的；

（四）资本补足计划及其实施符合银行监管机构的要求，并已作充分的披露；

（五）或有负债已在财务报表中充分披露；

（六）关联方交易符合银行监管法规的规定，并已作充分的披露；

（七）对资产负债表日持有的有价证券、贷款等资产可能发生的损失计提充足的准备；

（八）具有重大风险的资产负债表表外业务已作充分的披露。

第六章 审计报告

第五十三条 注册会计师应当在实施必要的审计程序后，对财务报表进行总体复核，根据经过核实的审计证据形成审计意见，出具审计报告。

第五十四条 在评价审计证据、形成审计意见时，注册会计师应当考虑商业银行会计处理和报告的特殊规定。

第五十五条 在出具审计报告之前，注册会计师应当根据银行监管法规的有关要求，确定是否需要将重大事项告知银行监管机构。

第七章 附 则

第五十六条 本准则自 2007 年 1 月 1 日起施行。

中国注册会计师审计准则第 1612 号
——银行间函证程序

（2006 年 2 月 15 日发布）

第一章 总 则

第一条 为了规范注册会计师在商业银行财务报表审计中实施银行间函证程序，制定本准则。

第二条 本准则所称银行间函证程序，是指注册会计师为了获取影响商业银行财务报表或相关披露认定的项目的信息，以商业银行的名义向确认银行寄发询证函，获取和评价审计证据的过程。

本准则所称确认银行，是指接收商业银行的询证函并被请求回函的银行。

第三条 在实施银行间函证程序时，注册会计师应当保持应有的关注，对函证全过程进行控制。

第二章 询证函的编制与寄发

第四条 注册会计师在选择确认银行时，应当考虑与商业银行的账户余额或其他信息有关的下列主要因素：

（一）账户余额的大小；

（二）交易的性质、数量和金额；

（三）相关内部控制的可信赖程度；

（四）重要性与审计风险。

第五条 注册会计师应当采用积极的函证方式，要求确认银行对所函证的账户余额或其他信息予以回函。

第六条 注册会计师在编制询证函时，可选用下列方法：

（一）在询证函中列示账户余额或其他信息，要求确认银行确认其准确性和完整性；

（二）要求确认银行在询证函中列示账户余额或其他信息的详细情况，据以与商业银行的记录相比较。

在选用上述方法时，注册会计师应当考虑函证的目的、对审计证据质量的要求及回函的可能性。

第七条 注册会计师应当经商业银行同意，以商业银行的名义向确认银行寄发询证函，并要求确认银行直接向注册会计师所在的会计师事务所回函。

第八条 注册会计师应当根据函证事项的性质等因素确定寄发询证函的时间。

第三章　函证的内容

第九条 注册会计师应当根据函证目的及商业银行会计信息系统等情况确定函证的内容。

第十条 注册会计师函证的内容主要包括：

（一）商业银行与确认银行之间的存款、贷款和同业往来等账户（包括零余额的往来账户和在函证日之前十二个月内注销的往来账户）的余额及到期日、利息条款、未使用的授信额度、抵销权、抵押权和质押权等详细情况。询证函应当载明账户摘要、账号和币种等有关信息。

（二）商业银行与确认银行之间因担保、承诺和承兑等资产负债表表外业务产生的或有负债。询证函应当载明或有负债的性质、币种和金额等有关信息。

（三）资产回购和返售协议以及未履约期权。询证函应当载明协议标的、签订日、到期日和达成交易的条件等有关信息。

（四）与远期外汇合约和其他未履行合约有关的信息。询证函应当载明每项合约的编号、交易日、到期日、成交价格、币种和金额等有关信息。

（五）确认银行代为保管的有价证券等项目。询证函应当载明项目摘要和权属等有关信息。

第四章　回函的评价

第十一条 在评价通过函证程序获取的审计证据是否充分时，注册会计师应当考虑：

（一）函证程序的可靠性；

（二）不符事项的性质和金额；

（三）实施其他审计程序获取的审计证据。

第十二条 当未收到确认银行的回函时，注册会计师应当实施替代审计程序。

第十三条 如果通过函证、替代审计程序和其他审计程序所获取的审计证据不充分，注册会计师应当扩大函证范围或追加审计程序。

第五章 附 则

第十四条 本准则自 2007 年 1 月 1 日起施行。

中国注册会计师审计准则第 1613 号
——与银行监管机构的关系

（2006 年 2 月 15 日发布）

第一章 总 则

第一条 为了明确在商业银行财务报表审计中商业银行治理层、管理层的责任和注册会计师的责任，促进注册会计师与银行监管机构之间的理解与合作，提高审计的有效性，制定本准则。

第二条 本准则适用于注册会计师执行商业银行财务报表审计业务，并适用于接受银行监管机构委托执行专项业务。

第二章 商业银行治理层和管理层的责任

第三条 商业银行的治理层和管理层应当按照《中华人民共和国公司法》《中华人民共和国商业银行法》及其他法律法规的规定履行治理责任和管理责任。

第四条 商业银行的经营管理主要由治理层及其任命的管理层负责。这种责任旨在确保实现下列主要目的：

（一）商业银行工作人员具备充分的专业技能和诚信，关键岗位工作人员具有丰富的工作经验；

（二）针对商业银行各项业务建立并实施恰当的政策、制度和程序；

（三）建立适当的管理信息系统；

（四）具有适当的风险管理政策和程序；

（五）遵守包括有关偿付能力和流动性要求在内的法律法规及监管规定；

（六）充分保障股东、存款人及其他债权人的利益。

第五条 管理层负责建立会计信息系统，保持足以支持财务报表的会计记录，并按照适用的会计准则和相关会计制度的规定编制财务报表。管理层的责任还包括确保注册会计师完整地、不受限制地获得对财务报表和审计意见产生重大影响的所有必需信息。

第六条 治理层有责任确保建立并维护有效的内部控制，并根据法律法规的规定成立审计委员会履行有关职责。为提高工作有效性，审计委员会应当允许和鼓励内部审计人员、注册会计师参加审计委员会会议。

第七条 管理层有责任按照相关法律法规的规定和治理层的要求，设立与商业银行规模及业务性质相适应的内部审计部门并保证其有效运行。

第八条 为保证审计工作充分有效，内部审计部门应当独立于所审计或核查的业务活动，并独立于日常内部控制过程。

商业银行的所有业务活动以及分支机构、子公司和其他组成部分都应纳入内部审计部门的核查范围。

内部审计部门应当定期向治理层和管理层报告内部控制及风险管理系统的运行情况，以及内部审计目标完成情况。管理层应当建立能够确保内部审计建议得到考虑、并在适当时得以实施的程序。

第九条 注册会计师对商业银行财务报表的审计不能减轻商业银行治理层和管理层的责任。

第三章 注册会计师的责任

第十条 注册会计师的责任是按照中国注册会计师审计准则（以下简称审计准则）的规定，对商业银行财务报表是否按照适用的会计准则和相关会计制度的规定编制，是否在所有重大方面公允反映商业银行的财务状况、经营成果和现金流量发表审计意见。

第十一条 注册会计师应当根据业务约定恰当致送审计报告，致送对象通常为股东或董事会，但审计报告也可能被存款人、债权人及银行监管机构等方面获取。

注册会计师的审计意见可以提高商业银行财务报表的可信赖程度，但不是对商业银行未来生存能力或管理层经营效率、效果提供的保证。

第十二条 注册会计师应当了解商业银行及其环境，以足够识别和评估财务报表重大错报风险、设计和实施进一步审计程序。

第十三条 在评估商业银行财务报表重大错报风险时，注册会计师应当考虑商业银行的特征，主要包括：

（一）经营大量货币性项目，要求建立健全严格的内部控制；（二）从事的交易种类繁多、次数频繁、金额巨大，要求建立严密的会计信息系统，并广泛使用信息技术及电子资金转账系统；

（三）分支机构众多，分布区域广，会计处理和控制职能分散，要求保持统一的操作规程和会计信息系统；

（四）存在大量不涉及资金流动的资产负债表表外业务，要求采取控制程序进行记录和监控；

（五）高负债经营，债权人众多，与社会公众利益密切相关，受到商业银行监管法规的严格约束和政府有关部门的严格监管。

第十四条 注册会计师应当针对评估的财务报表层次重大错报风险确定总体应对措施，并针对认定层次重大错报风险设计和实施进一步审计程序。

第十五条 商业银行的内部审计工作有助于注册会计师执行审计业务，注册会计师应当评价和考虑利用内部审计工作。

注册会计师在评价内部审计工作时，应当考虑内部审计部门在组织结构中的地位、工作范围、内部审计人员的专业胜任能力以及能否保持职业谨慎。

第十六条 职业判断贯穿于注册会计师审计工作的全过程。注册会计师主要在下列方面运用职业判断：

（一）评估重大错报风险；

（二）确定审计程序的性质、时间和范围；

（三）评价审计程序的实施结果；

（四）评估管理层在编制财务报表时所作出的判断和估计的合理性。

第十七条 注册会计师应当从财务报表层次和各类交易、账户余额、列报（包括披露）认定层次考虑重要性。

注册会计师审计商业银行财务报表时使用的重要性水平可能与其向银行监管机构提交专项报告时使用的重要性水平不同。

第十八条 注册会计师应当获取商业银行财务报表整体不存在重大错报的合理保证。但由于存在下列固有限制，注册会计师即使按照审计准则的规定恰当地计划和实施审计工作，也不可能绝对保证发现商业银行财务报表中的所有重大错报：

（一）选择性测试方法的运用；

（二）内部控制的固有局限性；

（三）大多数审计证据是说服性而非结论性的；

（四）为形成审计意见而实施的审计工作涉及大量判断；

（五）某些特殊性质的交易和事项可能影响审计证据的说服力。

第十九条 注册会计师应当考虑商业银行财务报表是否存在舞弊或错误导致的重大错报。

在考虑由舞弊导致的重大错报时，注册会计师应当关注：

（一）由于舞弊者可能通过精心策划以掩盖其舞弊行为，舞弊导致的重大错报未被发现的风险，通常大于错误导致的重大错报未被发现的风险。尤其是在串谋的情况下，舞弊导致的重大错报更难发现；

（二）由于管理层往往能够凌驾于内部控制之上，直接或间接地操纵会计记录并编报虚假财务信息，管理层舞弊导致的重大错报未被发现的风险，通常大于员工舞弊导致的重大错报未被发现的风险。

第二十条 如果发现财务报表存在重大错报，注册会计师应当提请商业银行予以更正。如果商业银行拒绝更正，注册会计师应当对财务报表出具保留意见或否定意见的审计报告。

如果商业银行未能提供审计工作所要求的所有必需信息，注册会计师应当就这些事项与商业银行管理层和治理层沟通。如果仍未获得所有必需信息，注册会计师应当对财务报表出具保留意见或无法表示意见的审计报告。

第二十一条 注册会计师应当按照《中国注册会计师审计准则第1151号——与治理层的沟通》的规定，及时和管理层、治理层沟通与财务报表审计相关的事项。

在某些情况下，注册会计师可以向管理层或银行监管机构提交一份长式报告，详细说明某些重大事项，如账户余额或贷款组合的明细项目、某些财务比率、内部控制的有效性、商业银行风险分析及合规情况。

第二十二条 如果存在下列事项，注册会计师应当根据相关法律法规的规定，考虑是否需要及时将这些事项告知银行监管机构：

（一）构成重大违反法律法规的事项；

（二）影响商业银行持续经营的事项或情况；

（三）出具非标准审计报告。

第四章 注册会计师与银行监管机构的关系

第二十三条 注册会计师与银行监管机构对下列事项关注的角度可能存在差异，但可以相互补充：

（一）注册会计师主要关心的是对商业银行财务报表出具审计报告，为此，应当评价管理层在编制财务报表时采用持续经营假设的合理性。银行监管机构主要关心的是保持商业银行系统的稳定性，促进各商业银行安全、稳健运行，以保证存款人的利益，因而银行监管机构需要依据财务报表评价商业银行经营状况和业绩，监控其现在和未来的生存能力。

（二）注册会计师关心的是评价内部控制，以确定在计划和实施审计工作时对内部控制的信赖程度。银行监管机构关心的是商业银行是否存在健全的内部控制，以作为商业银行安全经营和审慎管理的基础。

（三）注册会计师关心的是商业银行是否具有充分和可靠的会计记录，以使其编制的财务报表不存在重大错报。银行监管机构关心的是商业银行是否依据一贯的会计政策，保持充分的会计记录，并按规定定期公布财务报表。

第二十四条 如果银行监管机构在监管活动中使用已审计财务报表，注册会计师应当考虑以适当的方式提请商业银行管理层说明下列事项：

（一）商业银行编制财务报表的首要目的并非满足监管的需要；

（二）注册会计师依据审计准则实施审计工作旨在对财务报表整体不存在重大错报获取合理保证；

（三）商业银行在编制财务报表时，按照会计准则和相关会计制度的规定，需要在判断的基础上选择并运用会计政策；

（四）财务报表中包含的信息建立在管理层判断和估计的基础上；

（五）商业银行的财务状况可能受财务报表期后事项的影响；

（六）银行监管机构与注册会计师评价和测试内部控制的目的可能不同，银行监管机构不应假定注册会计师为审计目标而作出的有关内部控制的评价能够充分满足监管目的；

（七）注册会计师考虑的内部控制和会计政策可能不同于商业银行为银行监管机构提供信息时依据的内部控制和会计政策。

第二十五条 如果银行监管机构对商业银行出具了监管报告，注册会计师应当考虑向商业银行获取该报告。

第二十六条 基于履行保密责任的需要，注册会计师与银行监管机构进行必要联系时，通常需要事先告知商业银行管理层或请其到场。

如果需要沟通的事项涉及商业银行违反法规行为、治理层或管理层重大舞弊等事项，注册会计师应当考虑征询法律意见，以及时采取适当措施。

第二十七条 某些涉及治理层责任的事项可能为银行监管机构所关注，特别是那些需要银行监管机构采取紧急措施的事项。如果法律法规要求直接与银行监管机构沟通，注册会计师应当及时就这些事项与银行监管机构沟通。

如果法律法规没有要求直接与银行监管机构沟通，注册会计师应当提请管理层或治理层与银行监管机构沟通。如果管理层或治理层没有及时与银行监管机构沟通，注册会计师应当征询法律意见，考虑是否有必要直接与银行监管机构沟通。

第二十八条 注册会计师应当予以关注并需要提请银行监管机构采取紧急措施的事项主要包括：

（一）显示商业银行未能满足某项银行许可要求的信息；

（二）商业银行决策机构内部发生严重冲突或关键职能部门经理突然离职；

（三）显示商业银行可能严重违反法律法规、银行章程、规章或行业规范的信息；

（四）注册会计师拟辞聘或被解聘；

（五）银行经营风险的重大不利变化及影响未来经营的潜在风险。

注册会计师应当考虑就这些事项与治理层沟通。

第二十九条 注册会计师可以根据银行监管机构的委托，就商业银行的下列事项出具专项报告，以协助银行监管机构履行监管职能：

（一）是否满足许可条件；

（二）保持会计记录和其他记录的信息系统是否适当，内部控制是否有效；

（三）为银行监管机构编制的报告所使用的方法是否适当，这些报告中包含的诸如资产负债率及其他审慎指标的信息是否准确；

（四）是否根据银行监管机构规定的标准建立恰当的组织机构；

（五）是否遵守相关法律法规；

（六）是否采用恰当的会计政策。

第五章 协助完成特定监管任务时的补充要求

第三十条 如果银行监管机构依据明确的法律法规或与商业银行签订的协议，委托注册会计师协助完成特定监管任务，注册会计师应当另行签订业务约定书。

第三十一条 向银行监管机构提供完整、准确的信息是商业银行管理层的责任，注册会计师的责任是就该信息或特定程序的实施出具报告。注册会计师不承担任何监管责任，而是通过提供报告使银行监管机构更有效地对商业银行的状况作出判断。

第三十二条 注册会计师与商业银行的正常关系应被保护。如果没有法定要求或制约注册会计师工作的合约安排，注册会计师应当提请银行监管机构在商业银行的安排下进行沟通。

第三十三条 在接受银行监管机构的任务前，注册会计师应当考虑是否产生利益冲突。如果产生利益冲突，注册会计师应在工作开始前予以解决，解决方法通常是获得商业银行管理层的批准。

第三十四条 注册会计师应当提请银行监管机构以书面形式对监管要求作出详细、清楚的说明，并尽量详细描述对银行经营状况的评价标准，以便对商业银行是否符合监管要求出具报告。

注册会计师应当与银行监管机构就重要性及其运用达成一致的理解。

第三十五条 注册会计师在接受银行监管机构的委托时，应当考虑是否具有必要的素质和专业胜任能力。

第三十六条 注册会计师应当对执业过程中知悉的信息保密，尤其不应将通过业务关系获得的其他客户信息披露给被审计商业银行或公众。

第六章 附 则

第三十七条 本准则自 2007 年 1 月 1 日起施行。

中国注册会计师审计准则第 1631 号
——财务报表审计中对环境事项的考虑

（2006 年 2 月 15 日发布）

第一章 总 则

第一条 为了规范注册会计师在财务报表审计中对被审计单位环境事项的考虑，制定本准则。

第二条 本准则适用于注册会计师执行财务报表审计业务。

第三条 本准则所称环境事项是指：

（一）被审计单位按照有关环境保护的法律法规（以下简称环境法律法规）或合同要求，或自愿为预防、减轻或弥补对环境造成的破坏，或为保护可再生资源和不可再生资源而采取的措施；

（二）因违反环境法律法规可能导致的后果；

（三）环境的破坏对他人或自然资源造成的后果；

（四）法律法规规定的代偿责任，包括由原使用者（或所有者）造成的环境破坏引起的责任。

第四条 影响财务报表的环境事项主要包括：

（一）因环境法律法规的实施导致资产减值，需要计提资产减值准备；

（二）因没有遵守环境法律法规，需要计提补救、赔偿或诉讼费用，或支付罚款等；

（三）某些被审计单位，如石油、天然气开采企业，化工厂或废弃物管理公司，因其核心业务而随之带来的环境保护义务；

（四）被审计单位自愿承担的环境保护推定义务；

（五）被审计单位需要在财务报表附注中披露的与环境事项相关的或有负债；

（六）在特殊情况下，违反环境法律法规可能对被审计单位的持续经营产生影响，并由此影响财务报表的编制基础。

第五条 对环境事项的恰当确认、计量和列报（包括披露，下同）是被审计单位管理层的责任。

注册会计师在财务报表审计中应当考虑可能导致财务报表重大错报风险的环境事项。

第六条 注册会计师是否需要考虑环境事项以及考虑的范围,取决于其对环境事项是否会引起财务报表重大错报风险作出的职业判断。

第七条 注册会计师对财务报表的审计,并非专为发现被审计单位可能违反环境法律法规的行为,所实施的审计程序也不足以就被审计单位环境法律法规的遵守情况,或与环境事项相关的内部控制的有效性得出结论。

第二章 实施风险评估程序时对环境事项的考虑

第一节 了解环境保护要求和问题

第八条 注册会计师在实施风险评估程序时,应当从下列方面考虑对被审计单位所处行业及其业务产生重大影响的环境保护要求和问题:

(一)所处行业存在的重大环境风险,包括已有的和潜在的风险;

(二)所处行业通常面临的环境保护问题;

(三)适用于被审计单位的环境法律法规;

(四)被审计单位的产品或生产过程中使用的原材料、技术、工艺及设备等是否属于法律法规强制要求淘汰或行业自愿淘汰之列;

(五)监管机构采取的行动或发布的报告是否对被审计单位及其财务报表可能产生重大影响;

(六)被审计单位为预防、减轻或弥补对环境造成的破坏,或为保护可再生资源和不可再生资源拟采取的措施;

(七)被审计单位因环境事项遭受处罚和诉讼的记录及其原因;

(八)是否存在与遵守环境法律法规相关的未决诉讼;

(九)所投保险是否涵盖环境风险。

第九条 对具体审计业务而言,注册会计师拥有的环境事项知识程度通常不如管理层或环境专家。但注册会计师应当具备足够的环境事项知识,以识别和了解与环境事项相关的,可能对财务报表及其审计产生重大影响的交易、事项和惯例。

第十条 某些行业因性质特殊存在重大环境风险,如石油天然气、化工、制药、冶金、采矿、造纸、制革、印染和公用事业等行业,注册会计师应当特别关注被审计单位存在因环境事项导致负债和或有负债的可能性。

第十一条 某些被审计单位并不一定处于本准则第十条所述的存在重大环境风险的行业,但如果存在下列情况,可能面临潜在的重大环境风险:

(一)在很大程度上受到环境法律法规的约束;

（二）拥有被原使用者（或所有者）污染的场地，或为之担保而可能承担代偿责任；

（三）某些业务可能会造成土壤、地下水和地表水及空气的污染；使用有害物质；产生或处理有害废弃物；或可能对顾客、员工或附近居民造成不利影响。

第二节　了解内部控制

第十二条　设计和执行内部控制，以有序、有效地开展业务活动（包括环境方面的活动）是管理层的责任。

不同被审计单位的管理层可能对环境事项采取下列不同的控制方式：

（一）处于环境风险较低行业的被审计单位或小型被审计单位，管理层可能把监控环境事项作为日常内部控制的一部分；

（二）处于环境风险较高行业的被审计单位，管理层可能针对环境事项设计和执行一套单独的内部控制子系统，以符合现有的环境管理系统标准；

（三）对某些被审计单位，管理层可能在一个整合的控制系统内设计和执行其所有的控制，包括与会计、环境和其他事项（如质量、健康和安全）相关的政策和程序。

第十三条　注册会计师的审计目标并不受管理层对环境事项实施控制方式的影响，但注册会计师应当考虑与环境事项相关的内部控制是否有效。

第十四条　根据职业判断，只有认为环境事项可能对财务报表产生重大影响，注册会计师才有必要了解与环境事项相关的内部控制。

第十五条　注册会计师应当主要从下列方面了解与环境事项相关的控制环境：

（一）治理层对与环境事项相关的内部控制承担的职责；

（二）管理层对于环境事项的诚信和道德价值观念、管理理念、经营风格及其处理方法；

（三）被审计单位管理环境事项的机构以及职权与责任的划分；

（四）控制系统，包括内部审计、环境审计、与环境事项相关的人力资源政策与实务以及恰当的职责分离。

第十六条　注册会计师应当主要从下列方面了解与环境事项相关的风险评估过程：

（一）被审计单位是否建立风险评估程序以识别环境风险，并评估该风险的重要性和发生的可能性，以及针对该风险采取的措施；

（二）管理层是否识别出环境风险，并考虑这些风险是否可能导致财务报表发生重大错报。

第十七条 注册会计师应当主要从下列方面了解有关环境事项的信息系统与沟通：

（一）按照环境法律法规的规定或自身对环境风险评估的需要，被审计单位是否建立适当的信息系统，以记录排放物和有害废弃物的数量、产品的环境特征、利益相关者的投诉、监管机构的监测结果、环保事故的发生及其影响等；

（二）该信息系统是否能够为与环境事项相关的财务数据和列报提供信息支持，如为计算废弃物的处置成本提供的废弃物数量等；

（三）被审计单位是否就环境事项进行有效沟通。

第十八条 注册会计师应当从授权、业绩评价、信息处理、实物控制和职责分离等方面，了解与环境事项相关的控制活动。

注册会计师在了解与环境事项相关的控制活动时，应当特别关注被审计单位的下列行为：

（一）是否执行环境管理系统标准并取得独立机构的认证；

（二）是否发布环境绩效报告，并经独立第三方验证；

（三）是否建立适当程序，处理员工或第三方对环境事项的投诉；

（四）是否按照环境法律法规的规定，建立适当的程序处理有害物和废弃物。

第十九条 注册会计师应当主要从下列方面了解被审计单位对与环境事项相关的控制的监督：

（一）被审计单位是否及时评价与环境事项相关的内部控制设计的合理性和运行的有效性，是否遵守环境法律法规和内部规定；

（二）被审计单位是否根据环境事项的变化，及时采取必要的纠正措施。

第三节 考虑与环境事项相关的法律法规

第二十条 保证经营活动符合环境法律法规要求，防止或发现并纠正违反环境法律法规行为，是管理层的责任。

第二十一条 注册会计师应当考虑通过下列途径了解相关环境法律法规及其遵守情况：

（一）利用在了解被审计单位所处行业和业务性质时获取的信息；

（二）向管理层和负责环境事项的关键管理人员询问为遵守相关环境法律法规而采用的政策和程序；

（三）向管理层询问对经营活动具有根本性影响的环境法律法规；

（四）与管理层讨论其采用的对诉讼和索赔进行识别、评价及会计处理的政策和程序。

第二十二条 注册会计师应当按照《中国注册会计师审计准则第 1142 号——

财务报表审计中对法律法规的考虑》的规定，保持职业怀疑态度，充分考虑可能导致财务报表发生重大错报的违反环境法律法规行为。

第四节 评估重大错报风险

第二十三条 注册会计师应当利用风险评估程序收集的信息，识别和评估由于环境事项引起的财务报表层次以及各类交易、账户余额、列报认定层次的重大错报风险。

第二十四条 注册会计师应当重点关注下列与财务报表层次相关的环境风险：
（一）遵守环境法律法规或执行合同的成本；
（二）违反环境法律法规的风险；
（三）顾客对环境事项的具体要求以及对被审计单位环境保护行为作出的反应可能产生的影响。

第二十五条 注册会计师应当将环境风险的评估结果与重要的交易、账户余额、列报认定层次相联系，以设计和实施进一步审计程序。

注册会计师应当重点关注下列与各类交易、账户余额、列报认定层次相关的环境风险：
（一）账户余额依据与环境事项相关的会计估计的复杂程度；
（二）账户余额受与环境事项相关的异常或非常规交易的影响程度。

第三章 针对评估的重大错报风险实施审计程序时对环境事项的考虑

第二十六条 注册会计师应当针对评估的环境事项导致的财务报表层次重大错报风险确定总体应对措施，并针对评估的环境事项导致的认定层次重大错报风险设计和实施进一步审计程序。

第二十七条 针对环境事项，注册会计师实施的实质性程序主要包括：
（一）询问管理层和负责环境事项的关键管理人员，包括询问被审计单位商业保险是否涵盖环境事项；
（二）检查与环境事项相关的文件或记录；
（三）利用环境专家的工作；
（四）利用环境审计的工作；
（五）利用内部审计的工作；
（六）执行分析程序；
（七）检查与环境事项相关的财务报表项目；

（八）检查被审计单位因环境事项作出的会计估计；

（九）检查财务报表列报的适当性；

（十）获取管理层关于环境事项的书面声明。

第二十八条 由于确认和计量环境事项的结果存在下列困难，注册会计师运用职业判断显得尤为重要：

（一）环境问题从发生到被识别通常经历较长的时间；

（二）由于会计估计建立在假设的基础上，假设的数量和性质可能导致会计估计不存在既定的模式，或会计估计在很大的区间内似乎都是合理的；

（三）环境法律法规不断变化，对其解释可能面临困难或不明确；

（四）除法定义务或合同义务引起的负债外，还可能存在其他情况产生的负债。

第二十九条 注册会计师应当检查下列与环境事项相关的文件或记录：

（一）治理层及专职负责环境事项的委员会的会议纪要或工作记录；

（二）包含环境事项的公开行业信息；

（三）环境专家报告，如场地评估报告、环境影响研究报告；

（四）环境审计报告；

（五）内部审计报告；

（六）尽职调查报告；

（七）监管机构报告及被审计单位与监管机构的往来函件；

（八）可获取的生态环境恢复公开记录或规划；

（九）被审计单位的环境绩效报告；

（十）与监管机构和律师的往来函件。

第三十条 注册会计师在利用环境专家的工作时，应当按照《中国注册会计师审计准则第1421号——利用专家的工作》的规定，考虑环境专家的工作对于实现审计目标是否充分，并考虑专家的专业胜任能力、客观性、经验和声誉。

第三十一条 注册会计师应当考虑将环境审计的结果作为适当的审计证据。在这种情况下，注册会计师应当按照《中国注册会计师审计准则第1411号——考虑内部审计工作》和《中国注册会计师审计准则第1421号——利用专家的工作》的规定，考虑利用环境审计工作的适当性。

第三十二条 如果内部审计人员已将被审计单位经营活动的环境方面作为内部审计工作的一部分，注册会计师应当按照《中国注册会计师审计准则第1411号——考虑内部审计工作》的规定，考虑利用内部审计工作的适当性。

第三十三条 注册会计师可以实施分析程序，考虑相关财务信息与环境记录中的数量信息之间的关系。

第三十四条 在实施实质性程序时，注册会计师应当重点关注下列与环境事项相关的交易或事项：

（一）本期增加的土地、房屋建筑物和机器设备；

（二）受环境事项影响的长期投资项目；

（三）因环境事项需要计提的资产减值准备；

（四）因环境事项发生的支出和取得的索赔收入；

（五）因环境事项导致的负债和或有负债。

第三十五条　在检查与环境事项相关的会计估计时，注册会计师应当遵守《中国注册会计师审计准则第1321号——会计估计》的有关规定。

第三十六条　在整个审计过程中，如果注意到下列情形显示财务报表存在因环境事项导致的重大错报风险，注册会计师应当对此予以关注：

（一）环境专家或内部审计人员出具的报告中显示有重大环境问题；

（二）被审计单位与监管机构的往来函件或监管机构发布的报告中提及存在违反环境法律法规行为；

（三）在生态环境恢复的公开记录或规划中列有被审计单位的名称；

（四）媒体评论涉及被审计单位的重大环境问题；

（五）律师函中对环境事项的评价意见；

（六）有证据表明被审计单位购买与环境事项相关的商品或服务，相对于常规业务活动而言属于异常交易；

（七）因违反环境法律法规导致诉讼费用、环境咨询费用或罚金增加或异常。

如果出现上述情形，注册会计师应当考虑是否需要重新评估重大错报风险。

第三十七条　注册会计师应当就环境事项向管理层获取下列书面声明：

（一）没有发现由环境事项引起的重大负债和或有负债；

（二）没有发现对财务报表产生重大影响的其他环境事项；

（三）如果发现上述第（一）项或第（二）项所述的环境事项，已在财务报表中进行了恰当的列报。

第四章　出具审计报告时对环境事项的考虑

第三十八条　在形成审计意见时，注册会计师应当考虑被审计单位是否已按照适用的会计准则和相关会计制度的规定对环境事项的影响作出适当的处理，并进行恰当的列报。

注册会计师还应当阅读含有已审计财务报表的文件中的其他信息所涉及的环境事项，以识别其是否与已审计财务报表存在重大不一致。

第三十九条　注册会计师在判断不确定事项对审计报告的影响时，应当重点考虑管理层对不确定事项的评价及披露程度。

如果认为环境事项对财务报表的影响具有重大不确定性或相关披露不充分，或根据职业判断认为环境事项可能导致持续经营假设不再合理,注册会计师应当按照《中国注册会计师审计准则第 1502 号——非标准审计报告》和《中国注册会计师审计准则第 1324 号——持续经营》的规定,出具恰当的审计报告。

第五章 附 则

第四十条 本准则自 2007 年 1 月 1 日起实施。

中国注册会计师审计准则第1632号
——衍生金融工具的审计

(2006年2月15日发布)

第一章 总 则

第一条 为了规范注册会计师针对与衍生金融工具相关的财务报表认定计划和实施审计程序,制定本准则。

第二条 本准则适用于注册会计师在财务报表审计中,对被审计单位作为最终使用者持有的衍生金融工具的审计。

第三条 本准则所称最终使用者,是指为了达到套期、资产负债管理或投机目的,通过交易所或经纪商进行金融交易的单位。

第二章 衍生金融工具及活动

第四条 衍生金融工具是指同时具备下列特征,并形成一个单位的金融资产及其他单位的金融负债或权益工具的合同:

(一)其价值随特定利率、金融工具价格、商品价格、汇率、价格指数、费率指数、信用等级、信用指数或其他类似变量的变动而变动;变量为非金融变量的,该变量与合同的任一方不存在特定关系;

(二)不要求初始净投资,或与对市场情况变化有类似反应的其他类型合同相比,要求很少的初始净投资;

(三)在未来某一日期结算。

衍生金融工具包括金融远期合同、金融期货合同、金融互换和期权,以及具有金融远期合同、金融期货合同、金融互换和期权中一种或一种以上特征的工具。

第五条 被审计单位从事衍生活动的主要目的包括:

(一)管理当前或预期的与经营和财务状况有关的风险;

(二)通过未平仓或投机性头寸从预期市场变化中获利。

第六条 所有金融工具都有一定的风险,而衍生金融工具通常具有风险杠杆效应的特征，包括：

（一）在交易到期前不要求现金流出或流入，或只要求很少的现金流出或流入；

（二）不要求支付或收取本金或其他固定的金额；

（三）潜在的风险和回报可能远远大于目前的支出；

（四）衍生金融资产或负债的价值可能超过其在财务报表中已确认的金额，特别是那些在财务报表中未采用公允价值计量的衍生金融工具。

第七条　衍生金融工具和衍生活动的固有特征可能导致某些被审计单位经营风险的增加，注册会计师应当关注由此增加的审计风险。

第三章　管理层和治理层的责任

第八条　按照适用的会计准则和相关会计制度的规定编制财务报表是被审计单位管理层的责任。在编制财务报表时，管理层需要作出下列与衍生金融工具相关的认定：

（一）在财务报表中记录的所有衍生金融工具是存在的；

（二）在资产负债表日不存在未记录的衍生金融工具；

（三）在财务报表中记录的衍生金融工具得到恰当的计价和列报；

（四）在财务报表中作出了所有与衍生金融工具相关的披露。

第九条　被审计单位治理层通过监督管理层对下列方面负责：

（一）设计和实施内部控制，以便对风险和财务控制进行监督，合理保证被审计单位在其风险管理政策允许的范围内使用衍生金融工具，以及确保被审计单位遵守适用的法律法规；

（二）确保财务报告信息系统的完备性，以保证衍生活动的财务报告的可靠性。

第十条　财务报表审计不能减轻被审计单位管理层和治理层的责任。

第四章　注册会计师的责任

第十一条　在财务报表审计中，注册会计师对审计衍生金融工具的责任是，考虑管理层作出的与衍生金融工具相关的认定是否使得已编制的财务报表符合适用的会计准则和相关会计制度的规定。

第十二条　财务报表审计的目标是对财务报表发表审计意见，而不是对被审计单位与衍生活动相关的风险管理或控制的充分性提供保证。注册会计师应当考虑和管理层讨论与衍生活动相关的审计工作的性质和范围，以免发生误解。

第十三条　注册会计师可能需要特殊的知识和技能，以计划和实施与衍生金融工具相关的特定认定的审计程序。

这些特殊的知识和技能包括：

（一）了解被审计单位所处行业的经营特征和风险状况；

（二）了解被审计单位使用的衍生金融工具及其特征；

（三）了解被审计单位关于衍生金融工具的信息系统，包括服务机构提供的服务；

（四）了解衍生金融工具的估值方法；

（五）熟悉适用的会计准则和相关会计制度有关衍生金融工具的规定。

第十四条　在下列情形下，注册会计师应当考虑利用专家的工作：

（一）衍生金融工具本身非常复杂；

（二）简单的衍生金融工具应用于复杂的情形；

（三）衍生金融工具交易活跃；

（四）衍生金融工具的估值基于复杂的定价模型。

第五章　了解可能影响衍生活动及其审计的因素

第十五条　注册会计师应当从下列方面了解可能对衍生活动及其审计产生影响的因素：

（一）经济环境；

（二）行业状况；

（三）被审计单位相关情况；

（四）主要财务风险；

（五）与衍生金融工具认定相关的错报风险；

（六）持续经营；

（七）会计处理方法；

（八）会计信息系统；

（九）内部控制。

注册会计师应当按照本章第十六条至第二十三条的规定了解本条前款第（一）项至第（八）项，按照第六章的规定了解本条前款第（九）项。

第十六条　注册会计师应当了解经济环境对衍生活动的影响。

经济环境因素主要包括：

（一）经济活动的总体水平；

（二）利率（包括利率的期限结构）和融资的可获得性；

（三）通货膨胀和币值调整；

（四）汇率和外汇管制；

（五）与被审计单位使用的衍生金融工具相关的市场特征，包括该市场的流动性和波动性。

第十七条 注册会计师应当了解被审计单位所处行业状况对衍生活动的影响。

被审计单位所处行业状况主要包括：

（一）价格风险；

（二）市场和竞争；

（三）生产经营的季节性和周期性；

（四）经营业务的扩张或衰退；

（五）外币交易、折算或经济风险。

第十八条 注册会计师应当了解被审计单位的相关情况对衍生活动的影响。

被审计单位相关情况主要包括：

（一）管理层、治理层的知识和经验；

（二）及时和可靠的管理信息的可获得性；

（三）利用衍生金融工具的目标。

第十九条 注册会计师应当了解与衍生活动相关的主要财务风险。

与衍生活动相关的主要财务风险包括：

（一）市场风险，是指因权益价格、利率、汇率、商品价格或其他市场因素的变动导致衍生金融工具公允价值的不利变动而引起损失的风险，包括价格风险、流动性风险、模型风险、基准风险等；

（二）信用风险，是指客户或交易对方在到期时或之后期间内没有全额履行义务的风险；

（三）结算风险，是指被审计单位已履行交易义务，但没有从客户或交易对方收到对价的风险；

（四）偿债风险，是指被审计单位在付款承诺到期时没有资金履行承诺的风险；

（五）法律风险，是指某项法律法规或监管措施阻止被审计单位或交易对方执行合同条款或相关总互抵协议，或使其执行无效，从而给被审计单位带来损失的风险。

第二十条 注册会计师应当考虑下列因素，以了解与衍生金融工具认定相关的错报风险：

（一）衍生活动的经济和业务目的；

（二）衍生金融工具的复杂性；

（三）交易是否产生了涉及现金交换的衍生金融工具；

（四）被审计单位在衍生金融工具方面的经验；

（五）衍生金融工具是否嵌入在一项协议中；

（六）外部因素是否影响认定；

（七）衍生金融工具是在国内交易所交易还是跨国交易。

第二十一条 衍生金融工具潜在的损失可能足以引起对被审计单位持续经营能力的重大疑虑，注册会计师应当按照《中国注册会计师审计准则第1324号——持续经营》的规定，考虑被审计单位持续经营假设的合理性。

第二十二条 注册会计师应当了解被审计单位对衍生金融工具的会计处理方法，包括是否将衍生金融工具指定为套期工具并采用套期会计，以及套期关系是否高度有效。

第二十三条 注册会计师应当了解被审计单位会计信息系统的设计、变更及其运行。

如果认为会计信息系统或其中的某些方面较为薄弱，注册会计师应当关注是否有必要修改审计方案。

第六章 了解内部控制

第一节 控制环境

第二十四条 注册会计师在了解控制环境及其变化时，应当考虑治理层、管理层对衍生活动的总体态度和关注程度。

治理层负责确定被审计单位对风险的态度，管理层负责监控和管理被审计单位面临的风险。注册会计师应当了解衍生金融工具的控制环境如何对管理层的风险评估结果作出反应。

第二十五条 注册会计师应当特别关注控制环境的下列方面对衍生活动控制的潜在影响：

（一）管理层是否通过清晰表述的既定政策，指导衍生金融工具的买进、卖出和持有；

（二）衍生活动的交易、结算和记录的职责是否适当分离；

（三）总体控制环境是否已经影响负责衍生活动的人员。

第二十六条 如果被审计单位对涉及衍生活动的人员实施激励机制，注册会计师应当考虑被审计单位是否已经制定适当的规范、限额和控制，以确定执行的激励机制是否可能导致背离总体风险管理战略目标的交易。

第二十七条 如果被审计单位采用电子商务进行衍生金融工具交易，注册会计师应当按照《中国注册会计师审计准则第1633号——电子商务对财务报表审计的影响》的规定，考虑被审计单位如何处理与公共网络使用相关的安全和控制问题。

第二节 控制活动

第二十八条 注册会计师应当了解与衍生金融工具相关的控制活动，包括充分的职责分离、风险管理监控、管理层的监督和其他为实现控制目标而设计的政策和程序。

第二十九条 与衍生金融工具的买入、卖出和持有相关的内部控制的复杂程度因下列事项而存在差异：

（一）衍生金融工具的复杂程度和错报风险；

（二）相对于使用的资本，衍生交易的风险敞口；

（三）交易量。

第三十条 如果被审计单位在未对内部控制进行相应调整的情况下扩展其衍生活动的类型，注册会计师应当对此予以关注。

第三十一条 注册会计师应当考虑计算机信息系统环境对审计工作的影响，了解计算机信息系统活动的复杂性和重要程度、数据的可获得性以及资金转账的方法。

第三十二条 注册会计师应当了解与衍生活动相关的调节程序。

调节程序主要包括下列类型：

（一）交易员的记录与用于持续监控过程的记录以及与在总分类账中反映的头寸或利得和损失的调节；

（二）明细分类账与总分类账的调节；

（三）为保证所有尚未结清的项目及时得到识别和结算，所有的结算账户、银行账户与经纪商对账单的调节；

（四）在适用的情况下，被审计单位会计记录与服务机构持有记录的调节。

第三十三条 注册会计师应当了解被审计单位的初始成交记录是否明确反映单笔交易的性质和目的，以及每个衍生合同产生的权利和义务。

除基本财务信息外，注册会计师还应当关注下列信息：

（一）交易员的身份；

（二）记录交易人员的身份；

（三）交易的日期和具体时间；

（四）交易的性质和目的，包括是否为了某项敞口进行套期；

（五）在采用套期会计时，符合套期会计要求的信息。

第三十四条 注册会计师应当了解被审计单位是否将衍生金融工具的交易记录保存在数据库、登记簿或明细分类账中，并就记录的准确性与从交易对方收到的独立的确认信息相核对。

第三十五条 注册会计师应当了解与保持衍生交易记录完整性相关的控制，包括被审计单位是否将自身记录与交易对方的确认函进行独立比较和核对。

第三节 内部审计

第三十六条 注册会计师应当按照《中国注册会计师审计准则第1411号——考虑内部审计工作》的规定，考虑内部审计人员是否具备与审计衍生活动相适应的知识和技能，以及内部审计工作范围涵盖衍生活动的程度。

第三十七条 内部审计工作可能有助于注册会计师评价内部控制，进而评价重大错报风险。

可能与注册会计师审计相关的内部审计工作包括：

（一）编制衍生金融工具使用范围的概况；
（二）复核政策和程序的适当性及管理层的遵守情况；
（三）复核控制程序的有效性；
（四）复核用以处理衍生交易的会计信息系统；
（五）复核与衍生活动相关的系统；
（六）确保被审计单位所有部门及人员，尤其是最有可能产生风险敞口的经营部门，完全了解衍生金融工具的管理目标；
（七）评价与衍生金融工具相关的新风险是否能够被即时识别、评估和管理；
（八）评价衍生金融工具的会计处理是否符合适用的会计准则和相关会计制度的规定，包括采用套期会计处理的衍生金融工具是否满足套期关系的条件；
（九）进行定期复核，以向管理层提供衍生活动得到恰当控制的保证，并确保新风险及为管理这些风险使用的衍生金融工具被即时识别、评估和管理。

第三十八条 当拟利用内部审计的特定工作时，注册会计师应当评价和测试其适当性，以确定能否满足审计目标。

第四节 服务机构

第三十九条 被审计单位可能使用服务机构进行衍生金融工具的买入、卖出或代为记录衍生交易。

注册会计师应当按照《中国注册会计师审计准则第1212号——对被审计单位使用服务机构的考虑》的规定，考虑使用服务机构对被审计单位内部控制的影响。

第四十条 如果服务机构担任被审计单位的投资顾问，注册会计师应当考虑与服务机构相关的风险。

在评价该风险时，注册会计师应当考虑的因素包括：

（一）被审计单位如何监督服务机构提供的服务；

（二）用以保护信息完备性及保密性的程序；

（三）应急安排；

（四）如果服务机构是被审计单位的关联方，又同时作为交易对方与被审计单位进行衍生交易，将产生关联方交易的问题。

第七章 控制测试

第四十一条 在了解相关内部控制后，如果预期控制运行是有效的，注册会计师应当实施控制测试，以获取支持重大错报风险评估结果的证据。

如果认为仅实施实质性程序获取的审计证据无法将认定层次的重大错报风险降至可接受的低水平，注册会计师应当实施相关的控制测试，以获取控制运行有效性的审计证据。

当被审计单位只进行少数几笔的衍生交易，或相对被审计单位整体规模而言，衍生金融工具具有特别的重要性，注册会计师应当考虑主要实施实质性方案，包括在某些情况下结合实施控制测试。

第四十二条 注册会计师在实施控制测试时，应当选取适当规模的交易样本，重点对下列方面进行评价：

（一）衍生金融工具是否根据既定的政策、操作规范并在授权范围内使用；

（二）适当的决策程序是否已得到运用，交易的原因是否可以清楚理解；

（三）执行的交易是否符合衍生交易政策，包括条款、限额、跨境交易或关联方交易；

（四）交易对方是否具有适当的信用风险等级；

（五）衍生金融工具是否由独立于交易员的其他人员适当、及时地计量，并报告风险敞口；

（六）是否已将确认函发给交易对方；

（七）是否已对交易对方的确认回函进行适当比较、核对和调节；

（八）衍生金融工具的提前终止或延期是否受到与新的衍生交易同样的控制；

（九）投机或套期的指定及其变更是否经过适当授权；

（十）是否适当地记录交易，并将其完整、准确地反映在会计信息系统中；

（十一）是否有足够措施保证电子资金转账密码的安全。

第四十三条 在实施控制测试时，注册会计师应当考虑实施下列程序：

（一）阅读治理层的会议纪要，以获取被审计单位定期复核衍生活动和套期有效性并遵守既定政策的证据；

（二）将衍生交易（包括已结算的衍生交易）与被审计单位政策相比较，以确定这些政策是否得到遵守；

第四十四条 在确定衍生交易的政策是否得到遵守时,注册会计师应当考虑:
(一)测试交易是否依据被审计单位政策中的特定授权执行;
(二)测试买入前是否进行相关投资政策要求的敏感性分析;
(三)测试交易,以确定被审计单位是否获得了从事相关交易的批准以及是否仅使用了经授权的经纪商或交易对方;
(四)向管理层询问衍生金融工具及相关交易是否得到及时监控和报告,并阅读相关支持文件;
(五)测试已记录的衍生金融工具的买入交易,包括测试衍生金融工具的分类、价格以及相关分录;
(六)测试是否及时调查和解决调节的差异,测试是否由监督人员复核和批准调节事项;
(七)测试与未记录交易相关的控制,包括检查被审计单位的第三方确认函,及其对确认函中例外事项的处理;
(八)测试与数据安全和备份相关的控制,并考虑被审计单位对电子化记录场所进行年度检查和维护的程序。

第八章 实质性程序

第一节 总体要求

第四十五条 由于衍生金融工具性质特殊,注册会计师在确定重要性时,除了考虑资产负债表金额外,还应当考虑衍生金融工具对财务报表中各类交易或账户余额的潜在影响。

第四十六条 注册会计师在设计衍生金融工具的实质性程序时,应当考虑下列因素:
(一)会计处理的适当性;
(二)服务机构的参与程度;
(三)期中实施的审计程序;
(四)衍生交易是常规还是非常规交易;
(五)在财务报表其他领域实施的程序。

第四十七条 在审计衍生活动时,注册会计师可能将分析程序作为实质性程序,以获取有关被审计单位经营业务的信息。

由于影响衍生金融工具价值的各种因素之间复杂的相互作用往往掩盖可能出现的异常趋势,分析程序本身通常不能提供衍生金融工具相关认定的充分证据。

第四十八条 如果获得了负责衍生活动人员对衍生活动结果分析的资料,注册会计师应当在评价其完整性和准确性以及分析人员的能力和经验的基础上，考虑利用这些资料，进一步了解被审计单位的衍生活动。

第四十九条 如果被审计单位在套期策略中使用衍生金融工具，而分析程序的结果表明已发生大额的利得或损失，注册会计师应当怀疑套期的有效性，以及运用套期会计的适当性。

第五十条 由于存在下列原因，注册会计师在评价衍生金融工具认定的审计证据时，需要运用较多的职业判断：

（一）衍生金融工具的性质特殊；

（二）适用的会计政策和会计处理方法复杂；

（三）相关认定尤其是计价认定依据高度主观的假设作出，或对基本假设的变化极其敏感。

第二节 存在和发生认定

第五十一条 对衍生金融工具存在和发生认定实施的实质性程序通常包括：

（一）向衍生金融工具持有者或交易对方进行函证；

（二）检查支持报告金额的协议或其他支持文件，包括被审计单位收到的有关报告金额的书面或电子形式的确认函；

（三）检查报告期后实现或结算的支持文件；

（四）询问和观察。

第三节 权利和义务认定

第五十二条 对衍生金融工具权利和义务认定实施的实质性程序通常包括：

（一）向衍生金融工具的持有者或交易对方函证重要的条款；

（二）检查书面或电子形式的协议和其他支持文件。

第四节 完整性认定

第五十三条 对衍生金融工具完整性认定实施的实质性程序通常包括：

（一）向衍生金融工具的持有者或交易对方进行函证，要求其提供所有与被审计单位相关的衍生金融工具和交易的详细信息；

（二）对余额为零的衍生金融工具账户，向可能的持有者或交易对方发出询证函；

（三）复核经纪商的对账单以测试是否存在被审计单位未记录的衍生交易和持

有的头寸；

（四）复核收到的但与交易记录不匹配的交易对方的询证函回函；

（五）复核尚未解决的调节事项；

（六）检查贷款或权益协议、销售合同等，以了解这些协议或合同是否包含嵌入衍生金融工具；

（七）检查报告期后发生的活动的支持文件；

（八）询问和观察；

（九）阅读治理层的会议纪要，以及治理层收到的与衍生活动相关的文件和报告等其他信息。

第五节　计价认定

第五十四条　注册会计师应当根据计量或披露所采用的估值方法设计计价认定的实质性程序。

对衍生金融工具计价认定实施的实质性程序通常包括：

（一）检查买入价格的支持文件；

（二）向衍生金融工具的持有者或交易对方进行函证；

（三）复核交易对方的信用状况；

（四）对按照公允价值计量或披露的衍生金融工具，获取支持其公允价值的证据。

第五十五条　如果公允价值信息由衍生金融工具交易对方提供，注册会计师应当考虑这些信息的客观性。在某些情况下，注册会计师需要从独立的第三方获取对公允价值的估计结果。

第五十六条　从财经出版物或交易所获得的市场报价通常可为衍生金融工具的价值提供充分的证据，但注册会计师在使用市场报价测试计价认定时，可能需要特别了解报价形成的环境。

在某些情况下，注册会计师可能认为有必要从经纪商或其他第三方获取对公允价值的估计。如果某一价格来源与被审计单位可能存在损害客观性的关系，注册会计师应当考虑从多个价格来源获取估计结果。

第五十七条　如果被审计单位使用估值模型估计衍生金融工具的价值，注册会计师可以通过下列程序，测试运用模型确定的公允价值的相关认定：

（一）评价估值模型的合理性和适当性；

（二）使用自身或专家开发的估值模型进行重新计算，以印证公允价值的合理性；

（三）将被审计单位估计的公允价值与最近交易价格相比较；

（四）考虑估值对变量和假设变动的敏感性；

（五）检查报告期后发生的衍生交易实现和结算的支持文件，以获取有关资产负债表日估值的进一步证据。

第五十八条 当管理层确定衍生金融工具公允价值能够可靠计量的假定不成立时，注册会计师应当获取支持管理层作出这项决定的审计证据，并确定衍生金融工具是否按照适用的会计准则和相关会计制度的规定进行恰当的会计处理。如果管理层不能提出该假定不成立的合理理由，注册会计师应当出具保留意见或否定意见的审计报告。

如果无法获取充分的审计证据确定该假定是否成立，注册会计师应当将其视为审计工作范围受到限制，出具保留意见或无法表示意见的审计报告。

第六节 列报认定

第五十九条 注册会计师应当通过对下列事项的判断，评价衍生金融工具的列报（包括披露）是否符合适用的会计准则和相关会计制度的规定：

（一）选用的会计政策和会计处理方法是否符合适用的会计准则和相关会计制度的规定；

（二）会计政策和会计处理方法是否与具体情况相适应；

（三）财务报表（包括相关附注）是否提供了可能影响其使用和理解的事项的信息；

（四）披露是否充分，以确保被审计单位完全遵守适用的会计准则和相关会计制度对披露的规定；

（五）财务报表列报信息的分类和汇总是否合理；

（六）财务报表是否在能够合理和可行地获取信息的范围内列报财务状况、经营成果和现金流量，从而反映相关的交易和事项。

第九章 对套期活动的额外考虑

第六十条 注册会计师应当考虑被审计单位对套期交易进行会计处理时，管理层是否在交易之初指定衍生金融工具为套期，并记录下列事项：

（一）套期关系；

（二）套期风险管理目标和战略；

（三）被审计单位如何评估套期工具抵销被套期项目公允价值变动风险，或被套期交易现金流量变动风险的有效性。

第六十一条 注册会计师应当获取审计证据，以确定管理层是否遵守适用的会计准则和相关会计制度有关套期会计的规定,包括指定要求和记录要求。

第十章　管理层声明

第六十二条　尽管管理层声明书通常由被审计单位负责人及财务负责人签署,注册会计师仍应当考虑向被审计单位负责衍生活动的人员获取关于衍生活动的声明。

第六十三条　管理层关于衍生金融工具的声明通常包括:
(一)持有衍生金融工具的目的;
(二)关于衍生金融工具的财务报表认定,包括已记录所有的衍生交易、已识别所有的嵌入衍生金融工具、估值模型已采用合理的假设和方法;
(三)所有的交易是否按照正常公平交易条件和公允市价进行;
(四)衍生交易的条款;
(五)是否存在与衍生金融工具相关的附属协议;
(六)是否订立签出期权;
(七)是否符合适用的会计准则和相关会计制度有关套期的记录要求。

第十一章　与管理层和治理层的沟通

第六十四条　如果注意到与衍生金融工具相关的内部控制在设计或运行方面存在重大缺陷,注册会计师应当按照《中国注册会计师审计准则第1151号——与治理层的沟通》的规定,尽早与管理层和治理层沟通。

第六十五条　在审计衍生金融工具时,注册会计师应当考虑与治理层职责相关的下列事项,并及时与治理层沟通:
(一)内部控制在设计或运行方面存在的重大缺陷;
(二)管理层对衍生活动的性质、范围以及相关风险缺乏了解;
(三)缺乏关于使用衍生金融工具的目标和战略的全面政策,包括业务控制、对套期关系有效性的界定、风险敞口监控以及财务报告政策;
(四)不相容职务缺乏分离。

第十二章　附　　则

第六十六条　本准则自 2007 年 1 月 1 日起施行。

中国注册会计师审计准则第 1633 号
——电子商务对财务报表审计的影响

（2006 年 2 月 15 日发布）

第一章 总 则

第一条 为了规范注册会计师在财务报表审计中对被审计单位电子商务的考虑，制定本准则。

第二条 本准则适用于注册会计师执行财务报表审计业务。

第三条 本准则所称电子商务，是指被审计单位利用互联网等公共网络从事的商品购买和销售、劳务接受和提供等交易活动。

第四条 广泛使用互联网从事电子商务，产生了新的风险因素，需要被审计单位有效应对。注册会计师应当考虑电子商务在被审计单位业务活动中的重要性，以及对重大错报风险评估的影响。

第五条 注册会计师按照本准则的规定对电子商务进行考虑，旨在对财务报表形成审计意见，而非对电子商务系统或活动本身提出鉴证结论或咨询意见。

第二章 知识和技能的要求

第六条 当电子商务对被审计单位的业务活动具有重大影响时，注册会计师应当具备适当水平的信息技术和互联网商务知识，以实现下列目的：

（一）了解开展电子商务对财务报表的影响；

（二）确定审计程序的性质、时间和范围，评价审计证据；

（三）考虑被审计单位依赖电子商务的程度对持续经营能力的影响。

第七条 由于电子商务的特殊性和复杂性，必要时，注册会计师应当考虑利用专家的工作。

第三章 对被审计单位电子商务的了解

第一节 总体要求

第八条 注册会计师应当考虑电子商务导致的被审计单位经营环境的变化,以及识别出的对财务报表产生影响的电子商务风险。

第九条 在了解被审计单位及其环境时,注册会计师应当考虑下列事项对财务报表的影响:

(一)业务活动和所处行业;
(二)电子商务战略;
(三)开展电子商务的程度;
(四)外包安排。

第二节 被审计单位的业务活动和所处行业

第十条 在了解被审计单位的业务活动和所处行业时,注册会计师应当关注与电子商务相关的下列特点:

(一)电子商务可能是对传统业务活动的补充,也可能是新的业务类型;
(二)电子商务不具备货物和服务等实体贸易所具有的清晰、固定的运送路线这一传统特征;
(三)某些行业运用电子商务的程度较高,可能增大对财务报表产生影响的经营风险。

第三节 被审计单位的电子商务战略

第十一条 被审计单位的电子商务战略,包括在电子商务中运用信息技术的方式以及对可接受风险水平的评估,可能对财务记录的安全性和相关财务信息的完整性与可靠性产生影响。

在考虑被审计单位的电子商务战略时,注册会计师应当结合对控制环境的了解,关注下列事项:

(一)在整合电子商务与总体经营战略的过程中,治理层的参与程度;
(二)被审计单位开展电子商务的目的,是为新业务提供支持,还是提高现有业务的效率,抑或为现有业务开辟新的市场;
(三)被审计单位的收入来源及其正在发生的变化;
(四)管理层对电子商务如何影响盈利状况和财务需求的评价;

（五）管理层对风险的态度及其对风险总体状况可能产生的影响；

（六）管理层在多大程度上识别出电子商务战略所描述的机遇和风险，或者管理层仅在机遇和风险出现时才临时制定应对措施；

（七）管理层对执行相关最佳实务规则或者网络签章程序的信守程度。

第四节 被审计单位开展电子商务的程度

第十二条 不同的被审计单位可能以不同的方式开展电子商务。电子商务可能用于下列方面：

（一）仅提供关于被审计单位及其活动的信息，供投资者、顾客、供应商、资金提供者和员工等访问；

（二）通过互联网处理交易，方便已有的顾客；

（三）通过在互联网上提供信息和处理交易，开拓新市场和发展新客户；

（四）访问应用服务提供商；

（五）创立一种全新的经营模式。

第十三条 随着被审计单位开展电子商务程度的加深，以及内部系统更加集成化和复杂化，新的交易方式与传统业务活动的差异可能更加明显，并可能导致新的风险。注册会计师应当了解电子商务的开展程度如何影响被审计单位需要应对的风险的性质。

第五节 被审计单位的外包安排

第十四条 被审计单位可能在下列方面使用服务机构的工作：

（一）提供电子商务运作所需的全部或部分信息技术支持；

（二）与电子商务相关的其他工作，包括订单履行、商品交付、呼叫中心运转，以及某些会计工作等。

被审计单位使用的服务机构包括互联网服务提供商、应用服务提供商和数据服务公司等。

第十五条 在被审计单位使用服务机构的情况下，服务机构采用和保持的某些政策、程序和记录可能与被审计单位财务报表审计相关，注册会计师应当按照《中国注册会计师审计准则第1212号——对被审计单位使用服务机构的考虑》的规定，考虑被审计单位的外包安排及相关风险的应对措施，以确定其对审计的影响。

第四章 识 别 风 险

第十六条 管理层可能面临下列各种与电子商务相关的经营风险：

（一）无法保证交易的完备性，尤其在缺少充分的审计轨迹（无论是纸质还是电子形式）时，该风险的影响将更大；

（二）电子商务安全风险，包括顾客、员工和其他人士通过未经授权的访问实施舞弊的可能性，以及病毒攻击；

（三）运用不恰当的会计政策，包括收入确认、网站开发成本等支出的处理、与产品质量保证相关的预计负债的确认、外币折算等问题；

（四）未能遵守税法和其他法律法规，尤其在通过互联网开展跨国或跨地区电子商务时更易出现此类情况；

（五）无法保证仅以电子形式存在的合同具有约束力；

（六）过度依赖电子商务；

（七）系统和基础架构失效或崩溃。

第十七条　注册会计师应当利用对被审计单位及其环境的了解，识别电子商务中可能导致经营风险的事项、交易和惯例。

第十八条　注册会计师应当关注被审计单位是否运用适当的安全基础架构和相关控制，应对电子商务中出现的某些经营风险。

第十九条　注册会计师应当考虑被审计单位是否已恰当处理与电子商务环境密切相关的下列法律法规问题：

（一）隐私权保护；

（二）对特定行业的管制；

（三）合同的强制执行效力；

（四）特殊交易或事项的合法性；

（五）反洗钱；

（六）知识产权保护。

第二十条　在跨国或跨地区的电子商务中，注册会计师应当考虑被审计单位是否对电子商务涉及的不同司法管辖区内的法律法规差异有足够的了解，并遵守所有适用的法律法规；注册会计师尤其要考虑被审计单位有无适当的程序确认其在不同司法管辖区内的纳税义务（特别是营业税、增值税等流转税）。

可能导致电子商务交易产生相应纳税义务的因素包括：

（一）被审计单位的法定注册地；

（二）被审计单位的实际经营所在地；

（三）被审计单位网络服务器所在地；

（四）商品和服务的来源地；

（五）顾客所在地，或商品交付地和劳务提供地。

第二十一条　注册会计师应当按照《中国注册会计师审计准则第1142号——

财务报表审计中对法律法规的考虑》的规定，实施相关程序，充分考虑被审计单位可能存在的违反与电子商务有关的法律法规的行为及其可能对财务报表产生的重大影响。必要时，应当考虑征询法律意见。

第五章　对内部控制的考虑

第一节　总体要求

第二十二条　注册会计师应当按照《中国注册会计师审计准则第1211号——了解被审计单位及其环境并评估重大错报风险》和《中国注册会计师审计准则第1231号——针对评估的重大错报风险实施的程序》的规定，考虑被审计单位在电子商务中运用的与审计相关的内部控制。

在某些情况下，仅依靠实施实质性程序不足以将审计风险降至可接受的低水平，注册会计师应当实施控制测试，并考虑使用计算机辅助审计技术。这些情况主要包括：

（一）电子商务系统高度自动化；

（二）交易量过大；

（三）未保留包含审计轨迹的电子证据。

第二十三条　当被审计单位从事电子商务时，注册会计师应当考虑与电子商务相关的安全性控制、交易完备性控制和流程整合。注册会计师还应当考虑内部控制中与审计特别相关的下列方面：

（一）在快速变化的电子商务环境中保持控制程序的完备性；

（二）确保能够访问相关记录，以满足被审计单位和注册会计师审计的需要。

第二节　安全性控制

第二十四条　注册会计师应当考虑被审计单位安全基础架构和相关控制是否足以应对与电子商务交易的记录和处理相关的安全性风险。

第二十五条　注册会计师应当考虑下列事项对财务报表认定的潜在影响：

（一）有效使用防火墙和病毒防护软件；

（二）有效使用加密技术；

（三）对用于支持电子商务活动的系统的开发和运行的控制；

（四）当出现的新技术可能危害互联网安全时，现有的安全控制是否仍然有效；

（五）控制环境能否对所采用的控制程序提供支持。

第三节 交易完备性控制

第二十六条 注册会计师应当考虑交易完备性控制，包括被审计单位会计处理所依据信息的完整性、准确性、及时性以及是否经过授权。

第二十七条 注册会计师针对会计系统中与电子商务交易相关的信息完备性所实施的审计程序，主要涉及评估用于采集和处理此类信息的系统的可靠性。

在针对复杂电子商务实施审计程序时，注册会计师应当重点考虑在交易信息的采集和即时自动化处理中与交易完备性相关的自动化控制。

第二十八条 在电子商务环境中，与交易完备性相关的控制通常用于：

（一）验证输入；

（二）防止交易的重复记录或遗漏；

（三）确保在处理订单之前，交易双方已就交货条件和信用条件等交易条款达成一致；

（四）区分顾客的浏览和正式订单，确保交易的一方事后不能否认已达成一致的特定条款，必要时还应确保交易是与经核准的交易方进行的；

（五）确保所有步骤均已完成并得以记录，或拒绝未完成所有步骤的订单，以防止出现处理不完整的情况；

（六）确保交易的详细信息在同一网络内的多个系统之间适当分配；

（七）确保记录得到适当保管、备份和保护。

第四节 流程整合

第二十九条 流程整合是指将多个信息技术系统集成，使之实质上如同一个系统运转的过程。

第三十条 注册会计师应当关注被审计单位采集电子商务交易数据并将其传递至会计系统的方式可能对下列事项产生影响：

（一）交易处理和信息存储的完整性和准确性；

（二）销售收入、采购和其他交易的确认时点；

（三）有争议交易的识别和记录。

第三十一条 当下列控制与财务报表认定相关时，注册会计师应当予以考虑：

（一）针对电子商务交易与内部系统的集成实施的控制；

（二）针对系统改变和数据转换实施的控制。

第六章 电子记录对审计证据的影响

第三十二条 注册会计师应当考虑被审计单位实施的信息安全政策和安全控制措施,是否足以防止未经授权修改会计系统或会计记录,或修改向会计系统提供数据的系统。

第三十三条 在考虑电子证据的充分性和适当性时,注册会计师可能需要测试自动化控制(如记录完备性检查、电子日戳、数字签章和版本控制),并根据对这些控制的评价结论,考虑是否需要实施追加的审计程序,比如向第三方函证交易细节或账户余额。

第七章 附 则

第三十四条 本准则自 2007 年 1 月 1 日起施行。

审阅准则

中国注册会计师审阅准则第 2101 号
——财务报表审阅

（2006 年 2 月 15 日发布）

第一章 总 则

第一条 为了规范注册会计师执行财务报表审阅业务，明确执业责任，制定本准则。

第二条 财务报表审阅的目标，是注册会计师在实施审阅程序的基础上，说明是否注意到某些事项，使其相信财务报表没有按照适用的会计准则和相关会计制度的规定编制，未能在所有重大方面公允反映被审阅单位的财务状况、经营成果和现金流量。

第三条 注册会计师应当遵守相关的职业道德规范，恪守独立、客观、公正的原则，保持专业胜任能力和应有的关注，并对执业过程中获知的信息保密。

第四条 注册会计师应当按照本准则的规定执行财务报表审阅业务。

第五条 在计划和实施审阅工作时，注册会计师应当保持职业怀疑态度，充分考虑可能存在导致财务报表发生重大错报的情形。

第六条 注册会计师应当主要通过询问和分析程序获取充分、适当的证据，作为得出审阅结论的基础。

第二章 审阅范围和保证程度

第七条 审阅范围是指为实现财务报表审阅目标，注册会计师根据本准则和职业判断实施的恰当的审阅程序的总和。

注册会计师应当根据本准则确定执行财务报表审阅业务所要求的程序。必要时，还应当考虑业务约定条款的要求。

第八条 由于实施审阅程序不能提供在财务报表审计中要求的所有证据，审阅业务对所审阅的财务报表不存在重大错报提供有限保证，注册会计师应当以消极方式提出结论。

第三章　业务约定书

第九条　注册会计师应当与被审阅单位就业务约定条款达成一致意见，并签订业务约定书。

第十条　业务约定书应当包括下列主要内容：
（一）审阅业务的目标；
（二）管理层对财务报表的责任；
（三）审阅范围，其中应提及按照本准则的规定执行审阅工作；
（四）注册会计师不受限制地接触审阅业务所要求的记录、文件和其他信息；
（五）预期提交的报告样本；
（六）说明不能依赖财务报表审阅揭示错误、舞弊和违反法规行为；
（七）说明没有实施审计，因此注册会计师不发表审计意见，不能满足法律法规或第三方对审计的要求。

第四章　审阅计划

第十一条　注册会计师应当计划审阅工作，以有效执行审阅业务。

第十二条　在计划审阅工作时，注册会计师应当了解被审阅单位及其环境，或更新以前了解的内容，包括考虑被审阅单位的组织结构、会计信息系统、经营管理情况以及资产、负债、收入和费用的性质等。

第五章　审阅程序和审阅证据

第十三条　在确定审阅程序的性质、时间和范围时，注册会计师应当运用职业判断，并考虑下列因素：
（一）以前期间执行财务报表审计或审阅所了解的情况；
（二）对被审阅单位及其环境的了解，包括适用的会计准则和相关会计制度、行业惯例；
（三）会计信息系统；
（四）管理层的判断对特定项目的影响程度；
（五）各类交易和账户余额的重要性。

第十四条　在考虑重要性水平时，注册会计师应当采用与执行财务报表审计业务相同的标准。

第十五条　财务报表审阅程序通常包括：

（一）了解被审阅单位及其环境；
（二）询问被审阅单位采用的会计准则和相关会计制度、行业惯例；
（三）询问被审阅单位对交易和事项的确认、计量、记录和报告的程序；
（四）询问财务报表中所有重要的认定；
（五）实施分析程序，以识别异常关系和异常项目；
（六）询问股东会、董事会以及其他类似机构决定采取的可能对财务报表产生影响的措施；
（七）阅读财务报表，以考虑是否遵循指明的编制基础；
（八）获取其他注册会计师对被审阅单位组成部分财务报表出具的审计报告或审阅报告。

注册会计师应当向负责财务会计事项的人员询问下列事项：
（一）所有交易是否均已记录；
（二）财务报表是否按照指明的编制基础编制；
（三）被审阅单位业务活动、会计政策和行业惯例的变化；
（四）在实施本条前款第（一）项至第（八）项程序时所发现的问题。

必要时，注册会计师应当获取管理层书面声明。

第十六条 注册会计师应当询问在资产负债表日后发生的、可能需要在财务报表中调整或披露的期后事项。注册会计师没有责任实施程序以识别审阅报告日后发生的事项。

第十七条 如果有理由相信所审阅的财务报表可能存在重大错报，注册会计师应当实施追加的或更为广泛的程序，以便能够以消极方式提出结论或确定是否出具非无保留结论的报告。

第十八条 在利用其他注册会计师或专家的工作时，注册会计师应当考虑其工作是否满足财务报表审阅的需要。

第十九条 注册会计师应当记录为审阅报告提供证据的重大事项，以及按照本准则的规定执行审阅业务的证据。

第六章 结论和报告

第二十条 审阅报告应当清楚地表达有限保证的结论。

注册会计师应当复核和评价根据审阅证据得出的结论，以此作为表达有限保证的基础。

第二十一条 根据已实施的工作，注册会计师应当评估在审阅过程中获知的信息是否表明财务报表没有按照适用的会计准则和相关会计制度的规定编制，未能在所有重大方面公允反映被审阅单位的财务状况、经营成果和现金流量。

第二十二条　审阅报告应当包括下列要素：
（一）标题；
（二）收件人；
（三）引言段；
（四）范围段；
（五）结论段；
（六）注册会计师的签名和盖章；
（七）会计师事务所的名称、地址及盖章；
（八）报告日期。

第二十三条　审阅报告的标题应当统一规范为"审阅报告"。

第二十四条　审阅报告的收件人应当为审阅业务的委托人。审阅报告应当载明收件人的全称。

第二十五条　审阅报告的引言段应当说明下列内容：
（一）所审阅财务报表的名称；
（二）管理层的责任和注册会计师的责任。

第二十六条　审阅报告的范围段应当说明审阅的性质，包括下列内容：
（一）审阅业务所依据的准则；
（二）审阅主要限于询问和实施分析程序，提供的保证程度低于审计；
（三）没有实施审计，因而不发表审计意见。

第二十七条　注册会计师应当根据实施审阅程序的情况，在审阅报告的结论段中提出下列之一的结论：
（一）根据注册会计师的审阅，如果没有注意到任何事项使其相信财务报表没有按照适用的会计准则和相关会计制度的规定编制，未能在所有重大方面公允反映被审阅单位的财务状况、经营成果和现金流量，注册会计师应当提出无保留的结论。
（二）如果注意到某些事项使其相信财务报表没有按照适用的会计准则和相关会计制度的规定编制，未能在所有重大方面公允反映被审阅单位的财务状况、经营成果和现金流量，注册会计师应当在审阅报告的结论段前增设说明段，说明这些事项对财务报表的影响，并提出保留结论。

如果这些事项对财务报表的影响非常重大和广泛，以至于认为仅提出保留结论不足以揭示财务报表的误导性或不完整性，注册会计师应当对财务报表提出否定结论，即财务报表没有按照适用的会计准则和相关会计制度的规定编制，未能在所有重大方面公允反映被审阅单位的财务状况、经营成果和现金流量。

（三）如果存在重大的范围限制，注册会计师应当在审阅报告中说明，假定范围不受限制，注册会计师可能发现需要调整财务报表的事项，因而提出保留结论。

如果范围限制的影响非常重大和广泛，以至于注册会计师认为不能提供任何程度的保证时，不应提供任何保证。

第二十八条　审阅报告应当由注册会计师签名并盖章。

第二十九条　审阅报告应当载明会计师事务所的名称和地址，并加盖会计师事务所公章。

第三十条　审阅报告应当注明报告日期。审阅报告的日期是指注册会计师完成审阅工作的日期，不应早于管理层批准财务报表的日期。

第七章　附　　则

第三十一条　本准则自 2007 年 1 月 1 日起施行。

附录：

审阅报告参考格式

1. 无保留结论的审阅报告

审　阅　报　告

ABC 股份有限公司全体股东：

我们审阅了后附的 ABC 股份有限公司（以下简称 ABC 公司）财务报表，包括 20×1 年 12 月 31 日的资产负债表，20×1 年度的利润表、股东权益变动表和现金流量表以及财务报表附注。这些财务报表的编制是 ABC 公司管理层的责任，我们的责任是在实施审阅工作的基础上对这些财务报表出具审阅报告。

我们按照《中国注册会计师审阅准则第 2101 号——财务报表审阅》的规定执行了审阅业务。该准则要求我们计划和实施审阅工作，以对财务报表是否不存在重大错报获取有限保证。审阅主要限于询问公司有关人员和对财务数据实施分析程序，提供的保证程度低于审计。我们没有实施审计，因而不发表审计意见。

根据我们的审阅，我们没有注意到任何事项使我们相信财务报表没有按照企业会计准则和《××会计制度》的规定编制，未能在所有重大方面公允反映被审阅单位的财务状况、经营成果和现金流量。

××会计师事务所　　　　　　　　　　　中国注册会计师：×××
　　（盖章）　　　　　　　　　　　　　　　　　（签名并盖章）

　　　　　　　　　　　　　　　　　　　中国注册会计师：×××
　　　　　　　　　　　　　　　　　　　　　（签名并盖章）
　　中国××市　　　　　　　　　　　　　二○×二年×月×日

2. 保留结论的审阅报告

审 阅 报 告

ABC股份有限公司全体股东：

　　我们审阅了后附的ABC股份有限公司（以下简称ABC公司）财务报表，包括20×1年12月31日的资产负债表，20×1年度的利润表、股东权益变动表和现金流量表以及财务报表附注。这些财务报表的编制是ABC公司管理层的责任，我们的责任是在实施审阅工作的基础上对这些财务报表出具审阅报告。

　　我们按照《中国注册会计师审阅准则第2101号——财务报表审阅》的规定执行了审阅业务。该准则要求我们计划和实施审阅工作，以对财务报表是否不存在重大错报获取有限保证。审阅主要限于询问公司有关人员和对财务数据实施分析程序，提供的保证程度低于审计。我们没有实施审计，因而不发表审计意见。

　　ABC公司管理层告知我们，存货以高于可变现净值的成本计价。由ABC公司管理层编制并经过我们审阅的计算表显示，如果根据企业会计准则规定的成本与可变现净值孰低法计价，存货的账面价值将减少×元，净利润和股东权益将减少×元。

　　根据我们的审阅，除了上述存货价值高估所造成的影响外，我们没有注意到任何事项使我们相信财务报表没有按照适用的会计准则和相关会计制度的规定编制，未能在所有重大方面公允反映被审阅单位的财务状况、经营成果和现金流量。

　　××会计师事务所　　　　　　　　　中国注册会计师：×××
　　　　（盖章）　　　　　　　　　　　　　（签名并盖章）
　　　　　　　　　　　　　　　　　　　中国注册会计师：×××
　　　　　　　　　　　　　　　　　　　　　（签名并盖章）
　　中国××市　　　　　　　　　　　　　二○×二年×月×日

3. 否定结论的审阅报告

审 阅 报 告

ABC 股份有限公司全体股东：

  我们审阅了后附的 ABC 股份有限公司（以下简称 ABC 公司）财务报表，包括 20×1 年 12 月 31 日的资产负债表，20×1 年度的利润表、股东权益变动表和现金流量表以及财务报表附注。这些财务报表的编制是 ABC 公司管理层的责任，我们的责任是在实施审阅工作的基础上对这些财务报表出具审阅报告。

  我们按照《中国注册会计师审阅准则第 2101 号——财务报表审阅》的规定执行了审阅业务。该准则要求我们计划和实施审阅工作，以对财务报表是否不存在重大错报获取有限保证。审阅主要限于询问公司有关人员和对财务数据实施分析程序，提供的保证程度低于审计。我们没有实施审计，因而不发表审计意见。

  如财务报表附注 × 所述，ABC 公司在编制财务报表时未将各子公司纳入合并范围，且对这些子公司的长期股权投资以成本法核算。根据企业会计准则的规定，ABC 公司应当对子公司的长期股权投资采用权益法核算，并将子公司纳入合并范围。

  根据我们的审阅，由于受到前段所述事项的重大影响，财务报表未能按照企业会计准则和《×× 会计制度》的规定编制。

×× 会计师事务所	中国注册会计师：×××
（盖章）	（签名并盖章）
	中国注册会计师：×××
	（签名并盖章）
中国 ×× 市	二○×二年×月×日

其他鉴证业务准则

中国注册会计师其他鉴证业务准则第 3101 号
——历史财务信息审计或审阅以外的鉴证业务

（2006 年 2 月 15 日发布）

第一章 总 则

第一条 为了规范注册会计师执行历史财务信息审计或审阅以外的鉴证业务，制定本准则。

第二条 本准则适用于注册会计师执行历史财务信息审计或审阅以外的鉴证业务（以下简称其他鉴证业务）。

第三条 注册会计师执行其他鉴证业务，应当遵守《中国注册会计师鉴证业务基本准则》和其他鉴证业务准则，以及职业道德规范和会计师事务所质量控制准则。

第四条 其他鉴证业务的保证程度分为合理保证和有限保证。

合理保证的其他鉴证业务的目标是注册会计师将鉴证业务风险降至该业务环境下可接受的低水平，以此作为以积极方式提出结论的基础。

有限保证的其他鉴证业务的目标是注册会计师将鉴证业务风险降至该业务环境下可接受的水平，以此作为以消极方式提出结论的基础。

有限保证的其他鉴证业务的风险水平高于合理保证的其他鉴证业务的风险水平。

第二章 承接与保持业务

第五条 只有符合下列所有条件，会计师事务所才能承接或保持其他鉴证业务：

（一）鉴证对象由预期使用者和注册会计师以外的第三方负责；

（二）在初步了解业务环境的基础上，未发现不符合职业道德规范和《中国注册会计师鉴证业务基本准则》要求的情况；

（三）确信执行其他鉴证业务的人员在整体上具备必要的专业胜任能力。

第六条 注册会计师应当向责任方获取书面声明，以明确责任方对鉴证对象的责任。如果无法获取责任方的书面声明，注册会计师应当考虑：

（一）承接业务是否适当，法律法规或合同是否明确了相关责任；

（二）如果承接业务，是否在鉴证报告中披露该情况。

第七条 注册会计师应当考虑职业道德规范中有关独立性的要求，以及拟承接的其他鉴证业务是否具备《中国注册会计师鉴证业务基本准则》第十条规定的所有特征。

第八条 在某些情况下，鉴证对象要求的专业知识和技能可能超出注册会计师通常具有的专业胜任能力。在这种情况下，注册会计师应当考虑利用专家工作或拒绝接受业务委托。

第九条 注册会计师应当在其他鉴证业务开始前，与委托人就其他鉴证业务约定条款达成一致意见，并签订业务约定书，以避免双方对其他鉴证业务的理解产生分歧。如果委托人与责任方不是同一方，业务约定书的性质和内容可以有所不同。

第十条 在完成其他鉴证业务前，如果委托人要求将其他鉴证业务变更为非鉴证业务，或将合理保证的其他鉴证业务变更为有限保证的其他鉴证业务，注册会计师应当考虑这一要求的合理性。如果没有合理的理由，注册会计师不应当同意这一变更。

当业务环境变化影响到预期使用者的需求，或预期使用者对该项业务的性质存在误解时，注册会计师可以应委托人的要求，考虑同意变更该项业务。如果发生变更，注册会计师不应忽视变更前获取的证据。

第三章　计划与执行业务

第一节　总体要求

第十一条 注册会计师应当计划其他鉴证业务工作，以有效执行其他鉴证业务。

计划工作包括制定总体策略和具体计划。总体策略包括确定其他鉴证业务的范围、重点、时间安排和实施。具体计划包括拟执行的证据收集程序的性质、时间和范围以及选择这些程序的理由。

计划工作的性质和范围因被鉴证单位的规模、复杂程度以及注册会计师的相关经验等情况的不同而存在差异。在计划其他鉴证业务工作时，注册会计师应当考虑下列主要因素：

（一）业务约定条款；

（二）鉴证对象特征和既定标准；

（三）其他鉴证业务的实施过程和可能的证据来源；

（四）对被鉴证单位及其环境的了解，包括对鉴证对象信息可能存在重大错报风险的了解；

（五）确定预期使用者及其需要，考虑重要性以及鉴证业务风险要素；

（六）对参与业务的人员及其技能的要求，包括专家参与的性质和范围。

第十二条 计划其他鉴证业务工作不是一个孤立阶段，而是整个其他鉴证业务中持续的、不断修正的过程。

由于未预期事项、业务情况变化或获取的证据等因素，注册会计师可能需要在业务实施过程中修订总体策略和具体计划，进而修改计划实施的进一步程序的性质、时间和范围。

第十三条　在计划和执行其他鉴证业务时，注册会计师应当保持职业怀疑态度，以识别可能导致鉴证对象信息发生重大错报的情况。

第十四条　注册会计师应当了解鉴证对象和其他的业务环境事项，以足够识别和评估鉴证对象信息发生重大错报的风险，并设计和实施进一步的证据收集程序。

第十五条　在计划和执行其他鉴证业务时，注册会计师应当了解鉴证对象和其他的业务环境事项，以便为在下列关键环节作出职业判断提供重要基础：

（一）考虑鉴证对象特征；

（二）评估标准的适当性；

（三）确定需要特殊考虑的领域，比如显示存在舞弊的迹象、需要特殊技能或利用专家工作的领域；

（四）确定重要性水平，评价其数量的持续适当性，并考虑其性质因素；

（五）实施分析程序时确定期望值；

（六）设计和实施进一步的证据收集程序，以将鉴证业务风险降至适当水平；

（七）评价证据，包括评价责任方口头声明和书面声明的合理性。

第十六条　注册会计师应当运用职业判断，确定需要了解鉴证对象及其他的业务环境事项的程度，并考虑这种了解是否足以评估鉴证对象信息发生重大错报的风险。

第二节　评估鉴证对象的适当性

第十七条　注册会计师应当评估鉴证对象的适当性。

适当的鉴证对象应当具备下列所有条件：

（一）鉴证对象可以识别；

（二）不同的组织或人员按照既定标准对鉴证对象进行评价或计量的结果合理一致；

（三）注册会计师能够收集与鉴证对象有关的信息，获取充分、适当的证据，以支持其提出适当的鉴证结论。

第十八条　只有当对业务环境的初步了解表明鉴证对象适当时，会计师事务所才能承接其他鉴证业务。

在承接其他鉴证业务后，如果认为鉴证对象不适当，注册会计师应当出具保留结论、否定结论或无法提出结论的报告。必要时，注册会计师应当考虑解除业务约定。

第三节　评估标准的适当性

第十九条　注册会计师应当评估用于评价或计量鉴证对象的标准的适当性。适当的标准应当具备下列所有特征：

（一）相关性：相关的标准有助于得出结论，便于预期使用者作出决策；

（二）完整性：完整的标准不应忽略业务环境中可能影响得出结论的相关因素，当涉及列报时，还包括列报的基准；

（三）可靠性：可靠的标准能够使能力相近的注册会计师在相似的业务环境中，对鉴证对象作出合理一致的评价或计量；

（四）中立性：中立的标准有助于得出无偏向的结论；

（五）可理解性：可理解的标准有助于得出清晰、易于理解、不会产生重大歧义的结论。

第二十条　只有当对业务环境的初步了解表明使用的标准适当时，会计师事务所才能承接其他鉴证业务。

在承接其他鉴证业务后，如果认为使用的标准不适当，注册会计师应当出具保留结论、否定结论或无法提出结论的报告。必要时，注册会计师应当考虑解除业务约定。

第二十一条　标准可能是由法律法规规定的，或由政府主管部门或国家认可的专业团体依照公开、适当的程序发布的（以下简称公开发布标准），也可能是专门制定的。在通常情况下，只有当与预期使用者的需求相关时，公开发布标准才是适当的。

如果某鉴证对象存在公开发布标准，而特定的预期使用者出于特定目的使用其他标准，或专门建立一套标准满足其特殊需要，在这种情况下，注册会计师应当在鉴证报告中指明：

（一）使用的标准不是公开发布标准；

（二）使用的标准仅供特定的预期使用者使用，且仅适用于特殊目的。

第二十二条　对某些鉴证对象，可能不存在公开发布标准，而需要专门制定标准。注册会计师应当考虑专门制定的标准是否会导致鉴证报告对预期使用者产生误导。注册会计师应当尽可能使预期使用者或委托人确认专门制定的标准符合预期使用者的目的。

如果未获得对专门制定标准的确认，注册会计师应当考虑这种情况对评估既定标准适当性的影响，以及对鉴证报告中有关该标准的信息的影响。

第四节　重要性与鉴证业务风险

第二十三条　在计划和执行其他鉴证业务时，注册会计师应当考虑重要性和鉴证业务风险。

第二十四条 在确定证据收集程序的性质、时间和范围，评价鉴证对象信息是否不存在错报时，注册会计师应当考虑重要性。

在考虑重要性时，注册会计师应当了解并评价哪些因素可能会影响预期使用者的决策。

注册会计师应当综合数量和性质因素考虑重要性。在具体业务中，注册会计师需要运用职业判断，评估重要性以及数量和性质因素的相对重要程度。

第二十五条 注册会计师应当将鉴证业务风险降至该业务环境下可接受的水平。

在合理保证的其他鉴证业务中，注册会计师应当将鉴证业务风险降至该业务环境下可接受的低水平，以此作为以积极方式提出结论的基础。

由于证据收集程序的性质、时间和范围不同，有限保证的其他鉴证业务的风险水平高于合理保证的其他鉴证业务的风险水平。但在有限保证的其他鉴证业务中，证据收集程序的性质、时间和范围应当至少足以使注册会计师获得某种有意义的保证水平，以此作为注册会计师以消极方式提出结论的基础。

当注册会计师获取的保证水平很有可能在一定程度上增强预期使用者对鉴证对象信息的信任时，这种保证水平是有意义的保证水平。

第二十六条 鉴证业务风险通常体现为重大错报风险和检查风险。

重大错报风险是指鉴证对象信息在鉴证前存在重大错报的可能性。

检查风险是指注册会计师未能发现存在的重大错报的可能性。

注册会计师对重大错报风险和检查风险的考虑受具体业务环境的影响，特别受鉴证对象性质，以及所执行的是合理保证还是有限保证的其他鉴证业务的影响。

第四章 利用专家的工作

第二十七条 在收集和评价证据时，对于某些其他鉴证业务的鉴证对象和相关标准，可能需要运用特殊知识和技能。在这种情况下，注册会计师应当考虑利用专家的工作。

第二十八条 当利用专家的工作收集和评价证据时，注册会计师与专家作为一个整体，应当具备与鉴证对象和标准相关的足够的专业知识和技能。

第二十九条 参与其他鉴证业务的所有人员（包括专家），都应当保持应有的关注。

在执行其他鉴证业务时，尽管并不要求专家在所有方面与注册会计师具备同样的专业知识和技能，但注册会计师应当确定专家已充分了解其他鉴证业务准则，以使专家能够按照具体业务目标开展工作。

第三十条 注册会计师应当实施质量控制程序，明确执行其他鉴证业务人员的责任，包括专家的工作责任，以确保其遵守其他鉴证业务准则。

第三十一条　注册会计师应当充分参与其他鉴证业务和了解专家所承担的工作，以足以对鉴证对象信息形成的结论承担责任。

在形成鉴证结论时，注册会计师应当考虑利用专家工作的程度是否合理。

第三十二条　尽管并不期望注册会计师具备与专家相同的专业知识和技能，但注册会计师应当具备足够的知识和技能，以实现下列目的：

（一）界定专家工作的目标及其如何与鉴证业务目标相联系；

（二）考虑专家使用的假设、方法和原始数据的合理性；

（三）考虑专家发现的问题和得出结论的合理性。

第三十三条　注册会计师应当获取充分、适当的证据，确定专家的工作是否符合其他鉴证业务的目标。

在评估专家提供证据的充分性和适当性时，注册会计师应当评价：

（一）专家的专业胜任能力，包括专家的经验和客观性；

（二）专家使用的假设、方法和原始数据的合理性；

（三）专家发现的问题和得出结论的合理性及其重要性。

第五章　获取证据

第一节　总体要求

第三十四条　注册会计师应当获取充分、适当的证据，据此形成鉴证结论。证据的充分性是对证据数量的衡量。证据的适当性是对证据质量的衡量，即证据的相关性和可靠性。

第三十五条　注册会计师可以考虑获取证据的成本与所获取信息有用性之间的关系，但不应仅以获取证据的困难和成本为由减少不可替代的程序。

第三十六条　在评价证据的充分性和适当性以支持鉴证结论时，注册会计师应当运用职业判断，并保持职业怀疑态度。

第三十七条　其他鉴证业务通常不涉及鉴定文件记录的真伪，注册会计师也不是鉴定文件记录真伪的专家，但应当考虑用作证据的信息的可靠性，包括考虑与信息生成和维护相关的控制的有效性。

如果在执行业务过程中识别出的情况使其认为文件记录可能是伪造的或文件记录中的某些条款已发生变动，注册会计师应当作进一步调查，包括直接向第三方询证，或考虑利用专家的工作，以评价文件记录的真伪。

第三十八条　在合理保证的其他鉴证业务中，注册会计师应当通过下列不断修正的、系统化的执业过程，获取充分、适当的证据：

（一）了解鉴证对象及其他的业务环境事项，必要时包括了解内部控制；

（二）在了解鉴证对象及其他的业务环境事项的基础上，评估鉴证对象信息可能存在的重大错报风险；

（三）应对评估的风险，包括制定总体应对措施以及确定进一步程序的性质、时间和范围；

（四）针对识别的风险实施进一步程序，包括实施实质性程序，以及在必要时测试控制运行的有效性；

（五）评价证据的充分性和适当性。

第三十九条　合理保证提供的保证水平低于绝对保证。由于存在下列因素，将鉴证业务风险降至零几乎不可能，也不符合成本效益原则：

（一）选择性测试方法的运用；

（二）内部控制的固有局限性；

（三）大多数证据是说服性而非结论性的；

（四）在获取和评价证据以及由此得出结论时涉及大量判断；

（五）在某些情况下鉴证对象具有特殊性。

第四十条　合理保证的其他鉴证业务和有限保证的其他鉴证业务都需要运用鉴证技术和方法，收集充分、适当的证据。与合理保证的其他鉴证业务相比，有限保证的其他鉴证业务在证据收集程序的性质、时间、范围等方面是有意识地加以限制的。

第四十一条　无论是合理保证还是有限保证的其他鉴证业务，如果注意到某事项可能导致对鉴证对象信息是否需要作出重大修改产生疑问，注册会计师应当执行其他足够的程序，追踪这一事项，以支持鉴证结论。

第二节 责任方声明

第四十二条　注册会计师在必要时应当向责任方获取声明。责任方声明包括书面声明和口头声明。责任方对口头声明的书面确认，可以减少注册会计师和责任方之间产生误解的可能性。

注册会计师应当要求责任方就其按照既定标准对鉴证对象进行评价或计量出具书面声明，无论该声明作为责任方的认定能否为预期使用者获取。如果无法获取该项书面声明，注册会计师应当根据工作范围受到限制的程度，考虑出具保留结论或无法提出结论的鉴证报告，并考虑是否需要对鉴证报告的使用作出限制。

第四十三条　在其他鉴证业务中，责任方可能主动提供声明或以回复注册会计师询问的方式提供声明。当责任方声明与某一事项相关，且该事项对鉴证对象的评价或计量有重大影响时，注册会计师应当实施下列程序：

（一）评价责任方声明的合理性及其与其他证据（包括其他声明）的一致性；

（二）考虑作出声明的人员是否充分知晓所声明的特定事项；

（三）在合理保证的其他鉴证业务中，获取佐证性的证据；在有限保证的其他鉴证业务中，考虑是否有必要寻求佐证性的证据。

第四十四条 责任方声明不能替代注册会计师合理预期能够获取的其他证据。如果某事项对评价或计量鉴证对象产生重大影响或可能产生重大影响，且对该事项无法获取在正常情况下能够获取的充分、适当的证据，即使已从责任方获取相关声明，注册会计师应将其视为工作范围受到限制。

第六章 考虑期后事项

第四十五条 注册会计师应当考虑截至鉴证报告日发生的事项对鉴证对象信息和鉴证报告的影响。

第四十六条 注册会计师对期后事项的考虑程度，取决于这些事项对鉴证对象信息和鉴证结论适当性的潜在影响。

在某些其他鉴证业务中，由于鉴证对象性质特殊，注册会计师可能无需考虑期后事项，如对某一时点统计报表的准确性提出鉴证结论。

第七章 形成工作记录

第四十七条 注册会计师应当记录重大事项，以提供证据支持鉴证报告，并证明其已按照其他鉴证业务准则的规定执行业务。

第四十八条 对需要运用职业判断的所有重大事项，注册会计师应当记录推理过程和相关结论。

如果对某些事项难以进行判断，注册会计师还应当记录得出结论时已知悉的有关事实。

第四十九条 注册会计师应当将鉴证过程中考虑的所有重大事项记录于工作底稿。

在运用职业判断确定工作底稿的编制和保存范围时，注册会计师应当考虑，使未曾接触该项其他鉴证业务的有经验的专业人士了解实施的鉴证程序，以及作出重大决策的依据。

第八章 编制鉴证报告

第一节 总体要求

第五十条 注册会计师应当判断是否已获取充分、适当的证据，以支持鉴证结论。

在形成鉴证结论时，注册会计师应当考虑所有相关的证据，包括能够印证鉴证对象信息的证据和与之相矛盾的证据。

第五十一条　注册会计师应当以书面报告形式提出鉴证结论，鉴证报告应当清晰表述注册会计师对鉴证对象信息提出的结论。

第五十二条　注册会计师应当根据具体业务环境选择短式报告或长式报告，将信息有效地传达给预期使用者。

短式报告通常包括本准则第五十三条所述的鉴证报告基本内容。长式报告除包括基本内容外，还包括：

（一）对业务约定条款的详细说明；

（二）在特定方面发现的问题以及提出的相关建议。

在长式报告中，注册会计师应当将发现的问题及相关建议与鉴证结论清楚分开，并以适当措辞指出这些问题和建议不会影响鉴证结论。

第二节　鉴证报告的内容

第五十三条　鉴证报告应当包含下列基本内容：

（一）标题；

（二）收件人；

（三）对鉴证对象信息（适当时也包括鉴证对象）的界定与描述；

（四）使用的标准；

（五）适当时，对按照标准评价或计量鉴证对象存在的所有重大固有限制的说明；

（六）必要时，对报告使用者和使用目的的限定；

（七）责任方的界定，以及对责任方和注册会计师各自责任的说明；

（八）按照其他鉴证业务准则的规定执行业务的说明；

（九）工作概述；

（十）鉴证结论；

（十一）注册会计师的签名及盖章；

（十二）会计师事务所的名称、地址及盖章；

（十三）报告日期。

第五十四条　鉴证报告的标题应当清晰表述其他鉴证业务的性质。

第五十五条　鉴证报告的收件人是指鉴证报告应当提交的对象，在可行的情况下，鉴证报告的收件人应当明确为所有的预期使用者。

第五十六条　鉴证报告中对鉴证对象信息（适当时也包括鉴证对象）的界定与描述主要包括：

（一）与评价或计量鉴证对象相关的时点或期间；

（二）鉴证对象涉及的被鉴证单位或其组成部分的名称；

（三）对鉴证对象或鉴证对象信息的特征及其影响的解释，包括解释这些特征如何影响对鉴证对象按照既定标准进行评价或计量的准确性，以及如何影响所获取证据的说服力。

如果在鉴证结论中提及责任方的认定，注册会计师应当将该认定附于鉴证报告后，或在鉴证报告中复述该认定，或指明预期使用者能够从何处获取该认定。

第五十七条　鉴证报告应当指出评价或计量鉴证对象所使用的标准，以使预期使用者能够了解注册会计师提出结论的依据。

注册会计师可以将该标准直接包括在鉴证报告中。如果预期使用者能够获取的责任方认定中已包括该标准，或容易从其他来源获取该标准，注册会计师也可以仅在鉴证报告中提及该标准。

第五十八条　注册会计师应当根据具体业务环境考虑是否披露：

（一）标准的来源，以及标准是否为公开发布标准；如果不是公开发布标准，应当说明采用该标准的理由；

（二）当标准允许选用多种计量方法时，采用的计量方法；

（三）使用标准时作出的重要解释；

（四）采用的计量方法是否发生变更。

第五十九条　如果根据标准评价或计量鉴证对象存在重大固有限制，且预期鉴证报告的使用者不能充分理解，注册会计师应当在鉴证报告中明确提及该限制。

第六十条　如果用于评价或计量鉴证对象的标准仅能为特定使用者所获取，或仅与特定目的相关，注册会计师应当在鉴证报告中指明该鉴证报告的使用仅限于特定使用者或特定目的。

第六十一条　注册会计师应当在鉴证报告中界定责任方以及责任方和注册会计师各自的责任。

对于直接报告业务，注册会计师应当指明责任方对鉴证对象负责；对于基于认定的业务，注册会计师应当指明责任方对鉴证对象信息负责。

注册会计师的责任是对鉴证对象信息独立地提出结论。

第六十二条　注册会计师应当在鉴证报告中说明，该项其他鉴证业务是按照其他鉴证业务准则的规定执行的。如果存在针对该项其他鉴证业务的具体准则，注册会计师应当根据该准则的规定决定是否在鉴证报告中特别提及该准则。

第六十三条　为使预期使用者了解鉴证报告所表达的保证性质，注册会计师应当参照相关的审计准则和审阅准则，在鉴证报告中概述已执行的鉴证工作。

如果没有相关鉴证业务准则对特定鉴证对象的证据收集程序作出规定，注册会计师应当在概述时更具体地说明已执行的工作。

第六十四条　在有限保证的其他鉴证业务中，为使预期使用者理解以消极方式表达的结论所传达的保证性质，注册会计师对已执行工作的概述通常比在合理保证的其他鉴证业务中更加详细。

在有限保证的其他鉴证业务中，对已执行工作的概述应当包括下列内容：

（一）指出证据收集程序的性质、时间和范围存在的限制，必要时，说明没有执行合理保证的其他鉴证业务中通常实施的程序；

（二）说明由于证据收集程序比合理保证的其他鉴证业务更为有限，因此，获得的保证程度低于合理保证的其他鉴证业务的保证程度。

第六十五条　注册会计师应当在鉴证报告中清楚地说明鉴证结论。如果鉴证对象信息由多个方面组成，注册会计师可就每个方面分别提出结论。

虽然提出这些结论并非都需要执行相同水平的证据收集程序，但注册会计师应当根据某一方面执行的工作是合理保证还是有限保证，决定该方面结论的适当表达方式。

第六十六条　在适当情况下，注册会计师应当在鉴证报告中告知预期使用者提出该结论的背景，比如注册会计师的结论中可能包括"本结论是在受到鉴证报告中指出的固有限制的条件下形成的"的措辞。

第六十七条　在合理保证的其他鉴证业务中，注册会计师应当以积极方式提出结论，如"我们认为，根据×标准，内部控制在所有重大方面是有效的"或"我们认为，责任方作出的'根据×标准，内部控制在所有重大方面是有效的'这一认定是公允的"。

第六十八条　在有限保证的其他鉴证业务中，注册会计师应当以消极方式提出结论，如"基于本报告所述的工作，我们没有注意到任何事项使我们相信，根据×标准，×系统在任何重大方面是无效的"或"基于本报告所述的工作，我们没有注意到任何事项使我们相信，责任方作出的'根据×标准，×系统在所有重大方面是有效的'这一认定是不公允的"。

第六十九条　如果提出无保留结论之外的其他结论，注册会计师应当在鉴证报告中清楚地说明提出该结论的理由。

第七十条　鉴证报告应当注明报告日期，以使预期使用者了解注册会计师已考虑截至报告日发生的事项对鉴证对象信息和鉴证报告的影响。

第七十一条　注册会计师可以在鉴证报告中增加不会影响鉴证结论的其他信息或解释。这些信息或解释主要包括：

（一）注册会计师和其他参加具体业务的人员的资格和经验；

（二）重要性水平；

（三）在该业务的特定方面发现的问题及相关建议。

鉴证报告中是否包含此类信息取决于该信息对预期使用者需求的重要程度。增加的信息应当与注册会计师的结论清楚分开，并在措辞上不影响鉴证结论。

第三节 保留结论、否定结论和无法提出结论

第七十二条 如果存在下列事项，且判断该事项的影响重大或可能重大，注册会计师不应当提出无保留结论：

（一）由于工作范围受到业务环境、责任方或委托人的限制，注册会计师不能获取必要的证据将鉴证业务风险降至适当水平，在这种情况下，应当出具保留结论或无法提出结论的报告；

（二）如果结论提及责任方认定，且该认定未在所有重大方面作出公允表达，注册会计师应当提出保留结论或否定结论；如果结论直接提及鉴证对象及标准，且鉴证对象信息存在重大错报，注册会计师应当提出保留结论或否定结论；

（三）在承接业务后，如果发现标准或鉴证对象不适当，可能误导预期使用者，注册会计师应当提出保留结论或否定结论；如果发现标准或鉴证对象不适当，造成工作范围受到限制，注册会计师应当出具保留结论或无法提出结论的报告。

第七十三条 如果某事项造成影响的重大与广泛程度不足以导致出具否定结论或无法提出结论的报告，注册会计师应当提出保留结论，并在报告中使用"除……的影响外"等措辞。

第七十四条 如果责任方认定已指出并适当说明鉴证对象信息存在重大错报，注册会计师应当选择下列一种方式提出鉴证结论：

（一）直接对鉴证对象和使用的标准提出保留结论或否定结论；

（二）如果业务约定条款特别要求针对责任方认定提出结论，注册会计师应当提出无保留结论，并在鉴证报告中增加强调事项段，说明鉴证对象信息存在重大错报且责任方认定已对此作出了适当说明。

第九章 其他报告责任

第七十五条 注册会计师应当考虑其他报告责任，包括考虑就执行业务过程中注意到的与治理层责任相关的事项与治理层沟通的适当性。

如果委托人并非责任方，注册会计师直接与责任方或责任方的治理层沟通可能是不适当的。

第七十六条 如果业务约定条款没有特殊要求，注册会计师不必设计专门的程序以识别与治理层责任相关的事项。

第十章 附 则

第七十七条 本准则自 2007 年 1 月 1 日起施行。

中国注册会计师其他鉴证业务准则第 3111 号
——预测性财务信息的审核

（2006 年 2 月 15 日发布）

第一章 总 则

第一条 为了规范注册会计师执行预测性财务信息审核业务，制定本准则。

第二条 本准则所称预测性财务信息，是指被审核单位依据对未来可能发生的事项或采取的行动的假设而编制的财务信息。

预测性财务信息可以表现为预测、规划或两者的结合，可能包括财务报表或财务报表的一项或多项要素。

本准则所称预测，是指管理层在最佳估计假设的基础上编制的预测性财务信息。最佳估计假设是指截至编制预测性财务信息日，管理层对预期未来发生的事项和采取的行动作出的假设。

本准则所称规划，是指管理层基于推测性假设，或同时基于推测性假设和最佳估计假设编制的预测性财务信息。推测性假设是指管理层对未来事项和采取的行动作出的假设，该事项或行动预期在未来未必发生。

第三条 在执行预测性财务信息审核业务时，注册会计师应当就下列事项获取充分、适当的证据：

（一）管理层编制预测性财务信息所依据的最佳估计假设并非不合理；在依据推测性假设的情况下，推测性假设与信息的编制目的是相适应的；

（二）预测性财务信息是在假设的基础上恰当编制的；

（三）预测性财务信息已恰当列报，所有重大假设已充分披露，包括说明采用的是推测性假设还是最佳估计假设；

（四）预测性财务信息的编制基础与历史财务报表一致，并选用了恰当的会计政策。

第四条 管理层负责编制预测性财务信息，包括识别和披露预测性财务信息依据的假设。

注册会计师接受委托对预测性财务信息实施审核并出具报告，可增强该信息的可信赖程度。

第二章 保证程度

第五条 注册会计师不应对预测性财务信息的结果能否实现发表意见。

第六条 当对管理层采用的假设的合理性发表意见时,注册会计师仅提供有限保证。

第三章 接受业务委托

第七条 在承接预测性财务信息审核业务前,注册会计师应当考虑下列因素:
(一)信息的预定用途;
(二)信息是广为分发还是有限分发;
(三)假设的性质,即假设是最佳估计假设还是推测性假设;
(四)信息中包含的要素;
(五)信息涵盖的期间。

第八条 如果假设明显不切实际,或认为预测性财务信息并不适合预定用途,注册会计师应当拒绝接受委托,或解除业务约定。

第九条 注册会计师应当与委托人就业务约定条款达成一致意见,并签订业务约定书。

第四章 了解被审核单位情况

第十条 注册会计师应当充分了解被审核单位情况,以评价管理层是否识别出编制预测性财务信息所要求的全部重要假设。

注册会计师还应当通过考虑下列事项,熟悉被审核单位编制预测性财务信息的过程:
(一)与编制预测性财务信息相关的内部控制,以及负责编制预测性财务信息人员的专业技能和经验;
(二)支持管理层作出假设的文件的性质;
(三)运用统计、数学方法及计算机辅助技术的程度;
(四)形成和运用假设时使用的方法;
(五)以前期间编制预测性财务信息的准确性,及其与实际情况出现重大差异的原因。

第十一条 注册会计师应当考虑被审核单位编制预测性财务信息时依赖历史财务信息的程度是否合理。

注册会计师应当了解被审核单位的历史财务信息,以评价预测性财务信息与历史财务信息的编制基础是否一致,并为考虑管理层假设提供历史基准。

注册会计师应当确定相关历史财务信息是否已经审计或审阅,是否选用了恰当的会计政策。

第十二条 如果对上期历史财务信息出具了非标准审计报告或非标准审阅报告,或被审核单位尚处于营业初期,注册会计师应当考虑各项相关的事实及其对预测性财务信息审核的影响。

第五章 涵盖期间

第十三条 注册会计师应当考虑预测性财务信息涵盖的期间。

随着涵盖期间的延长,假设的主观性将会增加,管理层作出最佳估计假设的能力将会减弱。预测性财务信息涵盖的期间不应超过管理层可作出合理假设的期间。

第十四条 注册会计师可以从下列方面考虑预测性财务信息涵盖的期间是否合理:

(一)经营周期;
(二)假设的可靠程度;
(三)使用者的需求。

第六章 审核程序

第十五条 在确定审核程序的性质、时间和范围时,注册会计师应当考虑下列因素:

(一)重大错报的可能性;
(二)以前期间执行业务所了解的情况;
(三)管理层编制预测性财务信息的能力;
(四)预测性财务信息受管理层判断影响的程度;
(五)基础数据的恰当性和可靠性。

第十六条 注册会计师应当评估支持管理层作出最佳估计假设的证据的来源和可靠性。注册会计师可以从内部或外部来源获取支持这些假设的充分、适当的证据,包括根据历史财务信息考虑这些假设,以及评价这些假设是否依据被审核单位有能力实现的计划。

第十七条 当使用推测性假设时，注册会计师应当确定这些假设的所有重要影响是否已得到考虑。

对推测性假设，注册会计师不需要获取支持性的证据，但应当确定这些假设与编制预测性财务信息的目的相适应，并且没有理由相信这些假设明显不切合实际。

第十八条 注册会计师应当通过检查数据计算准确性和内在一致性等，确定预测性财务信息是否依据管理层确定的假设恰当编制。

内在一致性是指管理层拟采取的各项行动相互之间不存在矛盾，以及根据共同的变量确定的金额之间不存在不一致。

第十九条 注册会计师应当关注对变化特别敏感的领域，并考虑该领域影响预测性财务信息的程度。

第二十条 当接受委托审核预测性财务信息的一项或多项要素时，注册会计师应当考虑该要素与财务信息其他要素之间的关联关系。

第二十一条 当预测性财务信息包括本期部分历史信息时，注册会计师应当考虑对历史信息需要实施的程序的范围。

第二十二条 注册会计师应当就下列事项向管理层获取书面声明：

（一）预测性财务信息的预定用途；

（二）管理层作出的重大假设的完整性；

（三）管理层认可对预测性财务信息的责任。

第七章 列　　报

第二十三条 在评价预测性财务信息的列报（包括披露）时，注册会计师除考虑相关法律法规的具体要求外，还应当考虑下列事项：

（一）预测性财务信息的列报是否提供有用信息且不会产生误导；

（二）预测性财务信息的附注中是否清楚地披露会计政策；

（三）预测性财务信息的附注中是否充分披露所依据的假设，是否明确区分最佳估计假设和推测性假设；对于涉及重大且具有高度不确定性的假设，是否已充分披露该不确定性以及由此导致的预测结果的敏感性；

（四）预测性财务信息的编制日期是否得以披露，管理层是否确认截至该日期止，编制该预测性财务信息所依据的各项假设仍然适当；

（五）当预测性财务信息的结果以区间表示时，是否已清楚说明在该区间内选取若干点的基础，该区间的选择是否不带偏见或不产生误导；

（六）从最近历史财务信息披露以来，会计政策是否发生变更、变更的原因及其对预测性财务信息的影响。

第八章 审核报告

第二十四条 注册会计师对预测性财务信息出具的审核报告应当包括下列内容：

（一）标题；

（二）收件人；

（三）指出所审核的预测性财务信息；

（四）提及审核预测性财务信息时依据的准则；

（五）说明管理层对预测性财务信息（包括编制该信息所依据的假设）负责；

（六）适当时，提及预测性财务信息的使用目的和分发限制；

（七）以消极方式说明假设是否为预测性财务信息提供合理基础；

（八）对预测性财务信息是否依据假设恰当编制，并按照适用的会计准则和相关会计制度的规定进行列报发表意见；

（九）对预测性财务信息的可实现程度作出适当警示；

（十）注册会计师的签名及盖章；

（十一）会计师事务所的名称、地址及盖章；

（十二）报告日期。报告日期应为完成审核工作的日期。

第二十五条 审核报告应当说明：

（一）根据对支持假设的证据的检查，注册会计师是否注意到任何事项，导致其认为这些假设不能为预测性财务信息提供合理基础；

（二）对预测性财务信息是否依据这些假设恰当编制，并按照适用的会计准则和相关会计制度的规定进行列报发表意见。

第二十六条 审核报告还应当说明：

（一）由于预期事项通常并非如预期那样发生，并且变动可能重大，实际结果可能与预测性财务信息存在差异；同样，当预测性财务信息以区间形式表述时，对实际结果是否处于该区间内不提供任何保证。

（二）在审核规划的情况下，编制预测性财务信息是为了特定目的（列明具体目的）。在编制过程中运用了一整套假设，包括有关未来事项和管理层行动的推测性假设，而这些事项和行动预期在未来未必发生。因此，提醒信息使用者注意，预测性财务信息不得用于该特定目的以外的其他目的。

第二十七条 如果认为预测性财务信息的列报不恰当，注册会计师应当对预测性财务信息出具保留或否定意见的审核报告，或解除业务约定。

第二十八条 如果认为一项或者多项重大假设不能为依据最佳估计假设编制的预测性财务信息提供合理基础，或在给定的推测性假设下，一项或者多项重大假设不能为依据推测性假设编制的预测性财务信息提供合理基础，注册会计师应当对预测性财务信息出具否定意见的审核报告，或解除业务约定。

第二十九条　如果审核范围受到限制，导致无法实施必要的审核程序，注册会计师应当解除业务约定，或出具无法表示意见的审核报告，并在报告中说明审核范围受到限制的情况。

第九章　附　　则

第三十条　本准则自 2007 年 1 月 1 日起施行。

附录：

审核报告参考格式

1. 对预测性财务报表出具无保留意见的报告（以预测为基础）

审 核 报 告

ABC 股份有限公司：

　　我们审核了后附的 ABC 股份有限公司（以下简称 ABC 公司）编制的预测（列明预测涵盖的期间和预测的名称）。我们的审核依据是《中国注册会计师其他鉴证业务准则第 3111 号——预测性财务信息的审核》。ABC 公司管理层对该预测及其所依据的各项假设负责。这些假设已在附注 × 中披露。

　　根据我们对支持这些假设的证据的审核，我们没有注意到任何事项使我们认为这些假设没有为预测提供合理基础。而且，我们认为，该预测是在这些假设的基础上恰当编制的，并按照 ×× 编制基础的规定进行了列报。

　　由于预期事项通常并非如预期那样发生，并且变动可能重大，实际结果可能与预测性财务信息存在差异。

×× 会计师事务所	中国注册会计师：×××
（盖章）	（签名并盖章）
	中国注册会计师：×××
	（签名并盖章）
中国 ×× 市	二○× 二年 × 月 × 日

2. 对预测性财务报表出具无保留意见的报告（以规划为基础）

审 核 报 告

ABC 股份有限公司：

我们审核了后附的 ABC 股份有限公司（以下简称 ABC 公司）编制的规划（列明规划涵盖的期间和规划的名称）。我们的审核依据是《中国注册会计师其他鉴证业务准则第 3111 号——预测性财务信息的审核》。ABC 公司管理层对该规划及其所依据的各项假设负责。这些假设已在附注 × 中披露。

ABC 公司编制规划是为了 ×× 目的。由于 ABC 公司尚处于营业初期，在编制规划时运用了一整套假设，包括有关未来事项和管理层行动的推测性假设，而这些事项和行动预期在未来未必发生。因此，我们提醒信息使用者注意，该规划不得用于 ×× 目的以外的其他目的。

根据我们对支持这些假设的证据的审核，在推测性假设（列明推测性假设）成立的前提下，我们没有注意到任何事项使我们认为这些假设没有为规划提供合理基础。我们认为，该规划是在这些假设的基础上恰当编制的，并按照 ×× 编制基础的规定进行了列报。

即使在推测性假设中所涉及的事项发生，但由于预期事项通常并非如预期那样发生，并且变动可能重大，因此实际结果仍然可能与预测性财务信息存在差异。

××会计师事务所　　　　　　　　　　中国注册会计师：×××
　（盖章）　　　　　　　　　　　　　　　　（签名并盖章）
　　　　　　　　　　　　　　　　　　中国注册会计师：×××
　　　　　　　　　　　　　　　　　　　　　（签名并盖章）

　中国××市　　　　　　　　　　　　二○×二年×月×日

相关服务准则

中国注册会计师相关服务准则第4101号
——对财务信息执行商定程序

(2006年2月15日发布)

第一章 总 则

第一条 为了规范注册会计师对财务信息执行商定程序业务，明确执业责任，制定本准则。

第二条 对财务信息执行商定程序的目标，是注册会计师对特定财务数据、单一财务报表或整套财务报表等财务信息执行与特定主体商定的具有审计性质的程序，并就执行的商定程序及其结果出具报告。

本准则所称特定主体，是指委托人和业务约定书中指明的报告致送对象。

第三条 注册会计师执行商定程序业务，仅报告执行的商定程序及其结果，并不提出鉴证结论。报告使用者自行对注册会计师执行的商定程序及其结果作出评价，并根据注册会计师的工作得出自己的结论。

第四条 商定程序业务报告仅限于参与协商确定程序的特定主体使用，以避免不了解商定程序的人对报告产生误解。

第五条 注册会计师执行商定程序业务，应当遵守相关职业道德规范，恪守客观、公正的原则，保持专业胜任能力和应有的关注，并对执业过程中获知的信息保密。

第六条 本准则不对商定程序业务提出独立性要求；但如果业务约定书或委托目的对注册会计师的独立性提出要求，注册会计师应当从其规定。

如果注册会计师不具有独立性，应当在商定程序业务报告中说明这一事实。

第七条 注册会计师应当按照本准则的规定和业务约定书的要求执行商定程序业务。

第二章 业务约定书

第八条 注册会计师应当与特定主体进行沟通，确保其已经清楚理解拟执行的商定程序和业务约定条款。注册会计师应当就下列事项与特定主体沟通，并达成一致意见：

（一）业务性质，包括说明执行的商定程序并不构成审计或审阅，不提出鉴证结论；

（二）委托目的；

（三）拟执行商定程序的财务信息；

（四）拟执行的具体程序的性质、时间和范围；

（五）预期的报告样本；

（六）报告分发和使用的限制。

第九条 如果无法与所有的报告致送对象直接讨论拟执行的商定程序，注册会计师应当考虑采取下列措施：

（一）与报告致送对象的代表讨论拟执行的商定程序；

（二）查阅来自报告致送对象的相关信函和文件；

（三）向报告致送对象提交报告样本。

第十条 如果接受委托，注册会计师应当与委托人就双方达成一致的事项签订业务约定书，以避免双方对商定程序业务的理解产生分歧。

第三章 计划、程序与记录

第十一条 注册会计师应当合理制定工作计划，以有效执行商定程序业务。

第十二条 注册会计师应当执行商定的程序，并将获取的证据作为出具报告的基础。

第十三条 执行商定程序业务运用的程序通常包括：

（一）询问和分析；

（二）重新计算、比较和其他核对方法；

（三）观察；

（四）检查；

（五）函证。

第十四条 注册会计师应当记录支持商定程序业务报告的重大事项，并记录按照本准则的规定和业务约定书的要求执行商定程序的证据。

第四章 报 告

第十五条 商定程序业务报告应当详细说明业务的目的和商定的程序，以便使用者了解所执行工作的性质和范围。

第十六条 商定程序业务报告应当包括下列内容：

（一）标题；

（二）收件人；

（三）说明执行商定程序的财务信息；

（四）说明执行的商定程序是与特定主体协商确定的；

（五）说明已按照本准则的规定和业务约定书的要求执行了商定程序；

（六）当注册会计师不具有独立性时，说明这一事实；

（七）说明执行商定程序的目的；

（八）列出所执行的具体程序；

（九）说明执行商定程序的结果，包括详细说明发现的错误和例外事项；

（十）说明所执行的商定程序并不构成审计或审阅，注册会计师不提出鉴证结论；

（十一）说明如果执行商定程序以外的程序，或执行审计或审阅，注册会计师可能得出其他应报告的结果；

（十二）说明报告仅限于特定主体使用；

（十三）在适用的情况下，说明报告仅与执行商定程序的特定财务数据有关，不得扩展到财务报表整体；

（十四）注册会计师的签名和盖章；

（十五）会计师事务所的名称、地址及盖章；

（十六）报告日期。

第五章 附　　则

第十七条 如果注册会计师具备专业胜任能力，且存在合理的判断标准，可参照本准则对非财务信息执行商定程序业务。

第十八条 本准则自 2007 年 1 月 1 日起施行。

中国注册会计师相关服务准则第 4111 号
——代编财务信息

（2006 年 2 月 15 日发布）

第一章　总　　则

第一条　为了规范注册会计师执行代编财务信息业务（以下简称代编业务），制定本准则。

第二条　代编业务的目标是注册会计师运用会计而非审计的专业知识和技能，代客户编制一套完整或非完整的财务报表，或代为收集、分类和汇总其他财务信息。

注册会计师执行代编业务使用的程序并不旨在、也不能对财务信息提出任何鉴证结论。

第三条　注册会计师执行代编业务，应当遵守相关职业道德规范，恪守客观、公正的原则，保持专业胜任能力和应有的关注，并对执业过程中获知的信息保密。

第四条　本准则不对代编业务提出独立性要求。但如果注册会计师不具有独立性，应当在代编业务报告中说明这一事实。

第五条　在任何情况下，如果注册会计师的姓名与代编的财务信息相联系，注册会计师应当出具代编业务报告。

第二章　业务约定书

第六条　注册会计师应当在代编业务开始前，与客户就代编业务约定条款达成一致意见，并签订业务约定书，以避免双方对代编业务的理解产生分歧。

第七条　业务约定书应当包括下列主要事项：

（一）业务的性质，包括说明拟执行的业务既非审计也非审阅，注册会计师不对代编的财务信息提出任何鉴证结论；

（二）说明不能依赖代编业务揭露可能存在的错误、舞弊以及违反法规行为；

（三）客户提供的信息的性质；

（四）说明客户管理层应当对提供给注册会计师的信息的真实性和完整性负

责，以保证代编财务信息的真实性和完整性；

（五）说明代编财务信息的编制基础，并说明将在代编财务信息和出具的代编业务报告中对该编制基础以及任何重大背离予以披露；

（六）代编财务信息的预期用途和分发范围；

（七）如果注册会计师的姓名与代编的财务信息相联系，说明注册会计师出具的代编业务报告的格式；

（八）业务收费；

（九）违约责任；

（十）解决争议的方法；

（十一）签约双方法定代表人或其授权代表的签字盖章，以及签约双方加盖的公章。

第三章 计划、程序与记录

第八条 注册会计师应当制定代编业务计划，以有效执行代编业务。

第九条 注册会计师应当了解客户的业务和经营情况，熟悉其所处行业的会计政策和惯例，以及与具体情况相适应的财务信息的形式和内容。

第十条 注册会计师应当了解客户业务交易的性质、会计记录的形式和财务信息的编制基础。

注册会计师通常利用以前经验、查阅文件记录或询问客户的相关人员，获取对这些事项的了解。

第十一条 除本准则规定的程序外，注册会计师通常不需要执行下列程序：

（一）询问管理层，以评价所提供信息的可靠性和完整性；

（二）评价内部控制；

（三）验证任何事项；

（四）验证任何解释。

第十二条 如果注意到管理层提供的信息不正确、不完整或在其他方面不令人满意，注册会计师应当考虑执行本准则第十一条提及的程序，并要求管理层提供补充信息。

如果管理层拒绝提供补充信息，注册会计师应当解除该项业务约定，并告知客户解除业务约定的原因。

第十三条 注册会计师应当阅读代编的财务信息，并考虑形式是否恰当，是否不存在明显的重大错报。

本条前款所述的重大错报包括下列情形：

（一）错误运用编制基础；

（二）未披露所采用的编制基础和获知的重大背离；

（三）未披露注册会计师注意到的其他重大事项。

注册会计师应当在代编财务信息中披露采用的编制基础和获知的重大背离，但不必报告背离的定量影响。

第十四条 如果注意到存在重大错报，注册会计师应当尽可能与客户就如何恰当地更正错报达成一致意见。如果重大错报仍未得到更正，并且认为财务信息存在误导，注册会计师应当解除该项业务约定。

第十五条 注册会计师应当从管理层获取其承担恰当编制财务信息和批准财务信息的责任的书面声明。该声明还应当包括管理层对会计数据的真实性和完整性负责，以及已向注册会计师完整提供所有重要且相关的信息。

第十六条 注册会计师应当记录重大事项，以证明其已按照本准则的规定和业务约定书的要求执行代编业务。

第四章 代编业务报告

第十七条 代编业务报告应当包括下列内容：

（一）标题；

（二）收件人；

（三）说明注册会计师已按照本准则的规定执行代编业务；

（四）当注册会计师不具有独立性时，说明这一事实；

（五）指出财务信息是在管理层提供信息的基础上代编的，并说明代编财务信息的名称、日期或涵盖的期间；

（六）说明管理层对注册会计师代编的财务信息负责；

（七）说明执行的业务既非审计，也非审阅，因此不对代编的财务信息提出鉴证结论；

（八）必要时，应当增加一个段落，提醒注意代编财务信息对采用的编制基础的重大背离；

（九）注册会计师的签名及盖章；

（十）会计师事务所的名称、地址及盖章；

（十一）报告日期。

第十八条 注册会计师应当在代编财务信息的每页或一套完整的财务报表的首页明确标示"未经审计或审阅""与代编业务报告一并阅读"等字样。

第五章 附 则

第十九条 注册会计师执行代编非财务信息业务，除有特定要求者外，应当参照本准则办理。

第二十条 本准则自 2007 年 1 月 1 日起施行。

附录：

代编业务报告参考格式

1. 代编财务报表业务报告

代编财务报表业务报告

（收件人名称）：

在 ABC 公司管理层提供信息的基础上，我们按照《中国注册会计师相关服务准则第 4111 号——代编财务信息》的规定，代编了 ABC 公司 20×× 年 12 月 31 日的资产负债表，20×× 年度的利润表、股东权益变动表和现金流量表以及财务报表附注。管理层对这些财务报表负责。我们未对这些财务报表进行审计或审阅，因此不对其提出鉴证结论。

×× 会计师事务所	中国注册会计师：×××
（盖章）	（签名并盖章）
中国 ×× 市	二〇×× 年 × 月 × 日

2. 代编财务报表业务报告，增加段落以引起对背离编制基础的关注

代编财务报表业务报告

（收件人名称）：

在 ABC 公司管理层提供信息的基础上，我们按照《中国注册会计师相关服务准则第 4111 号——代编财务信息》的规定，代编了 ABC 公司 20×× 年 12 月 31 日的资产负债表，20×× 年度的利润表、股东权益变动表和现金流量表以及财务报表附注。管理层对这些财务报表负责。我们未对这些财务报表进行审计或审阅，因此不对其提出鉴证结论。

我们提请注意，如财务报表附注 × 所述，管理层对融资租赁的机器设备未予资本化，该事项不符合企业会计准则和《×× 会计制度》的规定。

×× 会计师事务所	中国注册会计师：×××
（盖章）	（签名并盖章）
中国 ×× 市	二〇×× 年 × 月 × 日

质量管理准则

会计师事务所质量管理准则第 5101 号
——业务质量管理

（2020 年 11 月 19 日修订）

第一章 总 则

第一条 为了规范会计师事务所设计、实施和运行有关财务报表审计业务、财务报表审阅业务、其他鉴证业务以及相关服务业务的质量管理体系，制定本准则。

第二条 项目质量复核是会计师事务所质量管理体系中的一项应对措施。本准则规范了会计师事务所就应当实施项目质量复核的范围，制定相关政策和程序的责任。《会计师事务所质量管理准则第 5102 号——项目质量复核》规范了有关项目质量复核人员的委派和资质要求，以及项目质量复核实施和记录的要求。

第三条 会计师事务所受本准则和《会计师事务所质量管理准则第 5102 号——项目质量复核》的约束，是中国注册会计师执业准则体系中所有其他准则的前提和基础。

其他一些执业准则规定了项目合伙人和项目组其他成员在项目层面实施质量管理的要求。例如，针对财务报表审计业务，《中国注册会计师审计准则第 1121 号——对财务报表审计实施的质量管理》规定了项目层面实施质量管理的具体责任以及项目合伙人的相关责任。

第四条 除本准则外，相关职业道德要求也可能针对会计师事务所在质量管理方面的责任作出规定。会计师事务所在使用本准则时，需要同时考虑相关职业道德要求。

第五条 本准则适用于会计师事务所执行财务报表审计业务、财务报表审阅业务、其他鉴证业务和相关服务业务。

第六条 本准则规定了会计师事务所的目标、为达到这些目标而需要遵守的要求，并提供了相关术语的定义。此外，本准则的附录和应用指南对正确理解和执行本准则中的相关条款提供了进一步解释、指引和示例。

第二章 定 义

第七条 质量管理体系，是指会计师事务所设计、实施和运行的系统，旨在为以下方面提供合理保证：

（一）会计师事务所及其人员按照法律法规和职业准则的规定履行职责，并根据这些规定执行业务；

（二）会计师事务所和项目合伙人出具适合具体情况的业务报告。

第八条 合理保证，是指高度、但非绝对的保证。

第九条 质量目标，是指会计师事务所在其质量管理体系的各组成要素方面期望达到的结果。

第十条 质量风险，是指一种具有合理可能性会发生的风险，这种风险一旦发生，将单独或连同其他风险对质量目标的实现产生不利影响。

第十一条 应对措施，就会计师事务所质量管理体系而言，是指会计师事务所为了应对质量风险而设计和实施的政策和程序。其中：

（一）政策，是指会计师事务所为应对质量风险而作出的应当或不应当采取某种措施的规定，这种规定可能以成文的方式存在，也可能通过讯息予以明示，或者暗含于行动或决策中；

（二）程序，是指为执行政策而采取的行动。

第十二条 会计师事务所质量管理体系的缺陷（在本准则中有时简称缺陷），是指会计师事务所质量管理体系的设计、实施或运行无法合理保证实现其目标的情况。当存在下列情况之一时，表明会计师事务所质量管理体系存在缺陷：

（一）未能设定某些质量目标，而这些质量目标对实现质量管理体系的目标是必要的；

（二）未能识别或恰当评估一项或多项质量风险；

（三）未能恰当设计和采取应对措施，或者应对措施未能有效发挥作用，导致一项应对措施或者多项应对措施的组合未能将相关质量风险发生的可能性降低至可接受的低水平；

（四）质量管理体系的某些方面缺失，或者某些方面未能得到恰当的设计、实施或有效运行，导致会计师事务所未能遵守本准则的某些要求。

第十三条 发现的情况，就会计师事务所质量管理体系而言，是指通过实施监控活动和外部检查获取的，与质量管理体系设计、实施和运行相关的信息，或者从其他相关来源积累的信息，这些信息表明质量管理体系可能存在一项或多项缺陷。

第十四条 外部检查，是指外部监管机构针对会计师事务所质量管理体系或者会计师事务所执行的业务开展的检查或调查。

第十五条 职业准则，是指执业准则和相关职业道德要求。其中，执业准则包括中国注册会计师鉴证业务基本准则、中国注册会计师审计准则、中国注册会计师审阅准则、中国注册会计师其他鉴证业务准则、中国注册会计师相关服务准则和会计师事务所质量管理准则。

第十六条 相关职业道德要求,是指注册会计师在执行财务报表审计业务、财务报表审阅业务、其他鉴证业务和相关服务业务时,应当遵守的职业道德原则和要求,包括独立性要求(如适用)。

第十七条 职业判断,就本准则而言,是指在职业准则框架下,运用相关知识、技能和经验,就会计师事务所质量管理体系设计、实施和运行作出的适当、知情的行动决策。

第十八条 业务工作底稿,有时也称业务工作记录,是指执业人员对已执行的工作、获取的结果以及得出的结论作出的记录。

第十九条 上市实体,是指其股份、股票或债券在法律法规认可的证券交易所报价或挂牌,或在法律法规认可的证券交易所或其他类似机构的监管下进行交易的实体。

第二十条 网络,是指由多个实体组成,旨在通过合作实现下列一个或多个目的的联合体:

(一)共享收益、分担成本;
(二)共享所有权、控制权或管理权;
(三)执行统一的质量管理政策和程序;
(四)执行同一经营战略;
(五)使用同一品牌;
(六)共享重要的专业资源。

第二十一条 网络事务所,对于某会计师事务所来说,是指该会计师事务所所在网络中的其他会计师事务所或实体。

第二十二条 服务提供商,就本准则而言,是指会计师事务所外部的个人或组织,该个人或组织提供资源供会计师事务所质量管理体系利用或在执行业务时利用。服务提供商不包括会计师事务所所在的网络、网络事务所,也不包括网络中的其他组织或架构。

第二十三条 人员,是指会计师事务所的合伙人和员工。其中,对于非合伙制会计师事务所,合伙人是指类似职位的人员。

第二十四条 员工,是指合伙人以外的专业人员,包括会计师事务所的内部专家。

第二十五条 项目组,是指执行某项业务的所有合伙人和员工,以及为该项业务实施程序的所有其他人员,但不包括外部专家,也不包括为项目组提供直接协助的内部审计人员。

第二十六条 项目合伙人,是指会计师事务所中负责某项业务及其执行,并代表会计师事务所在出具的报告上签字的合伙人。

第二十七条 项目质量复核,是指在报告日或报告日之前,项目质量复核人员对项目组作出的重大判断及据此得出的结论作出的客观评价。

第二十八条　项目质量复核人员，是指会计师事务所中实施项目质量复核的合伙人或其他类似职位的人员，或者由会计师事务所委派实施项目质量复核的外部人员。

第三章　目　　标

第二十九条　会计师事务所的目标是，针对所执行的财务报表审计业务、财务报表审阅业务、其他鉴证业务和相关服务业务，设计、实施和运行质量管理体系，为会计师事务所在下列方面提供合理保证：

（一）会计师事务所及其人员按照适用的法律法规和职业准则的规定履行职责，并根据这些规定执行业务；

（二）会计师事务所和项目合伙人出具适合具体情况的报告。

第三十条　会计师事务所持续高质量地执行业务是服务公众利益的内在要求。设计、实施和运行质量管理体系可以使会计师事务所能够持续高质量地执行业务。实现业务的高质量，需要会计师事务所执业人员按照适用的法律法规和职业准则的规定计划和执行业务并出具报告。遵守适用的法律法规的规定并实现职业准则的目标需要运用职业判断，针对某些类型的业务，还需要保持职业怀疑。

第四章　要　　求

第一节　运用和遵守相关要求

第三十一条　会计师事务所应当遵守本准则的所有要求，除非由于会计师事务所或其业务的性质和具体情况，某些要求与本会计师事务所不相关。

第三十二条　对会计师事务所质量管理体系承担最终责任的人员（即主要负责人），以及对会计师事务所质量管理体系承担运行责任的人员，应当了解本准则及应用指南的全部内容，以正确理解本准则的目标并恰当遵守其要求。

第二节　质量管理体系

第三十三条　会计师事务所应当设计、实施和运行在全所范围内（包括分所或分部，下同）统一的质量管理体系。在设计、实施和运行质量管理体系时，会计师事务所应当运用职业判断，并考虑会计师事务所及其业务的性质和具体情况。

会计师事务所应当建立并严格执行一体化管理机制，实现人事、财务、业务、技术标准和信息管理五方面的统一管理，对于合并的分所（或分部）也不应当例外。

第三十四条　在本准则的框架下，会计师事务所质量管理体系包括下列八个组成要素：

（一）会计师事务所的风险评估程序；

（二）治理和领导层；

（三）相关职业道德要求；

（四）客户关系和具体业务的接受与保持；

（五）业务执行；

（六）资源；

（七）信息与沟通；

（八）监控和整改程序。

质量管理体系各组成要素应当有效衔接、互相支撑、协同运行，以保障会计师事务所能够积极有效地实施质量管理。

第三十五条　会计师事务所在设计、实施和运行质量管理体系时，应当采用风险导向的方法，包括采取以下步骤：

（一）设定质量目标。会计师事务所设定的质量目标是由质量管理体系各组成要素相关的目标构成的。

（二）识别和评估质量风险。会计师事务所应当识别和评估质量风险，为设计和采取应对措施奠定基础。

（三）设计和采取应对措施以应对质量风险。应对措施的性质、时间安排和范围取决于相关质量风险的评估结果及得出该评估结果的理由。

第三十六条　在采用风险导向的方法时，会计师事务所应当考虑下列因素：

（一）会计师事务所的性质和具体情况；

（二）会计师事务所执行的业务的性质和具体情况。

由于会计师事务所之间、业务之间存在差异，质量管理体系在设计上会存在差异，特别是其复杂程度和规范程度也会存在差异。例如，为多种不同类型的实体执行不同类型业务的会计师事务所，包括为上市实体执行财务报表审计业务的会计师事务所，相对于只执行财务报表审阅或代编财务信息业务的会计师事务所来说，很可能需要更加复杂和规范的质量管理体系和支持性工作记录。

第三十七条　质量管理体系应当不断完善和优化，而不是一成不变。实务中，会计师事务所应当根据本所及其业务在性质和具体情况方面的变化，对质量管理体系的设计、实施和运行进行动态调整。

第三十八条　会计师事务所质量管理体系中的治理和领导层应当为质量管理体系的设计、实施和运行营造良好的环境，以为该体系提供支持。

第三十九条　会计师事务所主要负责人（如首席合伙人、主任会计师或者同等职位的人员，下同）应当对质量管理体系承担最终责任。

会计师事务所应当指定专门的合伙人（或类似职位的人员）对质量管理体系的运行承担责任。

会计师事务所应当指定专门的合伙人（或类似职位的人员）对质量管理体系特定方面的运行承担责任。这些特定方面包括遵守独立性要求、监控和整改程序等。

第四十条　会计师事务所在向相关人员分派本准则第三十九条所述各项责任时，应当确保这些人员同时符合下列条件：

（一）具备适当的知识、经验和资质；

（二）在会计师事务所内具有履行其责任所需要的权威性和影响力；

（三）具有充足的时间和资源履行其责任；

（四）充分理解其应负的责任并接受对这些责任履行情况的问责。

第四十一条　会计师事务所应当确保对质量管理体系的运行承担责任的人员、对遵守独立性要求承担责任的人员、对监控和整改程序承担责任的人员，能够直接与对质量管理体系承担最终责任的人员（即主要负责人）沟通。

第四十二条　如果会计师事务所属于某一网络，并且在其质量管理体系中或执行业务时，遵守了网络要求或利用了网络服务，会计师事务所仍然应当对其自身的质量管理体系负责。

第四十三条　如果会计师事务所在其质量管理体系中或执行业务时利用了服务提供商提供的资源，会计师事务所仍然应当对其自身的质量管理体系负责。

第三节　会计师事务所的风险评估程序

第四十四条　会计师事务所应当设计和实施风险评估程序，以设定质量目标，识别和评估质量风险，并设计和采取应对措施以应对质量风险。

第四十五条　会计师事务所应当设定本准则明确规定的质量目标，以及会计师事务所认为对实现其质量管理体系的目标而言必要的其他质量目标。

第四十六条　会计师事务所应当识别和评估质量风险，为设计和采取应对措施奠定基础。在识别和评估质量风险时，会计师事务所应当：

（一）了解可能对实现质量目标产生不利影响的事项或情况，包括相关人员的作为或不作为。这些事项或情况包括下列方面：

1. 会计师事务所的性质和具体情况，具体包括：

（1）会计师事务所的复杂程度和经营特征；

（2）会计师事务所在战略和运营方面的决策与行动、业务流程及业务模式；

（3）领导层的特征和管理风格；

（4）会计师事务所的资源，包括由服务提供商提供的资源；

（5）法律法规、职业准则的规定以及会计师事务所运营所处的环境；

（6）网络要求和网络服务的性质和范围（如适用）。

2.会计师事务所业务的性质和具体情况，具体包括：

（1）会计师事务所执行的业务的类型和出具报告的类型；

（2）业务执行对象属于哪种类型的实体。

（二）考虑上述第（一）项中提及的事项或情况等，可能对实现质量目标产生哪些不利影响，以及不利影响的程度。

第四十七条 会计师事务所应当设计并采取应对措施，以应对质量风险。设计和采取应对措施的方式，应当根据并针对相关质量风险的评估结果及得出该评估结果的理由。会计师事务所采取的应对措施应当包括本准则明确规定的应对措施。

第四十八条 在某些情况下，由于会计师事务所或其业务的性质和具体情况发生变化，可能需要设定额外的质量目标、评估额外的质量风险，也可能需要调整之前评估的质量风险或采取的应对措施。会计师事务所应当制定政策和程序，以识别表明存在这些情况的信息。如果识别出这些信息，会计师事务所应当加以考虑，并在适当时采取下列措施：

（一）设定额外的质量目标或调整之前设定的额外质量目标；

（二）识别和评估额外的质量风险，调整已评估的质量风险或重新评估质量风险；

（三）设计和采取额外的应对措施，或调整已采取的应对措施。

第四节 治理和领导层

第四十九条 治理和领导层应当为质量管理体系的设计、实施和运行营造良好的环境，以为该体系提供支持。针对治理和领导层，会计师事务所应当设定下列质量目标：

（一）会计师事务所在全所范围内形成一种质量至上的文化，树立质量意识。这种文化认同和强调下列方面：

1.会计师事务所有责任通过持续高质量地执行业务服务于公众利益；

2.职业价值观、职业道德和职业态度的重要性；

3.会计师事务所所有人员都对其执行业务的质量承担责任，或对质量管理体系中执行活动的质量承担责任，并且这些人员的行为应当得当；

4.会计师事务所的战略决策和行动，包括会计师事务所在财务和运营方面对优先事项的安排，都不能以牺牲质量为代价。

（二）会计师事务所领导层对质量负责。

（三）会计师事务所领导层通过实际行动展示其对质量的重视。

（四）会计师事务所领导层向会计师事务所人员传递质量至上的执业理念，培育以质量为导向的文化。

（五）会计师事务所的组织结构以及对相关人员角色、职责、权限的分配是恰当的，能够满足质量管理体系设计、实施和运行的需要。

（六）会计师事务所的资源（包括财务资源）需求有计划，并且资源的取得和分配能够保障会计师事务所履行其对质量的承诺。

第五十条　会计师事务所应当建立健全质量管理领导框架。本准则附录提供了一个质量管理领导层示例。会计师事务所应当根据本所及业务的具体情况，设计适合本所的质量管理领导层框架，明确责任，并确保其切实有效地发挥作用。在设计时，会计师事务所可以参照示例设定相关角色和职能，也可以对示例中的角色和职能进行适当合并和调整，但应当涵盖对本所而言必要的所有角色和职能，并明确落实到具体的岗位或人员。

第五十一条　会计师事务所领导层成员应当以身作则、率先垂范，带头遵守质量管理体系中的各项政策和程序，不得干扰项目组按照职业准则的要求执行业务、作出职业判断。

第五十二条　会计师事务所应当加强对合伙人晋升、培训、考核、分配、转入、退出的管理，体现以质量为导向的文化，确保合伙人能够按照质量管理体系的要求，切实履行其在质量管理方面的责任，防范业务风险。

第五十三条　会计师事务所应当加强对其员工（包括外部转入人员）晋升合伙人的管理，综合考虑拟晋升人员的执业理念、职业价值观、职业道德、专业胜任能力和执业诚信记录，建立以质量为导向的晋升机制，不得以承接和执行业务的收入或利润作为晋升合伙人的首要指标。

会计师事务所应当针对合伙人晋升建立和实施质量一票否决制度。

第五十四条　会计师事务所应当在全所范围内统一进行合伙人考核和收益分配。会计师事务所对合伙人的考核和收益分配，应当综合考虑合伙人的执业质量、管理能力、经营业绩、社会声誉等指标，不得以承接和执行业务的收入或利润作为首要指标，不得直接或变相以分所、部门、合伙人所在团队作为利润中心进行收益分配。

第五节　相关职业道德要求

第五十五条　针对相关人员按照相关职业道德要求（包括独立性要求）履行职责，会计师事务所应当设定下列质量目标：

（一）会计师事务所及其人员充分了解规范会计师事务所及其业务的职业道德要求，并严格按照这些职业道德要求履行职责；

（二）受职业道德要求约束的其他组织或人员，包括网络、网络事务所、网络或网络事务所中的人员、服务提供商，充分了解与其相关的职业道德要求，并严格按照这些职业道德要求履行职责。

第五十六条 针对相关职业道德要求，会计师事务所应当制定下列政策和程序：

（一）识别、评价和应对对遵守相关职业道德要求的不利影响；

（二）识别、沟通、评价和报告任何违反相关职业道德要求的情况，并针对这些情况的原因和后果及时作出适当应对；

（三）至少每年一次向所有需要按照相关职业道德要求保持独立性的人员获取其已遵守独立性要求的书面确认。

第五十七条 会计师事务所应当按照相关职业道德要求，建立并完善与公众利益实体审计业务有关的关键审计合伙人轮换机制，明确轮换要求，确保做到实质性轮换，防止流于形式。

会计师事务所应当完善利益分配机制，保证全所的人力资源和客户资源实现一体化统筹管理，避免某合伙人或项目组的利益与特定客户长期直接挂钩，影响独立性。会计师事务所应当定期评价利益分配机制的设计和执行情况。

第五十八条 针对公众利益实体审计业务，会计师事务所应当对关键审计合伙人的轮换情况进行实时监控，通过建立关键审计合伙人服务年限清单等方式，管理关键审计合伙人相关信息，每年对轮换情况实施复核，并在全所范围内统一进行轮换。

第六节　客户关系和具体业务的接受与保持

第五十九条 针对客户关系和具体业务的接受与保持，会计师事务所应当设定下列质量目标：

（一）会计师事务所就是否接受或保持某项客户关系或具体业务所作出的判断是适当的，充分考虑了下列方面：

1.会计师事务所是否针对业务的性质和具体情况以及客户（包括客户的管理层和治理层）的诚信和道德价值观获取了足以支持上述判断的充分信息；

2.会计师事务所是否具备按照适用的法律法规和职业准则的规定执行业务的能力。

（二）会计师事务所在财务和运营方面对优先事项的安排，并不会导致对是否接受或保持客户关系或具体业务作出不恰当的判断。

第六十条 会计师事务所应当制定与下列情形相关的政策和程序：

（一）会计师事务所在接受或保持某一客户关系或具体业务后知悉了某些信息，而这些信息如果在接受或保持该客户关系或具体业务之前知悉，将会导致其拒绝接受该客户关系或业务；

（二）根据法律法规的规定，会计师事务所有义务接受某项客户关系或具体业务。

第六十一条 会计师事务所应当在客户关系和具体业务的接受与保持方面树立风险意识，确保项目风险评估真实、到位。对于在客户关系和具体业务的接受与保持方面具有较高风险的客户，会计师事务所应当设计和实施专门的质量管理程序，如加强与前任注册会计师的沟通、与相关监管机构沟通、访谈拟承接客户以了解有关情况、加强内部质量复核等。

第六十二条 对于从其他会计师事务所转入人员带来的客户，会计师事务所应当严格执行与客户关系和具体业务的接受与保持相关的程序，审慎承接新客户。

第六十三条 会计师事务所应当制定政策和程序，针对客户关系和具体业务的接受与保持（如适用），在全所范围内统一决策。对于会计师事务所认定存在高风险的业务，应当经质量管理主管合伙人（或类似职位的人员）或其授权的人员审批。

在决策时，会计师事务所应当充分考虑相关职业道德要求、管理层和治理层（如适用）的诚信状况、业务风险以及是否具备执行业务必要的时间和资源，审慎作出承接与保持的决策。

第七节 业务执行

第六十四条 针对业务执行，会计师事务所应当设定下列质量目标：

（一）项目组了解并履行其与所执行业务相关的责任，包括项目合伙人对项目管理和项目质量承担总体责任，并充分、适当地参与项目全过程；

（二）基于项目的性质和具体情况、向项目组分配的资源以及项目组可获得的资源，对项目组进行的指导和监督以及对项目组已执行的工作进行的复核是恰当的，并且由经验较为丰富的项目组成员对经验较为缺乏的项目组成员的工作进行指导、监督和复核；

（三）项目组恰当运用职业判断并保持职业怀疑（如适用）；

（四）对困难或有争议的事项进行了咨询，并已按照达成的一致意见执行；

（五）项目组内部、项目组与项目质量复核人员之间（如适用），以及项目组与会计师事务所内负责执行质量管理体系相关活动的人员之间存在的意见分歧，能够得到会计师事务所的关注并予以解决；

（六）业务工作底稿能够在业务报告日之后及时得到整理，并得到妥善的保存和维护，以遵守法律法规、相关职业道德要求和其他职业准则的规定，并满足会计师事务所自身的需要。

第六十五条 会计师事务所应当就项目质量复核制定政策和程序，并对下列业务实施项目质量复核：

（一）上市实体财务报表审计业务；

（二）法律法规要求实施项目质量复核的审计业务或其他业务；

（三）会计师事务所认为，为应对一项或多项质量风险，有必要实施项目质量复核的审计业务或其他业务。

第六十六条　会计师事务所应当制定政策和程序，在全所范围内统一委派具有足够专业胜任能力、时间，并且无不良执业诚信记录的项目合伙人执行业务。其中，对专业胜任能力的评价应当包括下列方面：

（一）该人员是否充分了解相关法律法规和监管要求；

（二）该人员是否能够熟练掌握和运用相关职业准则的规定；

（三）该人员是否充分了解客户所在行业的业务特点、发展趋势、重大风险，以及该行业对信息技术的运用情况等。

会计师事务所应当按照质量管理体系的要求对上述委派进行复核。

第六十七条　会计师事务所应当制定与内部复核相关的政策和程序，对内部复核的层级、各层级的复核范围、执行复核的具体要求以及对复核的记录要求等作出规定。

第六十八条　会计师事务所应当制定与解决意见分歧相关的政策和程序，包括下列方面：

（一）明确要求项目合伙人和项目质量复核人员（如有）复核并评价项目组是否已就疑难问题或涉及意见分歧的事项进行适当咨询，以及咨询得出的结论是否得到执行。

（二）明确要求在业务工作底稿中适当记录意见分歧的解决过程和结论。如果项目质量复核人员（如有）、项目组成员以外的其他人员参与形成业务报告中的专业意见，也应当在业务工作底稿中作出适当记录。

（三）确保所执行的项目在意见分歧解决后才能出具业务报告。

第六十九条　会计师事务所应当制定与出具业务报告相关的政策和程序，要求业务报告在出具前，应当经项目合伙人、项目质量复核人员（如有）复核确认，确保其内容、格式符合职业准则的规定，并由项目合伙人及其他适当的人员（如适用）签署。

第七十条　会计师事务所应当加强对业务报告签发过程的控制，委派专门人员负责对报告的签章进行严格管理。

第七十一条　会计师事务所应当制定政策和程序，以接收、调查、解决由于未能按照适用的法律法规、职业准则的要求执行业务，或由于未能遵守会计师事务所按照本准则要求制定的政策和程序，而引发的投诉和指控。

第八节 资 源

第七十二条 会计师事务所应当设定下列质量目标，以及时且适当地获取、开发、利用、维护和分配资源，支持质量管理体系的设计、实施和运行：

（一）会计师事务所招聘、培养和留住在下列方面具备胜任能力的人员：

1. 具备与会计师事务所执行的业务相关的知识和经验，能够持续高质量地执行业务；

2. 执行与质量管理体系运行相关的活动或承担与质量管理体系相关的责任。

（二）会计师事务所人员通过其行为展示出对质量的重视不断培养和保持适当的胜任能力以履行其职责。会计师事务所通过及时的业绩评价、薪酬调整、晋升和其他奖惩措施对这些人员进行问责或认可。

（三）当会计师事务所在质量管理体系的运行方面缺乏充分、适当的人员时，能够从外部（如网络、网络事务所或服务提供商）获取必要的人力资源支持。

（四）会计师事务所为每项业务分派具有适当胜任能力的项目合伙人和其他项目组成员，并保证其有充足的时间持续高质量地执行业务。

（五）会计师事务所分派具有适当胜任能力的人员执行质量管理体系内的各项活动，并保证其有充足的时间执行这些活动。

（六）会计师事务所获取、开发、维护、利用适当的技术资源，以支持质量管理体系的运行和业务的执行。

（七）会计师事务所获取、开发、维护、利用适当的知识资源，以为质量管理体系的运行和高质量业务的持续执行提供支持，并且这些知识资源符合相关法律法规（如适用）和职业准则的规定。

（八）结合上述第（四）项至第（七）项所述的质量目标，从服务提供商获取的人力资源、技术资源或知识资源能够适用于质量管理体系的运行和业务的执行。

第七十三条 会计师事务所应当投入足够资源打造一支专业性强、经验丰富、运作规范的质量管理体系团队，以维持质量管理体系的日常运行。

第七十四条 会计师事务所应当建立与专业技术支持相关的政策和程序，配备具备相应专业胜任能力、时间和权威性的技术支持人员，确保相关业务能够获得必要的专业技术支持。

第七十五条 会计师事务所应当建立和运行完善的工时管理系统，确保相关人员投入足够的时间执行业务，并为业绩评价提供依据。

第七十六条 会计师事务所应当建立和完善与业务操作规程、业务软件等有关的指引，把职业准则的要求从实质上执行到位，避免执业人员仅简单勾画程序表格、未实质性执行程序、程序与目标不一致、程序执行不到位、业务工作底稿记录不完整等问题，确保执业人员恰当记录判断过程、程序执行情况及得出的结论。

第九节 信息与沟通

第七十七条 针对获取、生成和利用与质量管理体系有关的信息,并及时在会计师事务所内部或与外部各方沟通信息,会计师事务所应当设定下列质量目标,以支持质量管理体系的设计、实施和运行:

(一)会计师事务所的信息系统能够识别、获取、处理和维护来自内部或外部的相关、可靠的信息,为质量管理体系提供支持。

(二)会计师事务所的文化认同并强化会计师事务所人员与会计师事务所之间,以及这些人员彼此之间交换信息的责任。

(三)会计师事务所内部以及各项目组之间能够交换相关、可靠的信息,包括:

1. 会计师事务所向相关人员和项目组传递信息,传递的性质、时间安排和范围足以使其理解和履行与执行业务或质量管理体系各项活动相关的责任;

2. 会计师事务所人员和项目组在执行业务或质量管理体系各项活动的过程中向会计师事务所传递信息。

(四)会计师事务所向外部各方传递相关、可靠的信息,包括:

1. 会计师事务所向网络、在网络中或向服务提供商(如有)传递信息,使该网络或服务提供商能够履行其与网络要求、网络服务或提供资源相关的责任;

2. 会计师事务所根据相关法律法规或职业准则的规定向外部传递信息,或为了帮助外部各方了解质量管理体系而向外部传递信息。

第七十八条 会计师事务所应当制定与下列方面相关的政策和程序:

(一)会计师事务所在执行上市实体财务报表审计业务时,应当与治理层沟通质量管理体系是如何为持续高质量地执行业务提供支撑的;

(二)会计师事务所在何种情况下向外部各方沟通与质量管理体系相关的信息是适当的;

(三)会计师事务所按照上述第(一)项和第(二)项的规定进行外部沟通时应当沟通哪些信息,以及沟通的性质、时间安排、范围和适当形式。

第十节 监控和整改程序

第七十九条 会计师事务所应当建立在全所范围内统一的监控和整改程序,并开展实质性监控,以实现下列质量目标:

(一)就质量管理体系的设计、实施和运行情况提供相关、可靠、及时的信息;

(二)采取适当的行动以应对识别出的质量管理体系的缺陷,以使该缺陷能够及时得到整改。

第八十条 会计师事务所应当设计和实施监控活动,包括定期和持续的监控活动，以为识别质量管理体系的缺陷奠定基础。

第八十一条 在确定监控活动的性质、时间安排和范围时，会计师事务所应当考虑下列方面：

（一）相关质量风险的评估结果及得出该评估结果的理由；

（二）应对措施的设计；

（三）会计师事务所风险评估程序以及监控和整改程序的设计；

（四）质量管理体系发生的变化；

（五）以前实施监控活动的结果，包括以前实施的监控活动是否仍然与评价质量管理体系相关，以及为应对以前识别出的缺陷所采取的整改措施是否有效；

（六）其他相关信息，包括：由于未能按照适用的法律法规、职业准则执行业务，或者由于未能遵守会计师事务所的政策和程序而引发的投诉或指控；从外部检查和服务提供商获取的信息。

第八十二条 会计师事务所的监控活动应当包括对已完成项目的检查，并应当确定选择哪些项目和哪些项目合伙人进行检查。在确定时，会计师事务所应当考虑下列方面：

（一）本准则第八十一条第（一）项至第（六）项；

（二）会计师事务所实施的其他监控活动的性质、时间安排和范围，以及这些监控活动所针对的项目和项目合伙人；

（三）周期性地选取已完成的项目进行检查。在每个周期内，对每个项目合伙人，至少选择一项已完成的项目进行检查。对承接上市实体审计业务的每个项目合伙人，检查周期最长不得超过三年。

第八十三条 会计师事务所应当制定下列政策和程序：

（一）要求执行监控活动的人员具备有效执行监控活动所必需的胜任能力、时间和权威性；

（二）要求执行监控活动的人员具备客观性，这些政策和程序应当禁止项目组成员或项目质量复核人员参与对该项目的任何检查。

第八十四条 会计师事务所应当评价发现的情况，以确定是否存在缺陷，包括监控和整改程序中的缺陷。

第八十五条 会计师事务所应当通过下列方法评价识别出的缺陷的严重程度和广泛性：

（一）调查所识别出的缺陷的根本原因。在确定用于调查根本原因的程序的性质、时间安排和范围时，会计师事务所应当考虑这些识别出的缺陷的性质和可能的严重程度；

（二）评价这些识别出的缺陷单独或累积起来对质量管理体系的影响。

第八十六条 会计师事务所应当根据对根本原因的调查结果，设计和采取整改措施，以应对识别出的缺陷。

第八十七条 对监控和整改程序的运行承担责任的人员应当评价整改措施是否得到恰当的设计，以应对识别出的缺陷及其根本原因，并确定这些程序是否已得到实施。该人员还应当评价针对以前识别出的缺陷采取的整改措施是否有效。

第八十八条 如果上述评价表明整改措施并未得到恰当的设计和执行，或未达到预期效果，则对监控和整改程序的运行承担责任的人员应当采取适当措施以确保对这些整改措施已作出必要调整以使其能够达到预期效果。

第八十九条 如果发现的情况表明某项业务在执行过程中遗漏了应当实施的程序，或者出具的报告可能不适当，会计师事务所应当予以应对。会计师事务所采取的应对措施应当包括下列方面：

（一）采取适当行动，以遵守适用的法律法规和职业准则的规定；

（二）当认为出具的报告不适当时，考虑其影响并采取适当的行动，包括考虑是否需要征询法律意见。

第九十条 对监控和整改程序的运行承担责任的人员，应当及时与对质量管理体系承担最终责任的人员（即主要负责人），以及对质量管理体系的运行承担责任的人员沟通下列事项：

（一）对已执行的监控活动的描述；

（二）识别出的缺陷，包括这些缺陷的严重程度和广泛性；

（三）针对识别出的缺陷采取的整改措施。

第九十一条 会计师事务所应当就本准则第九十条第（一）项至第（三）项规定的事项与项目组以及在质量管理体系中承担相关责任的其他人员沟通，以使项目组和这些人员能够根据其职责迅速采取恰当行动。

第九十二条 会计师事务所应当制定政策和程序，针对监控中发现的缺陷的性质和影响，对相关人员进行问责。这种问责应当与相关责任人员的考核、晋升和薪酬挂钩。对执业中存在重大缺陷的项目合伙人，会计师事务所应当对其是否具备从事相关业务的职业道德水平和专业胜任能力作出评价。

第九十三条 会计师事务所应当就监控的实施情况，发现的缺陷，评价、补救和改进措施、问责等形成监控报告。存在缺陷的，应当及时修订完善质量管理体系。

第十一节 网络要求或网络服务

第九十四条 如果会计师事务所属于某一网络，会计师事务所应当了解下列事项（如适用）：

（一）网络对会计师事务所质量管理体系的要求，包括要求会计师事务所实施或利用由该网络设计、提供或推行的资源或服务（即网络要求）；

（二）由网络提供的，供会计师事务所在设计、实施或运行其质量管理体系时选择实施或利用的服务或资源（即网络服务）；

（三）针对会计师事务所为执行网络要求或利用网络服务所采取的必要行动，会计师事务所应当承担的责任。

会计师事务所仍然应当对其质量管理体系负责，包括对设计、实施和运行该质量管理体系过程中作出的职业判断负责。会计师事务所不得因遵守网络要求或利用网络服务而违反本准则的规定。

第九十五条　基于对本准则第九十四条第（一）项至第（三）项的了解，会计师事务所应当采取下列措施：

（一）确定网络要求或网络服务如何与会计师事务所质量管理体系相关，以及如何在该体系中加以考虑，包括这些要求或服务将如何实施；

（二）评价会计师事务所是否需要对这些网络要求或网络服务加以调整或补充，以满足本所质量管理体系的需要；

（三）如果需要对这些网络要求或网络服务加以调整或补充，考虑如何调整或补充。

第九十六条　当由网络执行与会计师事务所质量管理体系有关的监控活动时，会计师事务所应当：

（一）确定由网络执行的监控活动对会计师事务所按照本准则第八十条至第八十二条的规定执行的监控活动的性质、时间安排和范围的影响；

（二）确定会计师事务所与该监控活动相关的责任，包括会计师事务所需要采取的相关行动；

（三）及时从网络获取其实施监控活动的结果，以作为会计师事务所按照本准则第八十四条的规定评价监控活动发现的情况并识别缺陷的一部分。

第九十七条　对于网络针对本网络中所有事务所实施的监控活动，会计师事务所应当：

（一）了解该类监控活动的总体范围，包括为确定网络要求已在网络事务所之间得到恰当执行而实施的监控活动，以及网络将如何向会计师事务所沟通实施监控活动的结果。

（二）至少每年一次从网络获取该类监控活动的总体结果的相关信息（如可行），并采取下列措施：

1.将这些信息传递给各项目组以及在质量管理体系中承担各项责任的其他人员（如适用），以使项目组和这些人员能够根据其责任迅速采取恰当的行动；

2.考虑这些信息对本所质量管理体系的影响。

第九十八条　如果会计师事务所识别出网络要求或网络服务中的缺陷，应当采取下列措施：

（一）就与已识别出的缺陷相关的信息与网络沟通；

（二）按照本准则第八十六条的规定，设计和采取整改措施，以应对网络要求或网络服务中识别出的缺陷的影响。

第十三节 评价质量管理体系

第九十九条 对质量管理体系承担最终责任的人员（即主要负责人）应当代表会计师事务所对质量管理体系进行评价。该评价应当以某一时点为基准，并且应当至少每年一次。

第一百条 基于上述评价，对质量管理体系承担最终责任的人员（即主要负责人）应当代表会计师事务所得出下列结论中的一项：

（一）质量管理体系能够向会计师事务所合理保证该体系的目标得以实现；

（二）质量管理体系的设计、实施和运行存在严重但不具有广泛影响的缺陷，除与这些缺陷相关的事项外，质量管理体系能够向会计师事务所合理保证该体系的目标得以实现；

（三）质量管理体系不能向会计师事务所合理保证该体系的目标得以实现。

第一百零一条 如果对质量管理体系承担最终责任的人员（即主要负责人）得出本准则第一百条第（二）项或第（三）项结论，会计师事务所应当采取下列措施：

（一）迅速采取适当行动；

（二）与各项目组以及在质量管理体系中承担相关责任的其他人员就与其责任相关的事项进行沟通；

（三）按照会计师事务所根据本准则第七十八条的规定制定的政策和程序，与外部各方沟通。

第一百零二条 会计师事务所应当定期对下列人员进行业绩评价：

（一）对质量管理体系承担最终责任的人员（即主要负责人）；

（二）对质量管理体系承担运行责任的人员；

（三）对质量管理体系特定方面承担运行责任的人员。

在进行业绩评价时，会计师事务所应当考虑对质量管理体系的评价结果。

第十四节 对质量管理体系的记录

第一百零三条 会计师事务所应当对其质量管理体系进行记录，以满足下列要求：

（一）为会计师事务所人员对质量管理体系的一致理解提供支持，包括理解其在质量管理体系和业务执行中的角色和责任；

（二）为质量管理体系的持续实施和运行提供支持；

（三）为应对措施的设计、实施和运行提供证据，以支持对质量管理体系承担最终责任的人员（即主要负责人）对质量管理体系进行评价。

第一百零四条 会计师事务所应当就下列方面形成工作记录：

（一）对质量管理体系承担最终责任的人员（即主要负责人）和对质量管理体系承担运行责任的人员各自的身份。

（二）会计师事务所的质量目标和质量风险。

（三）对应对措施的描述以及这些措施是如何应对质量风险的。

（四）监控和整改程序，包括下列方面：

1. 已执行监控活动的证据；

2. 对发现的情况、识别出的缺陷、缺陷的根本原因作出的评价；

3. 为应对识别出的缺陷而采取的整改措施，以及对这些整改措施在设计和执行方面的评价；

4. 与监控和整改程序相关的沟通。

（五）根据本准则第一百条的规定得出结论的依据。

第一百零五条 会计师事务所应当记录本准则第一百零四条所规定的方面中与网络要求、网络服务相关的事项，以及按照本准则第九十五条第（二）项和第（三）项的规定，与对网络要求或网络服务进行评价相关的事项。

第一百零六条 会计师事务所应当规定质量管理体系工作记录的保存期限，该期限应当涵盖足够长的期间，以使会计师事务所能够监控质量管理体系的设计、实施和运行情况。如果法律法规要求更长的期限，应当遵守法律法规的要求。

附录（参见本准则第五十条）

质量管理领导层示例

本示例旨在为会计师事务所建立健全质量管理领导层框架提供参考，并不强制要求会计师事务所按照本示例设计其质量管理领导层框架。实务中，会计师事务所应当根据本所及其业务的具体情况设计适合本所的质量管理领导框架，以明确责任，并确保其切实有效地发挥作用。在本示例框架下，会计师事务所质量管理领导层包括主要负责人、质量管理主管合伙人、职业道德主管合伙人、独立性主管合伙人、各业务条线的主管合伙人、监控和整改主管合伙人等角色。如无特别说明，本示例中的各个角色包括在该角色授权下承担相关责任的人员。

一、主要负责人

会计师事务所主要负责人（如首席合伙人、主任会计师或者同等职位的人员，下同）对会计师事务所的质量管理体系承担最终责任，并履行下列职责：

1. 提名或委任会计师事务所质量管理领导层的其他成员，保障其具备充分的时间、资源、胜任能力和权限履行职责，并对其进行指导、监督、评价和问责；
2. 建立并有效运行以质量为导向的合伙人管理机制；
3. 合理保证质量管理体系健全并在会计师事务所全所范围内有效运行；
4. 通过审核与监控和整改程序相关的报告等方式，每年至少一次对质量管理体系作出评价，并定期评价相关人员的业绩，落实问责和整改措施；
5. 领导并决定对质量管理具有重大影响的其他事项。

二、质量管理主管合伙人

质量管理主管合伙人（或同等职位的人员）具体负责质量管理体系的设计、实施和运行，并履行下列职责：

1. 建立、完善并有效运行会计师事务所质量管理政策和程序，确保会计师事务所持续满足法律法规、职业准则和监管要求；
2. 全面参与业务质量管理决策，形成工作记录；
3. 对监控和整改程序的运行提供督导，就质量管理存在的问题提出整改措施，并向主要负责人报告；
4. 就与重大风险相关的事项提供咨询；
5. 会计师事务所其他质量管理职责。

如果会计师事务所成立质量管理委员会或类似机构履行质量管理主管合伙人的

职责，该委员会的主任委员或类似职位的成员可以参照质量管理主管合伙人承担领导责任。

三、职业道德主管合伙人

职业道德主管合伙人（或同等职位的人员）具体负责会计师事务所与职业道德有关的事务，并履行下列职责：

1. 制定与职业道德相关的工作计划以及与该计划相关的年度绩效目标，并对职业道德计划的所有方面承担明确的责任；

2. 根据相关职业道德要求，建立、完善并有效运行与职业道德相关的政策和程序，包括与违反职业道德后果相关的政策和程序，以确保会计师事务所持续满足相关职业道德要求；

3. 计划和组织针对全体合伙人、执业人员以及其他人员的职业道德培训，以增强这些人员对职业道德和职业价值观的认识和理解；

4. 建立专门的渠道，供会计师事务所所有人员就职业道德相关问题进行咨询和报告职业道德相关事项和情况，并对这些咨询和报告保密；

5. 建立与解决具体职业道德问题相关的流程，确保能够恰当应对所有已识别出的职业道德问题；

6. 向主要负责人报告所有与职业道德相关的重大事项；

7. 获取会计师事务所所有人员就其遵守职业道德情况的确认，包括已阅读并了解相关职业道德要求，以及是否存在违反相关职业道德要求的情况等；

8. 至少每年一次向主要负责人报告与职业道德相关的政策和程序、事件和结果，以及后续计划；

9. 会计师事务所其他职业道德管理职责。

四、独立性主管合伙人

独立性主管合伙人（或同等职位的人员）具体负责会计师事务所与审计、审阅和其他鉴证业务独立性有关的事务，并履行下列职责：

1. 统筹会计师事务所所有与独立性相关的重大事项，包括设计、实施、运行、监督与维护与独立性相关的监控程序；

2. 建立和完善与独立性相关的咨询机制，保证提供咨询的人员具备适当的时间、经验、专业胜任能力、客观性、权威性和判断能力；

3. 建立和维护相关信息系统，以提供会计师事务所人员禁止投资清单、受限制实体清单、关键审计合伙人执业年限清单等信息，并制定相关政策和程序，以确保这些信息真实、准确和完整；

4. 指导、监督和复核会计师事务所独立性相关政策和程序的运行情况；

5. 就独立性相关事务开展监控活动；

6. 至少每年一次向主要负责人报告与独立性相关的重大事项，如会计师事务所开展独立性监控活动的结果、违反独立性要求的情况、即将实施的独立性政策、法律法规和相关职业道德要求的变化情况、就违反独立性情况作出的处分等；

7. 及时识别法律法规、职业准则、监管机构对适用的独立性要求作出的修订，并考虑是否更新会计师事务所相关流程。

会计师事务所可以根据本所的实际需要，将职业道德主管合伙人和独立性主管合伙人的职责进行合并。

五、各业务条线的主管合伙人

会计师事务所可以根据本所业务的实际情况和质量管理的需要划分业务条线，例如，可以根据业务的性质，客户所处行业或地区等划分业务条线。各业务条线的主管合伙人负责所主管业务的总体质量，并履行以下职责：

1. 确定本业务条线相关计划，包括资源的需求、获取和分配计划，并合理地获取和分配资源；

2. 督导项目合伙人有效执行质量管理体系中的政策和程序，并遵守相关职业道德要求；

3. 委派或授权他人委派具有足够专业胜任能力、时间与良好诚信记录的项目合伙人执行业务；

4. 按照会计师事务所内部规定参与本业务条线中有关业务质量的重大事项的讨论以及意见分歧的解决，发表意见并形成工作记录；

5. 会计师事务所其他质量管理职责。

如果会计师事务所建立业务条线管理委员会或类似机构履行业务条线主管合伙人职责，该委员会的主任委员或类似职位的成员需要参照业务条线主管合伙人承担领导责任。

六、监控和整改主管合伙人

监控和整改主管合伙人（或同等职位的人员）对质量管理体系"监控和整改"要素的运行承担责任，包括下列职责：

1. 领导与监控和整改相关的政策和程序的设计、实施和运行，并提供适当督导；

2. 领导业务检查和其他监控活动的设计、实施和运行工作，并提供适当督导；

3. 就业务检查和其他监控活动的结果与主要负责人和质量管理体系中的相关负责人进行及时沟通；

4. 会计师事务所其他监控和整改管理职责。

会计师事务所质量管理准则第 5102 号
——项目质量复核

（2020 年 11 月 19 日发布）

第一章　总　则

第一条　为了规范项目质量复核人员的委派和资质要求，以及项目质量复核人员在实施和记录项目质量复核方面的责任，制定本准则。

第二条　本准则适用于按照《会计师事务所质量管理准则第 5101 号——业务质量管理》的规定需要实施项目质量复核的所有项目。

会计师事务所受《会计师事务所质量管理准则第 5101 号——业务质量管理》的约束，是本准则的适用前提。

会计师事务所在使用本准则时，需要同时考虑相关职业道德要求。

第三条　根据本准则的规定实施的项目质量复核，属于会计师事务所按照《会计师事务所质量管理准则第 5101 号——业务质量管理》的规定设计和实施的一项应对措施。项目质量复核由项目质量复核人员在项目层面代表会计师事务所实施。

第四条　项目质量复核人员按照本准则要求实施的程序的性质、时间安排和范围，因项目或客户的性质和具体情况而异。例如，如果某一项目需要项目组作出的重大职业判断较少，则项目质量复核人员需要执行的程序可能较为简单。

第五条　《会计师事务所质量管理准则第 5101 号——业务质量管理》规范了会计师事务所设计、实施和运行质量管理体系的责任，该准则要求会计师事务所设计和采取应对措施以应对质量风险，应对措施的性质、时间安排和范围取决于相关质量风险的评估结果及得出该评估结果的理由。该准则明确规定了一些应对措施，要求会计师事务所制定与项目质量复核相关的政策和程序，即为其中的一项。

第六条　会计师事务所负责设计、实施和运行质量管理体系。根据《会计师事务所质量管理准则第 5101 号——业务质量管理》的规定，会计师事务所的目标是，针对所执行的财务报表审计业务、财务报表审阅业务、其他鉴证业务和相关服务业务，设计、实施和运行质量管理体系，为会计师事务所在下列方面提供合理保证：

（一）会计师事务所及其人员按照适用的法律法规和职业准则的规定履行职责，并根据这些规定执行业务；

（二）会计师事务所和项目合伙人出具适合具体情况的报告。

第七条　根据《会计师事务所质量管理准则第 5101 号——业务质量管理》的规定，会计师事务所持续高质量地执行业务是服务公众利益的内在要求。设计、实施和运行质量管理体系可以使会计师事务所能够持续高质量地执行业务。实现业务的高质量，需要会计师事务所执业人员按照适用的法律法规和职业准则的规定计划和执行业务并出具报告。遵守适用的法律法规的规定并实现职业准则的目标需要运用职业判断，针对某些类型的业务，还需要运用职业怀疑。

第八条　项目质量复核是对项目组作出的重大判断和据此得出的结论作出的客观评价。项目质量复核人员对重大判断的评价是在适用的法律法规和职业准则框架下作出的。然而，项目质量复核并不旨在评价整个项目是否遵守了适用的法律法规和职业准则的规定，或者会计师事务所的政策和程序。

第九条　项目质量复核人员不是项目组成员。执行项目质量复核，并不改变项目合伙人对项目实施质量管理以高质量执行业务的责任，以及对项目组成员进行指导和监督并复核其工作的责任。项目质量复核人员并不需要获取证据以支持项目的意见或结论，但是，项目组在回应项目质量复核过程中提出的问题时可能获取进一步证据。

第十条　本准则规定了会计师事务所的目标，以及会计师事务所和项目质量复核人员为实现这些目标而需要满足的要求。本准则还提供了相关术语的定义。此外，本准则的应用指南对正确理解和执行本准则中的相关条款提供了进一步解释和指引。

第二章　定　　义

第十一条　项目质量复核，是指在报告日或报告日之前，项目质量复核人员对项目组作出的重大判断及据此得出的结论作出的客观评价。

第十二条　项目质量复核人员，是指会计师事务所中实施项目质量复核的合伙人或其他类似职位的人员，或者由会计师事务所委派实施项目质量复核的外部人员。

第十三条　相关职业道德要求，是指注册会计师在执行项目质量复核时应当遵守的职业道德原则和要求，包括独立性要求（如适用）。

第三章　目　　标

第十四条　会计师事务所的目标是，委派符合相关资质要求的项目质量复核人员，对项目组作出的重大判断和据此得出的结论作出客观评价。

第四章 要 求

第一节 运用和遵守相关要求

第十五条 会计师事务所和项目质量复核人员应当了解本准则及应用指南的全部内容，以正确理解本准则的目标并恰当遵守其要求。

第十六条 会计师事务所和项目质量复核人员（如适用）应当遵守本准则的每项要求，除非某项要求与项目的具体情况不相关。

第十七条 恰当遵守本准则的要求旨在为实现本准则的目标奠定充分基础。然而，如果认为遵守某些要求不能为实现本准则的目标奠定充分基础，会计师事务所或项目质量复核人员（如适用）应当采取进一步措施以实现本准则的目标。

第二节 项目质量复核人员的委派和资质要求

第十八条 会计师事务所应当制定政策和程序，要求将委派项目质量复核人员的职责分配给会计师事务所内具有履行该职责所需的胜任能力及适当权威性的人员。这些政策和程序应当要求该人员在全所范围内（包括分所或分部）统一委派项目质量复核人员。

第十九条 会计师事务所应当制定政策和程序，以明确项目质量复核人员的任职资质要求。这些政策和程序应当要求项目质量复核人员不得作为项目组成员，并且应当同时满足下列条件：

（一）具备适当的胜任能力，包括充足的时间和适当的权威性以实施项目质量复核。项目质量复核人员的胜任能力应当至少与项目合伙人相当。

（二）遵守相关职业道德要求，包括与项目质量复核人员如何应对对其客观性和独立性产生的不利影响相关的职业道德要求，并在实施项目质量复核时保持独立、客观、公正。

（三）遵守与项目质量复核人员任职资质要求相关的法律法规规定（如有）。

第二十条 会计师事务所内部的项目质量复核人员应当是合伙人或类似职位的人员，且在面对来自项目合伙人或会计师事务所内部其他人员的压力时能够坚持原则。项目质量复核人员也可能是会计师事务所委派的外部人员。

第二十一条 会计师事务所根据本准则第十九条第（二）项的规定制定的政策和程序，应当涵盖前任项目合伙人被委任为项目质量复核人员而对其客观性产生不利影响的情形。这些政策和程序应当规定一段冷却期，并要求在冷却期结束之前，前任项目合伙人不得担任该项目的项目质量复核人员。中国注册会计师职业道德守则针对公众利益实体审计和审阅业务的冷却期作出了明确规定，前任项目合伙人应当遵守该规定，对于公众利益实体审计和审阅业务以外的其他情形，冷却期应当至少为两年。

第二十二条 会计师事务所应当制定政策和程序，规定在为某一项目具体委派项目质量复核人员时，应当充分考虑拟委派人员的胜任能力和客观性。除非出现特殊情况，应当尽量避免在同一年度内需要实施项目质量复核的两个项目之间交叉实施项目质量复核，即由某一项目的项目合伙人对另一项目实施项目质量复核，同时由后者的项目合伙人对前者实施项目质量复核。

第二十三条 会计师事务所应当制定政策和程序，以明确为项目质量复核人员提供协助的人员的任职资质要求。这些政策和程序应当规定，为项目质量复核人员提供协助的人员不得作为项目组成员，并且应当同时满足下列条件：

（一）具备适当的胜任能力，包括充足的时间，以履行对其分配的职责；

（二）遵守相关法律法规的规定（如有）和相关职业道德要求，其中，相关职业道德要求包括与该人员如何应对对其客观性和独立性产生的不利影响相关的职业道德要求。

第二十四条 会计师事务所应当制定与下列方面相关的政策和程序：

（一）要求项目质量复核人员对实施项目质量复核承担总体责任；

（二）针对为项目质量复核提供协助的人员，要求项目质量复核人员负责确定对该等人员进行指导和监督，以及对该等人员的工作进行复核的性质、时间安排和范围。

第二十五条 会计师事务所应当制定政策和程序，以应对项目质量复核人员不再符合其任职资质要求的情况，并采取适当的措施，包括如何识别这种情况，以及如何委任一位替代者。

第二十六条 当项目质量复核人员意识到其不再符合任职资质要求时，应当通知会计师事务所适当人员，并采取下列措施：

（一）如果项目质量复核尚未开始，不再承担项目质量复核责任；

（二）如果项目质量复核已经开始实施，立即停止实施项目质量复核。

第三节 实施项目质量复核

第二十七条 针对项目质量复核的实施，会计师事务所应当制定与下列方面相关的政策和程序：

（一）项目质量复核人员有责任根据本准则第二十八条至第二十九条的规定，在项目的适当时点实施复核程序，以为客观评价项目组作出的重大判断和据此得出的结论奠定适当基础；

（二）项目合伙人与项目质量复核相关的责任，包括禁止项目合伙人在收到项目质量复核人员按照本准则第三十条的规定就已完成项目质量复核发出的通知前签署报告；

（三）项目组与项目质量复核人员就某项重大判断进行讨论的性质和范围对项目质量复核人员的客观性产生不利影响的情形，以及在这些情形下需要采取的适当行动。

第二十八条　在实施项目质量复核时，项目质量复核人员应当实施下列程序：

（一）阅读并了解下列信息：

1. 与项目组就项目和客户的性质和具体情况进行沟通获取的信息；

2. 与会计师事务所就监控和整改程序进行沟通获取的信息，特别是针对可能与项目组的重大判断相关或影响该重大判断的领域识别出的缺陷进行的沟通。

（二）与项目合伙人及其他项目组成员（如适用）讨论重大事项，以及在项目计划、实施和报告时作出的重大判断。

（三）基于从上述第（一）项和第（二）项程序获取的信息，选取部分与项目组作出的重大判断相关的业务工作底稿进行复核，并评价下列方面：

1. 作出这些重大判断的依据，包括项目组对职业怀疑的运用（如适用）；

2. 业务工作底稿能否支持得出的结论；

3. 得出的结论是否恰当。

（四）对于财务报表审计业务，评价项目合伙人确定独立性要求已得到遵守的依据。

（五）评价是否已就疑难问题或争议事项、涉及意见分歧的事项进行适当咨询，并评价咨询得出的结论。

（六）对于财务报表审计，评价项目合伙人确定下列方面的依据：

1. 项目合伙人对整个审计过程的参与程度是充分、适当的；

2. 项目合伙人能够确定作出的重大判断和得出的结论适合项目的性质和具体情况。

（七）对下列方面实施复核：

1. 对于财务报表审计，复核被审计财务报表和审计报告，以及审计报告中对关键审计事项的描述（如适用）；

2. 对于财务报表审阅，复核被审阅财务报表或财务信息，以及拟出具的审阅报告；

3. 对于财务报表审计和审阅以外的其他鉴证业务或相关服务业务，复核业务报告和鉴证对象信息（如适用）。

第二十九条　如果项目质量复核人员怀疑项目组作出的重大判断或据此得出的结论并不恰当，应当告知项目合伙人。如果这一怀疑不能得到使项目质量复核人员满意的解决，项目质量复核人员应当通知会计师事务所内部的适当人员项目质量复核无法完成。

第三十条 项目质量复核人员应当确定是否遵守了本准则中与实施项目质量复核相关的要求，以及项目质量复核是否已完成。如果是，项目质量复核人员应当签字确认并通知项目合伙人项目质量复核已完成。

第四节 工 作 底 稿

第三十一条 会计师事务所应当制定政策和程序，要求项目质量复核人员负责就项目质量复核形成工作底稿。

第三十二条 会计师事务所应当制定政策和程序，要求项目质量复核人员的工作底稿符合本准则第三十三条的规定，并将该工作底稿包括在业务工作底稿中。

第三十三条 项目质量复核人员应当确定对项目质量复核形成的工作底稿足以使未曾接触该项目的、有经验的执业人员了解项目质量复核人员以及对项目质量复核提供协助的人员（如适用）所执行程序的性质、时间安排和范围，以及在实施复核的过程中得出的结论。项目质量复核人员还应当确定项目质量复核工作底稿中包括下列方面：

（一）项目质量复核人员及协助人员的姓名；

（二）已复核的业务工作底稿的识别特征；

（三）项目质量复核人员根据本准则第三十条的规定作出确定的依据；

（四）按照本准则第二十九条至第三十条的规定进行的通知；

（五）完成项目质量复核的日期。

附 录
问题解答

中国注册会计师审计准则问题解答第1号
——职业怀疑

（2019年12月31日修订）

注册会计师在整个审计过程中保持职业怀疑，对识别、评估和应对因舞弊导致的财务报表重大错报风险、保障审计质量至关重要。《中国注册会计师审计准则第1101号——注册会计师的总体目标和审计工作的基本要求》要求注册会计师在计划和实施审计工作时保持职业怀疑，认识到可能存在导致财务报表发生重大错报的情形。本问题解答旨在强调职业怀疑对于审计工作的重要作用，指导会计师事务所如何在事务所层面和项目组层面强调保持职业怀疑的必要性，说明遵循职业道德基本原则与注册会计师保持职业怀疑的关系，指导注册会计师如何在审计的各个阶段保持职业怀疑、在哪些重要审计领域特别需要保持职业怀疑，并对如何在审计工作底稿中体现保持职业怀疑作出提示。

一、什么是职业怀疑？

答：职业怀疑，是指注册会计师执行审计业务的一种态度，包括采取质疑的思维方式，对可能表明由于错误或舞弊导致错报的迹象保持警觉，以及对审计证据进行审慎评价。

可以从以下方面理解职业怀疑：

1. 职业怀疑在本质上要求秉持一种质疑的理念。

这种理念促使注册会计师在考虑相关信息和得出结论时采取质疑的思维方式。在这种理念下，注册会计师具有批判和质疑的精神，摒弃"存在即合理"的逻辑思维，寻求事物的真实情况。注册会计师不应不假思索全盘接受被审计单位提供的证据和解释，也不应轻易相信过分理想的结果或太多巧合的情况。

2. 职业怀疑要求对引起疑虑的情形保持警觉。

这些情形包括但不限于：相互矛盾的审计证据；引起对文件记录或对询问答复的可靠性产生怀疑的信息；明显不合商业情理的交易或安排；其他表明可能存在舞弊的情况；表明需要实施除审计准则规定外的其他审计程序的情形［参见《中国注册会计师审计准则第1101号——注册会计师的总体目标和审计工作的基本要求》第三十四条第（一）项］。

3. 职业怀疑要求审慎评价审计证据。

审计证据包括支持和印证管理层认定的信息，也包括与管理层认定相互矛盾的信息。审慎评价审计证据包括质疑相互矛盾的审计证据、文件记录和对询问的答复以及从管理层和治理层获取的其他方面信息的可靠性，而非机械地完成审计准则要求实施的审计程序。在怀疑信息的可靠性或发现舞弊迹象时（例如，在审计过程中识别出的情况使注册会计师认为文件可能是伪造的，或文件中的某些信息已被篡改），注册会计师需要作出进一步调查，并确定需要修改哪些审计程序或追加实施哪些审计程序。需要强调的是，虽然注册会计师需要在审计成本与信息的可靠性之间进行权衡，但是，审计中的困难、时间或成本等事项本身，不能作为省略不可替代的审计程序或满足于说服力不足的审计证据的理由。

4. 职业怀疑要求客观评价管理层和治理层。

由于被审计单位及其环境发生变化，或者管理层和治理层为实现预期利润或结果而承受内部或外部压力，即使以前正直、诚信的管理层和治理层也可能发生变化。因此，注册会计师不应依赖以往对管理层和治理层诚信形成的判断。即使注册会计师认为管理层和治理层是正直、诚实的，也不能降低保持职业怀疑的要求，不允许在获取合理保证的过程中满足于说服力不足的审计证据。

二、为什么应当在审计过程中保持职业怀疑？

答：职业怀疑是注册会计师综合素质不可或缺的一部分，是保证审计质量的关键要素。保持职业怀疑有助于注册会计师恰当运用职业判断，提高审计程序设计及执行的有效性，降低审计风险，实现审计质量目标。在审计过程中，保持职业怀疑的作用包括：

1. 在识别和评估重大错报风险时，保持职业怀疑有助于注册会计师设计恰当的风险评估程序，有针对性地了解被审计单位及其环境；有助于使注册会计师对引起疑虑的情形保持警觉，充分考虑错报发生的可能性和重大程度，有效识别和评估财务报表层次和认定层次的重大错报风险。

2. 在设计和实施进一步审计程序应对重大错报风险时，保持职业怀疑有助于注册会计师针对评估出的重大错报风险，恰当设计进一步审计程序的性质、时间安排和范围，降低选取不适当的审计程序的可能性；有助于注册会计师对已获取的审计证据表明可能存在未识别的重大错报风险的情形保持警觉，并作出进一步调查。

3. 在评价审计证据时，保持职业怀疑有助于注册会计师评价是否已获取充分、适当的审计证据以及是否还需执行更多的工作；有助于注册会计师审慎评价审计证据，纠正仅获取最容易获取的审计证据、而忽视相互矛盾的审计证据的倾向。

保持职业怀疑对于注册会计师发现舞弊、防止审计失败至关重要。舞弊可能是精心策划、蓄意实施并予以隐瞒的，只有保持充分的职业怀疑，注册会计师才能对舞弊风险因素保持警觉，进而有效地评估舞弊导致的重大错报风险。保持职业怀疑，有助于使注册会计师认识到存在由于舞弊导致的重大错报的可能性，不会受到以前对管理层、治理层正直和诚信形成的判断的影响；使注册会计师对获取的信息和审计证据是否表明可能存在由于舞弊导致的重大错报风险始终保持警惕；使注册会计师在认为文件可能是伪造的或文件中的某些条款可能已被篡改时，作出进一步调查。

三、哪些情形会阻碍注册会计师保持职业怀疑？

答：审计准则要求注册会计师在审计过程中保持职业怀疑，然而某些情形可能导致注册会计师在获取、评价和解释信息时过分或盲目相信被审计单位，或者产生倾向于迎合被审计单位的偏见，而不是考虑财务报表使用者的需求。审计实务中，可能阻碍注册会计师保持职业怀疑的情形包括：

1. 审计环境中的某些情况可能会引发动机和压力，使注册会计师产生偏见，从而阻碍注册会计师恰当保持职业怀疑。例如，建立或保持长期审计业务关系，避免与管理层产生重大冲突，在被审计单位发布财务报表期限之前出具审计报告，应被审计单位的要求出具无保留意见的审计报告，达到被审计单位的高满意度，降低审计成本，或搭售其他服务等。

2. 随着审计业务关系的延续，注册会计师可能对管理层产生不恰当的信任，导致其轻易认可被审计单位作出的不恰当会计处理。在某些情况下，注册会计师可能会迫于压力，避免与管理层产生分歧或对管理层造成不良后果，而未能保持恰当的职业怀疑。

3. 其他情况也可能阻碍注册会计师恰当保持职业怀疑。例如，审计的时间安排和工作负荷可能对项目合伙人和其他项目组成员的行为造成负面影响；管理层不够配合或不当施加压力可能影响注册会计师解决复杂或疑难问题的能力；没有充分强调审计质量的重要性，削弱了注册会计师保持职业怀疑的意识；对被审计单位及其环境、内部控制和适用的财务报告编制基础了解不够，可能限制注册会计师对管理层认定作出适当的判断和质询。

此外，认知偏差也可能影响注册会计师保持职业怀疑，因而影响其按照审计准则的规定作出的职业判断的合理性。认知偏差包括：

1. 可获得性倾向（路径依赖），即在思考过程中，倾向于侧重考虑马上能想到的事项和经验，认为现有信息和容易获取的信息对所作的判断更相关和更重要。例如，注册会计师往往倾向于持续使用往年的审计计划，尤其在往年审计计划运行有效的情况下，而不愿思索改进审计计划；又如，由于在获取文件记录和接触被审计单位的设施、员工、顾客、供应商或其他方时遇到困难，导致注册会计师对审计证据的来源形成偏见，更愿意获取容易取得的审计证据。

2. 证实倾向，即倾向于寻找能够证实（而非否定）初始观点的信息，并认为这种信息更具有说服力，而往往忽视那些可能推翻初始观点的信息。例如，注册会计师倾向于寻找能进一步印证管理层认定或注册会计师自身判断的审计证据，而忽视与管理层认定或注册会计师自身判断不一致的审计证据。

3. 过度自信，即过高估计自身作出风险评估和其他判断或决策的能力。

4. 锚定效应，即在作决策时，可能会基于最初获取的信息锚定一个初始值，并倾向于认为最终结果不会与该初始值存在重大差异，因而未充分考虑后续获取信息的影响，从而使得最终的决策偏向于该初始值。例如，在审计财务报表中的某项会计估计时，注册会计师可能会不自觉地认为该会计估计年底的合理金额不会与预审时已确定的金额有重大偏离，而未充分考虑预审之后相关情况的变化可能对该会计估计产生的重大影响。

5. 自动化零错误，即倾向于相信信息系统自动生成的结果，即使该结果有悖于人的常识推理或与其他方面的信息存在冲突，因而导致其可靠性或适用性存疑。例如，注册会计师在审计成本项目时，一旦获取了系统自动生成的成本计算表，往往容易自动认为成本计算合理正确，而忽视对成本系统设置、数据归集以及计算结转等方面的测试。

6. 群体思维（盲信集体决策），即倾向于认为集体思考或集体决策的结果更可靠，而不鼓励个体创造性思维或由个人承担决策责任。

7. 代表性倾向，即认识事物时以被认为具有代表性的经验、事件或想法模式为基础。例如，在评价被审计单位应收账款的坏账准备时，注册会计师可能认为与同行业公司有代表性的做法一致就是合理的,而未充分考虑被审计单位在市场地位、客户群体、结算方式等方面的差异化特征。

8.选择性认知,即当存在诸多信息时,往往选择性地吸收那些与自己的信念、态度、兴趣、需求等相一致的信息,而忽视了其他相关信息。

在作出职业判断的过程中,认知偏差与生俱来,认识并了解上述普遍存在的认知偏差及其影响,可以提醒注册会计师高度警惕其对保持职业怀疑的负面作用,从而通过有的放矢的相关培训,特别是对职业判断理论的学习和实务的锤炼,利用专家的工作,或在决策时引入第三方复核机制等一系列措施,尽可能地规避认知偏差的阻碍,提高职业判断能力及质量。

四、注册会计师遵循职业道德基本原则和保持职业怀疑有什么关系?

答:职业道德基本原则包括诚信、客观公正、独立性、专业胜任能力和勤勉尽责、保密以及良好职业行为。职业怀疑要求注册会计师以质疑的思维方式评价所获取证据的有效性,并对相互矛盾的证据,以及引起对文件记录或责任方提供的信息的可靠性产生怀疑的证据保持警觉。职业怀疑与职业道德基本原则是相互关联的。在财务报表审计中,遵循一项或多项职业道德基本原则,与保持职业怀疑的要求是一致的。举例来说:

1.诚信原则要求注册会计师保持正直、诚实守信。例如,注册会计师可以通过下列方式遵循诚信原则:

(1)在对客户所采取的立场提出质疑时保持正直、诚实守信。

(2)当怀疑某项陈述可能包含严重虚假或误导性内容时,对不一致的信息实施进一步调查并寻求进一步审计证据,以就具体情况下需要采取的恰当措施作出明智决策。

上述做法使得注册会计师能够对审计证据进行审慎评价,从而有助于其保持职业怀疑。

2.客观公正原则要求注册会计师不得由于偏见、利益冲突或他人的不当影响而损害自己的职业判断。例如,注册会计师可以通过下列方式遵循客观公正原则:

(1)识别可能损害注册会计师职业判断的情形或关系,如与客户之间的密切关系。

(2)在评价与客户财务报表重大事项相关的审计证据的充分性和适当性时,考虑这些情形或关系对注册会计师职业判断的影响。

(3)在面对困境或困难时,有坚持正确行为的决心,实事求是。例如,在面临压力时坚持自己的立场,或在适当时质疑他人,即使这样做会对会计师事务所或注册会计师个人造成潜在的不利后果。

上述做法使得注册会计师能够以有利于职业怀疑的方式行事。

3.独立性原则要求注册会计师在执行审计、审阅和其他鉴证业务时与鉴证客户保持独立,不得因任何利害关系影响其客观性。

注册会计师的独立性包括实质上的独立性和形式上的独立性:实质上的独立性是一种内心状态,使得注册会计师在提出结论时不受损害职业判断的因素影响,诚信行事,客观公正,保持职业怀疑;形式上的独立性是一种外在表现,使得一个理性且掌握充分信息的第三方,在权衡所有相关事实和情况后,认为会计师事务所或审计项目组成员没有损害诚信、客观公正原则或职业怀疑。

保持独立性能够增强注册会计师保持职业怀疑的能力。

4.专业胜任能力和勤勉尽责原则要求注册会计师获取并保持应有的专业知识和技

能，确保为客户提供具有专业水准的服务，并勤勉尽责，遵守适用的职业准则。例如，注册会计师可以通过下列方式遵循专业胜任能力和勤勉尽责原则：

（1）运用与客户所在的特定行业和业务活动相关的知识，以恰当识别重大错报风险。

（2）设计并实施恰当的审计程序。

（3）在审慎评价审计证据是否充分并适合具体情况时运用相关知识和技能。

上述做法使得注册会计师能够以有利于职业怀疑的方式行事。

五、如何在会计师事务所层面和项目组层面强调保持职业怀疑的必要性？

答：注册会计师保持职业怀疑，不仅受到个人的职业道德、知识水平和执业经验的影响，而且还受到所在会计师事务所的文化和机制，以及所在项目组的影响。

（一）在会计师事务所层面营造保持职业怀疑的环境

《质量控制准则第5101号——会计师事务所对执行财务报表审计和审阅、其他鉴证和相关服务业务实施的质量控制》要求会计师事务所建立并保持质量控制制度，以合理保证会计师事务所及其人员遵守职业准则和适用的法律法规的规定。这包括制定引导注册会计师在审计中保持职业怀疑的下列政策和程序：

1.培育以质量为导向的文化。

如果会计师事务所的领导层强调保持职业怀疑的"高层基调"，再加上支持性的内部文化，在很大程度上能够提高会计师事务所的审计质量。反之，如果会计师事务所领导层过于强调收入和利润增长，而非审计质量，就会削弱职业怀疑。因此，会计师事务所领导层应当建立重视质量的机制，树立质量至上的意识，并通过清晰、一致及经常的行动示范和信息传达，强调质量控制政策和程序的重要性。会计师事务所可以通过培训、研讨班、会议、正式或非正式的谈话、职责说明、新闻通讯或简要备忘录等形式传达信息，并将其体现在内部文件、培训资料以及对合伙人及员工的评价程序中，以支持和强化会计师事务所对质量的重视以及对如何切实提高审计质量的认识。

2.建立重视质量的机制。

会计师事务所的业绩评价、薪酬和晋升机制可能会促进或削弱审计实务中对职业怀疑的保持程度，这具体取决于这些机制如何设计和执行。例如，如果会计师事务所的晋升机制过于强调拓展市场、承揽业务、降低审计成本或建立和保持审计客户关系，而对开展高质量的审计重视不够，则会计师事务所的人员可能认为这些目标对于其实现晋升、拿到高薪或保住职位比保持职业怀疑更重要。

3.加强培训。

会计师事务所人员是否能够保持职业怀疑，很大程度上取决于其胜任能力。会计师事务所需要向所有级别人员提供适当的培训，使其具备执行具体审计业务所必需的知识、技能和能力。培训方式可以包括"干中学"、在职培训、由经验丰富的员工提供指导等。

4.严格工作底稿要求。

会计师事务所应当根据《中国注册会计师审计准则第1131号——审计工作底稿》的相关要求建立有关编制工作底稿的政策和程序。工作底稿应当能够支持注册会计师就所有相关财务报表认定得出的结论。对判断程度较高的领域，注册会计师通常需要就实施的程序、获取的证据以及得出结论的依据作出更详尽的记录。严格工作底稿要求可以"倒逼"注册会计师在审计过程中保持职业怀疑。

5. 实施有效监控。

会计师事务所应当制定监控政策和程序，以合理保证与质量控制制度相关的政策和程序具有相关性和适当性，并正在有效运行。如果会计师事务所在监控活动中注意到缺陷，包括未能恰当保持职业怀疑导致的缺陷，应当分析产生缺陷的根本原因，并采取适当的补救措施。

（二）在项目组层面强调保持职业怀疑的必要性

项目合伙人对审计业务的总体质量负责，因此需要在审计业务的所有阶段通过行动示范和相关信息的传达，向项目组强调质量至上和保持职业怀疑的重要性。体现保持职业怀疑的方式可能包括：

1. 项目组就财务报表存在重大错报的可能性进行讨论。

在识别和评估重大错报风险时，项目组需要对财务报表存在重大错报的可能性进行讨论。讨论内容包括财务报表易于发生由于舞弊导致的重大错报的方式和领域，包括舞弊可能如何发生。在讨论过程中，项目组成员不应假定管理层和治理层是正直和诚信的。这种讨论可以为项目组成员交流和分享新信息提供平台，其本身是强化职业怀疑的一种体现。

2. 项目合伙人和项目组其他关键成员及时进行指导、监督与复核。

项目合伙人和项目组其他关键成员积极参与指导、监督与复核其他项目组成员的工作，及时识别出需要解决或特殊考虑的事项，对于强化整个项目组的职业怀疑也是非常重要的。项目合伙人和项目组其他关键成员在指导和复核已执行的工作时，尤其是复核关键判断领域和特别风险等事项时，可以向经验较少的项目组成员传授大量知识和经验，从而帮助其形成一种批判和质疑的思维方式。例如，项目合伙人可以帮助经验较少的人员识别异常事项或与其他审计证据不一致的事项。及时复核还使得重大事项（例如，对关键领域作出的判断，尤其是执行业务过程中识别出的疑难问题或争议事项）能够在审计报告日或之前得以解决。在履行监督职责时，项目合伙人有责任强调需要在审计过程中保持质疑的思维方式并在收集和评价证据时保持职业怀疑。

3. 就疑难问题进行咨询。

就疑难问题进行咨询是保持职业怀疑的一种体现。对于疑难问题和争议事项，项目组应当进行适当咨询，并恰当执行咨询形成的结论。对于意见分歧，只有问题得到解决，才可以签署审计报告。

4. 对重要审计项目或高风险审计项目实施项目质量控制复核。

对于上市实体财务报表审计以及需要实施项目质量控制复核的其他审计业务，项目质量控制复核人员应当客观评价项目组作出的重大判断以及编制审计报告时得出的结论。项目质量控制复核人员的独立复核，也是保持职业怀疑的一种体现。

六、如何在审计业务的各个阶段保持职业怀疑？

答：职业怀疑与整个审计过程紧密相关，贯穿于整个审计业务的始终。注册会计师在审计业务的所有阶段都需要保持职业怀疑：

1. 接受或保持业务。例如，注册会计师需要考虑被审计单位的主要股东、实际控制人、治理层和管理层是否诚信。

2. 识别和评估重大错报风险。例如：

（1）注册会计师通过不同来源获取与被审计单位相关的信息，这些来源不同的信息可能互相矛盾，这种情况可能有助于注册会计师运用职业怀疑识别和评估重大错报风险。

（2）在实施风险评估程序和相关活动时，项目组需要对被审计单位财务报表存在重大错报的可能性进行讨论，深入而坦率的项目组讨论有助于重大错报风险的识别和评估。通过讨论可以实现的目标包括：

①项目组中较有经验的成员可以向其他成员分享其了解到的信息和观点，从而加强项目组整体对被审计单位的了解；

②项目组成员可以互相交换信息，包括有关被审计单位经营风险，固有风险因素如何影响特定类别交易、账户余额和披露，以及财务报表如何受舞弊或错误导致的重大错报影响的信息；

③有助于项目组成员更好地了解自己负责的审计领域发生重大错报的潜在可能，自己实施的审计程序的结果如何影响审计的其他方面，包括对进一步审计程序的性质、时间安排和范围的影响；

④为项目组成员交流和分享审计过程中获取的新信息提供便利，这些新信息可能影响对重大错报风险的评估及应对这些风险的审计程序；

⑤有助于项目组成员根据其他项目组成员掌握的有关被审计单位及其环境的信息，识别出相互矛盾的信息；同时，项目组成员可以通过讨论相互矛盾的信息并考虑是否存在管理层偏向的迹象，践行职业怀疑，从而批判性地评价审计证据。

（3）注册会计师需要根据对被审计单位及其环境的了解获取的实际信息识别和评估重大错报风险，仅仅依赖从以前审计或为被审计单位提供的其他服务中获取的信息是不充分的。

（4）注册会计师对被审计单位及其环境、适用的财务报告编制基础的了解为识别和评估重大错报风险以及计划和实施审计程序奠定了基础。注册会计师需要运用职业判断，确定所获得的了解是否足以对财务报表中的交易类别、账户余额和披露建立预期。这种了解有助于注册会计师判断财务报表的哪些方面更可能出现重大错报，并协助注册会计师在审计过程中保持职业怀疑。

（5）在审计项目的早期和内审部门的适当人员建立联系并在审计过程中持续保持沟通，可以使双方有效共享信息。这种做法使得注册会计师可以从内审部门获取其注意到的重要信息，这些信息可能对审计产生影响。通过在审计全过程中与内审部门保持沟通，注册会计师可能能够获取与用作审计证据的文件或答复的可靠性相关的信息，并在识别和评估重大错报风险时予以考虑。

（6）如果实施进一步审计程序获取的审计证据或获取的新信息，与注册会计师之前作出风险评估所依据的审计证据不一致，注册会计师应当修正风险评估结果，并相应修改原计划实施的进一步审计程序。

3.设计和实施审计程序应对重大错报风险。保持职业怀疑意味着不能仅获取最容易获取的证据来印证管理层的认定，还要充分考虑其他审计证据。例如：

（1）对于风险较高的领域，考虑是否需要获取更多的审计证据或获取更为相关或可靠的审计证据。例如，更多地从第三方获取审计证据或从多个独立来源获取相互印证的审计证据。

（2）设计和实施实质性分析程序，包括评价注册会计师得出预期值时使用数据的可靠性，对与预期值差异较大或与其他相关信息不一致的异常波动或关系保持警觉，并跟进调查。

（3）不能以书面声明替代本应获取的其他审计证据。

（4）不能仅将通过询问程序获取的审计证据作为充分、适当的审计证据。

（5）针对诸如管理层不允许寄发询证函、询证函回函反映出不一致或对回函可靠性产生疑虑的情况，制定恰当的应对措施，以获取充分、适当的审计证据。

4. 评价审计证据形成审计意见。注册会计师在就财务报表是否存在重大错报得出结论时，需要采取质疑的思维方式审慎评价审计证据。注册会计师需要考虑所有相关的审计证据，无论是能够印证财务报表认定的证据还是与之相矛盾的证据。在形成审计意见时需要注册会计师运用职业怀疑的例子有：

（1）评价未更正错报，包括从定性和定量两方面进行考虑，评价识别出的未更正错报单独或汇总起来是否导致财务报表发生重大错报。

（2）评价管理层偏向，包括评价会计估计的潜在偏向、选择和运用会计政策时的偏向、对识别出的错报作出选择性的更正等。在评价管理层的偏向时，注册会计师考虑管理层操纵财务报表的动机和压力是非常重要的。

（3）考虑注册会计师未能获取充分、适当的审计证据的情况对审计意见的影响。

（4）评价财务报表是否实现了公允反映，包括考虑财务报表的整体列报、结构和内容是否合理，以及财务报表（包括相关附注）是否公允反映了相关交易和事项。

七、职业怀疑和注册会计师在财务报表审计中与舞弊相关的责任之间存在什么联系？

答：由于舞弊的特征，包括舞弊可能涉及精心策划和蓄意实施以进行隐瞒或者可能涉及串通舞弊，注册会计师在考虑由于舞弊导致的重大错报风险时，保持职业怀疑尤为重要。

（一）针对舞弊导致的重大错报风险的几个特别考虑

《中国注册会计师审计准则第1141号——财务报表审计中与舞弊相关的责任》特别强调职业怀疑。其中包括特别要求注册会计师应当在整个审计过程中保持职业怀疑，认识到存在由于舞弊导致的重大错报的可能性，而不应受到以前对管理层、治理层正直和诚信形成的判断的影响。该准则还要求如果审计过程中识别出的情况使注册会计师认为文件可能是伪造的或文件中的某些条款已发生变动但未告知注册会计师，注册会计师应当作出进一步调查。

《中国注册会计师审计准则第1141号——财务报表审计中与舞弊相关的责任》指出，在审计中保持职业怀疑要求注册会计师对获取的信息和审计证据是否表明可能存在由于舞弊导致的重大错报风险始终保持警惕，包括考虑拟用作审计证据的信息的可靠性，并考虑与信息的生成和维护相关的控制（如相关）。该准则指出对发现错误有效的审计程序未必对发现舞弊有效。相应地，该准则的规定旨在帮助注册会计师识别和评估舞弊导致的重大错报风险，以及设计用以发现这类错报的进一步审计程序。

《中国注册会计师审计准则第1141号——财务报表审计中与舞弊相关的责任》指出，管理层舞弊导致的重大错报未被发现的风险，大于员工舞弊导致的重大错报未被发现的风险。其原因是管理层往往可以利用职务之便，直接或间接操纵会计记录，提供虚假的财务信息，或凌驾于为防止其他员工实施类似舞弊而建立的控制之上。为此，该准则指出，在保持职业怀疑评价管理层对询问作出的答复时，注册会计师可能需要通过其他方面的信息印证管理层的答复；如果管理层或治理层对询问作出的答复相互之间不一致，注册会计师应当对这种不一致加以调查。如果识别出某项错报，该项错报是或可能是由于舞弊导致的，且涉及管理层（特别是涉及较高层级的管理层），或者如果相关情形表明可能存在涉及员工、管理层或第三方的串通舞弊，注册会计师应当重新评价对由于舞弊导致的重大错报风险的评估结果，该结果对审计程序的性质、时间安排和范围的影响，以及重新考虑此前获取的审计证据的可靠性。

（二）舞弊风险因素评估

注册会计师需要从实施舞弊的动机或压力、实施舞弊的机会和为舞弊寻求借口这三个方面，评价被审计单位的舞弊风险因素，以识别和评估舞弊导致的重大错报风险。由于巨大的利益驱动和较低的违法违规成本，以及宏观经济下行导致的业绩压力，被审计单位财务报告舞弊的动机和压力增长。与此同时，由于商业模式、科技发展、金融创新等多重作用，财务报表复杂程度越来越高，涉及的主观判断和估计事项越来越多，被审计单位的治理机制和内部控制水平还需进一步提升，这些因素增加了被审计单位财务报告舞弊的机会。《〈中国注册会计师审计准则第1141号——财务报表审计中与舞弊相关的责任〉应用指南》附录1提供了一些舞弊风险因素的示例。以下是一些上市公司较为常见的舞弊风险因素的示例：

1. 动机或压力。

（1）被审计单位满足上市要求、偿债约束条件或再融资业绩条件存在困难。

（2）被审计单位股票将被证券交易所进行特别处理或退市。

（3）管理层存在较大的业绩压力。例如，较上市前相比，被审计单位上市后的业绩将出现大幅下滑，或需要满足盈利预测指标或业绩对赌的承诺以及维持股价等。

（4）管理层为满足第三方要求或预期而承受过度压力。例如，投资分析师、机构投资者、重要债权人或其他外部人士对盈利能力或增长趋势存在预期，包括管理层在新闻报道和年报信息中作出过于乐观的预期，或管理层需要实现有关部门对管理层设定的考核目标。

（5）管理层和治理层在被审计单位中拥有重大经济利益。例如，持有被审计单位股票或个人薪酬（如奖金、股票期权、基于盈利水平的薪酬计划）与被审计单位的盈利状况紧密相关。

（6）被审计单位、其控股股东或实际控制人营运资金不足，或者缺乏足够的信贷支持。

（7）被审计单位的控股股东或实际控制人进行大比例的股权质押。

（8）被审计单位财务稳定性或盈利能力受到经济环境、行业状况或其自身经营情况的威胁。例如，所处行业竞争激烈或市场饱和且伴随着利润率的下降；难以应对技术变革、产品过时、利率调整等因素的急剧变化；客户需求大幅下降等。

2. 机会。

（1）被审计单位的实际控制人同时是其重要客户或供应商的实际控制人；正在或曾经从事超出正常经营过程的重大关联方交易，或者被审计单位与关联方之间的交易占其正常业务的比例重大。

（2）从事重大、异常或高度复杂的交易（特别是临近会计期末发生的重大或复杂交易，对该交易是否按照"实质重于形式"原则处理存在疑问）；利用商业中介进行交易，而此项安排似乎不具有明确的商业理由。

（3）被审计单位是市场上某一产品或服务的唯一买方或卖方，因而有能力对其供应商或客户施加重大影响。

（4）被审计单位有能力对银行或其他第三方施加压力，以使其配合舞弊。

（5）被审计单位的内部控制存在缺陷。例如，内部控制环境薄弱；治理层对财务报告或内部控制实施的监督无效；管理层由一人或少数人控制，且缺乏补偿性控制。

（6）组织结构复杂或不稳定。例如，难以确定对被审计单位拥有控制性权益的组织或个人，或者存在异常的法律实体或管理层级，或者关键管理人员、法律顾问或治理层频繁更换。

（7）被审计单位员工因惧怕遭受报复而不愿举报管理层的不当行为。

（8）被审计单位存在重大的海外业务且注册会计师较难就这些业务获取审计证据。

（9）除被审计单位外，实际控制人或大股东还拥有或控制大量其他实体。

（10）被审计单位经常与设立时间短、规模小的实体进行重大交易。

（11）上市公司的大股东或实际控制人对被审计单位具有高度的支配力，或高度参与被审计单位的治理和经营管理，或参与被审计单位重大交易的决策。

（12）被审计单位的资产、负债、收入或费用建立在重大估计的基础上，这些估计涉及主观判断或不确定性，难以印证。

3. 态度或借口。

（1）非财务管理人员过度参与或过于关注会计政策的选择或重大会计估计的作出。

（2）管理层过于关注保持或提高被审计单位的股票价格或利润趋势。

（3）管理层向分析师、债权人或其他第三方承诺实现激进的或不切实际的预期。

（4）管理层未对个人事务与公司业务进行区分。

（5）管理层的言行和态度显示其不重视诚信和依法合规经营。

（6）管理层未能及时纠正发现的值得关注的内部控制缺陷。

需要说明的是，以上列示的舞弊风险因素仅是举例，注册会计师可能识别出其他不同的舞弊风险因素。上述举例也并非在所有情况下都相关，对于不同规模、不同所有权特征或情况的被审计单位而言，舞弊风险因素的重要性可能不同。

（三）假定的舞弊风险

在某些情况下，审计准则要求注册会计师作出关于舞弊风险的假定，规定了重大错报风险的评估结果及应当实施的程序。包括但不限于：

1. 管理层凌驾于内部控制之上。

所有被审计单位都存在管理层凌驾于内部控制之上的风险，该风险属于舞弊风险（因而是一种特别风险），注册会计师应当设计和实施审计程序，用以：

（1）测试日常会计核算过程中作出的会计分录以及编制财务报表过程中作出的其他调整是否都适当。

（2）复核会计估计是否存在偏向，并评价产生这种偏向的环境是否表明存在舞弊导致的重大错报风险。

（3）对于超出被审计单位正常经营过程的重大交易，或基于对被审计单位及其环境的了解以及在审计过程中获取的其他方面的信息而显得异常的重大交易，评价其商业理由（或缺乏商业理由）是否表明被审计单位从事交易的目的是对财务信息作出虚假报告或掩盖侵占资产的行为。

2. 收入确认。

在识别和评估由于舞弊导致的重大错报风险时，注册会计师应当基于收入确认存在舞弊风险的假定，评价哪些类型的收入、收入交易或认定导致舞弊风险。涉及收入确认的舞弊在所有与财务报表相关的舞弊案件中占比很高，注册会计师需要基于被审计单位的具体情况以及对舞弊风险因素的评价结果，评估和应对与收入确认相关的重大错报风险。

八、注册会计师在哪些领域特别需要保持职业怀疑？

答：在以下较复杂、需要高度判断的重要审计领域，注册会计师保持职业怀疑尤为重要：

1. 会计估计（包括公允价值会计估计及相关披露）。

在审计会计估计时，注册会计师对会计估计固有风险因素的评估结果影响其运用职业怀疑的程度。会计估计的估计不确定性越高、复杂性和主观性越高，越需要保持职业怀疑。当存在较高的管理层偏向或舞弊可能性时，保持职业怀疑尤其重要。

在审计会计估计时保持职业怀疑的例子包括：

（1）在评价上一会计期间的会计估计与其实际结果之间的差异是否构成错报时，关注管理层作出会计估计时使用的信息与上一期财务报表编制完成时合理预期可获取的信息之间是否存在差异，这种差异是否导致注册会计师对管理层作出估计时如何考虑信息产生疑虑，因而可能需要重新评估控制风险，并需要获取更有说服力的审计证据。

（2）当与会计估计相关的事项存在下列情况时，注册会计师可能需要就这些情况与管理层进一步讨论，并在讨论中就会计估计的适当性提出质疑：

①被审计单位本期作出会计估计的方法、重要假设、数据等发生变化，而该变化又不是基于新情况或新信息；

②重要假设之间相互矛盾，或者与被审计单位的其他会计估计或其他业务活动中使用的重要假设不一致。

（3）当识别出可能存在管理层偏向的迹象时，注册会计师需要和管理层作进一步讨论，并重新考虑是否已经就估计方法、假设、使用的数据在具体情况下的适当性和可支持性获取充分、适当的审计证据。例如，管理层对会计估计中使用的若干个不同假设分别设定了适当的区间，对每一个假设均选取接近区间某一端的数值，以得出最有利的计量结果，这种做法表明存在管理层偏向的迹象。

（4）注册会计师可能在对会计估计实施审计程序时注意到某些与风险评估所使用信息存在重大差异的信息。在这种情况下，注册会计师可能需要重新评估重大错报风险，并可能因此需要实施追加的审计程序，以获取充分、适当的审计证据。

（5）在基于已实施的审计程序和已获取的审计证据确定管理层的点估计及相关披露是否合理或是否存在错报时：

①如果注册会计师所获取的审计证据可以支持一个区间估计，该区间可能跨度较大。在某些情况下，可能相当于财务报表整体重要性务报表编制完成时合理预期可获取的信息之间是否存在差异，这种差异是否导致注册会计师对管理层作出估计时如何考虑信息产生疑虑，因而可能需要重新评估控制风险，并需要获取更有说服力的审计证据。

（2）当与会计估计相关的事项存在下列情况时，注册会计师可能需要就这些情况与管理层进一步讨论，并在讨论中就会计估计的适当性提出质疑：

①被审计单位本期作出会计估计的方法、重要假设、数据等发生变化，而该变化又不是基于新情况或新信息；

②重要假设之间相互矛盾，或者与被审计单位的其他会计估计或其他业务活动中使用的重要假设不一致。

（3）当识别出可能存在管理层偏向的迹象时，注册会计师需要和管理层作进一步讨论，并重新考虑是否已经就估计方法、假设、使用的数据在具体情况下的适当性和可支持性获取充分、适当的审计证据。例如，管理层对会计估计中使用的若干个不同假设分别设定了适当的区间，对每一个假设均选取接近区间某一端的数值，以得出最有利的计量结果，这种做法表明存在管理层偏向的迹象。

（4）注册会计师可能在对会计估计实施审计程序时注意到某些与风险评估所使用信息存在重大差异的信息。在这种情况下，注册会计师可能需要重新评估重大错报风险，并可能因此需要实施追加的审计程序，以获取充分、适当的审计证据。

（5）在基于已实施的审计程序和已获取的审计证据确定管理层的点估计及相关披露是否合理或是否存在错报时：

①如果注册会计师所获取的审计证据可以支持一个区间估计，该区间可能跨度较大。在某些情况下，可能相当于财务报表整体重要性的若干倍。尽管跨度较大的区间在具体情况下可能是适当的，注册会计师仍然需要考虑是否已经就区间内所有数值的合理性获取了充分、适当的审计证据；

②如果审计证据支持一个和管理层的点估计不同的点估计，注册会计师的点估计和管理层点估计之间的差异构成错报；

③如果审计证据支持一个不包括管理层点估计的区间估计，管理层的点估计与该区间估计之间的最小差异构成错报。

注册会计师在对会计估计实施相关审计程序后，要冷静考虑并综合评价所有相关审计证据，包括支持性和否定性的证据，以审慎评价会计估计在适用的财务报告编制基础的规定下是否合理，是否存在错报。

2. 重大会计政策的选择和变更，以及重大会计差错更正。

3. 关联方关系及其交易。例如，注册会计师应当在审计过程中对可能显示以前未识别或未披露的关联方关系或关联方交易的信息以及缺乏商业实质的关联方交易保持警觉。

4. 重大非常规交易。例如，注册会计师应当评价重大非常规交易的商业理由（或缺乏商业理由）是否表明被审计单位从事交易的目的是对财务信息作出虚假报告或掩盖侵占资产的行为。此外，注册会计师在评价被审计单位的财务报表是否在所有重大方面按照适用的财务报告编制基础编制时，需要考虑重大非常规交易的披露是否充分。

5. 金融工具等高度复杂的交易。例如，注册会计师需要复核金融工具的分类和确认是否符合适用的财务报告编制基础的规定，与金融工具相关的会计估计所依据的假设和数据的相关性和合理性，金融工具是否按照适用的财务报告编制基础规定的计量属性列报期末金额。

6. 对法律法规的遵守。例如，在审计过程中实施其他程序时，需要对违反或怀疑违反下列法律法规的行为保持警觉：一是可能对财务报表产生重大影响的法律法规，二是对被审计单位的经营活动具有至关重要的影响，将导致被审计单位终止业务活动或对其持续经营能力产生重大影响的法律法规。

7. 持续经营。例如，如果识别出可能导致对持续经营能力产生重大疑虑的事项或情况，注册会计师应当评价管理层与持续经营能力评估相关的未来应对计划，这些计划的结果是否可能改善目前的状况，以及管理层的计划对于具体情况是否可行。

8. 函证。例如，注册会计师需要对函证过程中出现的异常情况保持警觉，判断是否存在对回函可靠性的疑虑，并追加审计程序予以调查。

9. 存货监盘。例如，注册会计师应当对存货实际盘点结果与期末存货记录不一致的情况保持警觉，并追加审计程序予以调查。又如，注册会计师需要对被审计单位盘点特殊类型存货的方法予以关注,并考虑是否有必要利用专家的工作。

10. 期后事项。注册会计师应当设计和实施审计程序,适当关注期后事项,如期后重大会计记录调整、期后收入冲回等事项,对舞弊风险保持警觉。

九、如何在审计工作底稿中体现保持了职业怀疑?

答:职业怀疑通常在注册会计师审计过程中进行的讨论以及指导、监督、复核中得以体现,然而,在审计工作底稿中体现注册会计师保持职业怀疑是非常重要的,因为审计工作底稿可以证明注册会计师按照审计准则和相关法律法规的规定计划和执行了审计工作。

因此,审计准则要求注册会计师记录遇到的重大事项、作出的重大判断、得出的结论等,记录与管理层、治理层和其他人员对重大事项的讨论,包括讨论的重大事项的性质以及讨论的时间和参加人员。这些工作底稿有助于注册会计师证明其如何作出重大判断、如何处理关键问题,以及如何评价是否获取充分、适当的审计证据,同时也可以证明注册会计师如何保持了职业怀疑。

例如,在审计工作底稿中记录下列涉及重大职业判断的事项,能够证明注册会计师保持了职业怀疑:

1. 项目组内部就由于舞弊导致财务报表发生重大错报的可能性进行讨论得出的重要结论,以及与管理层、治理层、监管机构或其他相关各方就舞弊事项进行沟通的情况。

2. 识别出的或怀疑存在的违反法律法规行为,以及与管理层、治理层和被审计单位以外的相关机构或人员(如适用)进行讨论的结果。

3. 对导致特别风险的会计估计的合理性及其披露的充分性,注册会计师得出结论的基础,以及可能存在管理层偏向的迹象;如果就会计估计获取的审计证据同时包括支持和否定管理层认定的证据,注册会计师如何评价这些证据,包括就审计证据的充分性和适当性形成结论时作出的职业判断。

4. 识别出的与注册会计师对某重大事项得出的最终结论不一致的信息,包括如何处理该不一致的情况。

5. 注册会计师对管理层主观判断的合理性得出结论的基础。

6. 注册会计师针对审计过程中识别出的导致其对某些文件记录的真实性产生怀疑的情况实施了进一步调查(如适当利用专家的工作或实施函证程序),记录对这些文件记录真实性得出结论的基础。

由于职业怀疑是一种思维状态,审计工作底稿有时难以全面反映注册会计师如何在整个审计过程中保持了职业怀疑。但是,审计工作底稿仍然可以为注册会计师按照审计准则和相关法律法规的要求保持职业怀疑提供证据。

中国注册会计师审计准则问题解答第 2 号
——函证

（2019 年 12 月 31 日修订）

通常情况下，恰当地设计和实施函证程序，可以为相关认定提供与被审计单位内部证据相比更为可靠的审计证据，同时也是应对舞弊风险的有效方式之一。然而，如果函证程序设计和实施不当，很可能会导致其无效。因此，《中国注册会计师审计准则第 1312 号——函证》明确要求注册会计师恰当设计和实施函证程序，以获取相关、可靠的审计证据。本问题解答旨在针对与函证有关的实务问题，强调注册会计师应当在函证过程中保持职业怀疑，提示注册会计师在设计和实施函证程序时需要关注和考虑的事项，以提高函证程序在审计中应对舞弊风险方面的有效性。本问题解答所包含的示例和应对措施并非强制要求，亦不能穷尽实务中的所有情况，注册会计师需要根据风险评估结果，结合被审计单位实际情况，保持职业怀疑、运用职业判断设计并采取适当的应对措施。

一、注册会计师在确定是否实施函证程序时需要考虑哪些因素？

答：《中国注册会计师审计准则第 1231 号——针对评估的重大错报风险采取的应对措施》规定，注册会计师应当考虑是否将函证程序用作实质性程序。《中国注册会计师审计准则第 1301 号——审计证据》《中国注册会计师审计准则第 1312 号——函证》指出，通常情况下，注册会计师以函证方式直接从被询证者获取的审计证据，比被审计单位内部生成的审计证据更可靠。因此，针对评估的认定层次重大错报风险，注册会计师应当确定是否有必要实施函证程序以获取认定层次相关、可靠的审计证据。

尽管函证可以针对某些认定提供具有相关性的审计证据，但对于其他一些认定，函证所能提供的审计证据，其相关性程度并不高。例如，针对应收账款余额的可回收性提供的审计证据，比针对应收账款余额的存在认定提供的审计证据相关性低。

（一）注册会计师在确定是否实施函证程序时需要考虑的因素

《中国注册会计师审计准则第 1312 号——函证》第十一条规定，注册会计师在作出是否有必要实施函证程序的决策时，应当考虑评估的认定层次重大错报风险，以及通过实施其他审计程序获取的审计证据如何将检查风险降至可接受的水平。同时，根据《〈中国注册会计师审计准则第 1231 号——针对评估的重大错报风险采取的应对措施〉应用指南》第 51 段的指引，注册会计师可以考虑下列因素，以确定是否选择函证程序作为实质性程序：

1. 被询证者对函证事项的了解。如果被询证者对所函证的信息具有必要的了解，其提供的回复可靠性更高。

2. 预期被询证者回复询证函的能力或意愿。例如，在下列情况下，被询证者可能不会回复，也可能只是随意回复或可能试图限制对其回复的依赖程度：

（1）被询证者可能不愿承担回复询证函的责任。

（2）被询证者可能认为回复询证函成本太高或消耗太多时间。

（3）被询证者可能对因回复询证函而可能承担的法律责任有所担心。

（4）被询证者可能以不同币种核算交易。

（5）回复询证函不是被询证者日常经营的重要部分。

3. 预期被询证者的客观性。注册会计师应当向独立于被审计单位管理层的第三方函证，在应对舞弊风险的情况下尤其如此。如果被询证者是被审计单位的关联方，则其回复的可靠性会降低。

（二）审计准则中关于对特定项目实施函证程序的规定

中国注册会计师审计准则分别对银行存款、借款及与金融机构往来的其他重要信息，应收账款以及存货等账户如何实施函证程序作出了具体规定。

1. 关于银行存款、借款及与金融机构往来的其他重要信息的函证。

《中国注册会计师审计准则第1312号——函证》第十二条规定，注册会计师应当对银行存款（包括零余额账户和在本期内注销的账户）、借款及与金融机构往来的其他重要信息实施函证程序，除非有充分证据表明某一银行存款、借款及与金融机构往来的其他重要信息对财务报表不重要且与之相关的重大错报风险很低。如果不对这些项目实施函证程序，注册会计师应当在审计工作底稿中说明理由。

2. 关于应收账款的函证。

《中国注册会计师审计准则第1312号——函证》第十三条规定，注册会计师应当对应收账款实施函证程序，除非有充分证据表明应收账款对财务报表不重要，或函证很可能无效。如果认为函证很可能无效，注册会计师应当实施替代审计程序，获取相关、可靠的审计证据；如果不对应收账款实施函证，注册会计师应当在审计工作底稿中说明理由。

实务中，表明应收账款函证很可能无效的情况包括：

（1）以往审计业务经验表明回函率很低。

（2）某些特定行业的客户通常不对应收账款询证函回函，如电信行业的个人客户。

（3）被询证者系出于制度的规定不能回函的单位。

3. 关于由第三方保管或控制的存货的函证。

《中国注册会计师审计准则第1311号——对存货、诉讼和索赔、分部信息等特定项目获取审计证据的具体考虑》第八条规定，如果由第三方保管或控制的存货对财务报表是重要的，注册会计师应当实施下列一项或两项审计程序，以获取有关该存货存在和状况的充分、适当的审计证据：

（1）向持有被审计单位存货的第三方函证存货的数量和状况。

（2）实施检查或其他适合具体情况的审计程序。

此外，《中国注册会计师审计准则第1311号——对存货、诉讼和索赔、分部信息等特定项目获取审计证据的具体考虑》规定了有关诉讼和索赔的具体审计程序，并规定如果评估识别出的诉讼或索赔事项存在重大错报风险或者实施的审计程序表明可能存在其他重大诉讼或索赔事项，注册会计师除实施其他审计准则规定的审计程序外，还应当寻求与被审计单位外部法律顾问进行直接沟通。注册会计师考虑与外部法律顾问沟通相关事项时应遵守该审计准则的专门规定，本问题解答对此不适用。

二、在询证函发出前，注册会计师需要注意哪些方面？

答：为使函证程序能有效地实施，注册会计师应当确保总体的完整性，并选择恰当的方法以确定样本规模和选取样本项目。在询证函发出前，注册会计师需要恰当地设计询证函，并对询证函上的各项信息进行核对，注意事项可能包括：

1. 询证函中填列的需要被询证者确认的信息是否与被审计单位账簿及其他文件中的有关记录保持一致。对于银行存款的函证，需要银行确认的信息是否与银行对账单或其他相关文件中的信息保持一致。

2. 考虑选择的被询证者是否适当，包括被询证者对所函证信息是否知情、是否具有客观性、是否拥有回函的授权等。

3. 是否已将被询证者的单位名称、地址与有关信息进行核对，以确保询证函中的名称、地址等内容的准确性。可以执行的程序包括但不限于：

（1）通过公开查询系统或工具查询或者拨打公共查询电话核对被询证者的名称和地址。

（2）通过被询证者的网站或其他公开网站核对被询证者的名称和地址。

（3）将被询证者的名称和地址信息与被审计单位持有的相关信息（例如客户或供应商清单、相关销售或采购合同、被审计单位收到或开具的增值税发票等）中的对方单位名称、地址等信息核对。

4. 是否已在询证函中正确填列被询证者直接向注册会计师回函的方式（如邮寄地址等）。

三、通过邮寄或跟函方式发出询证函时，注册会计师可以采取哪些措施？

答：（一）通过邮寄方式发出询证函时采取的措施

为避免询证函被拦截、篡改等舞弊风险，在邮寄询证函时，注册会计师在核实由被审计单位提供的被询证者的联系方式后，自行独立寄发询证函，而不应使用被审计单位本身的邮寄设施或交由被审计单位代发。如果采用快递方式发送询证函，注册会计师需要警惕被审计单位通过快递员拦截询证函的风险。注册会计师可以考虑在所发出的询证函上添加不易复制的特定标识，以便在收到回函时与注册会计师事先留存的复印件或扫描件比对以辨别真伪。

（二）通过跟函方式发出询证函时采取的措施

如果注册会计师认为跟函的方式（即注册会计师独自或在被审计单位员工的陪同下亲自将询证函送至被询证者，在被询证者核对并确认回函后，亲自将回函带回的方式）能够获取可靠信息，可以采取该方式发送并收回询证函。如果被询证者同意注册会计师独自前往被询证者执行函证程序，注册会计师可以独自前往。如果注册会计师跟函时需要有被审计单位员工陪同，注册会计师需要确保在整个过程中保持对询证函的控制，观察函证的实地场所及被询证者实施核对的全过程，对被审计单位和被询证者之间串通舞弊的风险保持警觉。如果注册会计师以跟函方式向银行送去并收回询证函，可以考虑采用非预约方式按照相应银行的通用受理流程在相应柜台现场办理。

四、通过电子询证函平台实施函证程序的特殊考虑

（一）注册会计师是否可以通过电子询证函平台实施函证程序？

答：随着信息技术在安全性和可靠性方面的逐步成熟，电子询证函平台在国内开始出现。通过电子询证函平台实施函证程序时，电子签名取代了传统纸质询证函方式中的实体签字和盖章。根据《中华人民共和国电子签名法》（以下简称《电子签名法》）的规定，含有可靠电子签名的询证函属于《电子签名法》规定的一种数据电文。因此，可靠的电子签名与手写签名或者盖章具有同等的法律效力，各函证相关方使用符合《电子签名法》规定的数据电文和电子签名具有法律效力。如果电子询证函平台安全可靠，注册会计师可以采取该方式发送并收回询证函。

目前实务中，电子询证函平台主要包括两类：一类是专门提供询证函平台服务的第三方平台，另一类是被询证者（例如商业银行等金融机构）自身的电子询证函平台。这两类平台的性质不同，前者是为注册会计师、被审计单位和被询证者提供网上平台服务的专业服务机构。后者则是被询证者自主负责的平台。两者相关的系统设路和函证流程也有明显区别。

通过电子邮件发送询证函不属于使用电子询证函平台。

（二）使用第三方电子询证函平台存在哪些可能导致电子询证函回函不可靠的风险？

答：通过第三方电子询证函平台实施电子询证函存在以下可能导致电子询证函回函不可靠的风险：

1. 第三方电子询证函平台独立性风险，即电子询证函平台在形式上或实质上没有独立于被审计单位的风险。

2. 第三方电子询证函平台安全性风险。主要包括：

（1）函证相关方的身份真实性风险。

（2）第三方电子询证函平台的操作风险，如操作电子函证核心业务（如回函）的人员未经适当的授权。

（3）第三方电子询证函平台信息传输安全性风险，如发函和回函信息可能被拦截、修改、删除和泄露等。

（4）第三方电子询证函平台记录函证控制过程的完整性风险。

（三）注册会计师如何评估第三方电子询证函平台的安全可靠性？

答：第三方电子询证函平台运营商通常会聘请信息安全认证机构对其系统的安全可靠性进行认证（如由信息安全认证机构颁发信息系统安全测评证书等），或聘请具有胜任能力的专业人员（如信息系统方面的专业人员）对第三方电子询证函平台的内部控制有效性出具鉴证报告。

对于第三方电子询证函平台，注册会计师需要考虑实施的评估程序包括但不限于：

1. 评估第三方电子询证函平台聘请的信息安全认证机构或专业人员的胜任能力、专业素质和独立性，并记录相关评估过程、取得的证据和得出的结论。

2. 取得第三方电子询证函平台聘请的信息安全认证机构颁发的信息系统安全测评证书或专业人员出具的鉴证报告等由电子询证函平台定期公开发布的信息，了解第三方电子询证函平台及其所有者和运营商的组织架构、是否存在被监管机构处罚、是否存在涉诉信息等与电子询证函平台的独立性、安全可靠性等方面相关的信息，

评估通过第三方电子询证函平台收发电子询证函是否可靠。同时，记录其依据信息安全认证机构颁发的信息系统安全测评证书或专业人员出具的鉴证报告来合理评估第三方电子询证函平台可靠性的过程、获取的证据及得出的结论。

3. 了解第三方电子询证函平台聘请的信息安全认证机构或专业人员测试的范围、实施的程序、程序涵盖的期间以及自实施程序以来的时间间隔，评估信息安全认证机构或专业人员的工作是否支持通过第三方电子询证函平台实施函证程序的可靠性。

评估第三方电子询证函平台可靠性的工作通常在会计师事务所层面实施，而无需由单个审计项目组来实施。

（四）注册会计师如何考虑商业银行等金融机构自身的电子询证函平台的安全可靠性？

答：对商业银行等金融机构自身的电子询证函平台，由于商业银行等金融机构负责按照相关法律法规建立和完善有关回函的内部控制，并依法对其出具的回函承担相应的法律责任。一般而言，除非出现相反情况，注册会计师无需对商业银行等金融机构自身的电子询证函平台内部处理过程的安全可靠性进行专门评价。

对于商业银行等金融机构自身的电子询证函平台回函信息传输到注册会计师的过程，注册会计师可能需要考虑对接安排是否安全可靠。例如，如果金融机构自身的电子询证函平台直接与会计师事务所的IT端口对接，则回函信息不存在暴露于公共网络而受到拦截篡改的风险；但如果回函信息是利用公共网络发送或传输给注册会计师的，则注册会计师可能还需考虑传输过程的安全性风险。

（五）注册会计师在审计工作底稿中如何记录电子回函结果以及发出和收回函证的过程？

答：《中国注册会计师审计准则第1131号——审计工作底稿》要求注册会计师记录实施的审计程序和获取的审计证据。无论是通过第三方电子询证函平台还是通过被询证者自身的电子询证函平台完成函证程序后，注册会计师都应当就下列事项形成工作底稿：

1. 回函结论。

2. 发函信息：包括被审计单位授权注册会计师发函的信息，例如被审计单位的电子签名信息和授权函证的IP地址或其他能够表明电子地址或身份的信息、注册会计师发函的IP地址或其他能够表明电子地址或身份的信息。

3. 回函信息：被询证者和授权经办人（如适用）的电子签名信息、回函的IP地址或其他能够表明电子地址或身份的信息。

4. 函证过程信息：被审计单位、注册会计师和被询证者在电子询证函平台操作的具体时间、回函经办人等信息（如适用）。

（六）通过电子询证函平台收到的电子询证函回函通常与纸质询证函回函在形式上有哪些不同？

答：1. 通过电子询证函平台收到的电子询证函回函通常会保存与函证相关的以下信息：（1）回函结论；（2）发函信息；（3）回函信息；（4）函证过程信息。

2. 由于通过电子询证函平台实施函证的过程中广泛运用了电子签名，电子询证函回函不必像纸质询证函一样再额外要求加盖函证各方的实体章、相关经办人手写签名或者加盖骑缝章等。

五、通过直接访问被询证者网站获取的审计证据效力如何？

答：如果注册会计师通过被询证者直接提供给注册会计师的信息（如网址、服务器地址、用户名、登录密码等）登录被询证者官方或指定网站（或服务器等）以查询被审计单位相关信息，且被询证者通过书面形式确认其知晓下列事项时，通过该方式获取的审计证据与实施函证程序获得的证据效力基本等同：

（1）注册会计师的信息需求和所需信息的潜在用途；
（2）注册会计师所查询的相关文件含有其所需信息。

如果被审计单位将其在被询证者（如银行、证券公司、其他非银行金融机构及其他机构等）的账户名或用户名、登录密码等信息提供给注册会计师，由注册会计师直接登录查询，该方式不符合函证的定义，而属于检查程序。通过该方式获取的信息可作为一种审计证据，但在评估其可靠性时可能需要考虑额外的风险（例如所登录的网页并非被询证者真实网页、用户名和登录密码并非被审计单位真实的用户名和登录密码、网页所查询的信息并不及时准确、被询证者不知道注册会计师的查询目的等）。通过该程序所获取的审计证据是否充分、适当，应当基于审计准则的规定、所涉及项目本身的重要性以及注册会计师针对相关认定评估的重大错报风险进行判断。

需要注意的是，由于直接访问被询证者网站的方式所能查询的信息本身可能不完整，除了评估通过直接访问被询证者网站的方式所获取信息的可靠性外，注册会计师还需要评估通过直接访问被询证者网站的方式所获取信息的完整性，并考虑实施其他审计程序以获取被询证项目充分、适当的审计证据。

六、收到回函后，注册会计师如何考虑回函的可靠性？

答：收到回函后，根据不同情况，注册会计师可以分别实施以下程序，以验证回函的可靠性。

（一）通过邮寄方式收到的回函

通过邮寄方式发出询证函并收到回函后，注册会计师可以验证以下信息：

1. 收回的经被询证者确认的询证函是否是原件。
2. 回函是否由被询证者直接寄给注册会计师。
3. 寄给注册会计师的回邮信封或快递信封中记录的发件方名称、地址是否与询证函中记载的被询证者名称、地址一致。
4. 回邮信封上的邮戳显示发出城市或地区是否与被询证者的地址一致，是否存在多封回函同时或自同一地址发出的情况；如果回函使用快递方式，可查看收件网点的城市或地区是否与被询证者所在的城市或地区一致，是否存在多封回函同时或自同一收件网点发出的情况。
5. 被询证者加盖在询证函上的印章以及签名中显示的被询证者名称是否与询证函中记载的被询证者名称一致，加盖的印章以及签名是否清晰可辨认。在必要的情况下，注册会计师还可以进一步与被审计单位持有的其他文件中的被询证者印章及签名进行核对或亲自前往被询证者进行核实等。

如果被询证者将回函寄至被审计单位，被审计单位将其转交注册会计师，该回函不能视为可靠的审计证据。在这种情况下，注册会计师可以要求被询证者直接书面回复。

（二）通过跟函方式收到的回函

对于通过跟函方式收到的回函，注册会计师可以实施以下审计程序：

1. 了解被询证者处理函证的通常流程和人员。

2. 确认处理询证函人员的身份和处理询证函的权限，如索要名片、观察员工卡或姓名牌等。

3. 观察处理询证函的人员是否按照正常流程认真处理询证函，例如，该人员是否在其计算机系统或相关记录中核对相关信息。

（三）通过电子邮件或传真形式收到的回函

对以电子邮件或传真形式收到的回函，由于回函者的身份及其授权情况很难确定，对回函的更改也难以发觉，因此可靠性存在风险。注册会计师可与被询证者联系以核实回函的来源及内容。例如，当被询证者通过电子邮件回函时，注册会计师可以通过电话联系被询证者，确定被询证者是否发送了回函。必要时，注册会计师可以要求被询证者提供回函原件。

（四）对询证函的口头回复

只对询证函进行口头回复而非书面回复不符合函证的要求，因此，不能作为可靠的审计证据。在收到对询证函口头回复的情况下，注册会计师可以根据情况要求被询证者提供直接书面回复。如果仍未收到书面回函，注册会计师需要通过实施替代程序，寻找其他审计证据以支持口头回复中的信息。

在验证回函的可靠性时，注册会计师需要保持职业怀疑，并加强对审计项目组成员所做工作的指导、监督和复核。

七、如果被询证者的回函中包括免责或其他限制性条款，这种免责或限制性条款是否会影响回函的可靠性？

答：无论是采用纸质还是电子介质，被询证者的回函中都可能包括免责或其他限制性条款。回函中存在免责或其他限制性条款是影响外部函证可靠性的因素之一，但这种限制不一定使回函失去可靠性，注册会计师能否依赖回函信息以及依赖的程度取决于免责或限制性条款的性质和实质含义。

（一）对回函可靠性不产生影响的条款

回函中格式化的免责条款可能并不影响所确认信息的可靠性，实务中常见的这种免责条款的例子包括：

1. "提供的本信息仅出于礼貌，我方没有义务必须提供，我方不因此承担任何明示或暗示的责任、义务和担保"。

2. "本回复仅用于审计目的，被询证者、其员工或代理人无任何责任，也不能免除注册会计师做其他询问或执行其他工作的责任"。

其他限制性条款如果与所测试的认定无关，也不一定会导致回函失去可靠性。例如，当注册会计师的审计目标是投资是否存在，并使用函证来获取审计证据时，回函中针对投资价值的免责条款并不一定会影响回函的可靠性。

（二）对回函可靠性产生影响的条款

一些限制性条款可能使注册会计师对回函中所包含信息的完整性、准确性或注册会计师能够信赖其所含信息的程度产生怀疑，实务中常见的此类限制性条款的例子包括：

1. "本信息从电子数据库中取得，可能不包括被询证者所拥有的全部信息"。

2. "既不保证本信息准确也不保证其是最新的,其他方可能会持有不同意见"。
3. "接收人不能依赖函证中的信息"。

如果限制性条款使注册会计师将回函作为可靠审计证据的程度受到了限制,注册会计师可能需要执行额外的或替代审计程序。这些程序的性质和范围将取决于财务报表项目的性质、所测试的认定、限制性条款的性质和实质含义,以及通过其他审计程序获取的相关证据等因素。如果注册会计师不能通过替代或额外审计程序获取充分、适当的审计证据,注册会计师应当按照《中国注册会计师审计准则第1502号——在审计报告中发表非无保留意见》的规定,确定其对审计工作和审计意见的影响。

在特殊情况下,如果限制性条款产生的影响难以确定,注册会计师可能认为要求被询证者澄清或寻求法律意见是适当的。

八、如何处理未回函和回函差异?

答:当在合理的时间内没有收到询证函回函时,注册会计师可以联系被询证者予以跟进,必要时再次发出询证函。例如,在重新核实原地址的准确性后,注册会计师再次发出询证函。如果仍未收到回函,注册会计师应当实施替代程序以获取相关、可靠的审计证据。在实施替代程序时,注册会计师应对所有未回函的样本项目实施替代程序,而不能选取部分未回函样本项目实施替代程序。例如,对于应收账款函证,注册会计师选择被审计单位的应收账款明细账户发送了60份函证,并收回了40份函证,则注册会计师需要对未回函的20份函证都实施替代程序,而不能仅抽取其中部分未回函的样本项目实施替代程序。

注册会计师可能实施的替代程序举例如下:

1. 对应收账款余额的函证,在考虑实施收入截止测试等审计程序所获取审计证据的基础上,根据被审计单位的相关收入确认政策,将应收账款余额所涵盖的交易核对至期后的相应收款单据或记录(例如现金收据、银行进账单、银行对账单等)、销售合同、销售订单、销售发票、提单(装运单或发货单)、客户签收和验收记录等一项或多项文件。

2. 对应付账款余额的函证,在考虑实施存货监盘和存货采购截止测试等审计程序所获取审计证据的基础上,检查期后付款记录、与供应商的往来函件、其他文件或记录(例如采购合同、采购订单、采购发票、入库单、提单(装运单或收货单)和验收记录等)等一项或多项文件。

实施替代程序时,注册会计师需要对可能显示舞弊的迹象保持警觉:

(1)注重第三方证据的获取。例如,对应收账款实施替代程序时,注册会计师可以获取相关交易涉及的外部物流单位开具的物流或货运单据(如适用)、经被审计单位的客户签字确认的签收单(如适用)或其他外部支持性文件等审计证据,而不仅依赖被审计单位内部的出库单或发票等内部支持性文件。

(2)在检查相关支持性文件时,对可能的异常情况予以关注和跟进。

需要注意的是,在某些情况下,针对识别出的认定层次重大错报风险,取得积极式询证函回函可能是获取充分、适当的审计证据的必要程序。这些情况可能包括:

①可获取的佐证管理层认定的信息只能从被审计单位外部获得。

②存在特定舞弊风险因素。例如,管理层凌驾于内部控制之上,员工和(或)管理层串通舞弊使注册会计师不能信赖从被审计单位获取的审计证据。

根据《中国注册会计师审计准则第1312号——函证》，如果注册会计师认为取得积极式函证回函是获取充分、适当的审计证据的必要程序，则替代程序不能提供注册会计师所需要的审计证据。在这种情况下，如果未获取回函，注册会计师应当按照《中国注册会计师审计准则第1502号——在审计报告中发表非无保留意见》的规定，确定其对审计工作和审计意见的影响。

根据《中国注册会计师审计准则第1312号——函证》，不符事项，是指被询证者提供的信息与询证函要求确认的信息不一致，或与被审计单位记录的信息不一致。注册会计师应当调查不符事项（注册会计师需要警惕某些小额差异可能是方向相反的大额差异正负相抵的结果），检查差异是被询证者的记录错误还是需要被审计单位调整的错误，并对可能显示舞弊的迹象保持职业怀疑。

询证函回函中指出的不符事项可能显示财务报表存在错报或潜在错报。当识别出错报时，注册会计师需要根据《中国注册会计师审计准则第1141号——财务报表审计中与舞弊相关的责任》的规定，评价该错报是否表明存在舞弊。不符事项可以为注册会计师判断来自类似的被询证者回函的质量及类似账户的回函质量提供参考；不符事项还可能显示被审计单位与财务报告相关的内部控制存在缺陷。

根据《中国注册会计师审计准则第1314号——审计抽样》的规定，如果以抽样方式实施函证，对样本中识别出的错报，注册会计师应当调查错报的原因，并根据样本错报推断总体中存在的错报。

注册会计师同时应当考虑针对函证测试未覆盖的剩余部分中可能存在的错报单独或连同其他错报是否可能导致财务报表整体存在重大错报。

九、实施函证程序时，注册会计师需要关注的舞弊风险迹象以及采取的应对措施有哪些？

答：在函证过程中，注册会计师需要始终保持职业怀疑，对舞弊风险迹象保持警觉。

（一）注册会计师需要关注的舞弊风险迹象

与函证程序有关的舞弊风险迹象的例子包括：

1. 管理层不允许寄发询证函。
2. 管理层过度热情配合函证程序，如希望提前获悉函证样本，帮助催促回函等。
3. 管理层试图干预、拦截、篡改询证函或回函，如坚持以特定的方式发送询证函。
4. 管理层提供的函证相关信息含糊、矛盾、不完整或有缺失。
5. 被询证者将回函寄至被审计单位，被审计单位将其转交注册会计师。
6. 注册会计师跟进访问被询证者，发现回函信息与被询证者记录不一致。例如，对银行的跟进访问表明提供给注册会计师的银行函证结果与银行的账面记录不一致；又如，从银行分支机构获取的信息和银行总行提供的信息不一致。
7. 从私人电子信箱发送的回函。
8. 收到同一日期发回的、相同笔迹的多份回函。
9. 不同被询证者回函信封上的联系方式（地址、电话等）相同或相近；位于不同地址的多家被询证者的回函邮戳显示的发函地址相同。
10. 回函上的印章和签名与被询证者的印章和签名不符，或印章模糊不清难以核对，或印章存在明显瑕疵。
11. 收到不同被询证者用快递寄回的回函，但快递的交寄人或发件人是同一个人或是被审计单位的员工（或关联方），或者虽然寄件人名字不同，但手机号或其他联系方式相同，或者不同被询证者回函单号相连或相近。

12. 回函邮戳显示的发函地址与被审计单位记录的被询证者的地址不一致。

13. 不正常的回函率。例如：银行函证未回函；与以前年度相比，回函率异常偏高或回函率重大变动；向被审计单位的债权人发送的询证函回函率很低；过于完美的回函，所有回函均能收回且回函没有差异。

14. 被询证者缺乏独立性。例如：被审计单位及其管理层具有强大的背景和地位，能够对被询证者（包括银行和其他第三方）施加重大影响以使其向注册会计师提供虚假或误导信息（如被审计单位是被询证者唯一或重要的客户或供应商）；被询证者既是被审计单位资产的保管人又是资产的管理者。

15. 管理层为掩盖财务报告的舞弊而不愿及时（例如在财务报表截止日前）整改值得关注的内部控制缺陷。

16. 管理层不愿意提高函证所涉及信息（如抵押、担保等信息）的披露质量，使财务报表更为完整透明，但又不能提供合理解释。

（二）注册会计师针对舞弊风险迹象可以采取的应对措施

针对舞弊风险迹象，注册会计师根据具体情况可以实施的审计程序的例子包括：

1. 验证被询证者是否存在、是否与被审计单位之间缺乏独立性，其业务性质和规模是否与被询证者和被审计单位之间的交易记录相匹配。

2. 将被审计单位档案中有关被询证者的签名样本、公司公章与回函核对。

3. 要求与被询证者相关人员直接沟通并讨论询证事项，考虑是否有必要前往被询证者工作地点以验证其是否存在，并进一步了解相关回函信息的真实性和准确性。

4. 分别在期中和期末寄发询证函，并使用被审计单位账面记录和其他相关信息核对相关账户的期间变动。

5. 考虑从人民银行征信中心、被审计单位开户行等相关机构直接获取被审计单位的信用报告，并与被审计单位会计记录相核对，以证实是否存在被审计单位没有记录的贷款、担保、开立银行承兑汇票、信用证、保函等事项。

根据金融机构的要求，注册会计师获取信用记录时可以考虑由被审计单位人员陪同前往。在此过程中，注册会计师需要注意确认该信用记录没有被篡改。

注册会计师需要综合评估通过实施各项审计程序所获取的审计证据，及时更新对于舞弊风险的评估，并决定是否需要调整审计程序，以应对舞弊风险。

中国注册会计师审计准则问题解答第 3 号
——存货监盘

（2013 年 10 月 31 日发布）

通常情况下，与其他资产项目相比，存货更能反映企业的经营特点。对于制造业、贸易业等行业的被审计单位而言，存货采购、生产和销售通常对其财务状况、经营成果和现金流量都具有重大影响，资本市场上很多的舞弊案例也都涉及存货的虚假记录。《中国注册会计师审计准则第 1311 号——对存货、诉讼和索赔、分部信息等特定项目获取审计证据的具体考虑》对注册会计师实施存货监盘程序作出了规定。本问题解答旨在针对与存货监盘相关的实务问题提供进一步的指引，以协助注册会计师按照审计准则的相关要求恰当执行监盘程序，获取与存货有关的充分、适当审计证据。

一、注册会计师在存货监盘中的责任是什么？

答：定期盘点存货、合理确定存货的数量和状况是被审计单位管理层的责任。实施存货监盘，获取有关存货存在和状况的充分、适当的审计证据，是注册会计师的责任。

除存货的存在和状况外，注册会计师还可能在存货监盘中获取有关存货所有权的部分审计证据。例如，如果注册会计师在监盘中注意到某些存货已经被法院查封，需要考虑被审计单位对这些存货的所有权是否受到了限制。但如《〈中国注册会计师审计准则第 1311 号——对存货、诉讼和索赔、分部信息等特定项目获取审计证据的具体考虑〉应用指南》第 6 段所述，存货监盘本身并不足以供注册会计师确定存货的所有权，注册会计师可能需要执行其他实质性审计程序以应对所有权认定的相关风险。

在实务中，注册会计师需要恰当区分被审计单位对存货盘点的责任和注册会计师对存货监盘的责任，在执行存货监盘过程中不应协助被审计单位的存货盘点工作。

二、按照审计准则的要求，在实施存货监盘时注册会计师需要实施哪些审计程序？

答：《中国注册会计师审计准则第 1311 号——对存货、诉讼和索赔、分部信息等特定项目获取审计证据的具体考虑》对于注册会计师实施存货监盘程序给出了指引。

根据《中国注册会计师审计准则第 1311 号——对存货、诉讼和索赔、分部信息等特定项目获取审计证据的具体考虑》第四条的要求，如果存货对财务报表是重要的，注册会计师应当实施下列审计程序，对存货的存在和状况获取充分、适当的审计证据：

（1）在存货盘点现场实施监盘（除非不可行）；
（2）对期末存货记录实施审计程序，以确定其是否准确反映实际的存货盘点结果。

在存货盘点现场实施监盘时，注册会计师应当实施下列审计程序：
（1）评价管理层用以记录和控制存货盘点结果的指令和程序；
（2）观察管理层制定的盘点程序的执行情况；
（3）检查存货；
（4）执行抽盘。

根据《〈中国注册会计师审计准则第1311号——对存货、诉讼和索赔、分部信息等特定项目获取审计证据的具体考虑〉应用指南》第2段的指引，存货监盘的相关程序可以用作控制测试或者实质性程序。注册会计师可以根据风险评估结果、审计方案和实施的特定程序作出判断。例如，如果只有少数项目构成了存货的主要部分，注册会计师可能选择将存货监盘用作为实质性程序。

三、如果被审计单位存货存放在多个地点，注册会计师在计划监盘程序时需要考虑哪些因素？

答：《〈中国注册会计师审计准则第1311号——对存货、诉讼和索赔、分部信息等特定项目获取审计证据的具体考虑〉应用指南》第3段提及，在计划存货监盘时，注册会计师需要考虑的事项包括存货的存放地点（包括不同存放地点的存货的重要性和重大错报风险），以确定适当的监盘地点。

如果被审计单位的存货存放在多个地点，注册会计师可以要求被审计单位提供一份完整的存货存放地点清单（包括期末库存量为零的仓库、租赁的仓库，以及第三方代被审计单位保管存货的仓库等），并考虑其完整性。根据具体情况下的风险评估结果，注册会计师可以考虑执行以下一项或多项审计程序：

（1）询问被审计单位除管理层和财务部门以外的其他人员，如营销人员、仓库人员等，以了解有关存货存放地点的情况；
（2）比较被审计单位不同时期的存货存放地点清单，关注仓库变动情况，以确定是否存在因仓库变动而未将存货纳入盘点范围的情况发生；
（3）检查被审计单位存货的出、入库单，关注是否存在被审计单位尚未告知注册会计师的仓库（如期末库存量为零的仓库）；
（4）检查费用支出明细账和租赁合同，关注被审计单位是否租赁仓库并支付租金，如果有，该仓库是否已包括在被审计单位提供的仓库清单中；
（5）检查被审计单位"固定资产——房屋建筑物"明细清单，了解被审计单位可用于存放存货的房屋建筑物。

在获取完整的存货存放地点清单的基础上，注册会计师可以根据不同地点所存放存货的重要性以及对各个地点与存货相关的重大错报风险的评估结果（例如，注册会计师在以往审计中可能注意到某些地点存在存货相关的错报，因此在本期审计时对其予以特别关注），选择适当的地点进行监盘，并记录选择这些地点的原因。

如果识别出由于舞弊导致的影响存货数量的重大错报风险，注册会计师在检查被审计单位存货记录的基础上，可能决定在不预先通知的情况下对特定存放地点的存货实施监盘，或在同一天对所有存放地点的存货实施监盘。

同时，在连续审计中，注册会计师可以考虑在不同期间的审计中变更所选择实施监盘的地点。

如果其他注册会计师参与偏远地点的存货监盘，注册会计师可以根据具体情况遵守《中国注册会计师审计准则第1401号——对集团财务报表审计的特殊考虑》的相关规定。

四、如果被审计单位在盘点过程中无法停止存货的移动，注册会计师如何处理？

答：一般而言，被审计单位在盘点过程中停止生产并关闭存货存放地点以确保停止存货的移动，有利于保证盘点的准确性。但特定情况下，被审计单位可能由于实际原因无法停止生产或收发货物。这种情况下，注册会计师可以根据被审计单位的具体情况考虑其无法停止存货移动的原因及其合理性。

同时，注册会计师可以通过询问管理层以及阅读被审计单位的盘点计划等方式，了解被审计单位对存货移动所采取的控制程序和对存货收发截止影响的考虑。例如，如果被审计单位在盘点过程中无法停止生产，可以考虑在仓库内划分出独立的过渡区域，将预计将在盘点期间领用的存货移至过渡区域、对盘点期间办理入库手续的存货暂时存放在过渡区域，以此确保相关存货只被盘点一次。

在实施存货监盘程序时，注册会计师需要观察被审计单位有关存货移动的控制程序是否得到执行。同时，注册会计师可以向管理层索取盘点期间存货移动相关的书面记录以及出、入库资料作为执行截止测试的资料，以为监盘结束的后续工作提供证据。

五、注册会计师如何监盘特殊类型的存货？

答：常见的盘点方法和控制程序可能并不完全适用于某些特殊类型的存货，这些存货可能存在无法用标签予以标识、数量难以估计或质量难以确定等情况。对于这些特殊类型的存货，注册会计师可以首先了解被审计单位计划采用的盘点方法，并评估其盘点方法是否满足会计核算的需要，即保证存货在财务报表中得以恰当计量和披露。在此基础上，注册会计师需要运用职业判断，根据被审计单位所处行业的特点、存货的类型和特点以及内部控制等具体情况，设计针对特殊类型存货的具体监盘程序。

在某些情况下，对于特定类型的存货（例如矿藏、贵金属等），被审计单位可能会聘请外部专业机构协助进行存货盘点。在这种情况下，尽管被审计单位所聘请外部专业机构执行的存货盘点本身并不足以为注册会计师提供充分、适当的审计证据，但注册会计师可以考虑其是否构成管理层的专家，并在适用的情况下根据对其客观性、专业素质和胜任能力进行的评估调整亲自测试的范围。具体而言，注册会计师可以考虑实施检查外部专业机构的盘点程序表、对其盘点程序和相关控制进行观察、抽盘存货、抽样对其结果执行重新计算，以及对盘点日至财务报表日之间发生的交易执行测试等程序。

以煤堆的监盘为例进行说明。假设某一电力企业有较大数量的存煤燃料，其管理层可能选择聘请外部的专业测量公司使用仪器设备采集煤堆的形状特征数据以计算存煤的体积，同时采集相关数据（例如水分比例等）以计算其堆积密度，然后利用体积和密度数据计算出盘点煤量。在这种情况下，注册会计师需要评价外部测量公司的胜任能力、专业素质和客观性，检查其煤堆测量计划和测量报告、并在监盘过程中关注被审计单位和外部测量公司所采用仪器设备的精准度、测量方法的适当性、体积和密度计算方法的合理性等因素。

必要的情况下，对于特殊类型的存货，注册会计师可能需要利用专家的工作协助其进行监盘。《中国注册会计师审计准则第1421号——利用专家的工作》规范了如何利用专家协助注册会计师获取充分、适当的审计证据，如果注册会计师决定利用专家的工作，应当按照该准则的要求执行工作。

六、对于由第三方保管或控制的存货，注册会计师如何实施审计程序？

答：《中国注册会计师审计准则第1311号——对存货、诉讼和索赔、分部信息等特定项目获取审计证据的具体考虑》第八条规定，如果由第三方保管或控制的存货对财务报表是重要的，注册会计师应当实施下列一项或两项审计程序，以获取有关该存货存在和状况的充分、适当的审计证据：

（1）向持有被审计单位存货的第三方函证存货的数量和状况；

（2）实施检查或其他适合具体情况的审计程序。

《〈中国注册会计师审计准则第1311号——对存货、诉讼和索赔、分部信息等特定项目获取审计证据的具体考虑〉应用指南》第16段进一步提及，根据具体情况（如获取的信息使注册会计师对第三方的诚信和客观性产生疑虑），注册会计师可能认为实施其他审计程序是适当的。其他审计程序可以作为函证的替代程序，也可以作为追加的审计程序。

其他审计程序的示例包括：

（1）实施或安排其他注册会计师实施对第三方的存货监盘（如可行）；

（2）获取其他注册会计师或服务机构注册会计师针对用以保证存货得到恰当盘点和保管的内部控制的适当性而出具的报告；

（3）检查与第三方持有的存货相关的文件记录，如仓储单；

（4）当存货被作为抵押品时，要求其他机构或人员进行确认。

考虑到第三方仅在特定时点执行存货盘点工作，在实务中，注册会计师可以事先考虑实施函证的可行性。如果预期不能通过函证获取相关审计证据，可以事先计划和安排存货监盘等工作。

此外，注册会计师可以考虑由第三方保管存货的商业理由的合理性，以进行存货相关风险（包括舞弊风险）的评估，并计划和实施适当的审计程序，例如检查被审计单位和第三方所签署的存货保管协议的相关条款、复核被审计单位调查及评价第三方工作的程序等。

七、如果被审计单位的存货盘点在财务报表日以外的其他日期进行，注册会计师需要进行哪些补充考虑和测试？

答：《中国注册会计师审计准则第1311号—— 对存货、诉讼和索赔、分部信息等特定项目获取审计证据的具体考虑》第五条要求，如果存货盘点在财务报表日以外的其他日期进行，注册会计师除实施本问题解答第二个问题中所述的规定审计程序外，还应当实施其他审计程序，以获取审计证据，确定存货盘点日与财务报表日之间的存货变动是否已得到恰当的记录。

在实务中，注册会计师可以结合盘点日至财务报表日之间间隔期的长短、相关内部控制的有效性等因素进行风险评估，设计和执行适当的审计程序。在实质性程序方面，注册会计师可以实施的程序示例包括：

（1）比较盘点日和财务报表日之间的存货信息以识别异常项目，并对其执行适当的审计程序（例如实地查看等）；

（2）对存货周转率或存货销售周转天数等实施实质性分析程序；

（3）对盘点日至财务报表日之间的存货采购和存货销售分别实施双向检查（例如，对存货采购从入库单查至其相应的永续盘存记录及从永续盘存记录查至其相应的入库单等支持性文件，对存货销售从货运单据查至其相应的永续盘存记录及从永续盘存记录查至其相应的货运单据等支持性文件）；

（4）测试存货销售和采购在盘点日和财务报表日的截止是否正确。

八、在实施存货监盘时，注册会计师如何考虑舞弊风险的影响？

答：按照《中国注册会计师审计准则第1101号——注册会计师的总体目标和审计工作的基本要求》的规定，为获取合理保证，注册会计师应当在整个审计过程中保持职业怀疑。对于存货监盘，注册会计师需要在监盘工作执行过程中关注可能存在舞弊的迹象。例如，如果管理层不允许注册会计师在同一时间对所有存放地点的存货实施监盘，可能存在管理层操纵转移不同地点的存货以虚增或虚减存货的风险。

注册会计师需要根据具体情况下对于被审计单位与存货数量相关的舞弊风险评估，设计和实施相应的存货监盘审计程序，并恰当应对监盘过程中所识别出的舞弊或舞弊嫌疑。例如，对于注册会计师在监盘过程中注意到、但并未反映在被审计单位存货盘点表上的存货，如果管理层解释称这些存货为代第三方持有或保管的存货，注册会计师可以通过进一步的审计程序，包括查看与这些存货权属相关的证明文件、向第三方函证等，来评估管理层答复的真实性和合理性，以应对可能存在的这些存货已被确认为销售收入但其相关风险和报酬实际尚未转移的重大错报风险。

同时，《中国注册会计师审计准则第1141号——财务报表审计中与舞弊相关的责任》及其应用指南对于注册会计师如何识别和评估由于舞弊导致的财务报表重大错报风险，以及针对这些风险设计和实施恰当的应对措施给出了指引。对于影响存货数量的由于舞弊导致的重大错报风险，《〈中国注册会计师审计准则第1141号——财务报表审计中与舞弊相关的责任〉应用指南》的附录中也列示了注册会计师可以采取的应对措施示例。

九、注册会计师如何考虑存货监盘程序不可行的情况？

答：《中国注册会计师审计准则第1311号——对存货、诉讼和索赔、分部信息等特定项目获取审计证据的具体考虑》第七条要求，如果在存货盘点现场实施存货监盘不可行，注册会计师应当实施替代审计程序，以获取有关存货的存在和状况的充分、适当的审计证据。

《〈中国注册会计师审计准则第 1311 号——对存货、诉讼和索赔、分部信息等特定项目获取审计证据的具体考虑〉应用指南》第 12 段进一步说明，在某些情况下，实施存货监盘可能是不可行的。这可能是由存货性质和存放地点等因素造成的，例如，存货存放在对注册会计师的安全有威胁的地点。然而，对注册会计师带来不便的一般因素不足以支持注册会计师作出实施存货监盘不可行的决定。《〈中国注册会计师审计准则第 1101 号——注册会计师的总体目标和审计工作的基本要求〉应用指南》指出，审计中的困难、时间或成本等事项本身，不能作为注册会计师省略不可替代的审计程序或满足于说服力不足的审计证据的正当理由。

当实施存货监盘不可行时，实施替代程序（如检查盘点日后出售盘点日之前取得或购买的特定存货的文件记录），可能提供有关存货的存在和状况的充分、适当的审计证据。

但在其他一些情况下，实施替代审计程序可能无法获取有关存货的存在和状况的充分、适当的审计证据。在这种情况下，注册会计师需要按照《中国注册会计师审计准则第 1502 号——在审计报告中发表非无保留意见》的规定发表非无保留意见。

中国注册会计师审计准则问题解答第 4 号
——收入确认

(2019 年 12 月 31 日修订)

收入是利润的来源,直接关系到企业的财务状况和经营成果。有些企业为了达到粉饰财务报表的目的而采用虚增、隐瞒、提前或推迟确认收入等方式实施舞弊。在财务报表舞弊案件中,涉及收入确认的舞弊占有很大比例,收入确认已成为注册会计师审计的高风险领域。中国注册会计师审计准则要求注册会计师基于收入确认存在舞弊风险的假定,评价哪些类型的收入、收入交易或认定导致舞弊风险。本问题解答旨在指导注册会计师基于收入确认存在舞弊风险的假定,设计并实施恰当的审计程序,以将与收入确认相关的审计风险降至可接受的低水平。本问题解答所包含的示例和应对措施并非强制要求,亦不能穷尽实务中的所有情况,注册会计师需要根据风险评估结果,结合被审计单位实际情况,保持职业怀疑、运用职业判断设计并采取适当的应对措施。《中国注册会计师审计准则问题解答第 1 号——职业怀疑》与注册会计师识别、评估和应对因收入舞弊导致的重大错报风险特别相关,注册会计师应当予以一并阅读和考虑。

一、在识别和评估与收入确认相关的重大错报风险时,注册会计师如何考虑舞弊风险?

答:注册会计师在识别和评估与收入确认相关的重大错报风险时,应当基于收入确认存在舞弊风险的假定,评价哪些类型的收入、收入交易或认定导致舞弊风险。

(一)关于收入确认存在舞弊风险的假定

《中国注册会计师审计准则第 1141 号——财务报表审计中与舞弊相关的责任》要求注册会计师在识别和评估由于舞弊导致的重大错报风险时,应当假定收入确认存在舞弊风险,在此基础上评价哪些类型的收入、收入交易或认定导致舞弊风险。

假定收入确认存在舞弊风险,并不意味着注册会计师应当将与收入确认相关的所有认定都假定为存在舞弊风险。注册会计师需要结合对被审计单位及其环境的具体了解,考虑收入确认舞弊可能如何发生。被审计单位不同,管理层实施舞弊的动机或压力不同,其舞弊风险所涉及的具体认定也不同,注册会计师需要作出具体分析。例如,如果资产重组交易中的重组标的存在业绩承诺或对赌条款,则重组标的管理层可能有高估收入的动机或压力(如提前确认收入或记录虚假的收入),因此,收入的发生认定存在舞弊风险的可能性较大,而完整性认定则通常不存在舞弊风险;相反,如果管理层有隐瞒收入而降低税负的动机,则注册会计师需要更加关注与收入完整性认定相关的舞弊风险。再如,如果被审计单位预期难以达到下一年度的销售目标，而已经超额实现了本年度的销售目标，则管理层可能有将本期收入推迟至下一年度确认的动机，收入的截止认定存在舞弊风险的可能性较大。

如果注册会计师认为收入确认存在舞弊风险的假定不适用于业务的具体情况，从而未将收入确认作为由于舞弊导致的重大错报风险领域，注册会计师应当在审计工作底稿中记录得出该结论的理由。

（二）关于风险评估程序

《中国注册会计师审计准则第1141号——财务报表审计中与舞弊相关的责任》第四章第三节对注册会计师实施风险评估程序作出了具体规定。注册会计师实施风险评估程序的目的在于获取用以识别由于舞弊导致的重大错报风险所需的信息。

实施风险评估程序对注册会计师识别与收入确认相关的舞弊风险至关重要。例如，注册会计师通过了解被审计单位生产经营的基本情况、销售业务模式和业务流程、与收入相关的生产技术条件、收入的来源和构成、收入交易的特性、收入确认的具体方法、与收入确认相关的信息系统、所处行业的基本情况和特殊事项、上下游行业的景气度、重大异常交易的商业理由、被审计单位的业绩衡量、管理层的经营理念、内部控制、财务报表项目的内在联系等，有助于其考虑可能发生舞弊的方式和领域，以及管理层可能采用的舞弊手段，从而更有效地识别与收入确认相关的舞弊风险，并设计恰当的审计程序以应对此类风险。

注册会计师应当评价通过实施风险评估程序和执行其他相关活动获取的信息是否表明存在舞弊风险因素。例如，如果注册会计师通过实施风险评估程序了解到，被审计单位所处行业竞争激烈并伴随着利润率的下降，而管理层过于强调提高被审计单位利润水平的目标，则注册会计师需要警惕管理层通过实施舞弊高估收入，从而高估利润的风险。

二、被审计单位通常采用的收入确认舞弊手段有哪些？

答：了解被审计单位通常采用的收入确认舞弊手段，有助于注册会计师更加有针对性地实施审计程序。被审计单位通常采用的收入确认舞弊手段举例如下：

（一）为了达到粉饰财务报表的目的而虚增收入或提前确认收入

1. 虚构销售交易，包括：

（1）在无存货实物流转的情况下，通过与其他方（包括已披露或未披露的关联方、非关联方等）签订虚假购销合同，虚构存货进出库，并通过伪造出库单、发运单、验收单等单据，以及虚开商品销售发票虚构收入。

（2）在多方串通的情况下，通过与其他方（包括已披露或未披露的关联方、非关联方等）签订虚假购销合同，并通过存货实物流转、真实的交易单证票据和资金流转配合，虚构收入。

（3）被审计单位根据其所处行业特点虚构销售交易。例如，从事网络游戏运营业务的被审计单位，以游戏玩家的名义，利用体外资金购买虚拟物品或服务，并予以消费，以虚增收入。

从是否涉及安排货款回笼的角度看，被审计单位可能通过两种方式掩盖虚构的收入。一种是虚构收入后无货款回笼，虚增的应收账款/合同资产通过日后不当计提减值准备或核销等方式加以消化。另一种方法相对复杂和隐蔽，被审计单位会使用货币资金配合货款回笼，并需要解决因虚构收入而带来的虚增资产或虚减负债问题。在这种情况下，虚构收入可能对许多财务报表项目均会产生影响，包括但不限于货币资金、应收账款/合同资产、预付款项、存货、长期股权投资、其他权益工具投资、固定资产、在建工程、无形资产、开发支出、短期借款、应付票据、应付账款、其他应付款、营业收入、营业成本、税金及附加、销售费用等。

被审计单位采用上述第二种方法虚构收入时，相应确认应收账款/合同资产，同时通过虚假存货采购套取其自有资金用于货款回笼，形成资金闭环。但通过虚假存货采购套取的资金金额可能小于虚构收入金额，或者对真实商品进行虚假销售而无需虚构存货，导致虚构收入无法通过上述方法套取的资金实现货款全部回笼，此时，被审计单位还可能采用如下手段：

（1）通过虚假预付款项（预付商品采购款、预付工程设备款等）套取资金用于虚构收入的货款回笼。

（2）虚增长期资产采购金额。被审计单位通过虚增对外投资、固定资产、在建工程、无形资产、开发支出等购买金额套取资金，用于虚增收入的货款回笼。形成的虚增长期资产账面价值，通过折旧、摊销或计提资产减值准备等方式在日后予以消化。

（3）通过被投资单位套取投资资金。被审计单位将资金投入被投资单位，再从被投资单位套取资金用于虚构收入的货款回笼，形成的虚增投资账面价值通过日后计提减值准备予以消化。

（4）通过对负债不入账或虚减负债套取资金。例如，被审计单位开具商业汇票给子公司，子公司将票据贴现后用于货款回笼。

（5）伪造回款单据进行虚假货款回笼。采用这种方法通常会形成虚假货币资金。

（6）对应收账款/合同资产不当计提减值准备。

（7）被审计单位实际控制人或其他关联方将资金提供给被审计单位客户或第三方，客户或第三方以该笔资金向被审计单位支付货款。资金可能来源于被审计单位实际控制人或其他关联方的自有资金，也可能来源于对被审计单位的资金占用或通过被审计单位担保取得的银行借款。例如，被审计单位及其控股股东与银行签订现金管理账户协议，将被审计单位的银行账户作为子账户向控股股东集团账户自动归集（参见《中国注册会计师审计准则问题解答第12号——货币资金审计》），实现控股股东对被审计单位的资金占用，控股股东将该资金用于对被审计单位的货款回笼。又如，被审计单位以定期存款质押的方式为关联方提供担保，关联方取得借款后用于货款回笼。

需要注意的是，被审计单位在进行虚构收入舞弊时并不一定采用上述某一种方式，可能采用上述某几种方式的组合。例如，被审计单位生产非标准化产品，毛利率不具有可比性，可能无需虚构大量与虚增收入相匹配的存货采购交易，可以通过实际控制人或其他关联方的体外资金，或以虚增长期资产采购金额套取的资金实现货款回笼。

2. 进行显失公允的交易，包括：

（1）通过与未披露的关联方或真实非关联方进行显失公允的交易。例如，以明显高于其他客户的价格向未披露的关联方销售商品。与真实非关联方客户进行显失公允的交易，通常会由实际控制人或其他关联方以其他方式弥补客户损失。

（2）通过出售关联方的股权，使之从形式上不再构成关联方，但仍与之进行显失公允的交易,或与未来或潜在的关联方进行显失公允的交易。

(3)与同一客户或同受一方控制的多个客户在各期发生多次交易,通过调节各次交易的商品销售价格,调节各期销售收入金额。

3.在客户取得相关商品控制权前确认销售收入。例如,在委托代销安排下,在被审计单位向受托方转移商品时确认收入,而受托方并未获得对该商品的控制权。又如,在客户取得相关商品控制权前,通过伪造出库单、发运单、验收单等单据,提前确认销售收入。

4.通过隐瞒退货条款,在发货时全额确认销售收入。

5.通过隐瞒不符合收入确认条件的售后回购或售后租回协议,而将以售后回购或售后租回方式发出的商品作为销售商品确认收入。

6.在被审计单位属于代理人的情况下,被审计单位按主要责任人确认收入。例如,被审计单位为代理商,在仅向购销双方提供帮助接洽、磋商等中介代理服务的情况下,按照相关购销交易的总额而非净额(佣金和代理费等)确认收入。又如,被审计单位将虽然签订购销合同但实质为代理的受托加工业务作为正常购销业务处理,按照相关购销交易的总额而非净额(加工费)确认收入。

7.对于属于在某一时段内履约的销售交易,通过高估履约进度的方法实现当期多确认收入。

8.当存在多种可供选择的收入确认会计政策或会计估计方法时,随意变更所选择的会计政策或会计估计方法。

9.选择与销售模式不匹配的收入确认会计政策。

10.通过调整与单独售价或可变对价等相关的会计估计,达到多计或提前确认收入的目的。

11.对于存在多项履约义务的销售交易,未对各项履约义务单独进行核算,而整体作为单项履约义务一次性确认收入。

12.对于应整体作为单项履约义务的销售交易,通过将其拆分为多项履约义务,达到提前确认收入的目的。

(二)为了达到报告期内降低税负或转移利润等目的而少计收入或推迟确认收入

1.被审计单位在满足收入确认条件后,不确认收入,而将收到的货款作为负债挂账,或转入本单位以外的其他账户。

2.被审计单位采用以旧换新的方式销售商品时,以新旧商品的差价确认收入。

3.对于应采用总额法确认收入的销售交易,被审计单位采用净额法确认收入。

4.对于属于在某一时段内履约的销售交易,被审计单位未按实际履约进度确认收入,或采用时点法确认收入。

5.对于属于在某一时点履约的销售交易,被审计单位未在客户取得相关商品或服务控制权时确认收入,推迟收入确认时点。

6.通过调整与单独售价或可变对价等相关的会计估计,达到少计或推迟确认收入的目的。

三、通常表明被审计单位在收入确认方面可能存在舞弊风险的迹象有哪些?

答:舞弊风险迹象,是注册会计师在实施审计过程中发现的、需要引起对舞弊风险警觉的事实或情况。存在舞弊风险迹象并不必然表明发生了舞弊，但了解舞弊风险迹象，有助于注册会计师对审计过程中发现的异常情况产生警觉，从而更有针对性地采取应对措施。注册会计师保持职业怀疑，充分了解被审计单位业务模式并理解业务逻辑，有助于识别舞弊风险迹象。例如，被审计单位的产品具有一定的销售半径，如果存在超出销售半径而没有合理商业理由的销售交易，则可能表明被审计单位存在收入舞弊风险。又如，被审计单位技术水平处于行业中端，但高端产品却占销售收入比重较大，可能表明被审计单位存在收入舞弊风险。

通常表明被审计单位在收入确认方面可能存在舞弊风险的迹象举例如下：

1. 销售客户方面出现异常情况，包括：

（1）销售情况与客户所处行业状况不符。例如，客户所处行业景气度下降，但对该客户的销售却出现增长；又如，销售数量接近或超过客户所处行业的需求。

（2）与同一客户同时发生销售和采购交易，或者与同受一方控制的客户和供应商同时发生交易。

（3）交易标的对交易对方而言不具有合理用途。

（4）主要客户自身规模与其交易规模不匹配。

（5）与新成立或之前缺乏从事相关业务经历的客户发生大量或大额的交易，或者与原有客户交易金额出现不合理的大额增长。

（6）与关联方或疑似关联方客户发生大量或大额交易。

（7）与个人、个体工商户发生异常大量的交易。

（8）对应收款项账龄长、回款率低或缺乏还款能力的客户，仍放宽信用政策。

（9）被审计单位的客户是否付款取决于下列情况：

①能否从第三方取得融资；

②能否转售给第三方（如经销商）；

③被审计单位能否满足特定的重要条件。

（10）直接或通过关联方为客户提供融资担保。

2. 销售交易方面出现异常情况，包括：

（1）在临近期末时发生了大量或大额的交易。

（2）实际销售情况与定单不符，或者根据已取消的定单发货或重复发货。

（3）未经客户同意，在销售合同约定的发货期之前发送商品或将商品运送到销售合同约定地点以外的其他地点。

（4）被审计单位的销售记录表明，已将商品发往外部仓库或货运代理人，却未指明任何客户。

（5）销售价格异常。例如，明显高于或低于被审计单位和其他客户之间的交易价格。

（6）已经销售的商品在期后有大量退回。

（7）交易之后长期不进行结算。

3. 销售合同、单据方面出现异常情况，包括：

（1）销售合同未签字盖章，或者销售合同上加盖的公章并不属于合同所指定的客户。

（2）销售合同中重要条款（例如，交货地点、付款条件）缺失或含糊。

（3）销售合同中部分条款或条件不同于被审计单位的标准销售合同，或过于复杂。

（4）销售合同或发运单上的日期被更改。
（5）在实际发货之前开具销售发票，或实际未发货而开具销售发票。
（6）记录的销售交易未经恰当授权或缺乏出库单、货运单、销售发票等证据支持。

4. 销售回款方面出现异常情况，包括：
（1）应收款项收回时，付款单位与购买方不一致，存在较多代付款的情况。
（2）应收款项收回时，银行回单中的摘要与销售业务无关。
（3）对不同客户的应收款项从同一付款单位收回。
（4）经常采用多方债权债务抵销的方式抵销应收款项。

5. 被审计单位通常会使用货币资金配合收入舞弊，注册会计师需要关注资金方面出现的异常情况，包括：
（1）通过虚构交易套取资金。
（2）发生异常大量的现金交易，或被审计单位有非正常的资金流转及往来，特别是有非正常现金收付的情况。
（3）在货币资金充足的情况下仍大额举债。
（4）被审计单位申请公开发行股票并上市，连续几个年度进行大额分红。
（5）工程实际付款进度明显快于合同约定付款进度。
（6）与关联方或疑似关联方客户发生大额资金往来。
《中国注册会计师审计准则问题解答第12号——货币资金审计》对注册会计师需要关注的资金方面异常情况提供了进一步指引。

6. 其他方面出现异常情况，包括：
（1）采用异常于行业惯例的收入确认方法。
（2）与销售和收款相关的业务流程、内部控制发生异常变化，或者销售交易未按照内部控制制度的规定执行。
（3）非财务人员过度参与和收入相关的会计政策的选择、运用以及重要会计估计的作出。
（4）通过实施分析程序发现异常或偏离预期的趋势或关系。本问题解答问题四对分析程序作出了进一步指引。
（5）被审计单位的账簿记录与询证函回函提供的信息之间存在重大或异常差异。
（6）在被审计单位业务或其他相关事项未发生重大变化的情况下，询证函回函相符比例明显异于以前年度。
（7）被审计单位管理层不允许注册会计师接触可能提供审计证据的特定员工、客户、供应商或其他人员。

需要注意的是，本问题解答并未穷尽实务中存在舞弊风险的迹象，被审计单位存在列举的某一迹象也并不意味着其在收入确认方面一定存在舞弊风险，注册会计师应当结合对被审计单位及其环境的了解，在审计过程中对异常情况保持高度警觉和职业怀疑，在此基础上运用职业判断确定被审计单位在收入确认方面是否可能存在舞弊风险。

四、在收入确认领域，注册会计师如何实施分析程序？

答：在收入确认领域实施审计程序时，分析程序是一种较为有效的方法，注册会计师需要重视并充分利用分析程序,发挥其在识别收入确认舞弊中的作用。在设计分析程序时,注册会计师需要在充分了解被审计单位及其环境的基础上,识别与收入相关的财务数据和其他财务数据、非财务数据之间存在的关系,以提升实施分析程序的效果。基于被审计单位的业务性质,可以采用不同的数据指标分析。例如,餐饮业可以考虑翻台率,游戏直播行业可以考虑单客充值金额、实际在线时间等。

在收入确认领域,注册会计师可以实施的分析程序的例子包括:

1. 将账面销售收入、销售清单和销售增值税销项清单进行核对。
2. 将本期销售收入金额与以前可比期间的对应数据或预算数进行比较。
3. 分析月度或季度销售量、销售单价、销售收入金额、毛利率变动趋势。
4. 将销售收入变动幅度与销售商品及提供劳务收到的现金、应收账款/合同资产、存货、税金等项目的变动幅度进行比较。
5. 将销售毛利率、应收账款/合同资产周转率、存货周转率等关键财务指标与可比期间数据、预算数或同行业其他企业数据进行比较。
6. 分析销售收入等财务信息与投入产出率、劳动生产率、产能、水电能耗、运输数量等非财务信息之间的关系。
7. 分析销售收入与销售费用之间的关系,包括销售人员的人均业绩指标、销售人员薪酬、广告费、差旅费,以及销售机构的设置、规模、数量、分布等。

注册会计师通过实施分析程序,可能识别出未注意到的异常关系,或通过其他审计程序难以发现的变动趋势,从而有目的、有针对性地关注可能发生重大错报风险的领域,有助于评估重大错报风险,为设计和实施应对措施奠定基础。例如,如果注册会计师发现被审计单位不断地为完成销售目标而增加销售量,或者大量的销售因不能收现而导致应收账款/合同资产大量增加,需要对销售收入的真实性予以额外关注;如果注册会计师发现被审计单位临近期末销售量大幅增加,需要警惕被审计单位将下期收入提前确认或虚假销售的可能性;如果注册会计师发现单笔大额收入能够减轻被审计单位盈利方面的压力,或使被审计单位完成销售目标,需要警惕被审计单位虚构收入的可能性。

如果发现异常或偏离预期的趋势或关系,注册会计师需要认真调查其原因,评价是否表明可能存在由于舞弊导致的重大错报风险。涉及临近期末收入和利润的异常关系尤其值得关注,例如在报告期的最后几周内记录了不寻常的大额收入或异常交易。注册会计师可能采取的调查方法举例如下:

1. 如果注册会计师发现被审计单位的毛利率变动较大或与所在行业的平均毛利率差异较大,注册会计师可以采用定性分析与定量分析相结合的方法,从行业及市场变化趋势、产品销售价格和产品成本要素等方面对毛利率变动的合理性进行调查。
2. 如果注册会计师发现应收账款/合同资产余额较大,或其增长幅度高于销售收入的增长幅度,注册会计师需要分析具体原因(如赊销政策和信用期限是否发生变化等),并在必要时采取恰当的措施,如扩大函证比例、增加截止测试和期后收款测试的比例、使用与前期不同的抽样方法、实地走访客户等。
3. 如果注册会计师发现被审计单位的收入增长幅度明显高于管理层的预期,可以询问管理层的适当人员,并考虑管理层的答复是否与其他审计证据一致。例如,如果管理层表示收入增长是由于销售量增加所致,注册会计师可以调查与市场需求相关的情况。

在收入确认领域,注册会计师可以借助数据分析技术。

五、注册会计师如何应对评估的与收入确认相关的重大错报风险?

答:根据《中国注册会计师审计准则第1141号——财务报表审计中与舞弊相关的责任》和《中国注册会计师审计准则第1231号——针对评估的重大错报风险采取的应对措施》的规定,注册会计师应当将评估的由于舞弊导致的重大错报风险作为特别风险,并专门针对该风险实施实质性程序。如果针对特别风险实施的程序仅为实质性程序,这些程序应当包括细节测试。

在应对该特别风险时,如果注册会计师拟信赖管理层针对该风险实施的控制,应当在本期审计中测试这些控制运行的有效性。在实施实质性程序时,注册会计师需要根据交易的经济实质判断被审计单位的收入确认政策是否恰当,特别是那些与复杂交易相关的政策。注册会计师应当设计和实施恰当的应对措施,获取充分、适当的审计证据,并在选择和实施审计程序时注意融入更多的不可预见因素。《〈中国注册会计师审计准则第1141号——财务报表审计中与舞弊相关的责任〉应用指南》附录2列示了应对评估的由于舞弊导致的重大错报风险的审计程序示例,包括增加审计程序不可预见性的示例。

注册会计师可以采取的应对措施举例如下:

1. 针对收入项目,使用分解的数据实施实质性分析程序。例如,按照月份、产品线或业务分部将本期收入与可比期间收入进行比较。利用计算机辅助审计技术可能有助于发现异常的或未预期到的收入关系或交易。

2. 复核销售合同,了解主要合同条款或条件,评价被审计单位与收入确认相关的会计政策是否适当,与相关行业使用的会计政策是否一致。同时,对于合同条款的约定,注册会计师需要充分考虑适用的法律法规、补充或者凌驾于合同条款之上的以往司法实践以及类似案例的结果等。注册会计师还需要关注履约义务的识别、交易价格的确定(包括可变对价的估计及其限制)、交易价格的分摊(包括单独售价的确定)、收入确认的期间及合同资产的确认等。对于与收入相关的会计估计(例如可变对价、价格分摊等),注册会计师应当按照《中国注册会计师审计准则第1321号——审计会计估计(包括公允价值会计估计)和相关披露》的要求实施审计程序。

3. 向被审计单位的客户函证相关的特定合同条款以及是否存在背后协议。相关的会计处理是否适当,往往会受到这些合同条款或协议的影响。例如,商品接受标准、交货与付款条件、不承担期后或持续性的卖方义务、退货权、保证转售金额以及撤销或退款等条款在此种情形下通常是相关的。

4. 向被审计单位负责销售和市场开发的人员询问临近期末的销售或发货情况,向被审计单位内部法律顾问询问临近期末签订的销售合同是否存在异常的合同条款或条件。

5. 期末在被审计单位的一处或多处发货现场实地观察发货情况或准备发出的商品情况(或待处理的退货),并结合所了解的情况实施适当的销售及存货截止测试。

6. 对于通过电子方式自动生成、处理、记录的销售交易,实施控制测试以确定相关控制是否能够为所记录的销售交易真实发生并得到适当记录提供保证。必要时,考虑利用信息系统审计专家的工作。

7. 对比历年主要客户名单，查明与原有主要客户交易额大幅减少或合作关系取消，以及新增主要客户的原因。

8. 调查重要交易对方的背景信息，就交易对方是否与被审计单位存在关联方关系询问直接参与交易的员工。

9. 如果被审计单位在某一时段内确认收入，注册会计师需要检查相关合同或其他文件，以评价在某一时段内确认收入，以及确定履约进度的方法是否合理，与获取的相关资料中的信息是否一致，以及完成的工作能否取得被审计单位客户的确认，能否得到监理报告、被审计单位与客户的结算单据等外部证据的验证，必要时可以利用专家的工作。

10. 如果被审计单位采用经销商的销售模式，注册会计师需要关注主要的经销商与被审计单位之间是否存在关联方关系，并通过检查被审计单位与经销商之间的协议或销售合同、出库单、货运单、商品验收单等相关支持性凭证，以确定是否满足收入确认的条件。此外，注册会计师还可以关注经销商布局的合理性、被审计单位频繁发生经销商加入和退出的情况，以及被审计单位对不稳定经销商的收入确认是否适当、退换货损失的处理是否适当等。

11. 如果被审计单位采用代理商的销售模式，注册会计师需要检查被审计单位与代理商之间的协议或合同，确定是否确实存在委托与代理关系，并检查被审计单位收入确认是否有代理商的销售清单、货物最终销售证明等支持性凭据。

12. 如果存在被审计单位关联方注销及非关联化的情况，注册会计师需要关注被审计单位将原关联方非关联化行为的动机及后续交易的真实性、公允性。

13. 如果被审计单位存在特殊交易模式或创新交易模式，分析其对交易经济实质和收入确认的影响。

14. 如果被审计单位以收取现金方式实现销售，核对付款方和付款金额与合同、订单、出库单是否一致，以确定款项是否确实由客户支付；必要时，向现金交易客户函证收入金额，以评估现金收入的发生和完整性认定是否恰当。

15. 对重要客户的货款回收进行测试，关注是否存在通过第三方账户，包括员工账户和其他个人账户回款的情况。

16. 结合货币资金项目审计，关注是否存在异常的资金流动，包括不具有真实商业背景的大额现金收入、"一收一付金额相同""收款人和付款人为同一方"等异常资金流水。

17. 结合存货、预付款项等项目的审计，检查存货采购是否真实、价格是否公允，预付款项是否具有合理的商业理由。

18. 结合长期股权投资、其他权益工具投资、固定资产、在建工程、无形资产、开发支出等长期资产项目的审计，检查是否存在虚增采购金额套取被审计单位资金的情况。

19. 结合短期借款、应付账款等负债类项目的审计，检查是否存在通过将负债不入账或虚减负债等方式套取被审计单位资金的情况。

20. 结合或有事项的审计，检查是否存在通过未披露的担保套取资金的情况。

21. 结合出库单及销售费用中的运输费等明细，检查货物运输单和提单，必要时向运输单位进行函证或走访，关注货物的流动是否真实发生，从而确定交易的真实性。

附 录 问题解答

22. 结合销售合同中与收款、验收相关的主要条款，对于大额应收账款/合同资产长期未收回的客户，分析被审计单位仍向其进行销售的合理性和真实性。

23. 浏览被审计单位的总账、应收账款/合同资产明细账、收入明细账，以发现可能的异常活动。

24. 检查收入明细账或类似记录的计算准确性，追查将收入过入总账的过程。

25. 分析和检查合同负债等账户的期末余额，确定不存在应在本期确认收入而未确认的情况。

26. 分析和检查资产负债表日以后的贷项通知单和对应收账款/合同资产的其他调整事项。

27. 将临近期末发生的大额交易或异常交易与原始凭证相核对。

28. 详细复核被审计单位在临近期末以及期后编制的调整分录，调查性质或金额异常的项目。

29. 检查临近期末执行的重要销售合同，以发现是否存在异常的定价、结算、发货、退货、换货或验收条款。对期后实施特定的检查，以发现是否存在改变或撤销合同条款的情况，以及是否存在退款的情况。

30. 浏览期后一定时间的总账和明细账，以发现是否存在销售收入冲回或大额销售退回的情况。

31. 如果被审计单位在本期存在与收入确认相关的重大会计政策、会计估计变更或会计差错更正事项，分析这些事项是否合理，检查是否已在财务报表附注中作恰当披露。

32. 如果识别出被审计单位收入真实性存在重大异常情况，且通过常规审计程序无法获取充分、适当的审计证据，注册会计师需要考虑实施"延伸检查"程序，即对检查范围进行合理延伸，以应对识别出的舞弊风险。例如，对所销售产品或服务及其所涉及资金的来源和去向进行追踪，对交易参与方（含代为收付款方）的最终控制人或其真实身份进行查询。

注册会计师在判断是否需要实施"延伸检查"程序及如何实施时，应当根据审计准则的规定，并考虑有经验的专业人士在该场景下通常会作出的合理职业判断。《中国注册会计师审计准则第1131号——审计工作底稿》对"有经验的专业人士"进行了定义。此外，实施"延伸检查"程序的可行性和效果受诸多因素影响，注册会计师设计的具体"延伸检查"程序的性质、时间安排和范围，应当针对被审计单位的具体情况，与评估的舞弊风险相称，并体现重要性原则。例如，被审计单位所处行业的下游产业链较长，如果对下游产业链的某个或某几个环节实施"延伸检查"程序获取的审计证据，可以应对与收入确认相关的舞弊风险，则"延伸检查"程序无需覆盖所有环节。再者，相对于常规年度财务报表审计而言，在首次公开发行股票并上市审计（IPO审计）中，由于存在监管要求和相关方的配合，注册会计师实施"延伸检查"程序通常相对可行。

实务中，注册会计师可以实施的"延伸检查"程序举例如下：

（1）在获取被审计单位配合的前提下，对相关供应商、客户进行实地走访，针对相关采购、销售交易的真实性获取进一步的审计证据。在实施实地走访程序时，注册会计师通常需要关注以下事项：

①被访谈对象的身份真实性和适当性；

369

②相关供应商、客户是否与被审计单位存在关联方关系或"隐性"关联方关系;

③观察相关供应商、客户的生产经营场地,判断其与被审计单位之间的交易规模是否和其生产经营规模匹配;

④相关客户向被审计单位进行采购的商业理由;

⑤相关客户采购被审计单位商品的用途和去向,是否存在销售给被审计单位指定单位的情况;

⑥相关客户从被审计单位采购的商品的库存情况,必要时进行实地察看;

⑦是否存在"抽屉协议",如退货条款、价格保护机制等;

⑧相关供应商向被审计单位销售的产品是否来自被审计单位的指定单位;

⑨相关供应商、客户与被审计单位是否存在除购销交易以外的资金往来,如有,了解资金往来的性质。

注册会计师应当充分考虑被审计单位与被访谈对象串通舞弊的可能性,根据实际情况仔细设计访谈计划和访谈提纲,并对在访谈过程中注意到的可疑迹象保持警觉。注册会计师在访谈前应注意对访谈提纲保密,必要时,选择两名或不同层级的被访谈人员访谈相同或类似问题,进行相互印证。

(2) 利用企业信息查询工具,查询主要供应商和客户的股东至其最终控制人,以识别相关供应商和客户与被审计单位是否存在关联方关系。

(3) 在采用经销模式的情况下,检查经销商的最终销售实现情况。

(4) 当注意到存在关联方(例如被审计单位控股股东、实际控制人、关键管理人员)配合被审计单位虚构收入的迹象时,获取并检查相关关联方的银行账户资金流水,关注是否存在与被审计单位相关供应商或客户的异常资金往来。

如果识别出收入舞弊或获取的信息表明可能存在舞弊,注册会计师可与被审计单位治理层沟通,并要求治理层就舞弊事项进行调查。

审计程序的性质、时间安排和范围应当能够应对评估的由于舞弊导致的认定层次重大错报风险。如果注册会计师认为"延伸检查"程序是必要的,但受条件限制无法实施,或实施"延伸检查"程序后仍不足以获取充分、适当的审计证据,注册会计师应当考虑审计范围是否受限,并考虑对审计报告意见类型的影响或解除业务约定。

中国注册会计师审计准则问题解答第 5 号
——重大非常规交易

（2013 年 10 月 31 日发布）

重大非常规交易，特别是临近会计期末发生的、在作出"实质重于形式"判断方面存在困难的重大非常规交易，为被审计单位编制虚假财务报告提供了机会。被审计单位从事交易的目的可能是为了对财务信息作出虚假陈述或掩盖侵占资产的行为。中国注册会计师审计准则要求注册会计师在识别、评估和应对财务报表重大错报风险时，对重大非常规交易给予特别关注。本问题解答旨在提醒注册会计师切实履行与重大非常规交易审计相关的责任，并帮助注册会计师在财务报表审计工作中恰当识别、评估和应对由此产生的重大错报风险。

一、什么是重大非常规交易？

答：重大非常规交易是注册会计师在审计工作中发现的被审计单位超出正常经营过程的重大交易，或基于对被审计单位及其环境的了解以及在审计过程中获取的其他信息，认为显得异常的重大交易。重大非常规交易的例子包括但不限于：

(1) 复杂的股权交易，如公司重组或收购；
(2) 与处于公司法制不健全的国家或地区的境外实体之间的交易；
(3) 对外提供厂房租赁或管理服务，而没有收取对价；
(4) 具有异常大额折扣或退货的销售业务；
(5) 循环交易；
(6) 在合同期限届满之前变更条款的交易；
(7) 采用特殊交易模式或创新交易模式；
(8) 交易标的对被审计单位或交易对手而言不具有合理用途；
(9) 交易价格明显偏离正常市场价格；
(10) 非经营所需的、名义金额重大的衍生金融工具交易；
(11) 不属于正常经营业务范围的、金额重大且没有实物流的交易。

二、如何识别重大非常规交易并评估与其相关的重大错报风险？

答：实施风险评估程序以了解被审计单位及其环境，为注册会计师识别重大非常规交易提供了重要基础。为此，注册会计师需要了解与被审计单位业务性质、组织结构和经营特征相关的事项。这些事项包括被审计单位的业务类型、产品和服务的种类以及关联方等。注册会计师还需要考虑与被审计单位所属行业相关的事项，如行业会计惯例、竞争环境以及财务趋势和比率等。在实施下列审计程序时，注册会计师需要特别关注重大非常规交易的存在。

（一）询问

根据《中国注册会计师审计准则第 1141 号——财务报表审计中与舞弊相关的责任》的规定，注册会计师应当询问被审计单位的管理层和其他人员，以确定其是否知悉任何影响被审计单位的舞弊事实和舞弊嫌疑或舞弊指控。询问对象应当包括参与生成、处理或记录复杂或异常交易的被审计单位员工以及指导和监督他们的上级。

（二）分析程序

实施分析程序可能有助于注册会计师识别未注意到的被审计单位的情况，并有助于评估重大错报风险。注册会计师在计划审计工作阶段实施分析程序时，需要将识别重大非常规交易作为实施分析程序的目的之一。

（三）考虑舞弊风险因素

注册会计师考虑获取的被审计单位及其环境信息（包括重大非常规交易），是否表明存在一个或多个舞弊风险因素。与重大非常规交易有关的舞弊风险因素的例子包括：

（1）从事超出正常经营过程的重大关联方交易；

（2）与未经审计或由其他会计师事务所审计的关联企业进行超出正常经营过程的重大交易；

（3）重大、异常或高度复杂的交易，特别是临近会计期末发生的、在作出"实质重于形式"判断方面存在困难的重大非常规交易。

上述交易为被审计单位编制虚假财务报告提供了机会。

（四）了解与会计分录相关的控制

注册会计师需要了解与会计分录相关的控制，这些分录包括用以记录非经常性的、异常的交易或调整的非标准会计分录。

《中国注册会计师审计准则第 1211 号——通过了解被审计单位及其环境识别和评估重大错报风险》指出，在判断特别风险时，注册会计师应当考虑该风险是否涉及异常或超出正常经营过程的重大交易。《中国注册会计师审计准则第 1323 号——关联方》规定，注册会计师应当将识别出的、超出被审计单位正常经营过程的重大关联方交易导致的风险确定为特别风险。

重大非常规交易通常很少受到日常控制的约束。根据《中国注册会计师审计准则第 1211 号——通过了解被审计单位及其环境识别和评估重大错报风险》的规定，如果认为存在特别风险，注册会计师应当了解被审计单位与该风险相关的控制。根据《中国注册会计师审计准则第 1323 号——关联方》的规定，如果管理层建立了下列与关联方关系及其交易相关的控制，注册会计师应当询问管理层和被审计单位内部其他人员，实施其他适当的风险评估程序，以获取对相关控制的了解：

（1）授权和批准重大关联方交易和安排；

（2）授权和批准超出正常经营过程的重大交易和安排。

注册会计师对由于舞弊导致的重大错报风险（包括由于重大非常规交易导致的舞弊风险）的评估，贯穿于整个审计工作。

三、如何应对与重大非常规交易相关的重大错报风险？

答：注册会计师应当针对评估的财务报表层次重大错报风险设计和实施总体应

附　录　问题解答

对措施，并针对评估的认定层次重大错报风险设计和实施进一步审计程序，包括审计程序的性质、时间安排和范围。鉴于舞弊的性质，注册会计师在收集和评价审计证据，应对与重大非常规交易相关的舞弊风险时，保持职业怀疑非常重要。

（一）评价重大会计政策的选择和运用

作为对舞弊导致重大错报风险总体应对措施的一部分，注册会计师需要考虑管理层对会计政策（包括与重大非常规交易相关的会计政策）的选择和运用。注册会计师需要特别关注会计处理原则和会计政策的选择和运用是否恰当。

（二）检查会计分录和相关调整

注册会计师在检查日常会计核算过程中作出的会计分录以及编制财务报表过程中作出的其他调整，获取可能由于舞弊导致重大错报的审计证据时，需要考虑记录重大非常规交易的账户可能存在不恰当的会计分录或调整。为此，注册会计师应当：

（1）向参与财务报告过程的人员询问与处理会计分录和其他调整相关的不恰当或异常的活动；

（2）选择在报告期末作出的会计分录和其他调整进行测试；

（3）考虑是否有必要测试整个会计期间的会计分录和其他调整。

（三）评价交易的商业理由

缺乏经济实质的非常规交易可能导致重大错报。《中国注册会计师审计准则第1141号——财务报表审计中与舞弊相关的责任》要求注册会计师对于重大非常规交易，应评价其商业理由（或缺乏商业理由）是否表明被审计单位从事重大非常规交易的目的是对财务信息作出虚假陈述或掩盖侵占资产的行为。下列情形可能表明重大非常规交易被用于构造虚假财务报告：

（1）交易的形式显得过于复杂；

（2）管理层更强调采用某种特定会计处理的需要，而不是交易的经济实质；

（3）交易涉及不纳入合并范围的关联方（包括特殊目的实体），或未经治理层适当审核与批准；

（4）交易涉及以往未能识别出的关联方，或涉及在没有被审计单位帮助的情况下不具备物质基础或财务能力完成交易的第三方。

注册会计师同样需要评价超出被审计单位正常经营过程的重大关联方交易的商业理由。对此，除考虑上述情形外，注册会计师可能需要考虑交易条款是否异常，交易的发生是否缺乏明显且符合逻辑的商业理由，交易的处理方式是否异常，以及管理层是否已与治理层就这类交易的性质和会计处理进行讨论。

（四）实施函证程序

评估的与重大非常规交易相关的重大错报风险越高，需要获取越有说服力的审计证据。除了检查被审计单位的文件记录外，注册会计师可以考虑向相关方函证交易合同的条款和金额。注册会计师需要了解相关交易的实质，以确定在询证函中包含哪些恰当信息。

（五）在临近审计结束时实施分析程序

注册会计师需要评价在临近审计结束时实施的分析程序，是否显示存在此前未能识别的由于重大非常规交易导致的重大错报风险。在确定哪些特定趋势和关系可能表明存在由于舞弊导致的重大错报风险时，注册会计师需要运用职业判断。

在执行审计工作的过程中，如果对重大非常规交易的会计处理存在重大疑虑或与管理层存在意见分歧，注册会计师可以考虑向项目质量控制复核人员或其他具有适当资格和能力的人员进行咨询。在重大非常规交易涉及复杂的会计核算或会计估计领域时，注册会计师可以考虑利用专家的工作。

四、在项目质量控制复核过程中，对重大非常规交易有何考虑？

答：项目质量控制复核人员在实施项目质量控制复核时，需要与项目合伙人确认不存在尚未解决的重大事项（包括与重大非常规交易相关的事项）。项目质量控制复核人员需要考虑：

（1）评价项目组对重大非常规交易是否获取充分、适当的审计证据；

（2）评价项目组是否已就疑难问题和涉及意见分歧的事项进行适当咨询，复核相关咨询记录和结论；

（3）评价项目组是否完成与治理层、管理层和相关其他方所需的沟通。

五、在对财务报表形成审计意见时，对重大非常规交易有何考虑？

答：（一）评价财务报表的列报和披露

注册会计师在就财务报表是否按照适用的财务报告编制基础编制形成审计意见时，需要考虑以下事项：

（1）选择和运用的会计政策是否是可接受的；

（2）会计政策是否适合被审计单位的具体情况；

（3）财务报表列报的信息是否具有可靠性、相关性、可理解性和可比性；

（4）财务报表是否作出充分披露，使财务报表预期使用者能够理解重大交易和事项对财务报表所传递信息的影响；

（5）财务报表（包括相关附注）是否公允地反映相关交易和事项。在评价财务报表是否实现公允反映时，注册会计师应当考虑财务报表（包括相关附注）是否公允地反映了相关交易和事项（包括重大非常规交易）的经济实质。

如果某项重大非常规交易涉及关联方，注册会计师按照适用的财务报告编制基础的规定评价被审计单位对关联方关系及其交易的披露，需要考虑被审计单位是否已对关联方关系及其交易进行了恰当汇总和列报，以使披露具有可理解性。当存在下列情形之一时，表明管理层对关联方交易的披露可能不具有可理解性：

（1）关联方交易的商业理由以及交易对财务报表的影响披露不清楚，或存在错报；

（2）未适当披露为理解关联方交易所必需的关键条款、条件或其他要素。

对导致特别风险的会计估计，注册会计师还应当评价在适用的财务报告编制基础下，财务报表对估计不确定性的披露的充分性。

如果财务报表（包括相关附注）遗漏了适用的财务报告编制基础要求披露的信息，注册会计师需要考虑其对审计报告的影响。

（二）阅读其他信息

含有已审计财务报表的文件中的其他信息可能涉及对重大非常规交易的讨论，注册会计师需要阅读并考虑这些信息及其列报是否与财务报表存在重大不一致。如果认为存在重大不一致，或认为有对事实的重大错报，注册会计师需要按照《中国注册会计师审计准则第 1521 号——注册会计师对含有已审计财务报表的文件中的其他信息的责任》的相关要求作出恰当处理。

六、如何与治理层沟通重大非常规交易？

答：根据《中国注册会计师审计准则第 1151 号——与治理层的沟通》的规定，注册会计师应当与治理层沟通对被审计单位会计实务（包括会计政策、会计估计和财务报表披露）重大方面的看法。注册会计师需要确认治理层被告知关于重大非常规交易的会计处理方法。在适当的情况下，注册会计师应当向治理层解释为何某项在适用的财务报告编制基础下可以接受的重大会计实务，并不一定最适合被审计单位的具体情况。沟通可能包括下列事项：

（1）在考虑是否有必要对提供信息的成本与可能给财务报表使用者带来的效益之间进行平衡后，会计政策对于被审计单位具体情况的适当性；
（2）与记录交易的期间相关的交易时间安排的影响；
（3）可能表明存在管理层偏向的迹象；
（4）在形成特别敏感的财务报表披露时涉及的问题和作出的相关判断；
（5）财务报表披露的总体中立性、一贯性和明晰性；
（6）财务报表中披露的特别风险、风险敞口和不确定性对财务报表的潜在影响；
（7）财务报表受非常规交易（包括该期间确认的不经常发生的金额）影响的程度，以及这些交易在财务报表中单独披露的程度；
（8）影响资产和负债账面价值的因素。

注册会计师还应当及时向治理层通报审计中发现的与治理层监督财务报告过程的责任相关的重大事项。

如果识别出或怀疑存在舞弊，或者违反法律法规的行为，除与治理层沟通外，注册会计师还应当确定是否有责任向被审计单位以外的机构报告。

七、在审计工作记录方面，对重大非常规交易有何考虑？

答：注册会计师在工作底稿中记录发现的所有重大事项（包括重大非常规交易），针对重大非常规交易所采取的措施以及形成审计结论的基础。

中国注册会计师审计准则问题解答第6号
——关联方

（2019年12月31日修订）

在某些情况下，关联方关系及其交易的性质可能导致关联方交易比非关联方交易具有更高的财务报表重大错报风险。例如，关联方可能通过复杂的关系和组织结构增加关联方交易的复杂程度，或者关联方交易不按照正常的市场交易条款和条件进行。此外，关联方关系也为管理层串通舞弊、隐瞒或者操纵舞弊行为提供了更多的机会。《中国注册会计师审计准则第1323号——关联方》要求注册会计师识别、评估和应对关联方关系及其交易导致的重大错报风险。本问题解答旨在指导注册会计师按照审计准则的要求，有效地识别、评估和应对由于关联方关系及其交易导致的重大错报风险，以将审计风险降至可接受的低水平。本问题解答所包含的示例和应对措施并非强制要求，亦不能穷尽实务中的所有情况，注册会计师需要根据风险评估结果，结合被审计单位实际情况，保持职业怀疑、运用职业判断设计并采取适当的应对措施。

一、关联方关系及其交易可能导致哪些重大错报风险？

答：关联方关系及其交易可能导致五类重大错报风险，具体包括：

（一）超出被审计单位正常经营过程的重大关联方交易导致的重大错报风险

超出正常经营过程的重大交易，特别是临近会计期末发生的、在作出"实质重于形式"判断方面存在困难的重大交易（如交易实质不清晰、交易实质与其形式明显不符或交易不具有合理的商业理由），为被审计单位编制虚假财务报告提供了机会。如果被审计单位开展超出正常经营过程的重大交易，并且关联方作为交易的一方直接影响该交易，或通过中间机构间接影响该交易，或为配合被审计单位管理层特定目的开展该项交易，则很可能表明存在舞弊风险因素。因此，注册会计师应当将识别出的、超出被审计单位正常经营过程的重大关联方交易导致的风险确定为特别风险。

（二）存在具有支配性影响的关联方导致的重大错报风险

管理层由一个或少数几个人支配且缺乏补偿性控制是一项舞弊风险因素，而具有支配性影响的关联方（通常为控股股东或实际控制人）借助对被审计单位财务和经营政策实施控制和重大影响的能力，通常能够对被审计单位或其管理层甚至治理层施加支配性影响。关联方施加的支配性影响可能表现在下列方面：

1. 关联方否决管理层或治理层作出的重大经营决策。
2. 重大交易需经关联方的最终批准。

3.日常经营(采购、销售或技术支持)高度依赖关联方或关联方提供的资金支持。

4.对关联方提出的业务建议,管理层和治理层未曾或很少进行讨论即获得通过。

5.对涉及关联方（或与关联方关系密切的家庭成员）的交易,管理层和治理层极少进行独立复核和批准。

6.管理层或治理层成员由关联方选定,独立董事实质上不独立,或者与关联方存在密切关系。

7.存在实际控制人、控股股东或者单一大股东,并利用其影响力凌驾于被审计单位内部控制之上,或使被审计单位管理层在作出决策时只关注单方面的利益,且相关决策在治理层（如董事会）缺乏充分的讨论。

此外,如果关联方在被审计单位的设立和日后经营管理中均发挥主导作用,也可能表明存在支配性影响。

《中国注册会计师审计准则第1323号——关联方》第十五条规定,如果管理层建立了与关联方关系及其交易相关的控制,注册会计师应当询问管理层和被审计单位内部其他人员,实施其他适当的风险评估程序,以获取对相关控制的了解:

1.按照适用的财务报告编制基础,对关联方关系及其交易进行识别、会计处理和披露；

2.授权和批准重大关联方交易和安排；

3.授权和批准超出正常经营过程的重大交易和安排。

注册会计师在了解和评价被审计单位针对重大关联方交易和安排、超出正常经营过程的重大交易和安排的授权和批准的内部控制时,不能仅限于检查相关交易和安排是否有签字批准,而需要考虑并评价执行该项授权和批准控制的人员或机构是如何执行该项控制的,即执行控制的人员或机构是否具有相关能力和经验、在被审计单位中是否具有足够的权威和地位,使其能够就相关交易或安排提出问题或质疑；该执行人或机构如何评价相关交易和安排的商业理由、交易条款、预期的交易结果以及对被审计单位的影响等,是否就上述交易或安排提出问题或质疑、如何评价管理层的回应以及相关问题或疑虑是否在交易或安排的最终批准前得到解决。通过执行上述程序,注册会计师可以获知被审计单位与关联方交易相关的内部控制的设计是否合理,是否得到执行,相关内部控制是否流于形式,从而可能从中了解到关联方是否对被审计单位存在或发挥支配性影响的信息,并进一步评价支配性影响对被审计单位日常经营管理的影响。

如果存在能够对被审计单位或其管理层、治理层施加支配性影响的关联方,并同时出现其他风险因素,可能表明被审计单位存在由于舞弊导致的特别风险。其他风险因素例如:

1.异常频繁地变更高级管理人员或专业顾问（例如,法律或财务顾问等）,可能表明被审计单位为关联方谋取利益而从事不道德或虚假的交易。

2.通过中间机构开展的重大交易,且难以判断通过中间机构开展该交易的必要性以及交易是否具有合理的商业理由,这可能表明关联方或被审计单位出于舞弊目的,通过控制这些中间机构从交易中获利。

3.有证据显示关联方过度干涉或关注会计政策的选择或重大会计估计的作出,可能表明存在虚假财务报告。

（三）管理层未能识别出或未向注册会计师披露的关联方关系或重大关联方交易导致的重大错报风险

在某些情况下，管理层未能识别出或未向注册会计师披露某些关联方关系或重大关联方交易可能是无意的。例如，管理层对《企业会计准则第36号——关联方披露》的规定缺乏充分了解。在这种情况下，财务报表很可能存在因管理层缺乏足够的胜任能力而导致的重大错报风险。

但是，在其他大多数情况下，管理层不向注册会计师披露某些关联方关系或重大关联方交易可能是有意的。例如，管理层出于粉饰财务报表的目的，精心策划和实施某项重大关联方交易，并有意不在财务报表中作出披露。在注册会计师实施审计时，管理层与关联方串通向注册会计师提供虚假陈述，蓄意隐瞒交易对方是关联方的事实。在这种情况下，财务报表存在因管理层舞弊而导致的重大错报风险。

本问题解答的问题四就哪些情形或事项可能表明存在管理层未向注册会计师披露的关联方关系或交易作出了进一步阐述。

（四）管理层披露关联方交易是公平交易时可能存在的重大错报风险

公平交易，是指按照互不关联、各自独立行事且追求自身利益最大化的、自愿的买卖双方达成的条款和条件进行的交易。《企业会计准则第36号——关联方披露》要求企业只有在提供确凿证据的情况下才能披露关联方交易是公平交易。实务中，某些被审计单位对公平交易的理解存在误区，简单认为如果交易价格是按照类似公平交易的价格执行，该项交易就是公平交易，而忽略了该项交易的其他条款和条件（如信用条款、对产品的质量要求等）是否与独立各方之间通常达成的交易条款相同。另外，一些被审计单位则可能出于误导财务报表使用者的目的，有意忽略交易价格之外的其他条款，并披露关联方交易是公平交易。在上述两种情况下，如果管理层认定并披露关联方交易是公平交易，则可能存在重大错报风险。

（五）管理层未能按照适用的财务报告编制基础和相关监管规定对特定关联方交易进行恰当会计处理和披露导致的重大错报风险

导致管理层未能按照适用的财务报告编制基础和相关监管规定对特定关联方交易进行恰当会计处理和披露的原因很多，除了被审计单位管理层不熟悉相关财务报告编制基础和监管规定外，更多的可能是为了粉饰财务报表。例如，被审计单位以明显高于公允市价的价格向其控股股东出售不动产，并将其作为一笔产生损益的交易进行会计处理，而这项交易可能实质上是一项正常经营性交易和权益性交易的组合，高出公允市价的部分可能实质上构成了权益性交易。在这种情况下，关联方交易的经济实质可能没有在财务报表中恰当反映，从而导致财务报表存在重大错报风险。

二、哪些舞弊风险因素可能表明存在管理层通过关联方关系及其交易实施舞弊的风险？

答：在评价哪些舞弊风险因素可能表明存在管理层通过关联方关系及其交易实施舞弊的重大错报风险时，注册会计师通常可以从实施舞弊的动机和压力、机会以及借口等方面考虑，具体内容请参见《〈中国注册会计师审计准则第1141号——财务报表审计中与舞弊相关的责任〉应用指南》附录及《中国注册会计师审计准则问题解答第1号——职业怀疑》。

三、被审计单位通过关联方实施舞弊的例子主要有哪些？

答：被审计单位通过关联方实施舞弊的例子主要包括：

（一）关联方交易真实存在，但管理层有意不在财务报表中作出确认、计量和披露

例如，被审计单位每月初向关联方提供大额资金并在月末收回，但在银行存款日记账与往来账中均不进行记录，亦未在财务报表中进行披露，从而达到关联方长期无偿占用被审计单位资金的目的。

又如，为隐瞒关联方向被审计单位输送利益这一事实，被审计单位有意不在财务报表中恰当确认或披露与关联方发生的交易，这类交易通常包括被审计单位收到关联方捐赠的资金、关联方豁免被审计单位的债务、关联方无偿为被审计单位承担成本或费用，或者关联方将自有的场地或设备供被审计单位无偿使用。

（二）利用第三方隐瞒关联方交易或将关联方交易非关联化

例如，被审计单位将原本可以直接销售给合并范围内子公司的产品先销售给特定第三方（可能是未披露的关联方、有合作关系的第三方、被审计单位普通员工持有或以被审计单位普通员工名义设立的公司），再由该第三方将产品销售给被审计单位合并范围内子公司。整个交易过程中，被审计单位、特定第三方以及合并范围内子公司各种单据齐备，并且也可能存在完整的资金和货物的流转，被审计单位通过这一方式将原本的关联方交易转化为形式上的非关联方交易，规避在合并财务报表中抵销相关销售收入、成本和利润，从而达到虚增收入和利润的目的。

又如，被审计单位、关联方和特定的第三方签署背后协议，由被审计单位通过银行向第三方发放委托贷款，然后第三方将资金提供给关联方使用，导致被审计单位的资金实际上由关联方占用，但由于该资金是通过第三方提供给关联方的，因而被审计单位未披露该关联方资金占用，从而达到隐瞒关联方资金占用的目的。

再如，被审计单位的关联方与第三方签订服务合同，第三方向被审计单位提供劳务，但向关联方开具劳务发票，并由关联方向第三方支付款项，隐瞒了关联方为被审计单位承担成本费用的事实。

（三）以显失公允的交易条款与关联方进行交易但未在财务报表中如实完整披露或在财务报表中披露关联方交易是公平交易

例如，被审计单位在财务报表中披露关联方交易的价格是按照市场价格执行的，但未披露该项交易的其他条款或条件（如信用条款等）与公平交易中的其他条款或条件存在显著不同，或者被审计单位在财务报表中披露其向关联方的销售是公平交易，但实际上被审计单位授予关联方客户的信用期明显长于没有关联方关系的第三方交易对方，变相为关联方客户提供融资支持。

（四）与关联方或特定第三方串通舞弊进行虚假交易

1. 为实现业绩增长目的，被审计单位与不纳入财务报表合并范围的关联方（例如同受一方控制的兄弟公司）签订虚假销售合同，通过转移存货存放地点的形式制造商品已经发出的假象，虚增营业收入。

2. 被审计单位与关联方签订虚假的设备采购合同，以预付款的形式向关联方支付采购款，但长期不进行设备交付，年末以合同终止为由收回预付款项。被审计单位在财务报表中不进行相关披露或披露该项交易具有合理的商业理由，隐瞒了交易的真正目的是实现关联方无偿占用被审计单位的资金。

3. 被审计单位分别在采购和销售环节设立两家公司，并能够对其实施控制，根据《企业会计准则第33号——合并财务报表》的规定，被审计单位应当将这两家公司纳入合并财务报表的合并范围。但是，被审计单位有意隐瞒其与此两家公司之间存在的控制关系，原因是受业绩压力影响，被审计单位在年末利用采购环节的公司伪造产品原材料采购合同和原材料入库验收单等，要求采购环节的公司将原材料转移储存到被审计单位并向其支付材料采购款；同时，被审计单位利用销售环节的公司伪造产品销售合同、产成品出库单和货运记录等，将自身产品转移储存到销售环节的公司并向其收取销售款。通过与采购和销售环节设立的直接受被审计单位控制的公司进行串通，被审计单位的采购和销售在形式上均有了真实的货物流转和资金流转，并为被审计单位带来大额利润。为避免将在采购和销售环节设立的公司纳入合并财务报表的合并范围而抵销虚假交易产生的利润，被审计单位有意不在财务报表中披露其与采购和销售环节设立的公司之间存在的控制关系。

4. 被审计单位通过已披露或未披露的关联方以及特定第三方实现自有资金或关联方资金的体外循环，从而达到虚构交易、虚增收入和利润的目的。例如，被审计单位虚构原材料采购或在建工程付款，将自有资金转出至未披露的关联方或特定第三方作为资金中转通道，再最终由该未披露的关联方或第三方以采购被审计单位产品或服务的形式将资金回笼至被审计单位，形成闭环交易，达到虚构交易、虚增收入和利润的目的。

（五）与关联方串通舞弊侵占被审计单位资产

例如，被审计单位作为有限合伙人与关联方合作出资设立有限合伙企业，投资金额重大，之后以投资款可能被其他合伙人挪用或投资损失为由，对投资全额计提减值准备，以达到关联方非法侵占被审计单位资产，或向关联方转移资产的目的。

（六）实际控制人或控股股东通过凌驾于被审计单位内部控制之上侵占被审计单位资产

例如，实际控制人、控股股东或其他关联方串通被审计单位管理层或内部人员，凌驾于被审计单位内部控制之上，取得被审计单位公章，以被审计单位名义对外借款或为其借款提供担保，之后债务发生逾期，导致被审计单位被债权人起诉要求偿还债务或履行担保责任。

四、哪些情形或事项可能显示存在管理层未向注册会计师披露的关联方关系或交易？

答：《〈中国注册会计师审计准则第1323号——关联方〉应用指南》第22段列举了被审计单位的某些安排的示例，这些安排可能显示存在管理层未向注册会计师披露的关联方关系或交易，包括：

1. 与其他机构或人员组成不具有法人资格的合伙企业。
2. 按照超出正常经营过程的交易条款和条件，向特定机构或人员提供服务的安排。
3. 担保和被担保关系。

常规的关联方交易方式通常比较容易被识别，但是管理层为了实现其特定的交易目的，很可能通过隐匿关联方交易的方式来规避相关披露要求。例如，通过一家或多家非关联的过桥公司作为直接交易对方，由这些非关联过桥公司分别与被审计单位和关联方进行交易，以此来隐藏实质上的关联方交易。针对重大并异常的交易，注册会计师遵循"实质重于形式"原则识别未披露的关联方和关联方交易及由此产生的重大错报风险。具体而言，管理层未向注册会计师披露的关联方关系或关联方交易可能具有下列一项或多项特征：

（一）未披露的关联方关系

1. 重大或非常规交易的交易对方曾经与被审计单位或其控股股东、实际控制人、或高级管理人员等存在关联方关系。

2. 重大或非常规交易的交易对方与被审计单位或其集团成员的注册地址或办公地址相同或接近。

3. 重大或非常规交易的交易对方与被审计单位或其集团成员的网站地址或IP地址、邮箱域名等相同或接近。

4. 重大或非常规交易的交易对方的名称与被审计单位或其集团成员名称相似。

5. 重大或非常规交易的交易对方的实际控制人、关键管理人员或购销等关键环节的员工姓名与被审计单位管理层或被审计单位关联方的管理层或员工相近或重合。

6. 重大或非常规交易的交易标的与交易对方或被审计单位的日常经营范围不相关。

7. 重大或非常规交易的交易对方与被审计单位的实际控制人、高级管理人员等存在特殊关系，这种关系可能使后者能够对前者施加重大影响，但从形式上看两者不构成关联方。

8. 重大或非常规交易的交易对方系个人或由个人直接控制，且交易性质、规模与该交易对方的业务和规模不匹配。

9. 被审计单位仅能向注册会计师提供极其有限的与重大或非常规交易的交易对方相关的信息，注册会计师通过互联网等途径也难以检索到相关信息。

10. 交易对方是当年新增或减少的重要客户或供应商，可能包括以下几种情形：

（1）新增的交易对方是当年新设立的公司，其设立时间与被审计单位与其进行首次交易的时间接近，或交易标的与该新设公司日常经营范围无关。

（2）减少的交易对方是当年注销的公司，其注销时间与被审计单位与其进行最后一次交易的时间接近，或被审计单位过去与其仅存在很少的、但超出被审计单位日常经营范围的交易，或交易标的与该注销公司日常经营无关。

11. 被审计单位与某些交易对方间的交易在价格和条款方面明显与其和其他交易对方之间的价格和条款不同或显失公允，即可能导致被审计单位或交易对方明显从该交易中获得超出正常情况的利益。例如，被审计单位授予某些交易对方的信用期或信用额度明显异于其他交易对方，或交易对方的回款期明显异于授予的信用期，如在交易对方长期拖欠款项的情况下，被审计单位仍继续与其进行交易或交易对方的回款期明显短于授予的信用期等。

（二）未披露的关联方交易

1. 交易金额重大，或为被审计单位带来大额利润。

2. 交易发生频次较少且交易时间接近于资产负债表日，或集中于某一特定期间。

3. 交易价格、交付方式及付款条件、结算方式等交易条款与其他客户或供应商明显不同。例如，对其他供应商采用票据结算方式，而对某一新增供应商采用现金交易，或者采用多方债权债务抵销方式进行结算。

4. 付款人与销售合同、发票所显示的客户名称不一致，或收款人与采购合同、发票所显示的供应商名称不一致。

5. 与同一客户或供应商或其关联方同时发生销售和采购业务。

6. 交易规模和性质与交易对方的业务规模或业务能力明显不匹配。例如，被审计单位对外支付大额的咨询或专业服务费用，但交易对方明显不具备提供相关服务的能力。

7. 合同条款明显不符合商业惯例或形式要件不齐备。

8. 合同实际履行情况与合同条款明显不符。例如，未按约定日期发货或未按结算期付款；或商品发运目的地为关联方营业场所所在地，而非合同约定的交货地点。

9. 交易形成的款项长期以债权债务形式存在，购销货款久拖不结或存在金额重大且长期未结算的其他应收或应付款项，且长期未结算的理由不明确或不合理。

10. 交易对方在没有被审计单位帮助的情况下不具备物质基础或财务能力完成交易。

11. 为被审计单位提供担保或被审计单位为之提供担保。

12. 被审计单位收到或对外提供大额捐赠或债务豁免，但是相关捐赠或债务豁免没有合理的商业理由。

13. 被审计单位银行存款日记账显示存在定期或有规律的银行存款转入或转出交易，表明可能存在关联方之间的资金安排，例如资金集中管理协议或资金池安排等。

14. 被审计单位自其他实体或个人取得贷款，或向其他实体或个人提供贷款，特别是无息贷款。

15. 被审计单位通过贸易公司购置长期资产，并支付大额预付款项。

16. 其他明显不具有合理商业理由的交易。

综上，注册会计师在审计中需要对管理层可能未披露的关联方关系和交易保持警觉。通常情况下，相互独立的交易对方之间的具有合理商业理由的交易通常需要最大程度地满足交易双方各自的利益。因此，如果一项交易中，交易一方利益明显受损而另一方明显得利的话，则很可能表明交易双方之间不独立或交易理由不合理，注册会计师需要对此保持足够的职业怀疑。

五、在检查文件和记录以确定是否存在管理层和治理层未向注册会计师披露的关联方关系或关联方交易时，注册会计师可能认为有必要检查的文件和记录包括哪些？

答：为确定是否存在管理层和治理层未向注册会计师披露的关联方关系或关联方交易，《中国注册会计师审计准则第1323号——关联方》要求注册会计师检查在实施审计程序时获取的银行和律师询证函回函、股东会和治理层会议纪要，以及其认为必要的其他记录和文件。

《〈中国注册会计师审计准则第1323号——关联方〉应用指南》第21段指出，在审计过程中，注册会计师可以检查某些可能提供有关关联方关系及其交易信息的记录或文件，例如：

1. 除了向银行和律师获取的询证函回函外，注册会计师自其他第三方取得的询证函回函。

2. 被审计单位的所得税纳税申报表。
3. 被审计单位提供给监管机构的信息。
4. 被审计单位的股东登记名册（用以识别主要股东）。
5. 管理层和治理层的利益冲突声明。
6. 被审计单位有关投资和养老金计划的记录。
7. 与关键管理层或治理层成员签订的合同和协议。
8. 超出被审计单位正常经营过程的重要合同和协议。
9. 被审计单位与专业顾问（例如税务或法律顾问）的往来函件和发票。
10. 被审计单位购买的人寿保险单。
11. 被审计单位在报告期内重新商定的重要合同。
12. 内部审计人员的报告。
13. 被审计单位向证券监管机构报送的文件（如招股说明书）。

除上述《〈中国注册会计师审计准则第1323号——关联方〉应用指南》第21段所提及的内容外，注册会计师根据其风险评估结果，以及对已获取的信息的评估，认为有必要进一步获取或检查的其他记录或文件可能还包括但不限于：

1. 被审计单位管理层会议纪要。
2. 被审计单位的网站主页、对外提供的宣传资料等。
3. 主要股东的股权架构以及股权沿革情况，特别是报告期内或邻近报告期末的股权变动情况（如可行）。
4. 主要客户、供应商等交易对方的工商登记信息（如适用）。
5. 控股股东或实际控制人的相关会议纪要（如必要且可行）。
6. 媒体报道或分析师报告等。

六、如果识别出可能表明存在管理层未向注册会计师披露的关联方关系或交易的安排或信息，为确定相关情况是否能够证实关联方关系或关联方交易的存在，注册会计师可以考虑实施哪些程序？

答：《中国注册会计师审计准则第1323号——关联方》第二十二条规定，如果识别出可能表明存在管理层以前未识别出或未向注册会计师披露的关联方关系或交易的安排或信息，注册会计师应当确定相关情况是否能够证实关联方关系或关联方交易的存在。

1. 如果注册会计师认为必要且可行，可以考虑实施的程序包括：

（1）访谈被审计单位的控股股东、实际控制人、治理层以及关键管理人员等，必要时就访谈内容获取上述人员的书面确认或执行函证程序。

（2）以被审计单位控股股东、实际控制人、治理层以及关键管理人员为起点，通过互联网查询或第三方商业信息服务机构实施背景调查，用以识别与这些个人或机构有关联方关系或受其控制的实体，评估这些实体与被审计单位的关系。

如果认为必要且可行，注册会计师也可以考虑将上述第（1）、（2）项中的访谈和背景调查扩大至其他主要股东及其他相关人员。

（3）运用数据分析工具，设置特定分析条件对被审计单位的交易信息进行分析，识别是否存在管理层未向注册会计师披露的关联方关系和交易，例如：

①识别被审计单位与并非客户或供应商的实体之间的大额资金往来、在月初和月末发生的大额资金收付等；

②识别交易规模、频率等明显异于被审计单位通常的交易规模或频率的事项，如交易异常频繁，或交易虽不频繁，但单次交易金额重大的事项；

③识别在会计记录中首次出现的交易对方，检查其是否包含在管理层提供的当期新增客户或供应商名单中。

（4）亲自获取被审计单位的企业信用报告，关注企业信用报告内容的完整性，检查企业信用报告中显示的内容，包括对外担保等，是否已经完整包含在被审计单位管理层披露的信息中。

（5）检查被审计单位银行对账单中与疑似关联方的大额资金往来交易，关注对账单中是否存在异常的资金流动，关注资金或商业汇票往来是否以真实、合理的交易为基础。

（6）识别被审计单位银行对账单中与实际控制人、控股股东或高级管理人员的大额资金往来交易，关注是否存在异常的资金流动，关注资金往来是否以真实、合理的交易为基础。如果评估认为这些大额资金往来性质异常，注册会计师还可以要求实际控制人、控股股东或高级管理人员提供其自身的银行对账单，并检查其中与被审计单位之间的资金往来。

（7）在获得被审计单位授权后，向为被审计单位提供过税务和咨询服务的有关人员询问其对关联方的了解。

（8）在获得被审计单位授权后，通过律师或其他调查机构获取被审计单位的诉讼信息，关注其中是否存在涉及由于被审计单位对外提供担保而引起的诉讼以及诉讼的内容、性质，评价相关对外担保是否涉及关联方，如果涉及关联方，关联方关系和交易是否已在财务报表中恰当披露。

2. 如果注册会计师识别出重大异常情况，使其对某些供应商、客户或其他交易对方是否为被审计单位关联方存有重大疑虑，注册会计师还可以考虑实施以下程序：

（1）针对交易对方实施背景调查，将其股东情况、注册时间、注册地址、办公地址、网站地址、邮箱域名、注册登记的联系人及其电话和邮箱等信息与被审计单位的相关信息进行比对；并将交易对方的法定代表人、董事、高级管理人员与被审计单位实际控制人、董事、监事、高级管理人员的名单进行比对，考虑交易对方的日常经营范围和规模是否与相关交易相匹配。

（2）查询交易对方在报告期内或邻近报告期末的股权架构的变动情况，在必要且可行的情况下，考虑是否需要逐级向上追溯至其实际控制人，将查询结果与被审计单位实际控制人、董事、监事、高级管理人员的名单进行比对。

（3）获取管理层提供的当期新增客户和供应商清单，考虑被审计单位与客户和供应商的首次交易时间是否与客户和供应商的注册成立时间重合或接近，以考虑客户和供应商是否仅为与被审计单位开展交易而设立，并考虑客户和供应商是否可能与被审计单位存在关联方关系。

（4）询问直接参与交易的基层员工，以了解相关交易的执行情况是否与被审计单位管理层提供的信息一致。

（5）实施函证和实地走访，包括观察交易对方的经营场所、货物进出情况，现场询问相关人员，以了解该交易对方与被审计单位的交易详情。例如，询问交易对方的业务人员，了解交易对方与被审计单位开展业务的商业理由，是否与被审计单位存在关联方关系，日常的主营业务、员工人数和规模等是否与被审计单位开展的业务相匹配等。

（6）利用其他专业人士或机构的工作，如反舞弊专家、信用调查机构或律师的协助。

如果识别出被审计单位存在将关联方注销或非关联化的情况，注册会计师需要关注被审计单位是否将关联方注销或非关联化之前的交易作为关联方交易进行披露；识别被审计单位将原关联方非关联化行为的动机及后续交易的真实性、公允性，以及被审计单位是否存在通过剥离亏损子公司或亏损项目增加利润的行为。

如果识别出被审计单位与控股股东及其控制的实体存在重大且异常的关联方交易，注册会计师需要考虑是否有必要扩大对关联方交易的审计范围，必要时可要求被审计单位及控股股东配合，以核查关联方的财务资料。需要说明的是，由于关联方之间很可能串通舞弊，隐瞒关联方关系或交易，注册会计师需要在整个审计过程中保持足够的职业怀疑，审慎评价管理层及关联方提供的解释以及获取的审计证据，并特别关注审计过程中取得的或注意到的任何存在不一致或相互矛盾的信息或证据。

七、如果识别出可能表明存在管理层未向注册会计师披露的关联方关系或交易的安排或信息，注册会计师在实施程序后仍然无法确定是否存在关联方关系或关联方交易，在这种情况下，注册会计师应当如何应对？

答：由于关联方之间彼此并不独立，关联方关系及交易可能为管理层的串通舞弊、隐瞒或操纵舞弊行为提供更多的机会。因此，即使识别出可能表明存在管理层未向注册会计师披露的关联方关系或交易的安排或信息，注册会计师在实施追加的程序后，仍然有可能无法确定是否确实存在关联方关系或关联方交易。

在这种情况下，注册会计师可以按照《中国注册会计师审计准则第 1151 号——与治理层的沟通》和《中国注册会计师审计准则第 1323 号——关联方》的要求，将这一情况作为审计中的重大困难与治理层进行沟通，要求治理层提供进一步信息。通过该项沟通，还可以提醒治理层关注是否存在未披露的关联方关系和关联方交易。在与治理层沟通并获取其提供的进一步信息后，如果注册会计师仍然无法确定是否存在管理层故意不向注册会计师披露的关联方关系或重大关联方交易，按照《中国注册会计师审计准则第 1141 号——财务报表审计中与舞弊相关的责任》《中国注册会计师审计准则第 1142 号——财务报表审计中对法律法规的考虑》和《中国注册会计师审计准则第 1502 号——在审计报告中发表非无保留意见》等相关准则的要求，注册会计师在审计过程中如果识别出舞弊或怀疑存在舞弊，应当考虑是否与被审计单位治理层及时沟通，并考虑征询法律意见，同时根据法律法规的要求，确定是否向监管机构报告重大舞弊。同时，注册会计师需要考虑这种情况对审计意见的影响。如果注册会计师认为无法获取充分、适当的审计证据以作为形成审计意见的基础，注册会计师应当通过下列方式确定其影响：

1.如果未发现的错报（如存在）可能对财务报表产生的影响重大，但不具有广泛性，注册会计师应当发表保留意见。

2.如果未发现的错报（如存在）可能对财务报表产生的影响重大且具有广泛性，以至于发表保留意见不足以反映情况的严重性，注册会计师应当在可行时解除业务约定（除非法律法规禁止）；如果在出具审计报告之前解除业务约定被禁止或不可行，应当发表无法表示意见。

中国注册会计师审计准则问题解答第 7 号
——会计分录测试

（2014 年 12 月 31 日发布）

管理层通常有能力通过凌驾于控制之上的方式操纵会计记录并编制虚假财务报表。所有被审计单位都存在管理层凌驾于控制之上的风险，这种风险属于由于舞弊导致的重大错报风险，因而也是一种特别风险。《中国注册会计师审计准则第1141 号——财务报表审计中与舞弊相关的责任》要求注册会计师无论对管理层凌驾于控制之上的风险的评估结果如何，都应当设计和实施审计程序，以测试日常会计核算过程中作出的会计分录以及编制财务报表过程中作出的其他调整是否适当。本问题解答旨在指导注册会计师按照审计准则的要求设计和实施相关审计程序。

一、什么是会计分录测试？为什么需要专门实施会计分录测试？

答：会计分录测试，是指注册会计师针对被审计单位日常会计核算过程中作出的会计分录，以及编制财务报表过程中作出的其他调整实施的测试。

会计分录测试的目的，是为了应对被审计单位管理层凌驾于控制之上的风险。管理层在被审计单位处于实施舞弊的独特地位，通常有能力通过凌驾于控制之上的方式操纵会计记录并编制虚假财务报表，而这些被凌驾的控制却看似有效运行。因此，注册会计师需要专门针对这一风险设计和实施审计程序。

《中国注册会计师审计准则第1141 号——财务报表审计中与舞弊相关的责任》第三十三条规定："无论对管理层凌驾于控制之上的风险的评估结果如何，注册会计师都应当设计和实施审计程序，用以：（1）测试日常会计核算过程中作出的会计分录以及编制财务报表过程中作出的其他调整是否适当；（2）复核会计估计是否存在偏向，并评价产生这种偏向的环境是否表明存在由于舞弊导致的重大错报风险；（3）对于超出被审计单位正常经营过程的重大交易，或基于对被审计单位及其环境的了解以及在审计过程中获取的其他信息而显得异常的重大交易，评价其商业理由（或缺乏商业理由）是否表明被审计单位从事交易的目的是对财务信息作出虚假报告或掩盖侵占资产的行为。"其中，"测试日常会计核算过程中作出的会计分录以及编制财务报表过程中作出的其他调整是否适当"，即为本问题解答所讨论的会计分录测试。

在所有财务报表审计业务中，注册会计师都需要专门针对管理层凌驾于控制之上的风险设计和实施会计分录测试。这是因为，虽然管理层凌驾于控制之上的风险水平因被审计单位而异，但所有被审计单位都存在这种风险。例如，管理层可能通过作出不恰当的会计分录或未经授权的会计分录来操纵财务报表。这种操纵行为可能发生在整个会计期间或期末，或由管理层对财务报表金额作出调整，而该调整未在会计分录中反映（如合并调整和重分类调整）。了解管理层利用虚假会计分录和其他调整实施舞弊的常用手段，有助于注册会计师更加有针对性地实施审计程序。

二、基于会计分录测试的目的，注册会计师可以将被审计单位的会计分录和其他调整分为哪些类型？

答：会计分录测试的对象是与被审计财务报表相关的所有会计分录和其他调整，包括编制合并报表时作出的调整分录和抵销分录。会计分录和其他调整的类型不同，其固有风险和受被审计单位内部控制影响的程度不同，因而具有不同程度的重大错报风险。对会计分录和其他调整进行恰当地分类，有助于注册会计师选取重大错报风险较高的会计分录和其他调整进行测试，从而能够提高会计分录测试的效率。

基于会计分录测试的目的，注册会计师可将被审计单位的会计分录和其他调整分为下列三种类型：

（1）标准会计分录。此类会计分录用于记录被审计单位的日常经营活动或经常性的会计估计，通常是由会计人员作出或会计系统自动生成的，受信息系统一般控制和其他系统性控制的影响。

（2）非标准会计分录。此类会计分录用于记录被审计单位日常经营活动之外的事项或异常交易，可能包括特殊资产减值准备的计提、期末调整分录等。非标准会计分录可能具有较高的重大错报风险，因为此类分录通常容易被管理层用来操纵利润，并且可能涉及任何报表项目。

（3）其他调整。其他调整包括为编制合并财务报表而作出的调整分录和抵销分录、通常不作为正式的会计分录反映的重分类调整等，其他调整可能不受被审计单位内部控制的影响。

三、注册会计师如何设计和实施会计分录测试？

答：根据《中国注册会计师审计准则第1141号——财务报表审计中与舞弊相关的责任》第三十四条的规定，注册会计师在设计和实施审计程序，以测试日常会计核算过程中作出的会计分录以及编制财务报表过程中作出的其他调整是否适当时，应当：

（1）向参与财务报告过程的人员询问与处理会计分录和其他调整相关的不恰当或异常的活动；

（2）选择在报告期末作出的会计分录和其他调整；

（3）考虑是否有必要测试整个会计期间的会计分录和其他调整。

会计分录测试通常可包括下列步骤：

（1）了解被审计单位的财务报告流程，以及针对会计分录和其他调整已实施的控制，必要时，测试相关控制的运行有效性；

（2）确定待测试会计分录和其他调整的总体，并测试总体的完整性；

（3）从总体中选取待测试的会计分录及其他调整；

（4）测试选取的会计分录及其他调整，并记录测试结果。

需要指出的是，在实施会计分录测试时，注册会计师可能需要分析大量的会计分录,采用计算机辅助审计技术或电子表格(如 Excel),可以显著提高会计分录测试的效率和效果。注册会计师通常可以考虑要求被审计单位提供所需要的电子数据,如果能够以标准的格式导出、验证并传输所需要的会计分录数据,则可以进一步提高会计分录测试的效率和效果。

四、被审计单位的内部控制系统中针对会计分录和其他调整通常存在哪些控制措施?

答:在被审计单位的内部控制系统中,针对会计分录和其他调整,通常包括下列类型的控制措施:

(1)针对会计分录和其他调整的授权、过账、审核、核对等方面设置职责分离;
(2)在会计系统中设置系统访问权限,用以控制会计分录的记录权和审批权;
(3)用以防止并发现虚假会计分录或未经授权的更改的控制措施;
(4)由管理层、治理层或其他适当人员对会计分录记录和过入总账以及在编制财务报表过程中作出其他调整的过程进行监督;
(5)由被审计单位的内部审计人员(如有)定期测试控制运行的有效性。

注册会计师了解被审计单位针对会计分录和其他调整已实施的控制,有助于其确定会计分录测试的性质、时间安排和范围。

五、注册会计师在确定待测试会计分录和其他调整的总体并测试总体的完整性时需要考虑哪些因素?

答:注册会计师在测试会计分录和其他调整时,首先需要确定待测试会计分录和其他调整的总体,然后针对该总体实施完整性测试。

注册会计师在确定待测试会计分录和其他调整的总体时,需要根据风险评估结果,并运用职业判断。虚假会计分录和其他调整通常在报告期末作出,因此,审计准则要求注册会计师选择在报告期末作出的会计分录和其他调整进行测试。然而,由于舞弊导致的财务报表重大错报可能发生于整个会计期间,并且舞弊者可能运用各种方式隐瞒舞弊行为,因此,审计准则要求注册会计师考虑是否有必要测试整个会计期间的会计分录和其他调整。

注册会计师考虑下列情况,可能有助于其确定待测试会计分录和其他调整的总体:

(1)某些会计分录和其他调整可能并不过入被审计单位的总账,因此,注册会计师需要全面了解各总账账户,以及各明细账户与被审计财务报表项目之间的对应关系。

(2)注册会计师可以结合对被审计单位财务报告流程以及被审计单位针对会计分录和其他调整实施的控制的了解,来确定待测试会计分录和其他调整的总体。在这一过程中,注册会计师可以了解会计分录和其他调整的来源和特征,例如,会计分录是由会计信息系统自动生成的,还是以手工方式生成的。

(3)以手工方式生成的会计分录或其他调整通常于月末、季末或年末作出,主要用于记录会计调整或会计估计,或者用于编制合并财务报表。

(4)对于以手工方式生成的会计分录或其他调整,特别是在期末用于记录会计调整或会计估计，或者用于编制合并财务报表的调整分录，注册会计师可以了解这些分录的编制者、所需要的审批，以及这些分录以何种方式得以记录（例如，这些分录是以电子形式记录的，没有实物证据，还是以纸质形式记录的）。

确定待测试会计分录和其他调整的总体后，注册会计师需要针对该总体实施审计程序，以确定总体的完整性。注册会计师在设计和实施完整性测试时，需要考虑由于舞弊导致的财务报表重大错报风险，以及对被审计单位财务报告流程的了解。

以下是一套完整性测试的例子（假设注册会计师选择测试整个会计期间的会计分录和其他调整）：

（1）从被审计单位会计信息系统中导出所有待测试会计分录和其他调整；

（2）加计从会计信息系统中导出的所有会计分录和其他调整中的本期发生额，与科目余额表（包括期初余额、本期借方累计发生额、本期贷方累计发生额、期末余额）中的各科目本期发生额核对相符；

（3）将系统生成的重要账户余额与明细账和总账及科目余额表中的余额核对，测试计算准确性；

（4）检查所有结账后作出的与本期财务报表有关的会计分录和其他调整，测试其完整性；

（5）将总账与财务报表核对，以检查是否存在其他调整。

六、注册会计师在选取并测试会计分录和其他调整时需要考虑哪些因素？

答：注册会计师在选取待测试会计分录和其他调整，并针对已选取的项目确定适当的测试方法时，可以考虑下列因素：

1. 对由于舞弊导致的重大错报风险的评估。注册会计师识别出的舞弊风险因素和在评估由于舞弊导致的重大错报风险过程中获取的其他信息，可能有助于注册会计师识别需要测试的特定类别的会计分录和其他调整。

2. 对会计分录和其他调整已实施的控制。在注册会计师已经测试了这些控制运行的有效性的前提下，针对会计分录和其他调整的编制和过账所实施的有效控制，可以缩小所需实施的实质性程序的范围。但应注意的是，注册会计师需要充分考虑管理层凌驾于控制之上的风险。

3. 被审计单位的财务报告过程以及所能获取的证据的性质。在很多被审计单位中，交易的日常处理同时涉及人工和自动化的步骤和程序。类似地，会计分录和其他调整的处理过程也可能同时涉及人工和自动化的程序和控制。当信息技术应用于财务报告过程时，会计分录和其他调整可能仅以电子形式存在。

4. 虚假会计分录或其他调整的特征。不恰当的会计分录或其他调整通常具有一定的识别特征。这类特征可能包括：

（1）分录涉及不相关、异常或很少使用的账户；

（2）分录由平时不负责作出会计分录的人员作出；

（3）分录在期末或结账过程中作出，且没有或只有很少的解释或描述；

（4）分录在编制财务报表之前或编制过程中作出且没有科目代码；

（5）分录金额为约整数或尾数一致。

5.账户的性质和复杂程度。不恰当的会计分录或其他调整可能体现在以下账户中：

（1）包含复杂或性质异常的交易的账户；

（2）包含重大估计及期末调整的账户；

（3）过去易于发生错报的账户；

（4）未及时调节的账户，或含有尚未调节差异的账户；

（5）包含集团内部不同公司间交易的账户；

（6）其他虽不具备上述特征但与已识别的由于舞弊导致的重大错报风险相关的账户。在审计拥有多个组成部分的被审计单位时，注册会计师需考虑从不同的组成部分选取会计分录进行测试。

6.在日常经营活动之外处理的会计分录或其他调整。针对非标准会计分录实施的控制的水平与针对为记录日常交易（如每月的销售、采购及现金支出）所作出的分录实施的控制的水平可能不同。

此外，由于会计分录测试的主要目的是应对管理层凌驾于内部控制之上的风险，因此，注册会计师在选取并测试会计分录和其他调整时增加不可预见性非常重要。

中国注册会计师审计准则问题解答第 8 号
——重要性及评价错报

（2014 年 12 月 31 日发布）

重要性概念的运用贯穿于整个审计过程。根据《中国注册会计师审计准则第 1221 号——计划和执行审计工作时的重要性》的要求，在计划审计工作时，注册会计师需要对重要性作出判断，以便为确定风险评估程序的性质、时间安排和范围，识别和评估重大错报风险以及确定进一步审计程序的性质、时间安排和范围提供基础。在评价识别出的错报对审计的影响，以及未更正错报对财务报表的影响时，注册会计师需要根据《中国注册会计师审计准则第 1251 号——评价审计过程中识别出的错报》的要求运用重要性概念。本问题解答旨在指导注册会计师按照审计准则的要求，运用职业判断，合理确定重要性，在审计过程中适当运用，并恰当评价未更正错报对财务报表的影响。本问题解答中包含的基准和百分比均为举例，并非规定。注册会计师需要根据被审计单位和审计业务的具体情况，运用职业判断作出适当的选择和调整。

一、在确定财务报表整体重要性时如何选取基准和百分比？

答：注册会计师在制定总体审计策略时，应当确定财务报表整体的重要性。注册会计师通常先选定一个基准，再乘以某一百分比作为财务报表整体的重要性。确定重要性，包括选择符合具体情况的适当基准和百分比，是注册会计师运用职业判断的结果。

（一）适当的基准

《〈中国注册会计师审计准则第 1221 号——计划和执行审计工作时的重要性〉应用指南》第 3 段至第 5 段，针对确定财务报表整体重要性时对基准的运用提供了详细的指引，要求注册会计师站在财务报表使用者的角度，充分考虑被审计单位的性质、所处的生命周期阶段以及所处行业和经济环境等因素，选用如资产、负债、所有者权益、收入、利润或费用等财务报表要素，或报表使用者特别关注的项目作为适当的基准。

以下举例说明一些实务中较为常用的基准：

被审计单位的情况	可能选择的基准
1. 企业的盈利水平保持稳定	经常性业务的税前利润
2. 企业近年来经营状况大幅度波动，盈利和亏损交替发生，或者由正常盈利变为微利或微亏，或者本年度税前利润因情况变化而出现意外增加或减少	过去三到五年经常性业务的平均税前利润或亏损（取绝对值），或其他基准，例如营业收入

（续表）

3. 企业为新设企业，处于开办期，尚未开始经营，目前正在建造厂房及购买机器设备	总资产
4. 企业处于新兴行业，目前侧重于抢占市场份额、扩大企业知名度和影响力	营业收入
5. 为某开放式基金，致力于优化投资组合、提高基金净值、为基金持有人创造投资价值	净资产
6. 为某国际企业集团设立的研发中心，主要为集团下属各企业提供研发服务，并以成本加成的方式向相关企业收取费用	成本与营业费用总额
7. 为公益性质的基金会	捐赠收入或捐赠支出总额

　　在通常情况下，对于以营利为目的的企业，利润可能是大多数财务报表使用者最为关注的财务指标，因此，注册会计师可能考虑选取经常性业务的税前利润作为基准。但是在某些情况下，例如企业处于微利或微亏状态时，采用经常性业务的税前利润为基准确定重要性可能影响审计的效率和效果。注册会计师可以考虑采用以下方法确定基准：

　　（1）如果微利或微亏状态是由宏观经济环境的波动或企业自身经营的周期性所导致，可以考虑采用过去三到五年经常性业务的平均税前利润作为基准；

　　（2）采用财务报表使用者关注的其他财务指标作为基准，如营业收入、总资产等。

　　注册会计师为被审计单位选择的基准在各年度中通常会保持稳定，但是并非必须保持一贯不变。注册会计师可以根据经济形势、行业状况和被审计单位具体情况的变化对采用的基准作出调整。例如，对于处在新设立阶段的被审计单位可能采用总资产作为基准，对于处在成长期的被审计单位可能采用营业收入作为基准，对于进入经营成熟期的被审计单位可能采用经常性业务的税前利润作为基准。

　　（二）百分比

　　为选定的基准确定百分比需要运用职业判断。百分比和选定的基准之间存在一定的联系，如经常性业务的税前利润对应的百分比通常比营业收入对应的百分比要高。例如，对以营利为目的的制造业企业，注册会计师可能认为经常性业务税前利润的5%是适当的；对非营利组织，注册会计师可能认为收入总额或费用总额的1%是适当的。百分比无论是高一些还是低一些，只要符合具体情况，都是适当的。

　　在确定百分比时，除了考虑被审计单位是否为上市公司或公众利益实体外，其他因素也会影响注册会计师对百分比的选择，这些因素包括但不限于：

　　（1）财务报表是否分发给广大范围的使用者；

　　（2）被审计单位是否由集团内部关联方提供融资或是否有大额对外融资（如债券或银行贷款）；

　　（3）财务报表使用者是否对基准数据特别敏感（如特殊目的财务报表的使用者）。

　　注册会计师应当在审计工作底稿中充分记录在选定基准和百分比时所考虑的因

素，作为支持其作出的职业判断的依据。

二、如何确定实际执行的重要性？

答：实际执行的重要性，是指注册会计师确定的低于财务报表整体重要性的一个或多个金额，旨在将未更正和未发现错报的汇总数超过财务报表整体的重要性的可能性降至适当的低水平。

确定实际执行的重要性并非简单机械的计算，需要注册会计师运用职业判断，并考虑下列因素的影响：（1）对被审计单位的了解；（2）前期审计工作中识别出的错报的性质和范围；（3）根据前期识别出的错报对本期错报作出的预期。

对实际执行的重要性的运用体现在计划和执行审计工作阶段，实际执行的重要性直接影响注册会计师的审计工作量及需要获取的审计证据。对于审计风险较高的审计项目，需要确定较低的实际执行的重要性。

如果存在下列情况，注册会计师可能考虑选择较低的百分比来确定实际执行的重要性：

（1）首次接受委托的审计项目；

（2）连续审计项目，以前年度审计调整较多；

（3）项目总体风险较高，例如处于高风险行业、管理层能力欠缺、面临较大市场竞争压力或业绩压力等；

（4）存在或预期存在值得关注的内部控制缺陷。

如果存在下列情况，注册会计师可能考虑选择较高的百分比来确定实际执行的重要性：

（1）连续审计项目，以前年度审计调整较少；

（2）项目总体风险为低到中等，例如处于非高风险行业、管理层有足够能力、面临较低的业绩压力等；

（3）以前期间的审计经验表明内部控制运行有效。

审计准则要求注册会计师确定低于财务报表整体重要性的一个或多个金额作为实际执行的重要性，注册会计师无需通过将财务报表整体的重要性平均分配或按比例分配至各个报表项目的方法来确定实际执行的重要性，而是根据对报表项目的风险评估结果，确定如何确定一个或多个实际执行的重要性。例如，根据以前期间的审计经验和本期审计计划阶段的风险评估结果，注册会计师认为可以以财务报表整体重要性的75%作为大多数报表项目的实际执行的重要性；与营业收入项目相关的内部控制存在控制缺陷，而且以前年度审计中存在审计调整，因此考虑以财务报表整体重要性的50%作为营业收入项目的实际执行的重要性，从而有针对性地对高风险领域执行更多的审计工作。

注册会计师应当在审计工作底稿中充分记录在确定实际执行的重要性时所作出的职业判断的依据。

三、如何确定明显微小错报的临界值？

答：《中国注册会计师审计准则第1251号——评价审计过程中识别出的错报》第六条规定，注册会计师应当累积审计过程中识别出的错报，除非错报明显微小。

《〈中国注册会计师审计准则第1251号——评价审计过程中识别出的错报〉应用指南》第2段指出，注册会计师可能将低于某一金额的错报界定为明显微小的错报，对这类错报不需要累积，因为注册会计师认为这些错报的汇总数明显不会对财务报表产生重大影响。"明显微小"不等同于"不重大"。明显微小错报金额的数量级，与按照《中国注册会计师审计准则第1221号——计划和执行审计工作时的重要性》确定的重要性的数量级相比，应当是明显不同的（明显微小错报金额的数量级更小）。这些明显微小的错报，无论单独或者汇总起来，无论从规模、性质或其发生的环境来看都是明显微不足道的。为了确定审计中发现的错报哪些需要累积，哪些不需要累积，注册会计师需要在制定审计计划时预先设定明显微小错报的临界值。

确定该临界值需要注册会计师运用职业判断。在确定明显微小错报的临界值时，注册会计师可能考虑以下因素：

（1）以前年度审计中识别出的错报（包括已更正和未更正错报）的数量和金额；

（2）重大错报风险的评估结果；

（3）被审计单位治理层和管理层对注册会计师与其沟通错报的期望；

（4）被审计单位的财务指标是否勉强达到监管机构的要求或投资者的期望。

注册会计师对上述因素的考虑，实际上是在确定审计过程中对错报的过滤程度。注册会计师的目标是要确保不累积的错报（即低于临界值的错报）连同累积的未更正错报不会汇总成为重大错报。如果注册会计师预期被审计单位存在数量较多、金额较小的错报，可能考虑采用较低的临界值，以避免大量低于临界值的错报积少成多构成重大错报。如果注册会计师预期被审计单位错报数量较少，则可能采用较高的临界值。

注册会计师可能将明显微小错报的临界值确定为财务报表整体重要性的3%至5%，也可能低一些或高一些，但通常不超过财务报表整体重要性的10%，除非注册会计师认为有必要单独为重分类错报确定一个更高的临界值。如果注册会计师不确定一个或多个错报是否明显微小，就不能认为这些错报是明显微小的。

注册会计师应当在审计工作底稿中充分记录在确定明显微小错报的临界值时所作出的职业判断的依据。

四、如何在审计中运用实际执行的重要性？

答：实际执行的重要性在审计中的作用主要体现在以下几个方面：

1. 注册会计师在计划审计工作时可能根据实际执行的重要性确定需要对哪些类型的交易、账户余额和披露实施进一步审计程序，即通常选取金额超过实际执行的重要性的财务报表项目，因为这些财务报表项目有可能导致财务报表出现重大错报。但是，这不代表注册会计师可以对所有金额低于实际执行的重要性的财务报表项目不实施进一步审计程序，这主要出于以下考虑：

（1）单个金额低于实际执行的重要性的财务报表项目汇总起来可能金额重大（可能远远超过财务报表整体的重要性），注册会计师需要考虑汇总后的潜在错报风险；

（2）对于存在低估风险的财务报表项目，不能仅仅因为其金额低于实际执行的重要性而不实施进一步审计程序；

（3）对于识别出存在舞弊风险的财务报表项目，不能因为其金额低于实际执行的重要性而不实施进一步审计程序。

2. 运用实际执行的重要性确定进一步审计程序的性质、时间安排和范围。例如，在实施实质性分析程序时，注册会计师确定的已记录金额与预期值之间的可接受差异额通常不超过实际执行的重要性；在运用审计抽样实施细节测试时，注册会计师可以将可容忍错报的金额设定为等于或低于实际执行的重要性。

五、如何对未更正错报进行定量和定性的评价？

答：《中国注册会计师审计准则第 1251 号——评价审计过程中识别出的错报》第十二条规定，注册会计师应当确定未更正错报单独或汇总起来是否重大。在确定时，注册会计师应当考虑：（1）相对特定类别的交易、账户余额或披露以及财务报表整体而言，错报的金额和性质以及错报发生的特定环境；（2）与以前期间相关的未更正错报对相关类别的交易、账户余额或披露以及财务报表整体的影响。

注册会计师在评价未更正错报是否重大时，除考虑未更正错报单独或连同其他未更正错报是否超过财务报表整体的重要性（即定量因素）外，还要考虑错报性质以及错报发生的特定环境（即定性因素），并综合评价没有对未更正错报作出调整的财务报表整体是否仍然能够实现公允反映。

确定一项分类错报是否重大，需要进行定性评估。例如，注册会计师识别出某项应付账款误计入其他应付款的错报，金额超过财务报表整体的重要性。由于该错报不影响经营业绩和关键财务指标，注册会计师认为该项错报不重大。再如，被审计单位没有及时将资产负债表日已达到可使用状态的在建工程转入固定资产，金额超过财务报表整体的重要性，相关折旧金额较小。注册会计师在考虑相关定性因素之后，认为该错报对固定资产账户余额及财务报表整体均不产生重大影响，认为该项错报不是重大错报。

在某些情况下，即使某些错报低于财务报表整体的重要性，但因与这些错报相关的某些情况，在将其单独或连同在审计过程中累积的其他错报一并考虑时，注册会计师也可能将这些错报评价为重大错报。例如，某项错报的金额虽然低于财务报表整体的重要性，但对被审计单位的盈亏状况有决定性的影响，注册会计师应认为该项错报是重大错报。注册会计师可以根据《〈中国注册会计师审计准则第 1251 号——评价审计过程中识别出的错报〉应用指南》第 16 段中所列举的情况进行相应的定性分析。

中国注册会计师审计准则问题解答第 9 号
——项目质量控制复核

（2014 年 12 月 31 日发布）

有效的项目质量控制复核对于保证和提高审计工作质量尤为重要。中国注册会计师审计准则要求会计师事务所制定政策和程序，对相关审计业务实施项目质量控制复核，以客观评价项目组作出的重大判断以及在出具审计报告时得出的结论。本问题解答旨在提醒和帮助会计师事务所建立健全项目质量控制复核制度，切实履行持续改进审计工作质量的责任。

一、哪些项目需要考虑实施项目质量控制复核？

答：（一）与审计准则相关的考虑

《中国注册会计师审计准则第 1121 号——对财务报表审计实施的质量控制》要求会计师事务所对上市实体财务报表审计以及确定需要实施项目质量控制复核的其他审计业务，实施项目质量控制复核。

由于被审计单位情况不同，会计师事务所确定的需要实施项目质量控制复核的其他审计业务也不同。会计师事务所需要建立评价标准，以评价上市实体财务报表审计之外的哪些其他审计业务需要实施项目质量控制复核。评价标准可能包括法律法规的特别要求、项目的性质、识别出的异常情况及风险程度等。会计师事务所在设计指标，帮助注册会计师运用职业判断识别高风险审计项目时，通常考虑的因素举例如下：

（1）被审计单位首次公开发行股票或债券；

（2）被审计单位是提供金融服务的实体，例如银行、证券公司、保险公司；

（3）被审计单位因其规模、复杂性或涉及公众利益的程度而显得十分重要，拥有广泛的利益相关者。

《〈中国注册会计师审计准则第 1121 号——对财务报表审计实施的质量控制〉应用指南》指出，即使在业务开始时认为不需要实施项目质量控制复核，项目合伙人也要关注情况的变化，以识别有必要实施项目质量控制复核的情形。

（二）与职业道德守则相关的考虑

《中国注册会计师职业道德守则第 4 号——审计和审阅业务对独立性的要求》规定，审计项目组的其他合伙人与属于公众利益实体的被审计单位之间长期存在业务关系，将因密切关系和自身利益产生不利影响。会计师事务所应当评价不利影响的严重程度，并在必要时实施独立的质量控制复核等防范措施，消除不利影响或将其降低至可接受的水平。

《中国注册会计师职业道德守则第 4 号——审计和审阅业务对独立性的要求》

还规定，如果会计师事务所连续两年从某一属于公众利益实体的被审计单位及其关联实体收取的全部费用，占其从所有客户收取的全部费用的比重超过15%，会计师事务所应当向被审计单位治理层披露这一事实，并讨论选择下列何种防范措施，以将不利影响降低至可接受的水平：

（1）在对第二年度财务报表发表审计意见之前，由其他会计师事务所对该业务再次实施项目质量控制复核（简称发表审计意见前复核）；

（2）在对第二年度财务报表发表审计意见之后、对第三年度财务报表发表审计意见之前，由其他会计师事务所对第二年度的审计工作再次实施项目质量控制复核（简称发表审计意见后复核）。

在上述收费比例明显超过15%的情况下，如果采用发表审计意见后复核无法将不利影响降低至可接受的水平，会计师事务所应当采用发表审计意见前复核。

如果两年后，每年收费比例继续超过15%，则会计师事务所应当每年向治理层披露这一事实，并讨论选择采取上述哪种防范措施。在收费比例明显超过15%的情况下，如果采用发表审计意见后复核无法将不利影响降低至可接受的水平，会计师事务所应当采用发表审计意见前复核。

二、对项目质量控制复核的范围有何考虑？

答：（一）审计准则的相关要求

《中国注册会计师审计准则第1121号——对财务报表审计实施的质量控制》要求项目质量控制复核人员在评价项目组作出的重大判断以及编制审计报告得出的结论时，涉及下列内容：

（1）与项目合伙人讨论重大事项；

（2）复核财务报表和拟出具的审计报告；

（3）复核选取的与项目组作出的重大判断和得出的结论相关的审计工作底稿；

（4）评价在编制审计报告时得出的结论，并考虑拟出具审计报告的恰当性。

同时，对于上市实体财务报表审计，《中国注册会计师审计准则第1121号——对财务报表审计实施的质量控制》还要求项目质量控制复核人员在实施项目质量控制复核时考虑：

（1）项目组就具体审计业务对会计师事务所独立性作出的评价；

（2）项目组是否已就涉及意见分歧的事项，或者其他疑难问题或争议事项进行适当咨询，以及咨询得出的结论；

（3）选取的用于复核的审计工作底稿，是否反映项目组针对重大判断执行的工作，以及是否支持得出的结论。

（二）实务中的一些考虑

项目质量控制复核的范围可能取决于业务的复杂程度、被审计单位是否为上市实体以及出具不恰当报告的风险等因素，这需要项目质量控制复核人员基于事实和环境作出职业判断，并可视需要对项目质量控制复核程序进行扩展。项目质量控制复核可能考虑的事项举例如下：

（1）对项目组独立性的评价；

（2）特别风险的评估和应对；

（3）确定重要性时作出的重大判断；
（4）制定集团审计策略时作出的重大判断；
（5）对持续经营的评估是否适当；
（6）监管机构发现的重要事项是否已得到恰当解决；
（7）是否已进行恰当咨询，咨询的结论是否已得到适当执行，并充分记录；
（8）已更正错报和未更正错报；
（9）项目组与治理层的沟通事项（特别是与独立性相关的事项），以及项目组与监管机构的沟通事项。

三、如何从机制上为项目质量控制复核提供保证？

答：会计师事务所建立相应机制，为实现项目质量控制复核工作的预期目标提供保证。可能考虑的因素包括：

（1）在会计师事务所内部将项目质量控制复核作为质量控制架构的一个关键因素进行传达，培育重视和乐于接受项目质量控制复核的文化，有助于项目质量控制复核工作的有效开展；

（2）制定政策和程序，以明确项目质量控制复核的性质、时间安排和范围，确保在项目的适当阶段及时实施项目质量控制复核；

（3）委任适当人员实施项目质量控制复核，项目合伙人对项目质量控制复核人员在整个业务过程中的必要参与予以适当提醒；

（4）明确项目质量控制复核工作中意见分歧的解决路径；

（5）会计师事务所在审计质量政策中包括以下方面：

①项目质量控制复核的目的和价值；

②在整个审计过程中及时实施项目质量控制复核的重要性；

③在不损害项目质量控制复核人员客观性的情况下，项目组与项目质量控制复核人员就重大事项进行讨论；

④项目合伙人有责任为项目质量控制复核预留足够的时间预算；

（6）会计师事务所对项目质量控制复核工作开展的有效性进行持续评估和改进。

四、对项目质量控制复核人员的委任有何考虑？

答：会计师事务所应当制定政策和程序，解决项目质量控制复核人员的委任问题，明确项目质量控制复核人员的资格要求。会计师事务所需要考虑下列方面：

（1）项目质量控制复核人员的客观性。会计师事务所需要制定政策和程序，以保证项目质量控制复核人员的客观性。例如，项目质量控制复核人员由会计师事务所统一委派，在复核期间不以其他方式参与该项目、不代替项目组进行决策，不存在可能损害项目质量控制复核人员客观性的其他情形。

在执行审计过程中，项目合伙人可以向项目质量控制复核人员咨询。项目合伙人咨询项目质量控制复核人员后作出的判断，可以为项目质量控制复核人员所接受，从而可以避免在审计工作的后期出现意见分歧，这并不妨碍项目质量控制复核人员履行职责。

当咨询所涉及问题的性质和范围十分重大时，除非项目组和项目质量控制复核人员都能谨慎从事，以使项目质量控制复核人员保持客观性，否则项目质量控制复核人员的客观性可能受到损害。如果项目质量控制复核人员不能保持客观性，会计师事务所需要委派内部其他人员或具有适当资格的外部人员，担任项目质量控制复核人员或为该项审计业务提供咨询。

（2）项目质量控制复核人员的权威性。项目质量控制复核人员需要具备履行职责所需的充分、适当的技术专长、经验和权限。特别是，项目质量控制复核人员履行职责，不应受到项目合伙人职级的影响。对于项目合伙人在会计师事务所中担任高级领导职务的，要注意避免项目质量控制复核人员的客观性受到损害。项目质量控制复核人员需要具备质疑项目合伙人所需的适当资历（经验、能力），以便能够切实履行复核职责。

（3）项目质量控制复核人员所能承担的总体复核工作量。当一名复核人员在一定时间内承担过多的项目质量控制复核任务时，可能对实现项目质量控制复核目标产生不利影响，会计师事务所相关政策和程序需要对此予以考虑。

（4）对属于公众利益实体的被审计单位的特别要求。《中国注册会计师职业道德守则第 4 号——审计和审阅业务对独立性的要求》规定，如果被审计单位属于公众利益实体，相关关键审计合伙人任职时间不得超过五年，在任期结束后的两年内，不得为该被审计单位的审计业务实施质量控制复核。

五、对项目质量控制复核中的意见分歧有何考虑？

答：会计师事务所需要建立处理意见分歧的政策和程序，以应对项目质量控制复核人员与项目组之间可能出现的意见分歧。在项目组与项目质量控制复核人员的意见分歧得以解决前，不得出具审计报告。

解决意见分歧的有效程序，能够促进在审计工作的较早阶段识别出意见分歧，为拟采取的后续步骤提供明确指导，并要求对意见分歧的解决情况和形成结论的执行情况进行记录。

在通过内部咨询解决意见分歧时，按照内部咨询体系规定的流程和级次进行咨询。解决意见分歧的程序还可能包括向其他会计师事务所、职业团体或监管机构咨询。

六、对改进项目质量控制复核的具体措施有何考虑？

答：会计师事务所可以考虑：
（1）开发广泛应用的项目质量控制复核培训课程，使项目质量控制复核人员在如何履行职责方面接受充分培训，并使项目组了解项目质量控制复核人员如何履行职责及其对项目组的期望，以及在项目质量控制复核过程中咨询的可能类型；
（2）根据会计师事务所的相关政策和程序，对项目质量控制复核人员的工作进行考核；
（3）定期召开项目质量控制复核人员会议，讨论如何加强复核工作，并在设计培训课程及相关政策和程序时考虑相关意见和建议；
（4）汇编形成项目质量控制复核问题案例，以帮助项目质量控制复核人员向项目组提出适合具体情况的问题，评价项目组在具体业务中作出的重大判断和结论。

中国注册会计师审计准则问题解答第 10 号
——集团财务报表审计

（2014 年 12 月 31 日发布）

《中国注册会计师审计准则第 1401 号——对集团财务报表审计的特殊考虑》规范了注册会计师执行集团审计时的特殊考虑，特别是涉及组成部分注册会计师的特殊考虑。本问题解答针对与集团财务报表审计有关的实务问题提供进一步的指引，以协助注册会计师按照审计准则的相关要求恰当执行集团财务报表审计业务。

一、如何识别重要组成部分？

答：根据《中国注册会计师审计准则第 1401 号——对集团财务报表审计的特殊考虑》第十八条的规定，重要组成部分，是指集团项目组识别出的具有下列特征之一的组成部分：

（1）单个组成部分对集团具有财务重大性；

（2）由于单个组成部分的特定性质或情况，可能存在导致集团财务报表发生重大错报的特别风险。

（一）单个组成部分对集团具有财务重大性

一般情况下，在判断单个组成部分是否对集团具有财务重大性时，集团项目组可以将选定的基准乘以某一百分比。确定基准和应用于该基准的百分比属于职业判断。根据集团的性质和具体情况，适当的基准可能包括集团资产、负债、现金流量、利润总额或营业收入。例如，集团项目组可能认为超过选定基准 15% 的组成部分是重要组成部分。然而，较高或较低的百分比也可能是适合具体情况的。

在选取基准以确定单个组成部分是否对集团具有财务重大性时，实务中通常的做法可能有：

（1）使用在确定集团财务报表整体重要性时所使用的基准作为衡量的基准。

（2）使用其他的基准作为衡量的基准。例如，集团项目组使用税前利润作为设定集团财务报表整体重要性的基准，但对于亏损的组成部分，选择其他的基准，如营业收入、亏损额绝对值、资产总额等可能更加合适。

（3）使用两个或两个以上的基准来综合衡量。例如，如果某些组成部分收入极高但利润率极低，或者某些组成部分是收益不稳定的新成立主体，集团项目组可以采用两个基准来识别单个组成部分是否具有财务重大性。在这种情况下，集团项目组可对所有组成部分应用两个基准，一个是税前利润，另一个是收入，并将符合任何一个基准的百分比的组成部分识别为重要组成部分。

（4）集团项目组选定的基准可以考虑使用内部交易抵销后的结果。但在实务中可能存在一种情形，当某一组成部分的内部销售交易比重较大时，采用内部交易抵销后的营业收入作为确定其财务重大性的基准可能不再恰当，此时选择其他指标，如资产总额等，可能更加合适。

（二）由于单个组成部分的特定性质或情况，可能存在导致集团财务报表发生重大错报的特别风险

当单个组成部分的特定性质或情况，可能存在导致集团财务报表发生重大错报的特别风险时，集团项目组也可能将其识别为重要组成部分。

在识别哪些组成部分可能存在导致集团财务报表发生重大错报的特别风险时，需要运用职业判断。集团项目组可以考虑的因素包括但不限于：

（1）集团中从事特殊行业的组成部分，例如某个工业制造集团中专门从事资金管理和金融服务的财务公司，该组成部分的金融业务可能存在使集团财务报表发生重大错报的特别风险。

（2）当某一单个组成部分的某类交易、账户余额或披露超过集团财务报表整体重要性，或其性质和金额不符合集团项目组的预期时，集团项目组可能需要考虑该组成部分是否存在使集团财务报表发生重大错报的特别风险。

（3）当某一单个组成部分从事与集团其他同类组成部分不同的交易时，例如在集团的多家贸易公司中，某一贸易公司因从事出口贸易而拥有大量外币，该公司为了规避外汇风险而从事外汇掉期交易，虽然对集团并不具有财务重大性，但仍可能存在使集团财务报表发生重大错报的特别风险。

（4）当某一单个组成部分的财务信息涉及重大会计估计和判断时，例如组成部分管理层对固定资产剩余使用年限的估计变更使得固定资产折旧额发生重大变动，该会计估计变更可能存在使集团财务报表发生重大错报的特别风险。

（5）当某一单个组成部分的经营模式、业务流程、计算机信息技术系统、内部控制及关键管理人员发生重大变化时，这些变化可能存在使集团财务报表发生重大错报的特别风险。

（6）以前年度审计过程中发现的存在使集团财务报表发生重大错报的特别风险的组成部分。

（7）新收购的组成部分。

（8）由于被监管部门特别关注而被视为重要的组成部分。

二、如何确定对组成部分财务信息拟执行工作的类型？

答：对于组成部分财务信息，集团项目组应当确定由其亲自执行或由组成部分注册会计师代为执行的相关工作的类型。

工作类型包括财务信息审计、特定项目审计、特定审计程序、财务信息审阅、集团层面分析程序。

组成部分的性质		工作类型	
重要组成部分	具有财务重大性	使用组成部分重要性对组成部分财务信息实施审计	财务信息审计
	可能存在导致集团财务报表发生重大错报的特别风险	使用组成部分重要性对组成部分财务信息实施审计	财务信息审计
		针对与可能导致集团财务报表发生重大错报的特别风险相关的一个或多个账户余额、一类或多类交易或披露事项实施审计	特定项目审计
		针对可能导致集团财务报表发生重大错报的特别风险实施特定的审计程序	特定审计程序
不重要组成部分		在集团层面实施分析程序	集团分析程序

在下列两种情形下,选择某些不重要的组成部分执行相关工作:
(1)集团项目组在执行完所有相关工作后,认为执行的工作不能获取形成集团审计意见所需的充分、适当的审计证据;
(2)集团只包括不重要的组成部分,如果仅测试集团层面控制,并对组成部分财务信息实施分析程序,集团项目组通常不太可能获取形成集团审计意见所需的充分、适当的审计证据。

对于选择的不重要组成部分(集团项目组应当在一段时间之后更换所选择的组成部分)	使用组成部分重要性对组成部分财务信息实施审计	财务信息审计
	对一个或多个账户余额、一类或多类交易或披露事项实施审计	特定项目审计
	使用组成部分重要性对组成部分财务信息实施审阅	财务信息审阅
	实施特定程序	特定审计程序

集团项目组确定选择多少组成部分、选择哪些组成部分以及对所选择的每个组成部分财务信息执行工作的类型,可能受下列因素的影响:
(1)预期就重要组成部分财务信息获取审计证据的程度;
(2)组成部分是新设立的还是收购的;
(3)组成部分是否发生重大变化;
(4)内部审计是否对组成部分执行了工作,以及内部审计工作对集团审计的影响;
(5)组成部分是否应用相同的系统和程序;
(6)集团层面控制运行的有效性;
(7)通过在集团层面实施分析程序识别出的异常波动;
(8)与同类其他组成部分相比,某组成部分是否对集团具有财务重大性,或可能导致风险;
(9)是否因法律法规要求或其他原因需要对组成部分执行审计。

三、在集团层面汇总和评价错报时需要考虑哪些事项？

答：汇总和评价错报是集团项目组对集团财务报表形成审计意见时的一个关键步骤。

《中国注册会计师审计准则第 1401 号——对集团财务报表审计的特殊考虑》规定集团项目组应当要求组成部分注册会计师与其沟通组成部分财务信息中未更正错报清单（清单不必包括低于集团项目组通报的临界值且明显微小的错报）。

集团项目组累积各个组成部分的错报，汇总编制集团错报汇总表。集团项目组在编制集团错报汇总表时通常考虑以下事项：

（1）根据组成部分注册会计师的备忘录或所执行工作的报告，分析其所执行工作的结果，判断是否存在可能影响集团错报汇总表的事项；

（2）判断某一组成部分识别的错报是否也适用于其他类似的组成部分；

（3）判断已识别出的错报是否对未执行审计工作的不重要的组成部分存在影响。

如果集团项目组在某一组成部分的错报中识别出某些有规律的系统性错报，由于这些错报也可能发生于其他组成部分，集团项目组可以要求各个组成部分注册会计师关注并报告这类错报，即使这类错报不超过该组成部分的临界值。例如，某组成部分财务信息中存在一项截止性错误，该错误产生于集团统一的信息技术自动化系统在期末的错误处理程序，由于该错误处理程序对其他组成部分产生的错报可能未超过其临界值而未被其他组成部分注册会计师所关注，故集团项目组可以要求各个组成部分注册会计师报告此错报，并在编制集团错报汇总表时汇总考虑该错报对集团财务报表的影响。

集团项目组负责评价汇总的未更正错报对集团财务报表的影响。集团项目组需要对汇总的未更正错报进行定量和定性评价，根据情况对集团财务报表提出进一步审计调整建议，并要求集团管理层或组成部分更正错报，使未更正错报单独或汇总起来对集团财务报表整体的影响不重大。如果集团管理层拒绝更正错报，集团项目组需要按照《中国注册会计师审计准则第 1502 号——在审计报告中发表非无保留意见》的规定考虑其对审计意见的影响。

中国注册会计师审计准则问题解答第 11 号
——会计估计

(2014 年 12 月 31 日发布)

由于被审计单位的经营活动具有内在不确定性,某些财务报表项目不能精确计量,只能进行估计。正是由于这种不确定性,在会计实务中,很多财务报表舞弊都与会计估计相关。对于注册会计师而言,如何应对会计估计的不确定性导致的财务报表重大错报风险,是审计的难点。《中国注册会计师审计准则第 1321 号——审计会计估计(包括公允价值会计估计)和相关披露》规范了注册会计师在财务报表审计中与会计估计(包括公允价值会计估计)和相关披露有关的审计责任。本问题解答旨在就注册会计师如何应对会计估计审计中存在的难点和疑问提供指导。

一、注册会计师在审计会计估计时,哪些迹象可能表明存在管理层偏向?

答:管理层偏向,是指管理层在编制和列报财务信息时缺乏中立性。由于某些财务报表项目需要进行估计,管理层有可能通过选择不符合最佳实务做法的会计估计或故意作出不恰当的会计估计对财务报表进行操纵。是否存在管理层偏向涉及注册会计师的职业判断,这种职业判断是注册会计师综合考虑审计过程中获取的各项信息和事实之后作出的。表明可能存在与会计估计相关的管理层偏向迹象的例子包括:

1. 管理层主观地认为环境已经发生变化,并相应地改变会计估计或估计方法;或者环境已经发生变化,但管理层并未根据变化对会计估计或估计方法作出相应的改变;或者会计估计或估计方法频繁变更,但似乎并非由所处环境的变化所致。

2. 管理层选择或作出重大假设以产生有利于管理层目标的点估计。例如,被审计单位在确认建造合同收入时,完工百分比根据实际已发生成本占预计总成本的比例确定,管理层在作出预计总成本的估计时,可能高估或低估预计总成本,从而达到调节收入和利润的目的。

3. 会计估计所依赖的假设存在内在的不一致,如对成本费用增长率的预期与收入增长率的预期显著不同。

4. 管理层的主观判断或采用的假设与市场、宏观环境、行业数据或历史信息不一致,从而显示管理层的主观判断或采用的假设带有明显偏向。例如,针对公允价值会计估计,如果被审计单位使用模型作出会计估计,在管理层使用的假设与可观察到的市场假设存在重大不一致的情况下,管理层仍使用其自有假设。再如,被审计单位所处行业整体产能过剩,被审计单位在经营过程中发生连续亏损,固定资产使用率明显低于设计使用率,但管理层在对固定资产进行减值测试时,仍然采用比较乐观的经营预测,且该经营预测未能如实反映被审计单位的经营状况和经营环境。

5. 以前年度财务报表确认和披露的重大会计估计与后期实际结果之间存在重大差异，并且各项差异的方向一致（例如，各项差异同为增加利润）或者差异的方向与管理层目标一致（例如，管理层当年度的目标是增加利润，或减少税负）。

6. 变更会计估计后被审计单位的财务成果或财务状况将发生显著的变化，例如，扭亏为盈、达到再融资要求等。

7. 选择带有乐观或悲观倾向的点估计。管理层的经营理念和风格也可能导致管理层偏向，注册会计师注意到被审计单位在编制财务报表时表现出明显的过于激进或过于保守的倾向，这可能使得管理层作出的会计估计也表现为过于激进（例如，管理层在考虑商誉减值时，对于产生商誉的资产组或资产组组合的未来现金流量过于乐观）或过于保守（例如，坏账准备的计提比例过高）。

8. 管理层试图通过对专家的选择以及对专家工作的干涉，从而影响专家对特定会计估计的工作结果，这也可能表明存在管理层偏向。例如，管理层在选择专家时，刻意避开相关领域内信誉和胜任能力较好的专家，转而聘用该领域胜任能力不足，或信誉一般的专家，以便可以更加容易地影响相关专家的工作结果。再如，管理层可能在选择专家时已经向相关专家透露了其对特定事项的预期结果，从而只选择愿意满足管理层预期结果的专家（购买意见）对相关会计估计进行评估。

在某些情况下，注册会计师可能很容易识别出管理层偏向，但在另外一些情况下，注册会计师可能只有在对不同类型或所有会计估计的汇总数加以考虑时，或者对连续几个期间进行观察时，才能识别出管理层偏向。即使某些形式的管理层偏向为主观决策所固有，在作出这些决策时，管理层可能无意误导财务报表使用者。但是，当存在有意误导时，管理层偏向具有欺诈性质。注册会计师应当复核管理层在作出会计估计时的判断和决策，以识别可能存在管理层偏向的迹象。注册会计师保持职业怀疑，有助于识别这些迹象。

二、针对基于重大假设作出的会计估计，注册会计师可以从哪些方面考虑相关假设的合理性？

答：如果在作出会计估计时运用的某些假设的合理变化可能对会计估计的计量结果产生重大影响，则这些假设被视为重大假设。存在重大假设的会计估计往往也表明存在高度估计不确定性，并由此可能产生特别风险。管理层对未来发生的事项作出的假设反映了管理层的预期，同时，管理层基于此预期，拟采取的行动计划反映了管理层执行某项措施的意图和能力。因此，注册会计师在评价重大假设的合理性时，需要考虑管理层的预期、管理层的意图和能力以及相关法律法规的要求来进行综合评价。

（一）考虑管理层的预期

会计估计所依据的假设可能反映管理层对特定目标和战略结果的预期。注册会计师在考虑相关重大假设是否合理时，除了可以考虑《〈中国注册会计师审计准则第1321号——审计会计估计（包括公允价值会计估计）和相关披露〉应用指南》第79段列举的事项外，还可以考虑以下事项：

（1）同行业公开数据或可以获得的同行业类似的经验，例如，管理层在编制盈利预测时采用的未来期间的毛利率明显高于同行业其他主体，注册会计师可能需要对相关假设的合理性保持警觉；

（2）可获取的支持性证据，如专家的结论或意见等。例如，某从事核电业务的被审计单位预计在生产结束时清理核废料的费用将由于未来技术的变化而显著降低，那么该被审计单位由此作出的有关预计负债的估计金额应当反映有关专家对技术发展及清理费用减少作出的合理预测。

（二）考虑管理层的意图和能力

会计估计涉及的假设的合理性可能取决于管理层执行某项措施的意图和能力。针对重大假设的合理性，注册会计师在评估管理层的意图和能力时，除考虑《〈中国注册会计师审计准则第1321号——审计会计估计（包括公允价值会计估计）和相关披露〉应用指南》第80段列举的程序外，还可以考虑以下事项：

（1）管理层实现其意图的能力。例如，管理层应对持续经营假设疑虑的措施是从银行获取额外贷款，则注册会计师需要评估其获取额外贷款的可能性；

（2）从管理层建立的持续战略分析和风险管理流程中可能获取支持管理层作出重大假设的其他相关信息。例如，被审计单位的生产能力报告，或相关项目的可行性报告中包含的有关最大产能分析，或者盈亏平衡点信息等。

当然，并非所有存在重大假设的会计估计都需要考虑管理层的意图和能力。例如，作出公允价值会计估计通常不考虑管理层的意图或能力，因为公允价值计量的目标要求假设反映市场参与方的有序交易中可能运用的假设。

（三）考虑相关法律法规的要求

注册会计师考虑管理层的预期和能力，在适用的情况下，还可能需要考虑相关法律法规的要求。例如，随着国家及社会公众对环保问题的日益关注，相关法律法规可能对被审计单位涉及的环保责任予以加强，从而导致与此相关的会计估计发生变化。从事资源开采行业的被审计单位的预计固定资产弃置费用可能需要根据相关法律法规的要求予以更新，而注册会计师需要考虑被审计单位对于预计弃置费用的估计是否符合相关法律法规的要求。

三、被审计单位发生会计估计变更时，注册会计师如何考虑相关变更的合理性及会计处理的适当性？

答：当识别出管理层变更了会计估计时，注册会计师可以从以下方面考虑会计估计变更的合理性及会计处理的适当性：

（一）考虑管理层作出会计估计变更的原因和依据

管理层作出会计估计变更的原因和依据可能包括：

（1）以前年度据以作出会计估计的基础信息发生了变化。注册会计师需要了解管理层所声称的这些变化是否确实发生，导致管理层作出会计估计变更的具体原因或事项是什么，相比以前年度发生了哪些变化，管理层作出的会计估计变更是否反映了该变化等。

（2）管理层取得了新的信息或积累了更多经验。注册会计师需要了解这些新的信息和经验的具体内容是什么、来源是否可靠，以及这些信息是否确实为自上期财务报表日之后才出现或可能获取的新信息,并且需要考虑这些新信息是否与注册会计师对该事项的了解一致。同时,如果这些信息适用于《企业会计准则第29号——资产负债表日后事项》的规定,则注册会计师可能需要考虑上期财务报表中会计估计的确认或披露是否恰当。

(3)相关法律法规引起的会计估计变更。例如,某从事化工行业的被审计单位对环境造成了污染,按照以前年度的法律法规,被审计单位只需要对污染进行清理,而随着国家对环境保护越来越重视,按照现行法律法规,该被审计单位不但需要对污染进行清理,还可能需要对受此影响的居民进行赔偿,此时管理层在作出会计估计时还需要考虑相关赔偿义务的影响。

考虑管理层作出会计估计变更的原因和依据时,应当判断管理层是否存在滥用会计估计变更的情况,如管理层未严格区分会计估计变更、会计政策变更和前期差错更正,试图通过滥用会计估计变更调节利润。

注册会计师还可以考虑与同行业类似或相关的会计估计进行比较,从不同的角度评价管理层进行会计估计变更是否符合实际情况。当然,如果注册会计师注意到与被审计单位相关的外部或内部环境发生了变化,但管理层并未对相关会计估计作出变更,注册会计师也需要关注管理层不对这些会计估计作出变更是否合理。

(二)考虑截至审计报告日发生的事项是否提供有关会计估计变更的审计证据

截至审计报告日发生的事项有时可能提供有关会计估计(包括其变更)的充分、适当的审计证据。对这类期后事项的复核可能会减少注册会计师通过实施其他审计程序评价被审计单位会计估计变更合理性的工作量,在这种情况下,如果已获取有关该事项的充分、适当的审计证据,可能没有必要对会计估计(包括其变更)实施其他追加的审计程序。例如,资产负债表日后涉及诉讼的终审判决结果可能为资产负债表日未决诉讼的预计负债重新估计的金额提供直接的审计证据,从而没有必要针对相关会计估计变更实施其他审计程序。

(三)考虑会计估计变更的会计处理是否正确以及相关披露是否充分、完整

针对会计估计变更的会计处理,注册会计师可以考虑的内容包括会计估计变更的原因、变更的内容、变更的时点;会计估计变更对当期和未来期间的影响金额,以及对其他各项目的影响金额;会计估计变更的影响金额不能确定的,管理层是否披露这一事实和原因。注册会计师需要结合适用的财务报告编制基础,确定相关会计处理是否正确,与会计估计变更有关的披露是否充分、完整。

四、在审计会计估计时,注册会计师如何作出点估计或区间估计?

答:《〈中国注册会计师审计准则第1321号——审计会计估计(包括公允价值会计估计)和相关披露〉应用指南》第87段指出,当存在诸如下列情形时,注册会计师作出点估计或区间估计以评价管理层的点估计,可能是恰当的应对措施:

(1)会计估计不是源于会计系统对数据的常规处理;

(2)注册会计师对管理层在上期财务报表中作出的类似事项的会计估计进行复核后认为本期流程不太可能是有效的;

(3)被审计单位没有恰当设计或执行针对会计估计流程的控制;

(4)财务报表日至审计报告日之间发生的事项或交易与管理层的点估计相

互矛盾；

（5）注册会计师能够从其他来源获取作出点估计或区间估计时可使用的相关数据。

注册会计师在作出自己的点估计或区间估计时，可以考虑相关行业数据、市场中可观察到的数据、会计估计涉及的各种结果发生的可能性以及在其他被审计单位审计中获取的可比较的信息（在满足保密义务的前提下）。对于不同的会计估计，可以采用的方法和数据可能各不相同。

以针对预计负债的估计金额为例：

（1）如果预计未来支出金额存在一个连续范围（或区间，下同），且该范围内各种结果发生的可能性相同，则最佳估计数按照范围内的中间值，即上下限金额的平均数确定；

（2）如果预计未来支出金额不存在一个连续范围，或者虽然存在一个连续范围，但该范围内各种结果发生的可能性不相同，在预计负债只涉及一个项目（指或有事项涉及的项目只有一个，如一项诉讼、一项债务担保等）时，则按照最可能发生的金额确定；在预计负债涉及多个项目时（指或有事项涉及的项目不止一个，如在产品质量保证中，提出产品保修要求的可能有许多客户。相应地，企业对这些客户负有保修义务），则按照可能结果及相关概率计算确定。

例如[①]：被审计单位需就售出的产品（销售收入 1.2 亿元）提供为期一年的保修服务。假设注册会计师从被审计单位销售部和售后服务部门得知，根据以往经验，如果出现较小的质量问题，则需发生的售后服务成本为销售额的 1%，如果出现较大的质量问题，则需发生的售后服务成本为销售额的 2%。被审计单位质量控制和售后服务部门根据历史数据分析预测，本年度已售产品中 80% 不会发生质量问题，15% 可能发生较小质量问题，5% 可能发生较大质量问题。则根据相关财务报告编制基础提供的指引，相关售后服务成本金额的最佳估计数可以考虑计算如下：1.2 亿 × 15% × 1% + 1.2 亿 × 5% × 2% = 30 万，因此，注册会计师作出的点估计为 30 万元。

如果注册会计师在作出点估计或区间估计时使用了有别于管理层的假设或方法，注册会计师应当充分了解管理层的假设或方法，以确定注册会计师在作出点估计或区间估计时已考虑了相关变量，并评价与管理层的点估计存在的任何重大差异。

一般来说，可以由注册会计师独立作出的点估计或区间估计通常不会涉及复杂的会计估计和估计模型。根据《中国注册会计师审计准则第 1421 号——利用专家的工作》第八条的规定，如果在会计或审计以外的某一领域的专长对获取充分、适当的审计证据是必要的，注册会计师应当确定是否利用专家的工作。因此，对于复杂的或专业性很强的会计估计，如股份支付、固定资产弃置费用或者与金融工具相关的公允价值等，注册会计师可能需要考虑利用专家协助作出相关的点估计或区间估计，或由专家协助评价管理层作出的会计估计（也可能是由管理层的专家作出的公允价值会计估计）。注册会计师基于自身的知识和胜任能力，以及数据的可获得性确定是否亲自作出点估计或区间估计，或者考虑利用专家协助其

---

① 在本例中，约定的保修期为售后 1 年，时间较短，因此未考虑相关负债的时间价值。

执行相关工作。

五、针对常见会计估计的例子，注册会计师可以考虑哪些事项？

答：根据适用的财务报告编制基础的规定，不同被审计单位面临的需要作出会计估计的情形可能各有不同，下表列举了常见的会计估计的例子以及针对每一种会计估计，注册会计师可以考虑的事项。下表并非注册会计师可以考虑事项的全部，仅为注册会计师的执业提供参考。

涉及的会计估计	注册会计师可以考虑的事项
应收款项的计价	（1）对于取得的由被审计单位编制的账龄分析表，就其完整性和准确性实施程序； （2）对被审计单位以前年度冲销的坏账准备以及计提坏账准备的结果进行复核； （3）考虑被审计单位确定的坏账计提比例的合理性，避免只是按照被审计单位的计提比例执行简单的重新计算； （4）对于单项计提坏账准备的应收款项，计提的坏账准备是否合理； （5）考虑期后事项。
存货的计价	（1）结合相关行业数据（如存货周转天数）或同行业其他公司的信息考虑管理层对于存货可变现净值的估计是否合理，包括考虑供应商和客户等上下游相关产品的售价信息； （2）结合执行存货监盘观察到的情况，考虑被审计单位对于残次冷背存货的会计处理是否恰当； （3）询问财务部之外的其他人员（如负责销售或营运的人员），获取他们对于被审计单位存货价值的考虑； （4）分析存货的估计售价以确定存货的可变现净值是否高于或低于其成本； （5）关注管理层在考虑存货的可变现净值时是否考虑了进一步加工成本和预计销售费用以及相关税费。
长期资产（包括固定资产、无形资产和商誉）的计价	（1）根据外部环境，包括行业发展趋势以及被审计单位在行业中的地位，考虑管理层编制财务预测所采用的假设，如业绩增长比例和折现率等； （2）复核管理层作出的以前年度预测和该年度实际经营结果，考虑管理层作出准确预测的能力； （3）如果获取与被审计单位管理层的预测相反的客观证据，需要根据该反面证据考虑管理层的会计估计； （4）当被审计单位发生连续累计亏损时，注册会计师在评价管理层的预测时，需要充分考虑该连续累计亏损所提示的信息； （5）另外，资产的可收回金额应当根据资产的公允价值减去处置费用后的净额与资产预计未来现金流量的现值两者之间较高者确定，即如果资产预计未来现金流量的现值低于资产的账面价值，管理层还需要考虑公允价值减去处置费用的净额，并选取其中较高者作为考虑资产减值的依据。

（续表）

涉及的会计估计	注册会计师可以考虑的事项
涉及未来现金流量预测的估计	（1）识别估值模型中涉及的重大假设（即其合理变动将对估计的计量结果产生重大影响的假设）； （2）评价假设是否代表市场参与者的观点（财务报告编制基础要求作出这一考虑）； （3）考虑用以作出估计的方法或假设自前期以来是否已发生变更或需要作出变更； （4）考虑重大假设相对于整体减值分析的敏感性； （5）考虑管理层实施特定行动的意图是否与其能力相符；
涉及未来现金流量预测的估计	（6）考虑在编制初步分析和预测之后所获得的新信息； （7）评价有关假设和因素是否在与财务报表相关的其他会计估计和财务预测中一致地应用； （8）执行对前期预测的复核以确定与前期估计相关的管理层判断和假设是否表明可能存在管理层偏向； （9）考虑有关财务预测的反面证据的影响； （10）考虑管理层使用的折现率是否反映了当前市场货币时间价值和资产特定风险； （11）考虑使用的折现率和预计现金流量是否同为税前结果。
涉及未决诉讼或索赔的估计	（1）与诉讼或索赔相关的损失的可估计性； （2）导致与诉讼或索赔相关的损失无法估计的事项或情况； （3）在考虑诉讼结果为负面的可能性大小时，可以考虑下列因素： ①诉讼的性质和解决机制； ②诉讼的进展情况，包括法庭对于事实、司法管辖权和其他事项的初步裁决，以及已经提出的解决方案； ③法律顾问或其他顾问的观点； ④被审计单位在类似案件中的经验； ⑤类似案件在以往的实际结果； ⑥管理层对于如何解决该诉讼的决定（如庭外和解）； ⑦被审计单位或对方上诉的机会（如必要）； （4）根据管理层减少损失的努力和法律上的策略，未来需要发生的解决费用。

六、在审计会计估计时，如何形成审计工作底稿？

答：根据《中国注册会计师审计准则第1321号——审计会计估计（包括公允价值会计估计）和相关披露》的规定，注册会计师应当就下列事项形成审计工作底稿：

（一）对导致特别风险的会计估计的合理性及其披露的充分性，注册会计师得出结论的基础

可能包括下列方面：

（1）记录导致特别风险的会计估计和得出的结论，以及在得出结论时作出的

重大职业判断；

（2）记录注册会计师对导致特别风险的会计估计的合理性得出结论的基础，包括获取的证据、对相关审计证据的评价以及注册会计师执行的审计程序；

（3）记录与管理层、治理层及其他人员就导致特别风险的会计估计进行的讨论；

（4）如果与特别风险有关的会计估计的支持性证据来源于专家，注册会计师应当记录与专家进行的讨论及其结果；

（5）如果利用了专家的工作，项目组还需要根据《中国注册会计师审计准则第1421号——利用专家的工作》的规定，在工作底稿中记录对专家胜任能力和独立性的评估，以及对专家工作范围的界定和工作结果的评估等内容；

（6）项目合伙人以及项目质量控制复核人（如有）复核上述工作底稿的记录。

（二）可能存在管理层偏向的迹象

对于识别的可能存在的管理层偏向，注册会计师的记录可能包括：

（1）在审计计划阶段，记录对有关管理层偏向的疑虑；

（2）在审计执行阶段和总结阶段，记录可能存在的管理层偏向及应对情况。

中国注册会计师审计准则问题解答第 12 号
——货币资金审计

（2019 年 12 月 31 日修订）

货币资金是企业日常经营活动的起点和终点，其增减变动与被审计单位的日常经营活动密切相关。较多舞弊案件都涉及被审计单位的货币资金，或能从货币资金检查中发现线索。本问题解答旨在针对货币资金审计中的实务问题，提示注册会计师可能需要关注和考虑的事项。本问题解答所包含的示例和应对措施并非强制要求，亦不能穷尽实务中的所有情况，注册会计师需要根据风险评估结果，结合被审计单位实际情况，保持职业怀疑、运用职业判断设计并采取适当的应对措施。

一、在实施货币资金审计的过程中，注册会计师可能需要关注哪些事项或情形？

答：在实施货币资金审计的过程中，如果被审计单位存在以下事项或情形，注册会计师需要保持警觉：

1. 被审计单位的现金交易比例较高，并且与其所在行业的常用结算模式不同。
2. 库存现金规模明显超过业务周转所需资金。
3. 银行账户开立数量与企业实际业务规模不匹配，或存在多个零余额账户且长期不注销。
4. 在没有经营业务的地区开立银行账户，或将高额资金存放于其经营和注册地之外的异地。
5. 被审计单位资金存放于管理层或员工个人账户，或通过个人账户进行被审计单位交易的资金结算。
6. 货币资金收支金额与现金流量表中的经营活动、筹资活动、投资活动的现金流量不匹配，或经营活动现金流量净额与净利润不匹配。
7. 不能提供银行对账单或银行存款余额调节表，或提供的银行对账单没有银行印章、交易对方名称或摘要。
8. 存在长期或大量银行未达账项。
9. 银行存款明细账存在非正常转账。例如，短期内相同金额的一收一付或相同金额的分次转入转出等大额异常交易。
10. 存在期末余额为负数的银行账户。
11. 受限货币资金占比较高。
12. 存款收益金额与存款的规模明显不匹配。
13. 针对同一交易对方，在报告期内存在现金和其他结算方式并存的情形。

14. 违反货币资金存放和使用规定，如上市公司将募集资金违规用于质押、未经批准开立账户转移募集资金、未经许可将募集资金转作其他用途等。

15. 存在大额外币收付记录，而被审计单位并不涉足进出口业务。

16. 被审计单位以各种理由不配合注册会计师实施银行函证、不配合注册会计师至人民银行或基本户开户行打印《已开立银行结算账户清单》。

17. 与实际控制人（或控股股东）、银行（或财务公司）签订集团现金管理账户协议或类似协议。

注册会计师在审计其他财务报表项目时，还可能关注到其他亦需保持警觉的事项或情形。例如：

1. 存在没有真实业务支持或与交易不相匹配的大额资金或汇票往来。
2. 存在长期挂账的大额预付款项等。
3. 存在大量货币资金的情况下仍高额或高息举债。
4. 付款方全称与销售客户名称不一致、收款方全称与供应商名称不一致。
5. 开具的银行承兑汇票没有银行承兑协议支持。
6. 银行承兑票据保证金余额与应付票据相应余额比例不合理。
7. 存在频繁的票据贴现。
8. 实际控制人（或控股股东）频繁进行股权质押（冻结）且累计被质押（冻结）的股权占其持有被审计单位总股本的比例较高。
9. 存在大量货币资金的情况下，频繁发生债务违约，或者无法按期支付股利或偿付债务本息。
10. 首次公开发行股票（IPO）公司申报期内持续现金分红。
11. 工程付款进度或结算周期异常等。

二、如果对银行账户的完整性存有疑虑，注册会计师可以考虑实施哪些审计程序？

答：如果对被审计单位银行账户的完整性存有疑虑，例如，当被审计单位可能存在账外账或资金体外循环时，除实施其他审计程序外，注册会计师可以考虑实施以下审计程序：

1. 了解并评价被审计单位与开立银行账户相关的内部控制的设计和执行。了解报告期内被审计单位开立账户的数量及分布，与被审计单位实际经营的需要进行比较，判断其合理性，关注是否存在越权开立账户等异常情形。

2. 询问负责货币资金业务的相关人员（如出纳），了解账户的开立、使用、注销等情况。必要时，获取被审计单位已将全部银行账户信息提供给注册会计师的书面声明。如发现银行存款账户户名为个人，但记录在被审计单位账户清单或账簿中，考虑该个人与被审计单位的关系，并获取书面声明。

3. 注册会计师在企业人员陪同下到人民银行或基本存款账户开户行查询并打印《已开立银行结算账户清单》，观察银行办事人员的查询、打印过程，并检查被审计单位账面记录的银行人民币结算账户是否完整。

4. 结合其他相关细节测试，关注交易相关单据中被审计单位的收（付）款银行账户是否均包含在注册会计师已获取的开立银行账户清单内。

5. 如果对被审计单位外币银行账户的完整性存有疑虑，可以查阅被审计单位的公章使用登记，检查其中是否有使用公章申请开户的情况，如有，检查该账户是否已列入被审计单位提供的银行账户清单中；或者向负责保管网银密钥（U Key）的人员获取被审计单位开通网银的账户清单，实地观察该人员登录被审计单位网银系统，打印相关银行开立的所有银行账户清单，并与被审计单位管理层提供的信息进行比较，以检查其完整性。如可行，注册会计师可以考虑与被审计单位人员一同前往被审计单位所在地人民银行外汇管理局，现场查询被审计单位的外币银行账户情况。

三、注册会计师可以考虑对定期存款实施哪些审计程序？

答：如果被审计单位有定期存款，注册会计师可以考虑实施以下审计程序：

1. 如果定期存款占银行存款的比例偏高，或同时负债比例偏高，注册会计师需要向管理层询问定期存款存在的商业理由并评估其合理性。

2. 获取定期存款明细表，检查是否与账面记录金额一致，存款人是否为被审计单位，定期存款是否被质押或限制使用。

3. 监盘定期存款凭证，或实地观察被审计单位登录网银系统查询定期存款信息，并将查询信息截屏保存。如果被审计单位在资产负债表日有大额定期存款，基于对风险的判断，考虑选择在资产负债表日实施监盘。

4. 对存款期限跨越资产负债表日的未质押定期存款，检查开户证实书原件而非复印件，以防止被审计单位提供的复印件是未质押或未提现前原件的复印件，特别关注被审计单位在定期存单到期之前，是否存在先办理质押贷款或提前套现，再用质押贷款所得货币资金或套取的货币资金虚增收入、挪作他用或从事其他违规业务的情形。在检查时，还要认真核对相关信息，包括存款人、金额、期限等，如有异常，需实施进一步审计程序。

5. 对已质押的定期存款，检查定期存单复印件，并与相应的质押合同核对，核对存款人、金额、期限等相关信息；对于用于质押借款的定期存单，关注定期存单对应的质押借款有无入账；对于超过借款期限但仍处于质押状态的定期存款，还需要关注相关借款的偿还情况，了解相关质权是否已被行使；对于为他人担保的定期存单，关注担保是否逾期及相关质权是否已被行使。

6. 函证定期存款相关信息。按照《中国注册会计师审计准则第1312号——函证》的要求实施函证程序，关注银行回函是否对包括"是否用于担保或存在其他使用限制"在内的项目给予了完整回复。

7. 结合财务费用和投资收益审计，分析利息收入的合理性，判断定期存款是否真实存在，或是否存在体外资金循环的情形。如果账面利息收入远大于根据定期存款计算的应得利息，很可能表明被审计单位存在账外定期存款。如果账面利息收入远小于根据定期存款计算的应得利息，很可能表明被审计单位存在转移利息收入或挪用、虚构定期存款的情况。

8. 对于在报告期内到期结转的定期存款、资产负债表日后已提取的定期存款，检查、核对相应的兑付凭证、银行对账单或网银记录等。

9. 关注被审计单位是否在财务报表附注中对定期存款及其受限情况（如有）给予充分披露。

四、注册会计师可以考虑对银行存款余额调节表实施哪些审计程序？

答：银行存款余额调节表主要用于核对企业账面记录的银行存款与银行记录的企业存款在资产负债表日是否一致。注册会计师针对银行存款余额调节表可以考虑实施以下审计程序：

1. 了解并评价与银行存款余额调节表的编制和复核及差异处理相关的内部控制。

2. 设计和实施控制测试，针对与银行存款余额调节表相关的控制运行的有效性，获取充分、适当的审计证据。

3. 观察被审计单位人员登录并操作网银系统导出信息的过程，核对网银界面的真实性，核对网银中显示或下载的信息与提供给注册会计师的对账单中信息的一致性，不切实可行的除外。

4. 检查银行存款账面余额与银行对账单是否调节一致，如果未调节一致，被审计单位是否查明原因，对需要进行账务调整的事项，是否及时进行处理。

5. 了解银行存款余额调节表中调节事项的性质，对银行存款余额调节表存在的大额或长期未达账项，注册会计师需要追查原因并检查相应的支持文件，判断是否为错报事项，确定是否需要提请被审计单位调整。对于企付银未付款项，检查被审计单位付款的原始凭证，并检查该项付款是否已在期后银行对账单上得以反映；在检查期后银行对账单时，就对账单上所记载的内容，如支票编号、金额等，与被审计单位支票存根进行核对。对于企收银未收款项，检查被审计单位收款入账的原始凭证，检查其是否已在期后银行对账单上得以反映。对于银收企未收、银付企未付款项，检查收、付款项的内容及金额，确定是否为截止错报。

五、注册会计师可以考虑对货币资金发生额实施哪些审计程序？

答：注册会计师对货币资金的发生额进行审计，通常是有效应对被审计单位编制虚假财务报告、关联方（例如被审计单位控股股东、实际控制人、关键管理人员）或员工非法侵占货币资金等舞弊风险的手段之一。如果评估的舞弊风险较高，除实施其他审计程序外，注册会计师还可以考虑对货币资金的发生额实施以下程序：

1. 结合银行账户性质，分析不同账户发生银行存款日记账漏记银行交易的可能性，获取相关账户相关期间的全部银行对账单。

2. 关注银行对账单的真实性。检查银行对账单的编号是否重复或不连续，同一对账单或不同月份的对账单字体是否一致，结息日及结息金额是否合理，存款余额是否连贯，对公账户是否包含"积分"等异常信息，同一银行账户对账单所列的户名、账号、开户行名称、银行业务章等在审计期内不同阶段是否一致。

3. 如果对被审计单位提供的银行对账单的真实性存有疑虑，可以采取的审计程序有：

（1）注册会计师可以在被审计单位协助下亲自到银行获取银行对账单。在获取银行对账单时，注册会计师要全程关注银行对账单的打印过程。

（2）核对网银中显示和下载的信息与提供给注册会计师的信息在内容、格式及金额上的一致性。

4. 利用数据分析等技术，对比银行对账单上的收付款流水与被审计单位银行存款日记账的收付款信息是否一致，对银行对账单及被审计单位银行存款日记账记录进行双向核对。

注册会计师通常可以考虑选择以下银行账户进行核对：基本户，余额较大的银行账户，发生额较大且收付频繁的银行账户，发生额较大但余额较小、零余额或当期注销的银行账户，募集资金账户等。

针对同一银行账户，注册会计师可以根据具体情况实施下列审计程序：

（1）选定同一期间（月度、年度）的银行存款日记账、银行对账单的发生额合计数（借方及贷方）进行总体核对。

（2）对银行对账单及被审计单位银行存款日记账记录进行双向核对，即在选定的账户和期间，从被审计单位银行存款日记账上选取样本，核对至银行对账单，以及自银行对账单中进一步选取样本，与被审计单位银行存款日记账记录进行核对。在运用数据分析技术时，可选择全部项目进行核对。核对内容包括日期、金额、借贷方向、收付款单位、摘要等。

对相同金额的一收一付、相同金额的多次转入转出等大额异常货币资金发生额，检查银行存款日记账和相应交易及资金划转的文件资料，关注相关交易及相应资金流转安排是否具有合理的商业理由。

收付款对方为个人、关联公司的，可以详查，核对银行存款日记账记录、银行对账单记录及原始收付单据，保持职业怀疑，关注是否存在虚构交易、关联方非经营性资金占用的情形。在注意到存在关联方（例如被审计单位控股股东、实际控制人、关键管理人员）配合被审计单位虚构收入的迹象的情况下，获取并检查相关关联方的银行账户资金流水，关注是否存在与被审计单位相关供应商或客户的异常资金往来。

5. 浏览资产负债表日前后的银行对账单和被审计单位银行存款账簿记录，关注是否存在大额、异常资金变动以及大量大额红字冲销或调整记录，如存在，需要实施进一步的审计程序。

6. 现场观察被审计单位财务人员登录和操作网银系统的过程，观察制单和审核等不相容职责是否分离，突击检查网银密钥（U Key）是否分别持有，而不是集中在同一人手里。

7. 突击检查被审计单位支票等重要凭证存根联，并与银行对账单进行核对。对于长期未使用且不销户的银行账户，注册会计师可以在被审计单位协助下亲自到银行获取银行对账单，检查是否存在发生额。

8. 在细节测试中对银行回单等凭证存在的异常情况保持警惕。如存在疑虑，注册会计师可以通过银行官网中的电子回单验证网页（如有）查询电子回单的内容并比对；此外，也可经授权通过被审计单位的"回单卡"或单位结算卡在适用银行营业网点的自助服务机直接打印一定期间的银行对账单。

六、注册会计师在对其他货币资金实施审计程序时，需要特别关注哪些事项？

答：注册会计师在对其他货币资金实施审计程序时，通常可能需要特别关注以下事项：

1. 保证金存款的检查，检查开立银行承兑汇票的协议或银行授信审批文件。可以将保证金账户对账单与相应的交易进行核对，根据被审计单位应付票据的规模合理推断保证金数额。检查信用证的开立协议与保证金是否相符，检查保证金与相关债务的比例是否与合同约定一致，特别关注是否存在有保证金发生而被审计单位无对应保证事项的情形。

2. 对于存出投资款，跟踪资金流向，并获取董事会决议等批准文件、开户资料、授权操作资料等。如果投资于证券交易业务，通常结合相应金融资产项目审计，核对证券账户户名是否与被审计单位相符，获取证券公司证券交易结算资金账户的交易流水，抽查大额的资金收支，关注资金收支的账面记录与资金流水是否相符。

3. 因互联网支付留存于第三方支付平台的资金。了解是否开立支付宝、微信等第三方支付账户，如是，获取相关开户信息资料，了解其用途和使用情况，获取与第三方支付平台签订的协议，了解第三方平台使用流程等内部控制，比照验证银行存款或银行交易的方式对第三方平台支付账户函证交易发生额和余额（如可行）。获取第三方支付平台发生额及余额明细，并与账面记录进行核对，对大额交易考虑实施进一步的检查程序。

七、对于现金交易比例较高的被审计单位，注册会计师在实施货币资金审计时，需要进行哪些特殊考虑？

答：如果被审计单位的现金交易比例较高，注册会计师需要了解和评估现金交易比例较高的合理性，是否与其业务性质相匹配，是否采取了适当措施保证现金收支完整、准确、安全。除实施其他审计程序外，注册会计师还可以考虑实施以下审计程序：

1. 了解和评价被审计单位与现金交易相关的内部控制，针对现金收支相关控制运行的有效性，获取充分、适当的审计证据。如果被审计单位使用收银设备管理现金收款业务，且相关收银系统与被审计单位财务系统相关联，注册会计师需要考虑针对信息系统一般控制和应用控制执行审计工作。

2. 结合对生产、采购、销售、工薪等业务循环相关报表项目的审计结果，分析评价现金交易的合理性，关注现金使用范围是否符合相关规定。

3. 计算月现金销售收款、现金采购付款的占比，识别现金收、付款比例是否存在异常波动，并追查异常波动原因。

4. 了解现金交易对方的情况。向主要的现金交易对方函证被审计期间内发生的交易金额。在必要时，注册会计师可以选取现金结算量较大的交易对方进行实地观察或询问，关注交易对方经营业务的性质、规模与收付款项的性质、规模是否一致，关注使用现金结算的合理性。如果交易对方为个人，必要时，可以考虑与其联系以核实交易的真实性。

5. 检查大额现金收支，追踪来源和去向，核对至交易的原始单据，关注收付款方、收付款金额与合同、订单、出入库单相关信息是否一致。

6. 注重外部证据的检查。例如，对于农业行业，针对农产品管理特点，可以获取质检报告、检验检疫合格证、采伐资质、由税务局代开发票的资料副本等外部信息，验证其交易真实性。

7. 对现金采购、销售交易过程实施观察程序。

8. 对库存现金实施突击监盘程序，对被审计单位库存现金存放在两处或两处以上的，可以考虑同时实施监盘；在账面库存现金为零的情况下，仍然检查保险柜，查看是否有白条、员工的工资卡及其他异常文件。

9. 关注各币种外币汇率变动趋势，判断存在大额外币现金余额及交易额的合理性。

八、注册会计师在实施货币资金审计时，为应对被审计单位可能涉及通过银行或其他金融机构开展资金池业务的疑虑，需要进行哪些特殊考虑？

答：资金池业务属于商业银行和其他金融机构为客户建立用于资金集中管理的账户架构，根据客户需求进行各账户间资金归集、余额调剂、资金计价、资金清算的现金管理产品。资金池业务主要包括的事项有客户成员企业账户余额上划、成员企业之间透支、主动拨付与收款、成员企业之间委托借贷以及成员企业向集团总部的上存、下借分别计息等。不同的商业银行和其他金融机构对资金池业务有不同的表述。资金池业务的客户一般为采用总分公司结构的统一法人客户和采用母子公司形式的集团客户。

上市公司控股股东、实际控制人与上市公司应当实行资产分开，控股股东、实际控制人及其关联方不得占用、支配上市公司资产。因此，如果被审计单位为上市公司，注册会计师应当特别关注其参与此类资金池业务的合规性以及是否按照相关规定进行了恰当的授权和披露。

注册会计师可以通过下列程序检查被审计单位是否存在资金池业务：

1. 了解被审计单位与银行账户有关的内部控制和操作规程。

2. 询问被审计单位相关管理层及资金管理人员。

3. 查阅董事会会议等有关会议纪要。

4. 向开立银行账户的银行进行函证，确认相关账户是否有资金池安排。

5. 检查被审计单位与控股股东、实际控制人及其关联方的资金往来。需要注意的是，资金池协议可能约定，参与资金池安排的账户之间的资金划转可能不予在银行对账单或网银中显示。

如果被审计单位存在资金池业务，注册会计师需要了解和评估被审计单位加入资金池业务的合法合规性、资金池资金在各企业之间和集团层面的集中方式、是否采取了适当措施保证资金安全等。注册会计师可以考虑实施以下审计程序：

1. 获取资金池协议、股东大会或有权机构同意加入资金池协议的决议等批准文件，关注相关协议签订的授权审批情况。

2. 阅读资金池协议，了解资金集中方式、相关账户的余额显示模式，关注账户支付控制及其变更的设定等重要内容。

3. 在理解银行对账单上关于资金池资金使用的各种银行术语释义的基础上，函证实际余额（即截至函证基准日被审计单位参与资金池业务的银行账户中实际存在的余额，不包括诸如已上存集团归集账户而不实际存放在被审计单位账户的金额）。在必要且可行的情况下，可以进一步函证截至函证基准日，被审计单位已被归集的上存资金余额或向上级借款余额（如为子账户）或者被审计单位从各级子账户归集的资金余额或向下级账户提供的借款余额（如为主账户）；必要时，关注函证基准日前后资金池账户之间的资金划拨，以识别是否存在被审计单位为应付注册会计师的函证程序而突击划转资金的情况。

4. 在必要的情况下，了解被审计单位的控股股东、实际控制人或其他相关关联方的财务状况，关注上述各方是否存在资金紧张或长期占用被审计单位资金的情况，是否存在被审计单位资金可能被占用无法按期归还的情形，是否需要计提坏账准备。

5. 如果注册会计师识别出被审计单位的收入真实性存在重大异常，同时存在被审计单位大额资金通过资金池业务被归集的情形，需要考虑是否存在控股股东或实际控制人通过资金池业务套取资金，配合被审计单位虚构销售交易的可能性，并在必要时实施"延伸检查"程序（参见《中国注册会计师审计准则问题解答第4号——收入确认》）。

6. 关注被审计单位是否将资金池资金按照企业会计准则的要求在财务报表中予以恰当列报，是否在财务报表附注中对资金池业务及其相关余额、由此产生的关联方交易（如有）进行充分披露。在资产负债表中，如被审计单位通过资金池业务向其他关联公司提供融资，已上存资金余额可能并不符合货币资金的定义，不应在货币资金列报，而应列报为其他应收款等相关项目；在现金流量表中，已上存资金余额可能并不符合现金及现金等价物的定义。

中国注册会计师审计准则问题解答第 13 号
——持续经营

(2014 年 12 月 31 日发布)

《中国注册会计师审计准则第 1324 号——持续经营》对注册会计师在财务报表审计中与管理层编制财务报表时运用持续经营假设相关的责任作出规范。本问题解答旨在针对财务报表审计中与管理层编制财务报表时运用持续经营假设相关的实务问题，强调注册会计师应保持职业怀疑，提示注册会计师在开展审计工作时需要关注和考虑的事项。

一、为履行在财务报表审计中与管理层编制财务报表时运用持续经营假设相关的责任，注册会计师需要开展哪些方面的工作？

答：根据《中国注册会计师审计准则第 1324 号——持续经营》的规定，为履行在财务报表审计中与管理层编制财务报表时运用持续经营假设相关的责任，注册会计师需要开展以下几个方面的工作：

（1）在实施风险评估程序时，考虑是否存在导致对被审计单位持续经营能力产生重大疑虑的事项或情况，并在整个审计过程中保持警觉；

（2）评价管理层对被审计单位持续经营能力的评估；

（3）当识别出可能导致对被审计单位持续经营能力产生重大疑虑的事项或情况时，实施追加的审计程序，以确定是否存在与这些事项或情况有关的重大不确定性；

（4）评估财务报表是否已充分披露与可能导致对被审计单位持续经营能力产生重大疑虑的事项或情况有关的重大不确定性；

（5）考虑被审计单位持续经营能力对审计报告的影响；

（6）与治理层就识别出的可能导致对被审计单位持续经营能力产生重大疑虑的事项或情况进行沟通，除非治理层全部成员参与管理被审计单位。

二、哪些事项或情况可能导致对被审计单位的持续经营能力产生重大疑虑？

答：除《中国注册会计师审计准则第 1324 号——持续经营》及其应用指南中列出的事项或情况外，单独或汇总起来可能导致对被审计单位持续经营能力产生重大疑虑的事项或情况还包括以下示例。这些示例并未涵盖所有事项或情况，也不意味着存在其中一个或多个事项或情况就一定表明可能导致对持续经营能力产生重大疑虑。

财务方面：
（1）坏账大幅度增加，或重要客户经营状况恶化；
（2）需要寻求新的资金来源或融资方式来维持日常经营活动，或需要处置重要资产才能维持运营；
（3）贸易条款的改变（包括贸易信贷的可获得性）对被审计单位严重不利；
（4）更依赖于非传统的融资方式；
（5）难以通过有效手段筹集资金用于偿付到期债务；
（6）在获取必要的资本和信用方面出现更多的限制；
（7）信用评级机构的评级降低。

经营方面：
（1）过度依赖某个项目的成功；
（2）需要对经营政策作出重大调整；
（3）被审计单位所属行业发生重大变化；
（4）在经济不稳定地区（如高通胀国家、货币大幅贬值国家）有重大经营活动；
（5）重要经营活动易受市场不稳定的影响；
（6）主要生产线已经出现非正常停产；
（7）产品和服务的需求出现大幅下滑或结构性调整；
（8）预期之外的公司组织结构和经营管理的变化；
（9）被审计单位被司法机关立案调查或可能面临行政处罚。

某些措施可能减轻这些事项或情况的严重性。例如，被审计单位无法正常偿还债务的影响，可能由管理层通过替代方法（如处置资产、重新安排贷款偿还或获得额外资本金）计划保持足够的现金流量所抵销。类似地，主要供应商的流失也可以通过寻找适当的替代供应来源以降低损失。

三、当识别出可能导致对被审计单位持续经营能力产生重大疑虑的事项或情况时，为确定是否存在与这些事项或情况有关的重大不确定性，注册会计师需要评价管理层与持续经营能力评估相关的未来应对计划。在这一过程中，注册会计师可以关注哪些事项？

答：管理层与持续经营能力评估相关的未来应对计划可能包括变卖资产、债务融资、缩减或延缓开支、增加权益资本、获取母公司或其他方面的支持、调整营销策略等。结合《〈中国注册会计师审计准则第 1324 号——持续经营〉应用指南》第 15 段所列示的审计程序，针对不同类型的应对计划，注册会计师关注的事项可能包括：

（一）变卖资产
（1）对于拟处置的资产，确定支持证据的充分性；
（2）考虑是否存在处置资产的限制，例如，在贷款协议中存在有限制处置资产的条款；
（3）考虑拟处置资产的变现能力；
（4）确定拟处置资产的潜在直接或间接影响；
（5）从资产处置中获取资金的充足性和及时性。

（二）债务融资

（1）阅读公司债券和借款合同的条款并确定是否存在违约情况，或者在可预见的未来可能违约；

（2）确认授信合同的存在性、条款和充分性；

（3）考虑债务融资的可获得性；

（4）考虑被审计单位现有的借款合同是否对继续举债存在限制条款；

（5）检查被审计单位与金融机构就固定期限借款展期的协议，如固定期限借款合同尚未到期，了解被审计单位与金融机构就展期进行的沟通情况。

（三）缩减或延缓开支

（1）考虑缩减管理费用等间接费用、推迟固定资产维修、推迟项目研发等的可行性；

（2）评价缩减或延缓开支的直接或间接影响；

（3）考虑管理层缩减或延缓开支计划的详细程度。

（四）增加权益资本

（1）考虑增加权益资本计划的可行性；

（2）评价增加权益资本对被审计单位的影响。

（五）获取母公司或其他方面的支持

（1）向关联方或第三方确认提供或保持财务支持的协议的存在性、合法性和可执行性，并对其提供额外资金的能力作出评估；

（2）评价母公司或其他方面提供支持的可能性。

（六）调整营销策略，预计市场改善

（1）评价基础数据的恰当性和可靠性，以及增长率和利润率的可实现性；

（2）确定销售预测的可靠性；

（3）考虑行业的发展情况和宏观经济环境。

四、注册会计师在对被审计单位预测进行评价时需要注意哪些问题？

答：对被审计单位预测的评价，是注册会计师评价管理层对被审计单位持续经营能力评估的重要方面。在评价被审计单位编制的预测时，需注意的问题包括以下方面：

（1）高级管理层和治理层是否适当参与预测的制定，并给予相应的关注；预测是否由适当人员完成；

（2）预测中所使用的基础数据是否准确，财务信息相关的主要假设是否具有充分依据以及是否合理，例如，预测中采用的增长率是否与宏观经济环境及行业经济发展趋势相吻合；

（3）预测是否足够详细，例如，预测是否按月编制，如果是，预测是如何反映收入和支出情况的；

（4）预测是否显示现金不充足的月份，如是，了解、评价相关影响及管理层计划采取的应对措施；

（5）预测是否存在管理层偏向；

（6）比较管理层以前年度预算与实际结果，评价管理层预算的可靠性；

（7）预测中是否考虑了潜在的收入下滑；

（8）预测中是否考虑了融资成本的上升对管理层决策的影响；

（9）管理层是否进行了适当的敏感性分析，例如，考虑销售预测的变化可能对整体现金流量预测产生的影响；

（10）预测中如何考虑资产变现的问题，包括变现是否可行以及金额是否合理；

（11）预测中是否涵盖了对被审计单位履行未来债务协议要求的考虑。

中国注册会计师审计准则问题解答第 14 号
——关键审计事项

（2018 年 4 月 15 日发布）

2016 年 12 月，财政部发布《中国注册会计师审计准则第 1504 号——在审计报告中沟通关键审计事项》（以下简称关键审计事项准则），要求在上市实体通用目的财务报表审计的审计报告中沟通关键审计事项。本问题解答旨在针对注册会计师对被审计单位用于申报上市目的而编制的财务报表（以下简称 IPO 财务报表）进行审计时，如何实施关键审计事项准则作出进一步明确和指引。

问：注册会计师在对 IPO 财务报表进行审计时，如何确定和披露关键审计事项？

答：注册会计师在对 IPO 财务报表进行审计时，可以按照以下原则确定和披露关键审计事项。

（一）报告期内各期均适用关键审计事项准则

在针对 IPO 财务报表出具的审计报告中，其报告期内各期均适用关键审计事项准则。

就过渡期而言，中国证监会《资本市场主体全面实施新审计报告相关准则有关事项的公告》（中国证券监督管理委员会公告〔2017〕19 号）规定：对于 IPO 公司，其财务报表审计业务自 2018 年 1 月 1 日起实施新审计报告相关准则，适用关键审计事项准则的期间为 2017 年及其以后的会计期间，2017 年以前的会计期间自愿适用。根据上述规定，如果注册会计师在 2017 年以前的会计期间自愿适用关键审计事项准则，则应当从自愿适用的期间及其之后的期间全面执行新审计报告准则中针对上市实体审计业务作出的规定。例如，如果 IPO 申报期为 2015、2016、2017 年度及 2018 年 1-3 月期间，则 2017 年度和 2018 年 1-3 月均适用关键审计事项准则及新审计报告准则中针对上市实体审计业务的其他规定，对于 2015 年度、2016 年度的审计，注册会计师可以自愿采用关键审计事项准则；如果注册会计师针对 2015 年度、2016 年度自愿采用关键审计事项准则，则需要同时适用关键审计事项准则及新审计报告准则中针对上市实体审计业务的其他规定。

（二）各期分别确定关键审计事项，但可以多期合并披露关键审计事项

在 IPO 财务报表审计业务中，注册会计师应当在适用关键审计事项准则的各期分别确定关键审计事项。注册会计师在具体描述关键审计事项时，可以将报告期内两期或多期均出现的同一关键审计事项合并列示，标明该关键审计事项适用的具体期间，以减少重复。

（三）各期关键审计事项在审计报告中的披露应视各期实际情况而定

对于如何描述不同期间的关键审计事项，《〈中国注册会计师审计准则第1504号——在审计报告中沟通关键审计事项〉应用指南》第44段规定：将某事项直接联系到被审计单位的特定情况，也可能有助于最大程度上降低这种描述随着时间的推移而变得过于标准化和有用性降低的可能性。例如，由于某行业的特定情况或财务报告的复杂程度，某些事项可能对于该行业的多个实体普遍构成关键审计事项。注册会计师在描述为何认为该事项是最为重要的事项之一时，应注意强调被审计单位的特定方面（例如，影响本期财务报表中作出的判断的情形），以使这种描述对预期使用者而言更为相关。这对于描述某一在多个期间重复发生的关键审计事项而言也可能是重要的。

针对不同期间的同一关键审计事项，注册会计师在某一特定期间所采取的审计应对措施可能受被审计单位具体情况、经济状况、行业发展、注册会计师对审计程序不可预测性的考虑（例如，调整审计程序的时间、选取测试项目的方法等）等因素的影响，因而各期采取的审计应对措施不尽相同，相应地，对这些审计应对措施的描述也可能有所不同。在各期描述关键审计事项时，需要体现出各期不同的地方。例如，注册会计师将存货估值作为多个期间的关键审计事项，但各期的应对措施因存货种类的变化而有所不同，则在描述应对措施时，应展现不同期间应对措施的不同。同时，描述时应注意避免重复，例如，可以把各期间相同的审计应对措施统一进行描述，在此基础上，补充说明报告期内各期间所实施的不同的审计应对措施；也可以在首期完整描述各期均实施的审计应对措施，而在报告期的其余期间仅描述该期间追加的审计应对措施，并将实施的其他相同审计应对措施索引至首次描述的审计应对措施。

（四）仅与特定期间相关的关键审计事项在审计报告中的披露

关键审计事项也可能仅与报告期内的某一个或多个特定期间相关，而非与报告期内的所有期间都相关。例如，注册会计师可能将被审计单位某一年度的某个重大并购事项确定为收购当期的关键审计事项。在此情况下，注册会计师需要在审计报告中明确该关键审计事项所涉及的具体报告期间。

附录：IPO 财务报表审计报告中披露关键审计事项样式

关键审计事项

关键审计事项是我们根据职业判断，认为分别对 20×1 年度、20×2 年度、20×3 年度及 20×4 年 1—× 月期间财务报表审计最为重要的事项。这些事项的应对以对财务报表整体进行审计并形成审计意见为背景，我们不对这些事项单独发表意见。

我们在审计中识别出的关键审计事项汇总如下：

（一）［标题 1］

（二）［标题 2］

（三）［标题 3］

……

关键审计事项	该事项在审计中是如何应对的
[标题 1]	
[该事项被确定为关键审计事项的原因]	[该事项在审计中是如何应对的]
[可将不同期间/年度原因相同的部分汇总列示，不同的部分单独列示。]	[可将不同期间/年度相同应对汇总列示，不同之处单独列示。]
[索引至财务报表中对该事项的披露]	[以下关键审计事项仅用于演示目的，请勿作为模板或照搬照抄。]
[以下关键审计事项仅用于演示目的，请勿作为模板或照搬照抄。]	例如：
例如：	20×4 年 1—× 月期间、20×3 年度、20×2 年度和 20×1 年度财务报表审计中，针对与 ×× 相关的领域所使用的假设和估计的合理性，我们执行了以下程序：
相关会计期间/年度：20×4 年 1—× 月期间、20×3 年度、20×2 年度和 20×1 年度。	1.
相关信息披露详见财务报表附注 ×、×。[需考虑索引至相关的重要会计政策和会计估计部分]	2.
截至 20×4 年 × 月 × 日、20×3 年 12 月 31 日、20×2 年 12 月 31 日及 20×1 年 12 月 31 日，财务报表所示 ×× 项目金额分别为人民币 ×× 元、×× 元、×× 元及 ×× 元。	3. ……

附　录　问题解答

（续表）

关键审计事项	该事项在审计中是如何应对的
20×4年1—×月期间、20×3年度、20×2年度及20×1年度ABC公司在如下与××相关的领域运用了特定的判断： 1. 2. …… 此外，对于上述关键审计事项，20×3年度ABC公司还存在××情况： 1. 2. …… 上述领域依赖于多项假设和估计。因此，我们将其确定为关键审计事项。]	针对20×3年度××情况，我们还执行了以下程序： 1. 2. 3. ……
[标题2]	
[该事项被确定为关键审计事项的原因] [可将不同期间/年度原因相同的部分汇总列示，不同的部分单独列示。] [索引至财务报表中对该事项的披露]	[该事项在审计中是如何应对的] [可将不同期间/年度相同应对汇总列示，不同之处单独列示。]
[标题3]	
[该事项被确定为关键审计事项的原因] [可将不同期间/年度原因相同的部分汇总列示，不同的部分单独列示。] [索引至财务报表中对该事项的披露] ……	[该事项在审计中是如何应对的] [可将不同期间/年度相同应对汇总列示，不同之处单独列示。]

中国注册会计师审计准则问题解答第 15 号
——其他信息

（2018 年 4 月 15 日发布）

2016 年 12 月，财政部发布《中国注册会计师审计准则第 1521 号——注册会计师对其他信息的责任》（以下简称其他信息准则），规范了注册会计师对被审计单位年度报告中包含的除已审计财务报表和审计报告以外的其他信息的责任。本问题解答旨在针对实务中的具体问题作出进一步明确和指引。

问：IPO 公司的招股说明书是否适用其他信息准则的规定？

答：IPO 公司的招股说明书不适用其他信息准则的相关规定，除非另有规定，不需要在招股说明书引用的财务报表审计报告中增加"其他信息"部分。

根据其他信息准则的规定，其他信息，是指在被审计单位年度报告中包含的除财务报表和审计报告以外的财务信息和非财务信息。该准则不适用于证券发行文件，包括招股说明书。

然而，需要说明的是，IPO 公司的招股说明书不适用其他信息准则的规定，并不意味着注册会计师不需要对招股说明书中的其他信息执行相应的工作。注册会计师仍然应当按照证券监管机构的相关规定和要求执行相应的工作并记录在审计工作底稿中。

对于其他证券发行文件，如申请公开发行债券的公司的债券募集说明书，比照上述规定执行。

中国注册会计师审计准则问题解答第 16 号
——审计报告中的非无保留意见

(2021 年 2 月 2 日发布)

注册会计师对财务报表整体发表的审计意见是审计报告的核心。在有必要发表非无保留意见的情况下,注册会计师发表恰当类型的非无保留意见,有助于报表使用者准确解读被审计单位财务信息存在或可能存在的重大错报,降低其对被审计单位财务信息的信赖程度,从而作出理性的经济决策。审计报告中的非无保留意见类型包括保留意见、否定意见和无法表示意见。实务中,是否发表非无保留意见,以及发表何种类型的非无保留意见,需要注册会计师根据被审计单位和审计业务的具体情况作出职业判断。保持审计意见类型判断标准的一致性,同时在审计报告中提供更为相关的信息以更好体现审计报告的价值,对提高财务信息有用性、保护投资者利益和维护资本市场稳定有序运行十分重要。

本问题解答旨在帮助注册会计师结合被审计单位和审计业务的具体情况,发表恰当类型的非无保留意见。问题解答根据审计准则制定,为注册会计师如何正确理解审计准则及应用指南、解决实务问题提供细化指导和提示。注册会计师在执行审计业务时,应当将审计准则、应用指南与问题解答一并掌握和执行。问题解答所包含的示例并非强制要求,亦不能穷尽实务中的所有情况。

一、注册会计师如何确定恰当的非无保留意见类型?

答:注册会计师在确定恰当的非无保留意见类型时,需要考虑下列因素:

1. 导致非无保留意见的事项的性质,是财务报表存在重大错报,或是在无法获取充分、适当的审计证据的情况下财务报表可能存在重大错报;

2. 注册会计师就导致非无保留意见的事项对财务报表产生或可能产生的影响的广泛性作出的判断。

上述两个因素对非无保留意见类型的影响列示如下:

导致发表非无保留意见的事项的性质	相关事项的错报或未发现的错报(如存在)对财务报表产生或可能产生的影响是否具有广泛性	
	重大但不具有广泛性	重大且具有广泛性
财务报表存在重大错报(已对相关事项获取充分、适当的审计证据)	保留意见	否定意见

导致发表非无保留意见的事项的性质	相关事项的错报或未发现的错报（如存在）对财务报表产生或可能产生的影响是否具有广泛性	
	重大但不具有广泛性	重大且具有广泛性
无法对相关事项获取充分、适当的审计证据（不能得出财务报表整体不存在重大错报的结论）	保留意见	无法表示意见

首先，导致注册会计师发表非无保留意见的事项单独或汇总起来对财务报表的影响或可能产生的影响一定是重大的。在这个前提下，注册会计师应当发表保留意见，还是否定意见或无法表示意见，取决于导致非无保留意见的事项（即财务报表存在重大错报；或注册会计师无法获取充分、适当的审计证据，财务报表可能存在重大错报）对财务报表整体产生的影响或可能产生的影响是否具有广泛性：如果不具有广泛性，注册会计师应当发表保留意见；如果具有广泛性，则应当发表否定意见或无法表示意见。针对上述应当发表否定意见或无法表示意见的情形，注册会计师发表否定意见，还是无法表示意见，取决于注册会计师是否已对导致非无保留意见的事项获取充分、适当的审计证据，并就财务报表是否存在重大错报得出结论：如果已获取充分、适当的审计证据，注册会计师应当发表否定意见；如果无法获取充分、适当的审计证据，注册会计师应当发表无法表示意见。

其次，《中国注册会计师审计准则第 1502 号——在审计报告中发表非无保留意见》第十一条规定了注册会计师应当发表无法表示意见的一种特殊情形，即在极少数情况下，可能存在多个不确定事项。尽管注册会计师对每个单独的不确定事项获取了充分、适当的审计证据，但由于不确定事项之间可能存在相互影响，以及可能对财务报表产生累积影响，注册会计师不可能对财务报表整体形成审计意见。同时，《〈中国注册会计师审计准则第 1324 号——持续经营〉应用指南》第 33 段指出，当存在多项对财务报表整体具有重要影响的与持续经营相关的重大不确定性时，在极少数情况下，注册会计师可能认为发表无法表示意见是适当的，而非在审计报告中增加"与持续经营相关的重大不确定性"为标题的单独部分。

二、注册会计师如何区分财务报表存在重大错报和无法获取充分、适当的审计证据两种情形？

答：在导致非无保留意见的事项中，财务报表存在重大错报和注册会计师无法获取充分、适当的审计证据两种情形的性质明显不同，对财务报表使用者经济决策的影响也可能不同。注册会计师需要恰当区分这两种情形，以发表恰当的非无保留意见。

在就被审计单位管理层对存在不确定性的事项的会计处理或披露发表非无保留意见时，注册会计师需要区分导致非无保留意见的事项的性质究竟是属于"存在重大错报"还是"无法获取充分、适当的审计证据",有时所涉及的判断可能较为复杂。

财务报表中的某些项目涉及的事项的未来结果可能存在不确定性,并且注册会计师在执行审计时可能还不能获得有关这些事项未来最终结果的结论性证据。在这种情况下,管理层负责按照适用的财务报告编制基础的规定对当前状况进行分析,估计相关事项未来进展对财务报表的影响并进行确认和计量,或由于在某些极端罕见的情况下无法作出合理估计而在财务报表中作出必要披露。这些存在不确定性的事项可能包括应收款项的坏账准备、存货的跌价准备、产品质量保证准备金、提供担保的连带偿还责任、尚未判决生效的诉讼或仲裁等。注册会计师在审计中需要评估所获取的审计证据是否足以支持管理层对相关事项的判断及其处理。缺乏与这些事项的最终结果相关的信息并不必然导致注册会计师无法获取与管理层判断相关的审计证据。换言之,存在不确定性并不必然导致审计范围受到限制。当存在不确定性的情况下,管理层应当合理利用财务报表编制时已经存在且能够取得的可靠信息,依据适用的财务报告编制基础的规定作出估计和判断,注册会计师应在获取充分、适当的审计证据的基础上评价管理层估计和判断的合理性,不应回避作出实质性判断。注册会计师对审计证据充分性和适当性的判断是以审计当时实际可获得或应当可获得的证据为基础的。在考虑了截至审计报告日的状况和可获得的证据之后,如果注册会计师认为有充分证据支持管理层对存在不确定性的事项性质的认定及其在财务报表中的相关列报,注册会计师应当发表无保留意见。如果注册会计师无法就管理层对某一存在不确定性的事项性质的认定及其在财务报表中的相关列报获取充分、适当的审计证据,注册会计师应当发表保留意见或无法表示意见。如果客观上存在或曾经存在与不确定性事项有关的充分证据,但注册会计师由于管理层没有恰当保存相关记录或管理层不予配合而未能及时获得这些证据,发表保留意见或无法表示意见是适当的。注册会计师应当恰当区分审计范围受到限制因而就相关事项无法获取充分、适当的审计证据的情形,以及由于不符合财务报告编制基础中与不确定事项的确认、计量和列报相关的规定而导致相关事项存在重大错报(包括未充分披露不确定事项,对会计政策的运用不恰当,或作出不恰当的会计估计)的情形。如果注册会计师认为是属于后者,应当发表保留意见或否定意见。以下是一些举例:

例1:被审计单位的法定代表人违规以被审计单位名义为一些关联公司和外部单位提供了大量担保,导致被审计单位因多个债务人逾期未还款而被起诉。由于该法定代表人已失联,被审计单位管理层无法确定是否还存在其他未知的违规担保事项,注册会计师无法实施审计程序就或有事项和关联方交易披露的完整性获取充分、适当的审计证据,在这种情况下,根据该事项对财务报表可能产生的影响,发表保留意见或无法表示意见可能是适当的。

例2:被审计单位由于关联方交易的转移定价问题受到税务机关的稽查,管理层没有计提可能需要补缴的税款。注册会计师在税务专家的协助下评估了补缴税款的可能性,并对可能需要补缴的税款作出了区间估计,据此提出了审计调整。被审计单位管理层以税务稽查结果存在重大不确定性、无法可靠估计为由拒绝接受调整建议。截至审计报告日,税务机关尚未就稽查结果提供明确信息。在这种情况下,如果注册会计师根据所获得的信息和基于这些信息所作的合理判断已经足以认定财务报表存在重大错报,发表保留意见或否定意见可能是适当的。

三、注册会计师如何判断错报对财务报表的影响或未发现的错报(如存在)对财务报表可能产生的影响是否重大以及是否具有广泛性?

答:注册会计师对相关事项的影响的重大性和广泛性的判断均会影响审计意见的类型。

(一)影响的重大性

注册会计师需要从定量和定性两个方面考虑错报对财务报表的影响或未发现的错报(如存在)对财务报表可能产生的影响是否重大。定量的标准通常是注册会计师确定的财务报表整体的重要性或特定类别的交易、账户余额或披露的重要性水平(如适用)。例如,对于以营利为目的且并非微利或微亏的企业,注册会计师可能将财务报表整体的重要性设定为经常性业务税前利润的5%。定性考虑错报是否重大时,注册会计师需要运用判断评估错报的性质是否严重,是否会影响财务报表使用者的经济决策。例如,错报是否影响被审计单位实现盈利预期或达到监管要求,错报是否影响被审计单位的盈亏状况,错报是否是由于舞弊导致的。《中国注册会计师审计准则第1221号——计划和执行审计工作时的重要性》及其应用指南、《中国注册会计师审计准则第1251号——评价审计过程中识别出的错报》及其应用指南,以及《中国注册会计师审计准则问题解答第8号——重要性及评价错报》作出了相关规定和指引。

(二)影响的广泛性

根据《中国注册会计师审计准则第1502号——在审计报告中发表非无保留意见》第五条的定义,对财务报表的影响具有广泛性的情形包括三个方面:1.不限于对财务报表的特定要素、账户或项目产生影响;2.虽然仅对财务报表的特定要素、账户或项目产生影响,但这些要素、账户或项目是或可能是财务报表的主要组成部分;3.当与披露相关时,产生的影响对财务报表使用者理解财务报表至关重要。下面分别举例说明这三种情况。

1.不限于对财务报表的特定要素、账户或项目产生影响。

(1)重大错报对财务报表的影响。

如果注册会计师发现了一项重大错报(例如应收账款坏账准备的计提不充分),该重大错报所影响的财务报表项目数量有限(应收账款和信用减值损失),且这些项目并不是财务报表的主要组成部分,通常认为该错报对财务报表的影响不具有广泛性。

如果注册会计师发现了多项重大错报(例如商誉、固定资产、存货和应收账款的减值准备计提均不充分），这些重大错报影响多个财务报表项目（商誉、固定资产、存货、应收账款、营业成本、信用减值损失、资产减值损失等），通常认为这些重大错报对财务报表的影响具有广泛性。

（2）在无法获取充分、适当的审计证据时，未发现的错报（如存在）对财务报表可能产生的影响。

如果注册会计师无法对被审计单位某一重要联营企业的财务信息执行必要的审计工作，因而无法就被审计单位采用权益法确认的投资收益获取充分、适当的审计证据，相关长期股权投资和投资收益不构成财务报表的主要组成部分。由于该联营企业可能存在的错报仅影响被审计单位财务报表的个别项目，且相关财务报表项目并未构成财务报表的主要组成部分，注册会计师可能认为该事项对被审计单位财务报表可能产生的影响重大但不具有广泛性。

如果注册会计师无法对被审计单位某一重要子公司的财务信息执行审计工作，因而无法就被审计单位合并财务报表中与该子公司有关的项目获取充分、适当的审计证据，由于该子公司可能存在的错报影响被审计单位合并财务报表的大多数项目，通常认为该事项对被审计单位合并财务报表可能产生的影响重大且具有广泛性。

又如，注册会计师新承接的某生产制造业审计客户与存货相关的会计记录和物流记录不完整、不准确，注册会计师因此无法就期末和期初存货余额以及当期的存货增减变动情况获取充分、适当的审计证据。由于存货对利润表的营业收入、营业成本、资产减值损失、所得税费用等项目以及资产负债表的应收账款、应付账款、应交税费等项目均有重大影响，该事项导致注册会计师对这些相关项目也无法获取充分、适当的审计证据，对财务报表可能产生的影响重大且具有广泛性。

2. 虽然仅对财务报表的特定要素、账户或项目产生影响，但这些要素、账户或项目是或可能是财务报表的主要组成部分。

以下通过三个例子予以说明：

例1：某被审计单位处于筹建期，其年末账面资产余额的80%为在建工程。注册会计师无法就年末在建工程余额获取充分、适当的审计证据。由于在建工程构成财务报表的主要组成部分，注册会计师认为上述事项对财务报表可能产生的影响重大且具有广泛性。

例2：某上市公司的控股股东违规占用上市公司资金，且上市公司违规为控股股东的借款提供担保，截至资产负债表日，上述违规占用资金和违规担保余额合计为上市公司年末净资产余额的数倍。控股股东财务状况持续恶化，偿债能力严重不足，其由上市公司提供担保的借款均已进入诉讼程序。注册会计师认为上市公司未就与被占用资金相关的应收款项计提减值准备、未就与违规担保相关的偿付义务计提预计负债构成重大错报。在这种情况下，尽管涉及的财务报表项目较为有限，但金额特别重大，因此，可以认为与控股股东资金占用和违规担保相关的交易和余额构成财务报表的主要组成部分，该事项的影响重大且具有广泛性。

例3：某被审计单位对某一项金额特别重大的资产（占年末总资产余额的比例

超过60%）计提了大额减值准备，与该项资产相关的资产减值损失是导致被审计单位当年出现重大亏损的主要原因。注册会计师无法实施审计程序就该项资产的实际性质和减值准备的合理性获取充分、适当的审计证据。在这种情况下，虽然涉及的财务报表项目较为有限，但对资产负债表和利润表而言金额均特别重大，可以认为构成了财务报表的主要组成部分，该事项的影响重大且具有广泛性。

3. 当与披露相关时，产生的影响对财务报表使用者理解财务报表至关重要。

例如，《中国注册会计师审计准则第1324号——持续经营》第二十二条规定，如果运用持续经营假设是适当的，但存在重大不确定性，且财务报表对重大不确定性未作出充分披露，注册会计师应当按照《中国注册会计师审计准则第1502号——在审计报告中发表非无保留意见》的规定，恰当发表保留意见或否定意见。针对这种情况，《〈中国注册会计师审计准则第1324号——持续经营〉应用指南》附录参考格式2和参考格式3分别列示了保留意见审计报告和否定意见审计报告的参考格式。

在参考格式2中，被审计单位的财务报表附注披露了融资协议的规模、到期日和总安排，但未披露其影响以及再融资的可获得性，也未将该情况界定为重大不确定性，即财务报表包含了与重大不确定性相关的部分披露但披露不充分，注册会计师认为该事项构成重大错报但不具有广泛性，因此发表保留意见。

在参考格式3中，被审计单位的财务报表遗漏了与重大不确定性相关的必要披露（即完全未披露）。注册会计师认为该漏报对财务报表的影响重大且具有广泛性，因此发表否定意见。

四、注册会计师如何考虑导致对上期财务报表发表非无保留意见的事项对本期财务报表及审计意见的影响？

答：注册会计师首先需要判断导致对上期财务报表发表非无保留意见的事项是否已经解决。例如，对于上期财务报表存在重大错报的情形，如果上期财务报表中的错报已经得到更正，通常视为已经解决；对于上期财务报表审计范围受限的情形，如果原来的审计范围受限情形已消除，注册会计师能够就上期财务报表获取充分、适当的审计证据，通常视为已经解决。在作出判断时，注册会计师不仅要考虑相关事项对本期财务报表的资产负债表余额的影响，也要考虑相关事项对本期利润表、现金流量表以及股东（所有者）权益变动表的影响，以及对本期数据和对应数据的可比性的影响。如果事项已解决，注册会计师可以对本期财务报表发表无保留意见。

如果事项仍未解决，注册会计师应当对本期财务报表发表非无保留意见。在评价仍未解决的事项对本期财务报表的影响或可能产生的影响，以及应当发表何种类型非无保留意见时，注册会计师可以参照本问题解答问题一、问题二和问题三中的相关解答。

1. 对上期财务报表发表了否定意见或无法表示意见，且事项仍未解决。

（1）如果导致对上期财务报表发表否定意见或无法表示意见的事项对本期财

务报表的影响或可能产生的影响仍然重大且具有广泛性，注册会计师应当对本期财务报表发表否定意见或无法表示意见；

（2）如果导致对上期财务报表发表否定意见或无法表示意见的事项对本期财务报表的影响或可能产生的影响仍然重大，但影响程度降低或影响范围缩小，不再具有广泛性，则注册会计师应当对本期财务报表发表保留意见。

2.对上期财务报表发表了保留意见，且事项仍未解决，注册会计师应当对本期财务报表发表非无保留意见。

以下举例说明注册会计师如何考虑导致对上期财务报表发表非无保留意见的事项是否已解决，以及在未解决的情况下如何评价其对本期财务报表及审计意见的影响。

例1：注册会计师由于无法对被审计单位的某一重要子公司执行审计工作而对被审计单位上一年度合并财务报表发表了无法表示意见。

场景（1）：被审计单位在本年12月出售了其持有的该子公司全部股权，本年度审计中注册会计师仍然无法对该子公司执行审计工作。在这种情况下，尽管该子公司在被审计单位本年年末合并资产负债表中已出表，但本年合并利润表、合并现金流量表以及合并股东（所有者）权益变动表中仍然包括该子公司被处置前的经营业绩和现金流量，对被审计单位的合并财务报表本期数仍有重大且广泛的影响。此外，上一年度无法对该公司执行审计工作的事项对合并财务报表的对应数据可能产生的影响仍然没有消除，且该子公司于股权处置日的净资产直接影响被审计单位本期就股权处置交易确认的损益，注册会计师对该项处置损益也无法获取充分、适当的审计证据。综合考虑这些情况，导致对上期合并财务报表发表无法表示意见的事项并未解决，对本期合并财务报表的影响重大且具有广泛性，注册会计师无法获取充分、适当的审计证据，应当对本期合并财务报表发表无法表示意见。

场景（2）：被审计单位在本年1月1日出售了其持有的该子公司全部股权。在这种情况下，上一年度无法对该子公司执行审计工作导致注册会计师无法就本期确认的股权处置损益获取充分、适当的审计证据，且对对应数据可能产生的影响仍然没有消除。假定上述股权处置损益金额重大但不构成本期合并财务报表的主要组成部分，注册会计师综合考虑上述因素之后可能认为导致对上期合并财务报表发表无法表示意见的事项对本期合并财务报表的影响重大但不具有广泛性，因而发表保留意见。

例2：由于上期财务报表中的应收账款、存货、营业收入、营业成本等多个项目存在重大错报，注册会计师对被审计单位上期财务报表发表了否定意见。被审计单位管理层就上期财务报表中存在的重大错报调整了本期财务报表的对应数据，并在财务报表附注中作出了充分披露，注册会计师对本期数据和更正后的对应数据均获取了充分、适当的审计证据，认为不存在重大错报，应当对本期财务报表发表无保留意见。

例3：由于被审计单位在上期未对金额重大的商誉和固定资产实施减值测试，注册会计师无法就商誉和固定资产是否存在减值以及可能需要计提的减值准备获取充分、适当的审计证据，因此对上期财务报表发表了保留意见。被审计单位管理层在本期期末实施了商誉和固定资产减值测试并计提了大额减值准备，确认了资产减值损失。注册会计师执行审计工作后认可了本期期末的减值准备金额，但认为一部分资产减值损失应当在上期财务报表中确认，相关金额对本期财务报表的本期数据和对应数据均有重大影响。在这种情况下，导致对上期财务报表发表保留意见的事项并未解决，相关错报对本期财务报表的影响重大但不具有广泛性，注册会计师应当对本期财务报表发表保留意见。

五、如果除了导致无法表示意见或否定意见的事项之外，还存在导致发表保留意见的其他事项，注册会计师应当如何在审计报告中予以反映？

答：无法表示意见或否定意见是比保留意见更严重的非无保留意见类型，注册会计师不能以保留意见替代本应发表的无法表示意见或否定意见。

在执行审计的过程中，即使已发现的重大错报具有广泛性，足以导致发表否定意见，注册会计师仍然需要对其余不涉及上述重大错报的财务报表项目按照审计准则的规定执行并完成审计工作；即使审计范围受到限制可能产生的影响足以导致发表无法表示意见，除非属于在可行时解除业务约定的情形，注册会计师仍然需要对审计范围没有受到限制的方面按照审计准则的规定执行并完成审计工作。《中国注册会计师审计准则第1502号——在审计报告中发表非无保留意见》第二十二条规定，即使发表了否定意见或无法表示意见，注册会计师也应当在"形成审计意见的基础"部分说明注意到的、将导致发表非无保留意见的所有其他事项及其影响。

例如，因管理层未提供完整的相关资料，注册会计师无法就被审计单位的存货、应付账款、营业成本、管理费用和资产减值损失等多个重大的财务报表项目获取充分、适当的审计证据；此外，注册会计师发现被审计单位期末某项金额重大的以公允价值计量的交易性金融资产存在重大错报。在这种情况下，由于前一个事项对财务报表可能产生的影响重大且具有广泛性，注册会计师应当发表无法表示意见。在审计报告的"形成无法表示意见的基础"部分，除了说明导致无法表示意见的事项外，还应当说明识别出的重大错报。

又如，被审计单位连续多年严重亏损，资不抵债，大量债务违约并涉及诉讼，多个银行账户被冻结，大量资产被查封，主营业务处于停滞状态，管理层制定的各种应对措施是否能够落实具有很高的不确定性。注册会计师认为导致对被审计单位持续经营能力产生重大疑虑的事项和情况存在多个重大不确定性，这些不确定事项之间存在相互影响，对财务报表产生累积影响，注册会计师无法判断被审计单位采用持续经营假设编制本期财务报表是否适当，从而无法对财务报表整体形成审计意见。同时，被审计单位在财务报表附注中对与持续经营相关的多个重大不确定性作出了一些披露但披露并不充分，属于与应披露未披露信息相关的重大错报。在这种情况下，注册会计师应当发表无法表示意见，在"形成无法表示意见的基础"部分，除了说明由于与持续经营相关的多个重大不确定性而无法表示意见外，还要说明财务报表附注未予以充分披露的情况。

六、如果对被审计单位财务报表整体发表非无保留意见，注册会计师如何在审计报告的"形成保留意见/无法表示意见/否定意见的基础"部分说明相关情况？

答：《中国注册会计师审计准则第1502号——在审计报告中发表非无保留意见》就非无保留意见审计报告的格式和内容作出了规定。《〈中国注册会计师审计准则第1502号——在审计报告中发表非无保留意见〉应用指南》附录就上述三种非无保留意见类型分别提供了审计报告示例。

就"形成非无保留意见的基础"部分的整体结构而言，注册会计师可以考虑采取以下方式提高这部分内容的可理解性：

1. 如果非无保留意见涉及多个事项，可以以简要概括方式对每一事项分别增加一个小标题，这有助于使用者更直观地了解相关事项影响到的财务报表具体领域及判断相关事项对财务报表整体的影响程度。

2. 如果非无保留意见涉及的事项在财务报表附注中有相关披露内容，索引至相关财务报表附注有助于使用者了解这些事项的具体情况。

就"形成非无保留意见的基础"部分中单个事项的描述而言，注册会计师需要从对使用者决策有用性角度考虑如何恰当体现相关描述的恰当性和可理解性。

对于由于存在重大错报导致非无保留意见的情形，审计准则对"形成非无保留意见的基础"部分的描述有较为具体的要求（参见《中国注册会计师审计准则第1502号——在审计报告中发表非无保留意见》第十八条、第十九条和第二十条）。以下以"因无法获取充分、适当的审计证据，因而对财务报表整体发表保留意见"的情形为例，说明注册会计师在描述相关事项时可能考虑采取的做法：

1. 说明审计范围受到限制影响哪些财务报表项目和金额，并进一步说明可能存在的具体影响。这有助于使用者将注册会计师发表的保留意见和已审计财务报表的特定要素联系起来。特别是在审计范围受到限制相关事项所影响的金额并非相关财务报表项目的全部金额，或只影响相关财务报表项目的部分认定的情况下，对此作出进一步说明可以帮助使用者更准确地了解相关事项的性质，并判断相应的影响程度。

2. 在说明无法获取充分、适当的审计证据的原因时，描述导致审计范围受到限制的具体情形。例如，被审计单位管理层没有提供与某事项相关的详细资料；被审计单位管理层没有就注册会计师提出的某个异常情况提供合理解释及相关证据；因某一客观条件所限，注册会计师无法对被审计单位位于某地的重要实物资产实施检查；由于某联营企业的控股股东和管理层拒绝配合，注册会计师无法对被审计单位以权益法核算的相关长期股权投资执行必要的审计工作等。上述描述有助于使用者了解注册会计师审计范围受到限制的具体性质，并判断相应影响程度。